natürlich oekom!

Mit diesem Buch halten Sie ein echtes Stück Nachhaltigkeit in den Händen. Durch Ihren Kauf unterstützen Sie eine Produktion mit hohen ökologischen Ansprüchen:

- 100 % Recyclingpapier
- mineralölfreie Druckfarben
- Verzicht auf Plastikfolie
- Kompensation aller CO_2-Emissionen
- kurze Transportwege – in Deutschland gedruckt

Weitere Informationen unter www.natürlich-oekom.de und #natürlichoekom

Mit freundlicher Unterstützung von:
Stiftung »Forum für Verantwortung«, Klaus Wiegandt
und der
Vereinigung der Freunde des Wuppertal Instituts e. V.

Bibliografische Information der Deutschen Nationalbibliothek:
Die Deutsche Nationalbibliothek verzeichnet diese Publikation
in der Deutschen Nationalbibliografie; detaillierte bibliografische
Daten sind im Internet über http://dnb.d-nb.de abrufbar.

3. Auflage, 2021
© 2016 oekom verlag München
Gesellschaft für ökologische Kommunikation mbH,
Waltherstraße 29, 80337 München

Grafiken: Alice Lohmöller, www.arteundmehr.com
Fachlektorat: Verena Kern; Lektorat: Laura Kohlrausch
Korrektorat: Maike Specht
Innenlayout, Satz: Ines Swoboda

Druck: CPI Books GmbH, Leck

Alle Rechte vorbehalten
ISBN 978-3-96238-084-7

Michael Kopatz

Ökoroutine

Damit wir tun,
was wir für richtig halten

Für Wolfgang

INHALT

Vorwort von Harald Welzer 9

Geleitwort
Alles bereits gesagt 11

Kapitel 1
Einstieg: Die Lasagnestory 13

Kapitel 2
Warum nicht geschieht, was geschehen muss 20

Der reservierte Staat 21
Ungezügelter Kapitalismus 25
Wettbewerbsdruck 35
Wachstum 40
Macht & Lobbyismus 46

Kapitel 3
Warum wir nicht tun, was wir für richtig halten 54

Neigung zur Expansion 54
Der Vergleich 55
Unzufriedenheit, Gier & Selbstbeherrschung 56
Werbung & Kommerzialisierung 58
Routinen & Shifting Baselines 61
Wir treffen ungern Entscheidungen und verdrängen 62
Expertendilemma 65
Rolle der Medien 67
Die Mär vom verantwortungsvollen Konsumenten 69
Niemand will der Dumme sein 71

Kapitel 4
Essen 73

Respektloser Umgang mit Nutztieren 74
Landwirtschaft & globale Erwärmung 76
Subventionen 77
Fleischexport 79
Gefährliche Keime 82
Grundwasser 83
Mineralwasser 85
Vom Abweg zum Mehrweg 87
Ökoroutine: Bio für alle! 90

Kapitel 5
Wohnen 112

Der Wenigereffekt 113
Suffizient neu bauen 116
Frische Luft ins Haus 122
Fair zum Mieter 124
Ökoroutine: Nichtbau 129
Flächenmoratorium 131

Kapitel 6
Strom 142

Der Wenigereffekt 144
Ökoroutine: Verbrauchsziele statt Sparziele 146
Der Weg zum Ökostrom 152

Kapitel 7
Kaufen 157

Die Menschen hinter dem Müll 160
Murks: Vorzeitiger Produktzerfall 162
Ökoroutine gegen Überflusskonsum 167

Kapitel 8
Unterwegs 180

Sportlich: Das Rad 187
Belastend: Kraftwagen 194
Clever: Bahn & Bus 221

Menschheitstraum: Fliegen 235
Ökoroutine für enkeltaugliche Mobilität 237

Kapitel 9

Arbeiten 238

Mehr Arbeit, höherer Ressourcenverbrauch 239
Die Kurze Vollzeit als Leitbild der Ökoroutine 242
Widerstände und Mythen 250
Strategien und Maßnahmen für eine Arbeitswelt der Kurzen Vollzeit 259
Die »Ganze Arbeit« 267
Lebenskunst 272
Die Kurze Vollzeit befördert den ökologischen Wandel 279

Kapitel 10

Wirtschaftsförderung 4.0 281

Überblick 282
Die Grundlagen 283
Produktion 294
Hilfe und Kooperation 300
Teilen und Tauschen 308
Geld 315
Unternehmen 325
Zuständigkeiten, Aufgaben und Akteure 332
Warum soll der Staat sich einmischen? 334
Stolpersteine 335
WF4.0 statt TTIP 339

Kapitel 11

Ökoroutine als politisches Konzept 346

Ökoroutine statt Ökodiktatur 350
Bildung. Was man darüber wissen sollte 357
Ökonomie der Menschlichkeit 361
Geldströme lenken 367
Fairness 372
Wo bleibt die Freiheit? 376
Yes, we can? Traut Euch! 383

Anmerkungen 391
Über den Autor 410
Index 411

Für Recherche und Ratschläge danke ich
Anja Humburg, Eva Kaspar, Franziska Brückner,
Julia Kurth, Kathrin Ramke, Laura Pütz, Maximilian Preute,
Miriam Kuhnke, Stephan Baur, Wolfgang Sachs.

Für Kommentare, Hinweise und Korrekturen danke ich
André Holtrup (Institut Arbeit und Wirtschaft),
Bernhard Burdick (VZ NRW),
Christiane Beuermann (WI, Wuppertal Institut),
Daniel Fuhrhop (Autor *Verbietet das Bauen!*),
Dirk Flege (Allianz pro Schiene e. V.),
Frederic Rudolph (WI), Gregor Waluga (Landtag NRW),
Melanie Lukas (WI), Oscar Reutter (WI),
Ralf Schüle (WI), Stefan Thomas (WI),
Tilman Santarius (Germanwatch), Timo Lange (Lobbycontrol)
und ganz besonders: Kurt Berlo (WI).

Vorwort

Wenn es um Klimawandel, Umweltzerstörung, Naturverbrauch und andere zentrale Zukunftsfragen geht, ist man stets mit demselben Sachverhalt konfrontiert: Das Wissen über die Probleme ist außerordentlich verbreitet, aber fast niemand handelt so, wie es seinem Wissen entsprechen würde. Das allerdings ist völlig normal: Da wir alle in einer Welt mit widersprüchlichen Anforderungen leben, lernen wir, uns widersprüchlich zu verhalten. Und da wir zudem in einer nichtnachhaltigen Welt leben, die nichtnachhaltige Weisen des Reisens, der Ernährung, des Arbeitens, des Wohnens gegenüber nachhaltigen bevorzugt und subventioniert, ist es wenig verwunderlich, wenn Menschen sich nichtnachhaltig verhalten, obwohl sie wissen, dass das »eigentlich« schlecht ist.

Aber das »eigentlich« hat keinen Ort in den Zeitvorgaben kapitalistischer Hyperkonsumgesellschaften, in denen es von allem immer schneller immer mehr geben soll. Denn diese Gesellschaften drehen sich ausschließlich um die reine Gegenwart und suchen die Spanne zwischen Bedürfnis und Befriedigung so weit zu verkürzen, dass tatsächlich am Ende weder Vergangenheit noch Zukunft zählen, sondern nur das schiere verantwortungslose und daher zukunftsfreie Jetzt. Glücklich, wer darin leben darf. Wer nicht, hat eben Pech gehabt.

Wir haben in den vergangenen zwei Jahrzehnten gleichwohl zwei tief greifende Verhaltensveränderungen gesehen, die – obwohl niemand das für möglich gehalten hätte – Alltagsroutinen radikal verändert haben. Die eine betrifft das Rauchen. Wer wie ich in den 1960er-Jahren Kind gewesen ist, erinnert sich an stundenlange Autofahrten mit zwei in aller Selbstverständlichkeit kettenrauchenden Eltern auf den Vordersitzen; kein Fernsehfilm, keine Diskussion, kein Restaurant, keine Wartezeit ohne Zigaretten. Heute ist das, und das nur aufgrund einer schlichten ordnungspolitischen Maßnahme, völlig anders. Kaum jemand kommt noch auf die Idee, im Auto zu rauchen, wenn Kinder mitfahren, öffentliche

Räume sind rauchfrei, die Vorstellung, dass im Restaurant am selben Tisch zur selben Zeit gegessen und geraucht wird, erscheint total abwegig. Hier hat sich ein Verhaltensstandard in dramatisch kurzer Zeit nachhaltig verändert, und zwar politisch gesteuert.

Eine noch tiefgreifendere Veränderung eines Verhaltensstandards erleben wir, seit es sogenannte Smartphones gibt, die das kommunikative Verhalten von Menschen, ja ihre Wahrnehmungsweisen und ihre Sozialität tief greifend beeinflusst haben, ohne dass es dafür eines ordnungspolitischen Anstoßes bedurfte.

Was ich mit diesen beiden sehr unterschiedlichen Beispielen hervorheben möchte, ist dasselbe, was Michael Kopatz in seinem wichtigen Buch umtreibt: Verhalten ist weder durch Wissen bestimmt noch durch Tradition determiniert, sondern jederzeit veränderbar: Entscheidend für diese Veränderung ist aber nicht Aufklärung, sondern eine ihrerseits veränderte Praxis.

Deshalb entwirft er ein Rahmenwerk für eine Gesellschaft, in der »Öko« nicht die sonderbare und jeweils erklärungs- und legitimationsbedürftige Abweichung vom normalen, also nichtnachhaltigen Verhalten ist, sondern der normale, erwartbare Verhaltensstandard. Und er zeigt, wie eine solche Welt nicht nur aussehen würde, sondern mithilfe welcher ordnungspolitischen Maßnahmen – von der soften Präferenzverschiebung über den Subventionsabbau bis zur harten gesetzgeberischen Initiative – sie auch herzustellen wäre. Damit macht Kopatz etwas Überfälliges und, wie man beim Lesen mit wachsender Faszination bemerkt, ganz und gar Sinnvolles: Er hält sich nicht lange bei ökokatastrophischen Befunden und verwundertem Lamentieren über mangelnde Veränderungsbereitschaft auf, sondern zeigt anschaulich, wohin sich eine moderne Gesellschaft bewegen muss, wenn sie Nachhaltigkeit als selbstverständliche Routine etablieren möchte. Tatsächlich liefert er ein Manual zur ökologisch vernünftigen Transformation einer ökologisch ganz und gar unvernünftigen Praxis der Gegenwart und damit sehr viele Stichworte und Ansätze, um eine oft fantasielos und puritanisch anmutende Nachhaltigkeitspolitik zu inspirieren – um Zukunft wiederzugewinnen.

Harald Welzer im Mai 2016

Geleitwort

Alles bereits gesagt

In der Nachhaltigkeitsbewegung suchen viele Menschen nach Antworten. Wo sie auch hinschauen, sehen sie ökologische Katastrophen: globale Erwärmung, Anstieg der Meeresspiegel, Überfischung, Plastikmüll in den Weltmeeren, Artensterben, Abholzung der Tropenwälder, Überdüngung, Massentierhaltung. All das ist seit Langem Realität. Die heutigen Problemanalysen ähneln indes verblüffend denen der 1970er-Jahre. Der Klimawandel war zwar seinerzeit noch nicht als Problem erkannt, die damaligen Beobachtungen lassen sich gleichwohl ohne Weiteres auf unsere Zeit übertragen. Dasselbe gilt für den Suffizienzdiskurs, der mittlerweile eine Renaissance erlebt. Manchmal wird dabei der Eindruck erweckt, man habe eine neue Entdeckung gemacht. Wer aber einen Blick in Ivan Illichs Standardwerk »Selbstbegrenzung« von 1980 wirft oder die dreiseitige Abhandlung »Die Vier E's« von Wolfgang Sachs aus dem Jahr 1993 liest, wird feststellen: Weder die Diagnose noch die Therapievorschläge haben sich nennenswert geändert.

Von neuen Büchern erhoffen sich viele Leser neue Lösungen. Leider zählt es zu den unangenehmen Wahrheiten, dass es kaum noch neue Lösungskonzepte gibt. Doch bei der nachhaltigen Entwicklung geht es genau genommen auch nicht um die Entdeckung einer bahnbrechenden Patentlösung, denn eigentlich wurde schon alles gesagt – aber sehr vieles noch nicht getan.

Das festzustellen ist jedoch kein Anlass, nun für immer zu schweigen. Tatsache ist nämlich auch: Veränderungen finden statt, sie fallen aber nicht vom Himmel. Die Gleichberechtigung von Mann und Frau kam nicht von heute auf morgen in die Welt, weil die Männer plötzlich vernünftig wurden. Es lag auch nicht daran, dass jemand eine neue Strategie vorgelegt hat. Frauen haben sich die Rechte, die heute selbstverständlich sind, erkämpft. Generationen haben an diesem Prozess der Veränderung mitgewirkt. Der Schlüssel ist Beharrlichkeit – und ein langer Atem.

Selbst kleine Veränderungen brauchen mitunter viel Zeit. Die Idee der ökologischen Steuerreform beispielsweise wurde jahrzehntelang diskutiert. Die Umsetzung war schließlich nur durch das anhaltende Engagement von Menschen aus Wissenschaft, Politik, Verwaltung und Zivilgesellschaft möglich. Nicht anders ist es bei den erneuerbaren Energien: Ihr Boom begann erst vor wenigen Jahren, darauf hingewirkt haben Vordenker wie Hermann Scheer allerdings schon lange zuvor.

Dieses Buch gibt nicht vor, eine revolutionäre Entdeckung zu präsentieren. Eines ist aber doch neu: Ökoroutine drückt sich nicht vor unbequemen Botschaften. Der sofortige Stopp für den Neubau von Straßen, die Begrenzung der Fliegerei oder auch der Agrarwendefahrplan, die hier vorgeschlagen werden, gelten als radikal, ja sogar utopisch. Doch wenn wir darüber schweigen, machen wir uns etwas vor. Klimaschutz und Ressourcengerechtigkeit lassen sich nicht nebenbei mit einigen technischen Neuerungen erledigen. Vor uns steht ein tief greifender gesellschaftlicher und wirtschaftlicher Wandel. Ökoroutine macht klar: Wir können das schaffen, wenn wir uns Zeit geben und den Bezugsrahmen schrittweise verändern, wenn wir uns Gelegenheitsstrukturen schaffen. Im Mittelpunkt dieses Buches steht deshalb die Therapie, nicht die Diagnose. Ökoroutine nimmt den soziokulturellen Wandel in den Blick, nicht die Technik. Es geht um konkrete Maßnahmen, nicht um ferne Ziele. Ökoroutine gibt die Hoffnung nicht auf, dass geschehen kann, was geschehen muss. Damit wir tun, was wir für richtig halten.

Kapitel 1

Einstieg: Die Lasagnestory

Lebensmittelskandale gehören inzwischen zum Alltag. Der Wirbel um Pferdefleisch in der Lasagne war da schon fast verwunderlich. Der Betrug war Anfang 2013 durch Untersuchungen in Großbritannien und Irland aufgeflogen; wenig später hatte sich der Skandal um falsch deklarierte Fleischprodukte auf die ganze EU ausgeweitet. Die britische Lebensmittelbehörde stellte fest: In 11 von 18 getesteten Lasagnen der Firma Findus betrug der Pferdefleischanteil zwischen 60 und 100 Prozent.

Wie Recherchen ergaben, stammte das Fleisch aus rumänischen Schlachtbetrieben. Über Zwischenhändler gelangte es nach Zypern und in die Niederlande zu einem französischen Handelsbetrieb. Dieser verkaufte Hunderte Tonnen Pferd als Rind an einen französisch-luxemburgischen Lasagne-Hersteller, und von dort aus landeten Produkte mit illegal untergemischtem Pferdefleisch in mindestens 13 Ländern Europas.

Die Produkte waren in allen großen Supermärkten zu finden. Allein in Deutschland waren Rewe, Aldi-Nord, Aldi-Süd, Eismann, Edeka, Kaiser's, Lidl, Metro, Tengelmann und Konsum Leipzig betroffen. Und nicht nur in der Lasagne tauchte Pferdefleisch auf – auch in Gulasch, Ravioli und Tortellini konnte es nachgewiesen werden.[1] Die Bilanz: Mindestens 124 Betriebe in Deutschland sind mit Rindfleisch beliefert worden, das möglicherweise falsch deklariert war.

Wo liegt jetzt der Skandal? Zunächst einmal ist die Pferdefleischstory ein Lehrstück für die mitunter blindwütige Empörungsbereitschaft der Medien. Bei nüchterner Betrachtung wird klar: Für die Gesundheit stellt Pferdefleisch keine Gefahr dar, es ist sogar ein guter Eisenlieferant und besonders mager. Verpönt ist es vor allem aus historisch-kulturellen Gründen – und diese haben offenbar ausgereicht, um sich täglich zu ereifern. Über den eigentlichen Skandal haben die erregten Gemüter jedoch nicht diskutiert: dass selbst die Produktion einer einfachen Lasagne sich über zig Nationen erstreckt. Durch die Globalisierung sind die Produktionsmethoden gleichermaßen zentralisiert und diversifiziert worden. Verstrickte Produktions-, Verarbeitungs- und Lieferketten haben ein System organisierter Verantwortungslosigkeit geschaffen. Schon der Weg des Fleischanteiles in der Lasagne von der Schlachtung bis zur Weiterverarbeitung erstreckt sich über halb Europa; dasselbe gilt für die Herstellung von Futtermitteln für die Tierhaltung sowie für Züchtung, Haltung und Transport.

Wenn man sich vor Augen führt, dass selbst Brezeln als Teiglinge in chinesischen Fabriken hergestellt werden, um sie dann in München aufzubacken, liegt die Vermutung nahe, dass sich die Fertigung von Nudeln, Tomatensauce, Gewürzen und anderen Produkten zumeist über mehrere Kontinente ausdehnt. Die extreme Diversifizierung der Produktion ist wahrlich keine neue Erkenntnis. Wir wissen es spätestens, seit Stefanie Böge ihre Joghurt-Geschichte veröffentlichte. Anfang der 1990er-Jahre hatte die Wissenschaftlerin ausgerechnet, welche Strecke ein Becher Jogurt zurückgelegt hat, bevor er beim Verbraucher landet: Es waren mehr als 9 000 Kilometer.[2]

Und so durchzieht eine schlichte Aussage die verschiedenen Kapitel der Ökoroutine: Wir wissen es längst. Schon seit zwei Jahrzehnten wissen wir, dass die Unternehmen immense Transportketten aufbauen, um sich gegenüber der Konkurrenz behaupten zu können oder die Rendite des Anlegers zu maximieren. Seither haben sich die Verhältnisse eher noch verschlimmert: Spezialisierung und umständliche Lieferketten haben zu- und nicht abgenommen, Transportketten sind länger und nicht kürzer geworden – zum Nachteil von Umwelt und Allgemeinwohl.

Können Politiker da nur tatenlos zusehen? Bleiben nur Appelle an die Vernunft des Einzelnen, doch bitte regional erzeugte Waren zu erwerben? Für sich genommen, ist es ganz einfach: Eine Lasagne lässt sich leicht in der eigenen Küche zubereiten. Bis auf bestimmte Gewürze kann man alle Zutaten aus der Region beziehen, und das auch aus ökologischer Landwirtschaft. Auch Unternehmen und Restaurants könnten das Schichtnudelgericht zu fast 100 Prozent regional und ökologisch zubereiten.

Abbildung 1 Der Pferdefleischbetrug offenbart ein System organisierter Verantwortungslosigkeit. Verstrickte Produktions-, Verarbeitungs- und Lieferketten sind heute der Normalfall. Verantwortungsvolle Produktionsmethoden verlangen das Gegenteil: kurze Transportwege, regionale und nachhaltige Erzeugung, kurze Wertschöpfungsketten, faire Löhne.
Foto: exclusive-design, fotolia.com

Woran hakt es also? Warum scheint die Regiopasta eine ferne Utopie zu sein? Weil der Markt sich so entwickelt, wie es die Rahmenbedingungen vorgeben. Wir lassen es zu, dass Transporte über Tausende Kilometer extrem billig sind, weil wir die Maut nicht vorausschauend anheben oder Kerosin endlich besteuern. Wir bauen Straßen und Flughäfen aus, statt die Expansion zu begrenzen. Wir akzeptieren, dass Waren zu Dumpinglöhnen hergestellt werden. Wir nehmen hin, dass billig vor Qualität geht, dass Lebensmittel aus Biolandbau die Ausnahme sind und nicht die Regel. Wir akzeptieren, dass sich die Produktion unserer Nahrungsmittel in der Hand von Finanzjongleuren befindet, die keinen Gedanken an die Gesundheit der Kunden, die Klimawirkung ihrer Produktion und die Arbeitsverhältnisse in den Betrieben verschwenden. Wenn sie es doch tun, dann nur, weil es zum Nachteil für ihre Rendite sein könnte.

Die »Europa-Lasagne« zeigt: Die systemischen Probleme unserer Wirtschaft und Gesellschaft manifestieren sich sogar in einem banalen Schichtnudelgericht aus der Truhe. Man muss nur den Schleier der Skandalrhetorik in den Medien lüften, schon werden rasch die prinzipiellen Zusammenhänge erkennbar. Die von politischer Seite verkündeten »Aktionspläne«, um etwa die Kontrollen zu verschärfen oder ein »Frühwarnsystem« zu etablieren, lenken allenfalls vom Grundproblem ab und sollen letztlich nur zeigen, dass man etwas getan hat. An den verheerenden Umständen der Lebensmittelglobalisierung ändert sich dadurch jedoch nichts.

Man könnte die Schultern zucken und darauf verweisen, dass die Konsumenten doch selbst schuld seien. Wer eine Tiefkühllasagne für 1,49 Euro in den Backofen schiebt, kann über eine unappetitliche Herstellung nicht ernsthaft erstaunt sein. Sollte nicht jedem klar sein, dass es nicht mit rechten Dingen zugehen kann, wenn Lebensmittel immer billiger werden, während zugleich die Preise allgemein steigen? Während diese Zeilen geschrieben werden, senkt ein Discounter übrigens vermutlich noch mal den Preis für seine Tiefkühllasagne auf 1,29 Euro.

Doch es wäre zu einfach, die Verantwortung allein beim mündigen Konsumenten zu verorten. Tatsächlich ist dieser Befund fatalistisch, irreführend und fahrlässig. Auch gut verdienende und gebildete Bürger greifen zum Billigprodukt. Sie verlassen sich, nicht zu Unrecht, auf den Staat, der mit seinen Lebensmittelkontrollen dafür sorgt, dass keine bedenklichen Waren verkauft werden. Zudem hat Stiftung Warentest den Kunden beigebracht, dass billige Produkte oftmals genauso gut oder besser sind als teure. Der Verbraucher weiß, dass viele Markenhersteller identische Waren gleichzeitig unter einem Billiglabel verkaufen. Andere verdrängen schlichtweg die Fakten, wissen vor lauter medial geäußerten Expertenmeinungen nicht mehr, was sie glauben sollen, oder denken: »Ist doch egal, auf mich kommt es nicht an.« Es gibt viele Gründe, warum wir nicht tun, was wir für richtig halten. Sie werden im ersten Kapitel beschrieben und machen anschaulich, dass die Zeit für das Konzept der Ökoroutine gekommen ist.

Preisdumping ist das Ergebnis eines radikalen Wettbewerbs, der zu niedrigen Standards führt. So niedrig, wie der Gesetzgeber es erlaubt. Der Konkurrenzdruck animiert zudem die Hersteller, selbst niedrigste Vorgaben zu unterwandern. Wenn schon Discounter sich gegenseitig aufrufen, mit dem Dumping Schluss zu machen, heißt das für uns ganz klar: Jetzt ist die Grenze des Erträglichen erreicht, wenn nicht längst überschritten. Hinter vorgehaltener Hand plädieren etliche Unternehmer bereits heute für Vorgaben von oben: Nur so ließen sich Auswege aus der Abwärtsspirale finden (S. 38).

Und tatsächlich sind hohe Qualität, verantwortungsvolle Produktionsmethoden und faire Löhne möglich. Sie kommen nur nicht von allein in die Welt. Sie werden auch nicht von Konsumenten an der Ladentheke initiiert. Notwendig sind systemische Problemlösungen. Also Konzepte, die das Problem an der Wurzel packen. Sprich: Ökoroutine als politisches Konzept (S. 346). Am Lasagne-Problem lässt sich das Grundverständnis der Ökoroutine aufzeigen. Ein erster Ansatzpunkt liegt bei den Transportzeiten. Statt Straßen, Seehäfen und Startbahnen weiter auszubauen und damit zu längeren Produktionsketten einzuladen, sind die Ausgaben auf die reine Erhaltung und Sanierung von Straßen und Flughäfen zu beschränken. Wenn sich in der Folge die Verkehrsströme verlangsamen, ist das ein gewünschter Effekt (S. 212).

Ein weiterer Ansatzpunkt sind die Transportkosten. Dieselsteuer und Maut können erhöht werden, Kerosin besteuert (S. 367). Ein Straßenbaustopp verhindert die weitere Expansion des Lkw-Verkehrs. Das verlangsamt den Transport womöglich, erst recht in Verbindung mit einem Überholverbot für Lkws. Noch ein Hebel ergibt sich in Hinblick auf die Tiertransporte. Dafür gibt es bereits strenge Regeln, zum Beispiel müssen die Tiere nach spätestens 29 Stunden Fahrt abgeladen werden. Diese Qual ermöglicht Transporte bis in die Türkei. Eine Begrenzung auf zwölf Stunden wäre im Sinne des Tierschutzes angebracht und stärkt zugleich die regionale Wertschöpfung. Sodann gilt es, die Tierhaltung zu verändern: Anspruchsvolle Standards für artgerechte Haltung könnten schrittweise etabliert werden, bis nach 20 Jahren EU-weit der Biostandard erreicht ist. Genehmigungen von weiteren Großschlachthöfen und Megaställen sollten unterbleiben (S. 90).

Darüber hinaus gibt es zahlreiche weitere Gestaltungsmöglichkeiten, um die Regeln für Warenhandel und Finanzmärkte zu beeinflussen. Das ist zwar kein leichtes Unterfangen, doch bei den Verhandlungen über Freihandelsabkommen wie TTIP zwischen den USA und der EU hat Deutschland beträchtlichen Einfluss, der genutzt werden könnte, um für einen ökofairen Rahmen zu sorgen. Dringend notwendig ist zudem die Regulierung der Kapitalmärkte. Hier soll keine Revolution vorgeschlagen werden, sondern die Rückkehr zum Ordnungsrahmen der 1970er-Jahre, welcher die Auswüchse der Spekulanten zuungunsten sicherer Kapitalmärkte verhindert hat. Dabei ließe sich endlich die seit Langem geplante Robin-Hood-Steuer für den Aktienhandel einführen. Finanztransaktionen würden dann mit durchschnittlich 0,05 Prozent besteuert werden, die Mittel würden der Armutsbekämpfung und dem Klimaschutz zugutekommen (S. 361). All diese Maßnahmen schaffen Anreize für kurze Transportwege, regionale und nachhaltige Erzeugung, kurze Wertschöpfungsketten und faire Löhne. Das ist die Logik der Ökoroutine.

Der Nachhaltigkeitsdiskurs ist nach wie vor geprägt vom Glauben an die Macht des Konsumenten. In der Umweltbewegung wird über das »richtige« Verhalten so viel geredet wie über das Wetter. Produzenten nehmen dieses Argument dankbar auf, verlagert es doch alle Verantwortung zum Konsumenten. Auch die Politik wiederholt permanent das Mantra vom umweltbewussten Verhalten und kann sich so vor unbequemen Entscheidungen drücken. Ökoroutine setzt hier einen Kontrapunkt. Im letzten Kapitel findet sich zum politischen Konzept der Ökoroutine eine ausführliche Erläuterung (siehe Kap. 11, »Ökoroutine als politisches Konzept«, S. 346). Es löst sich von umweltmoralischen Appellen und sorgt mithilfe von Standards und Limits dafür, dass sich der Wandel zur Nachhaltigkeit in weiten Teilen verselbstständigt. Unsere Technologien und Herstellungsverfahren werden so schrittweise naturverträglicher und effizienter und unsere Verhaltensweisen genügsamer. Ökoroutine basiert auf einer Koevolution von Technik und Kultur. Beispielsweise sorgen Standards dafür, dass Autos immer klimafreundlicher werden; Straßenbau- und Tempolimit beeinflussen unser Verhalten. Solche politischen Vorgaben lassen sich freilich nur ins Werk setzen, wenn die Wählerinnen und Wähler sie mittragen. Doch die zurückliegenden Erfahrungen zeigten, dass Ökoroutine uns in der alltäglichen Lebensführung entlastet.

Routinen prägen unseren Alltag. Ganz unbewusst profitieren wir dabei von Dutzenden Regeln und Standards, etwa auf dem Weg zur Arbeit: Der Wecker ist sicherheitstechnisch geprüft, die Kleidung darf bestimmte Schadstoffe nicht beinhalten, ebenso der Kaffee. Dessen Packung ist standardisiert, wie auch die Kennzeichnungen über die Zutaten und Nährstoffe auf dem Toastbrot. Das Auto wurde nach ISO-Norm hergestellt. Die Produzenten haben dabei zahlreiche staatliche Vorgaben beachtet. Auf dem Arbeitsweg beachten wir zahlreiche Vorgaben der Straßenverkehrsordnung; das Auto hat ein amtliches Kennzeichen. Die Arbeit selbst ist reglementiert durch Tariflohn, gesetzliche Arbeitszeiten und Sicherheitsvorschriften. All das wird selten als Zwangssystem empfunden, es ist Routine. In der gleichen Form ermöglicht uns das Konzept der Ökoroutine, das zu tun, was wir für richtig halten, ohne im Alltag darüber nachzudenken.

Kapitel 2

Warum nicht geschieht, was geschehen muss

Die globale Erwärmung ist eines der drängendsten Krisenphänomene unserer Zeit. Um sie zu bremsen, müssen die Treibhausgas-Emissionen drastisch reduziert werden, vor allem der Ausstoß von Kohlendioxid. Darin sind sich Politik, Wirtschaft und Zivilgesellschaft einig. Zwar gibt es bereits zahlreiche Maßnahmen zum Klimaschutz – Deutschland investiert etwa in den Ausbau von Ökostrom aus Wind und Sonne und hat Förderprogramme zur energetischen Gebäudesanierung aufgelegt –, doch gemessen an der Größe des Problems, sind die bisherigen Bemühungen unzureichend. Wir sind auf dem Weg zu einem achtsamen Umgang mit dem Planeten ins Stocken geraten.

Um die Erderwärmung – wie gerade in Paris beschlossen – auf höchstens zwei Grad zu begrenzen, dürfte jeder Bundesbürger im Jahr 2050 nur noch eine Tonne Kohlendioxid jährlich verursachen. Im Moment stehen wir bei knapp zehn Tonnen pro Jahr. Seit 2009, als die Wirtschaft durch die Finanzkrise einbrach und deshalb die Emissionen zurückgingen, geht es mit dem Klimaschutz nicht mehr so recht voran. Auch der Ressourcenverbrauch entwickelt sich nicht rückläufig, sondern verharrt auf unvermindert hohem Niveau.

Dass es beim Klimaschutz nicht so recht vorangeht, hat viele Gründe, die im nächsten Kapitel erörtert werden. Festzuhalten ist hier nur so viel: Offensichtlich wird es immer schwerer, den angestrebten Minderungspfad fortzuschreiben. Österreich beispielsweise lag mit seinen Treibhausgas-Emissionen einmal deutlich unter zehn Tonnen je Einwohner. In der Euphorie der Klimaverhandlungen versprachen sie 1997 in Kyoto, ihren Kohlendioxidausstoß um 13 Prozent zu reduzieren. Tatsächlich kam es

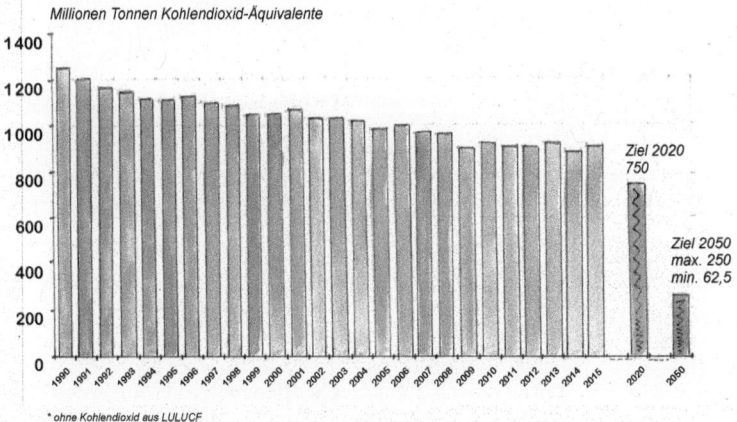

Abbildung 2 Die Kohlendioxidemissionen Deutschlands gehen seit einigen Jahren nicht weiter zurück.[3] LULUCF: *Land use, land-use change and forestry*

zu einer Zunahme von elf Prozent. Alle Anstrengungen der letzten Jahre haben gerade einmal bewirkt, dass man zwischen Bregenz und Wien beim Klimaschutz wieder auf dem Niveau von 1995 ist.

Mehr und mehr drängt sich der Eindruck auf, dass uns das Schwere erst noch bevorsteht. Es ist wie bei einer Diät. Die ersten Kilos fallen schnell, aber dann wird es immer schwerer, und zudem droht der Jo-Jo-Effekt. Viele Unternehmen haben längst in effizientere Technologien investiert, um Energie und damit auch Kosten zu sparen. Einfach verglaste Fenster gibt es kaum noch, viele Dächer sind bereits isoliert und Millionen Sparlampen montiert. Doch die niedrig hängenden Früchte zu ernten genügt nicht. Um den Ressourcenverbrauch zu verringern und die globale Erwärmung zu begrenzen ist es mit einer Diät nicht getan. Notwendig ist eine dauerhafte Ernährungsumstellung.

Der reservierte Staat

Keine Frage, zu viel Bürokratie kann die Effizienz und Effektivität der Wirtschaft einschränken, kann Kreativität und Innovationskraft behindern. Doch was wäre das rechte Maß für ordnungspolitische Maßnahmen? Wie stark soll sich der Staat in das Marktgeschehen einmischen? Die Bandbreite möglicher Antworten reicht vom Nachtwächterstaat, der sich auf den Schutz des Privateigentums und die Aufrechterhaltung der öffentlichen Sicherheit und Ordnung beschränkt, bis zum Sozialstaat, der weitreichende Regeln vorgibt, wie etwa das Mindesteinkommen.

Kapitalismus und freie Marktwirtschaft gelten seit dem Niedergang der osteuropäischen Wirtschaft als das überlegene Regime. Der Kommunismus des Ostblocks war geprägt durch Planwirtschaft und starke politische Steuerung. Diese Überregulierung schien verantwortlich für die Misswirtschaft zu sein. Das Scheitern der kommunistischen Systeme gab ab den 1990er-Jahren all jenen Auftrieb, die für einen Rückzug des Staates aus dem marktwirtschaftlichen Geschehen plädierten. Doch wer für einen starken Staat ist, muss nicht gegen den Kapitalismus sein: Seit den Finanzkrisen der vergangenen Jahre hat sich in den Industriestaaten wieder eine eher kritische Haltung zur Deregulierung entwickelt.

Die zurückliegenden Erfahrungen mit der freien Marktwirtschaft lassen es schwer vorstellbar erscheinen, dass sich mit noch weniger Regeln ein Mehr an Nachhaltigkeit bewirken lässt. Es scheint vielmehr so zu sein, dass die schrittweise Abschaffung der Marktregeln ein Nachteil für Klimaschutz und Ressourcengerechtigkeit war. Nun währt der Diskurs über die Frage »Wie viel Staat muss sein?« schon seit Jahrhunderten. Um darin die Ökoroutine zu verorten, sollen hier einige Vordenker verschiedener nationalökonomischer Grundströmungen Erwähnung finden.

Adam Smith

Eine der Grundannahmen der heute vorherrschenden Wirtschaftswissenschaft geht auf Adam Smith (1723–1790) zurück. In seinem Werk »Wohlstand der Nationen« beschrieb Smith den Egoismus des Einzelnen als *die* Triebfeder der Ökonomie: »Es ist nicht die Wohltätigkeit des Metzgers, des Brauers oder des Bäckers, die uns unser Abendessen erwarten lässt, sondern dass sie nach ihrem eigenen Vorteil trachten.« Jeder denkt also an sich und sorgt dabei unbewusst – wie von einer unsichtbaren Hand geleitet – für das Gemeinwohl.

Liberale Wirtschaftswissenschaftler leiten daraus ein radikales Freiheitspostulat ab: Maximale Freiheit fördere den Schaffensprozess des Einzelnen und diene der Gemeinschaft. So wird seit Jahrzehnten die fortschreitende Deregulierung der Märkte gerechtfertigt, um den Unternehmen und Anlegern möglichst viele Freiheiten zu gewähren. Allerdings ist diese Analyse fragmentarisch. Adam Smith selbst hielt nicht den »Wohlstand der Nationen« für sein Hauptwerk, sondern die »Theorie der ethischen Gefühle«. Moralisches Handeln beschrieb er darin als unabdingbar für nachhaltigen Wohlstand: Tugenden seien die Grundlage eines gesunden Kapitalismus.[4] Auf diesen Smith berufen sich die kritischen Ökonomen.

Gewiss gehört Egoismus zur menschlichen Natur. Doch daneben und darüber hinaus haben Menschen viele andere Motivationen, die den Tugenden zuzurechnen sind: Solidarität, Loyalität, Sympathie, Selbstlosigkeit usw. Gäbe es solche Motive nicht und Egoismus wäre tatsächlich der einzige Antrieb, dann müsste jeder jedem mit tiefstem Misstrauen begegnen. Solidarität zwischen Arbeitnehmern etwa im Arbeitskampf funktioniert aber nur durch gegenseitiges Vertrauen.

Genauso gibt es Unternehmer, die nicht nur ihren persönlichen Nutzen maximieren wollen, sondern auch Visionen für die Gesellschaft haben und an das Gemeinwohl denken. Ein berühmtes Beispiel lieferte Henry Ford. Er wollte ganz sicher seinen persönlichen Wohlstand vermehren, so wie es das Postulat der Wirtschaftsliberalen vorsieht. Doch Ford hat nicht nur viel Geld verdient, er war auch fair zu seinen Arbeitnehmern. Er verdoppelte die Gehälter seiner Mitarbeiter und verkürzte die wöchentliche Arbeitszeit von 48 auf 40 Stunden. Die Mitarbeiter sollten sich später selber einen Ford leisten können.[5] Verantwortungsvolles Unternehmertum wird in der klassischen Ökonomie nicht bedacht, wenn sie für ein Maximum an Freiheit für den Einzelnen und ein Minimum an Regeln argumentiert. Richtig ist, dass sich die Unternehmen heutzutage unter den Bedingungen eines knallharten Wettbewerbs kaum noch in der Lage sehen, das zu tun, was sie für richtig halten. Viele fordern daher selbst politische Vorgaben (S. 38). Hier setzt das Konzept der Ökoroutine an. Es schafft Raum für unternehmerische Tugenden.

Hayek und Friedman

In zentralwirtschaftlicher Planung sah Friedrich August von Hayek (1899–1992) die Grundlage für besorgniserregende Radikalisierungen. In seinem Werk »Der Weg zur Knechtschaft« beschrieb er sozialistische Bestrebungen als Wegbereiter für den Nationalismus. Diese Analyse leitet direkt über in Hayeks Forderung, staatlichen Interventionismus und die Planwirtschaft zurückzudrängen. Allerdings – und das wird häufig übersehen – war Hayek nicht der Meinung, das habe um jeden Preis und in jeder Hinsicht zu geschehen. Hayek sprach sich für sozialpolitische Maßnahmen aus, etwa für die Einführung eines Mindesteinkommens. Damit trug er der Erkenntnis Rechnung, dass Menschen sich nur entfalten können, wenn sie von der Sorge um die grundlegenden materiellen Bedürfnisse entlastet werden.[6]

Für Milton Friedman (1912–2006) manifestieren sich Rolle und Einfluss des Staates in der Staatsquote. Diese Kennzahl zeigt den Anteil der Staatsausgaben an der wirtschaftlichen Gesamtleistung einer Volkswirtschaft auf. Sie liegt in Deutschland bei 44 Prozent und in Frankreich bei 57 Prozent.[7] Friedman fand, dass zehn Prozent genügen würden. Im Sozialstaat sah er ein teures Monster. Führerschein, Ärztelizenzen und Schulpflicht gehörten abgeschafft. Absurd seien staatliche Altersversorgung und Mindestlohn.[8] Der Wirtschaftsprofessor aus Chicago gilt als Schlüsselfigur für den Trend zum Ausverkauf staatlicher Unternehmen und zum Abbau von Regelwerken. Zunächst, in den 1980er-Jahren, verfolgten nur Ronald Reagan und Margaret Thatcher[9] seine Ideen. Später machte sich in fast allen Industriestaaten eine Art Liberalisierungseuphorie breit. Milton Friedman dürfte sich auch über das Ende des Goldstandards[10] gefreut haben: Seiner Überzeugung nach sollte der Staat nur durch die Ausweitung der Geldmenge zu wirtschaftlichem Wachstum beitragen.

Keynes

Bis zu Reagan und Thatcher waren die Thesen John Maynard Keynes (1883–1946) Leitbild der Wirtschaftspolitik gewesen. Keynes vertrat die Einschätzung, dass Regierungen in wirtschaftlich schweren Zeiten die Konjunktur durch staatliche Ausgaben und gegebenenfalls auch

Schulden stützen sollten. In wirtschaftlich besseren Zeiten sollten die Schulden wieder getilgt werden. Gegen Mindestlohn und eine relativ hohe Staatsquote hätte Keynes wohl nichts einzuwenden gehabt. Schon seit jeher berufen sich daher die Gewerkschaften auf den britischen Ökonomen. Denn Lohnzurückhaltung ist laut Keynes gerade in der Krise unangebracht – schließlich können die Menschen dann weniger kaufen. Die zurückgehende Nachfrage schadet den Unternehmen, die weniger Umsatz machen. Schädlich ist es demnach auch, wenn sich die Sparkonten füllen: Die Güternachfrage sinkt und damit die Produktion.

Ökoroutine beruft sich an vielen Stellen auf Keynes. Der weitsichtige Ökonom hat schon damals über wichtige Themen nachgedacht, die uns heute noch beschäftigen. Seine Überlegungen sind beispielsweise relevant, wenn es um wöchentliche Arbeitszeiten, Grenzen des Wachstums, Suffizienz, Freihandel und Regionalgeld geht.

Ungezügelter Kapitalismus

Eine zumindest kurze Auseinandersetzung mit unserem volkswirtschaftlichen System ist unvermeidlich, wenn man darüber nachdenkt, warum wir nicht tun, was wir für richtig halten. Seit der letzten Finanz- und Wirtschaftskrise wird der Kapitalismus wieder kritischer beurteilt. Doch hat uns der freie Wettbewerb zweifellos wachsenden Wohlstand beschert. Kapitalismus an sich ist nicht gut oder böse. Er ist ein System, dessen Intention die Geldvermehrung ist – Moral spielt dabei zunächst keine Rolle.

Beispielsweise war der Kapitalismus Treiber des Sklavenhandels zwischen Afrika und Nordamerika. Die Wohlhabenden in Großbritannien investierten ihr Geld an der Börse in Sklavenhändlergesellschaften oder gaben es einer Bank. Die Bank wiederum gab den Menschenhändlern ein Darlehen. Es winkte eine üppige Rendite: Die Sklavenhändler verkauften ihre Waren an der afrikanischen Goldküste. Von dort deportierten sie Menschen nach Amerika, wo sie sie als »Ware« verkauften und im Gegenzug Rohstoffe und nicht zuletzt Gold aufnahmen und zurück nach Europa schifften. Das war globale Marktwirtschaft in ihren Anfängen. Kapitalismus kann tödlich sein.

Das Konzept der Ökoroutine mag an vielen Stellen radikal wirken, es brütet gleichwohl nicht über der Frage, ob es besser wäre, den Kapitalismus abzuschaffen. Manche mögen davon träumen, doch aussichtsreich und umsetzungsrelevant ist diese Diskussion über »dafür oder dagegen« nicht. Vielmehr soll es hier um die Frage gehen, welche marktwirtschaftlichen Bedingungen einen achtsamen Umgang mit Ressourcen behindern oder begünstigen und den sozialen Frieden erhalten. Die Entwicklungen der zurückliegenden Jahrzehnte zeigen deutlich, dass Kapitalismus extrem unterschiedliche Ausprägungen und Effekte haben kann. Auch von Land zu Land gibt es große Unterschiede, etwa in den USA, Deutschland und Schweden.

Bedeutsam erscheint in der Betrachtung der Wirtschaft rückblickend der Mauerfall. Bis dahin gab es noch den Systemgegner Kommunismus, es galt also zu vermeiden, dass sich die Menschen in den westlichen Demokratien zum Gegensystem hingezogen fühlten. Mit der sozialen Marktwirtschaft ist das in Deutschland gelungen. Doch nach der Wende gab es keinen Grund mehr, bei der Geldvermehrung weiterhin das Gemeinwohl zu beachten.[11]

Geld und Zins

Im September 2015 hat die UN-Vollversammlung in New York die neuen »Sustainable Development Goals« beschlossen. Die Entscheidung ist ein Meilenstein: In den kommenden 15 Jahren soll der Umbau in Richtung Nachhaltigkeit weltweit gelungen sein. Ein großes Ziel – doch es gibt zahlreiche Faktoren, welche die Fahrt noch bremsen.

Ein zentraler Bremsfaktor ist die gegenwärtige Geld- und Zinswirtschaft. Die Diskussion darüber kam nicht erst mit der wachstumskritischen Bewegung Ende der 2000er-Jahre auf. Es ist vielmehr ein Diskurs, der sich schon seit Jahrtausenden hinzieht: Schon die Bibel befasst sich an verschiedenen Stellen mit den gesellschaftlich negativen Eigenschaften des Zinses. Wohl deswegen war Zinsen zu nehmen den Christen lange untersagt. Wer sich nicht daran hielt, musste mit einer Strafe rechnen. Da nur wenige geneigt waren, ohne Zinsen Geld zu verleihen, wurden Kredite meist bei Juden aufgenommen. Auch diesen verbot das Alte Testament zwar die Zinswirtschaft, doch es blieb ihnen kaum etwas anderes übrig, denn der Geldverleih »zählte zu den wenigen Tätigkeiten, die Juden im mittelalterlichen Zentraleuropa ausüben durften«.[12] Auch im Islam gilt bis heute das Zinsverbot.

Geld und dessen unendliche Vermehrung zwingt unser Wirtschaftssystem zum Wachstum. Wenn beispielsweise ein Start-up-Unternehmen sich bei einer Bank Geld leiht, um Entwicklung, Fertigung, Marketing usw. zu finanzieren, muss der Verkauf des Produktes nicht nur die Kosten für die Löhne, Mieten und Materialien einspielen. Das Unternehmen hat darüber hinaus den fälligen Kreditzins zu erwirtschaften. Es muss also mindestens im Umfang des zu entrichtenden Zinses wachsen. Wie kann es sein, dass der Gesamtheit aller Unternehmen dies gelingt? Das ist nur möglich, wenn ständig Geld zufließt.[13]

Anfang der 1970er-Jahre gab man die Bindung der Geldmenge an Goldreserven komplett auf. Bis dahin war es seit dem Ende des Zweiten Weltkriegs zu keiner Finanzkrise gekommen, doch nun konnten Zentralbanken die Geldmenge uneingeschränkt vergrößern.[14] Diese kontrollieren sie allerdings nur indirekt über den Leitzins. Auch die normalen Hausbanken vermehren die Geldmenge. Und so steht letztlich unendlich viel Geld zur Verfügung, um das beständige Wachstum der Unternehmen zu ermöglichen.

Der systemisch angelegte Wachstumszwang wäre womöglich unproblematisch, wenn nur solche Betriebe ihre Produktion ausweiten würden, die keine klimaschädlichen Emissionen produzieren und endliche Ressourcen verbrauchen. Bei allen anderen bremst der durch Zins bedingte Wachstumszwang, dass der Wandel zu einer dauerhaft umweltgerechten Entwicklung Fahrt aufnimmt.

Natürlich ist das Thema Geld viel komplizierter als hier dargestellt. Dennoch gibt es verschiedene Konzepte, wie sich die Geldwirtschaft und letztlich auch der Kapitalismus reformieren und steuern lassen. Eines davon ist das sogenannte Vollgeld. Ein anderes, ergänzendes, das Regionalgeld, welches bereits in der Praxis angewendet wird (S. 315).

Freihandel

Getragen von der Idee, der freie Markt befördere das Wohl der gesamten Menschheit, wurden die Regeln für den internationalen Waren- und

Kapitalverkehr schrittweise abgebaut. Diesen Prozess nannten die Experten später »Globalisierung«. Das Phänomen wurde bisweilen beschrieben wie ein Naturereignis. Als Grund wurden zum Beispiel die gesunkenen Transportkosten oder die Beschleunigung der Kommunikation genannt. Doch zum Fundament der Globalisierung zählt auch die Beseitigung von Regeln. Zunächst mag das tatsächlich seine Vorzüge mit sich gebracht haben. Doch inzwischen entsteht der Eindruck, dass es etwa bei der geplanten Transatlantischen Handels- und Investitionspartnerschaft (TTIP) zwischen der EU und den USA nicht mehr um das Wohl der Menschen, sondern vielmehr um die Interessen der Anleger geht. Es ist nicht vermessen zu behaupten, dass TTIP ein Bremsfaktor für eine dauerhaft umweltgerechte Entwicklung ist. Das Kernargument der Befürworter und Initiatoren lautet, das Abkommen fördere das Wirtschaftswachstum. Das sei gut für den Wohlstand und damit auch gut für die Menschen. Untermauern sollen dies wirtschaftswissenschaftliche Studien, die allerdings sehr umstritten sind. Doch nehmen wir einmal an, die optimistischen Szenarien träfen tatsächlich ein. Die prognostizierten Wachstums- und Beschäftigungseffekte wären dennoch so gering, dass sie für die Bürgerinnen und Bürger in Europa unterhalb der Wahrnehmungsschwelle liegen. Oder wie soll man ein zusätzliches Wachstum von 0,1 Prozent sonst bezeichnen?

Zugleich ist offenkundig, dass unsere Überflussgesellschaft überhaupt nicht mehr Wohlstand benötigt, sondern allenfalls eine gerechtere Verteilung des Wohlstands. Und was wäre der Preis für diesen wachstumspolitischen Schluck aus dem Freihandelsfläschchen? Europa und Amerika würden ihre bestehenden Standards, gleich, ob gut oder schlecht, gegenseitig unbefristet anerkennen. Eine Verbesserung der Standards wäre nicht mehr möglich.

Die Befürworter des Freihandels werben mit harmlosen Beispielen für den Abbau von bürokratischen Hemmnissen für die Unternehmen, wie etwa die unterschiedlichen Normen für den Dachhimmel oder die Blinker von Autos. Bei einheitlichen Standards müssten die Komponenten nicht doppelt entwickelt und produziert werden. Sie verschweigen die geplante Vereinheitlichung von sozialen und ökologischen Standards. Die Amerikaner müssten dann mit Produkten leben, deren Vorschriften nicht den amerikanischen Ansprüchen genügen. Umgekehrt hätten die Europäer Hormone im Fleisch zu akzeptieren.

Das Grundproblem ist ein unterschiedlicher Umgang mit Umwelt- und Gesundheitsrisiken: Das Vorgehen der Europäischen Union basiert auf dem Vorsorgeprinzip. So müssen die Unternehmen für jeden Stoff nachweisen, dass von ihm keine beträchtlichen Gefahren ausgehen, bevor er zugelassen werden kann. In den USA ist der Ansatz genau andersherum: Dort spricht man beschönigend von »wissenschaftlich basierten Bewertungsgrundsätzen«. Risiken für bestimmte Stoffe werden akzeptiert, bis eine von ihnen ausgehende beträchtliche Gefahr nachgewiesen ist. Aus diesen Gründen ist eine große Zahl von Stoffen in der EU verboten, während sie in den USA zugelassen sind. Nach allem, was über die geheimen TTIP-Verhandlungen bisher bekannt geworden ist, wird sich daran jedoch wohl auch in naher Zukunft nichts ändern.[15]

Aber auch auf anderen Gebieten brächte das Freihandelsabkommen Probleme für eine nachhaltigere Zukunft mit sich: Wenn sich die Freihändler auf einen niedrigen Standard einigen, gibt es erst mal kein Zurück. Möchte eine von beiden Seiten die Standards anheben, ginge das nur, wenn der Handelspartner zustimmt. Als wäre es ohnehin nicht schon schwer genug, auf europäischer Ebene beispielsweise Standards für verantwortungsvollere Tierhaltung zu etablieren, müsste nun auch noch die Zustimmung der USA eingeholt werden. Dort sind wiederum Heerscharen von Lobbyisten mit nichts anderem befasst, als strengere Vorgaben zu bekämpfen. Die Transformation zur Nachhaltigkeit würde somit von der Zustimmung der Vereinigten Staaten abhängig gemacht. Dasselbe gilt bereits bei anderen Abkommen, etwa bei CETA zwischen der EU und Kanada. Strengere Vorgaben, ob für die Landwirtschaft oder die Automobilindustrie, rücken so in weite Ferne.

So populär die Diskussion über das TTIP-Abkommen ist, so wenig nimmt die Öffentlichkeit die Vorgaben der Welthandelsorganisation (WTO) wahr. Vor zwanzig Jahren gegründet, regelt sie weltweit die Handels- und Wirtschaftsbeziehungen von inzwischen 160 Nationen. Kernziel ist der Abbau von Handelshemmnissen wie beispielsweise Subventionen oder anderen Methoden, mit denen Staaten versuchen, ihre Wirtschaft vor der Konkurrenz im Ausland zu schützen. Fördergelder

Abbildung 3 Wir leben im totalen Überfluss und sollen durch den Abbau von »Handelsbarrieren« noch wohlhabender werden. Foto: Anja Roesnick, fotolia.com

für eine Solarfabrik sind mit den WTO-Regeln ebenso wenig vereinbar wie Vorgaben zur lokalen Wertschöpfung. In Kanadas südöstlicher Provinz Ontario sollten beispielsweise mindestens 40 bis 60 Prozent der Arbeitskräfte und Materialien aus der Regionen stammen. Nur dann kamen die Lieferanten in den Genuss der Fördergelder.[16] Das gut gemeinte Konzept, Klimaschutz und soziale Sicherung miteinander zu verbinden, endete mit Klagen aus Japan und der Europäischen Union. Die Bestimmungen entsprachen nicht den Regeln für Freihandel und wurden zurückgenommen, und die Investoren entzogen den Solarfabriken in Ontario ihr Kapital.[17]

In ihrem Buch »Die Entscheidung« hat Naomi Klein mit vielen Beispielen dokumentiert, wie die Förderung der erneuerbaren Energien allenthalben über die WTO sabotiert wird: Die Vereinigten Staaten klagen gegen ein chinesisches Programm zur Förderung der Windenergie; China klagt gegen die Europäische Union, die Amerikaner gegen Indien, Indien gegen Amerika und so weiter.[18] Wenn man bedenkt, dass allein zwischen 2009 und 2011 die staatlichen Subventionen für die Kohlenstoffindustrie von 312 Milliarden Euro auf unvorstellbare 523 Milliarden Euro gestiegen sind,[19] stellt sich der Eindruck ein, hier wird mit zweierlei Maß gemessen.

Eigentlich soll der Freihandel den Wohlstand der Menschen mehren oder zumindest dafür sorgen, dass wir ein gutes Leben führen können. Dieses Ziel ist womöglich aus dem Blick geraten: Wir leben im totalen Überfluss und sollen durch den Abbau von »Handelsbarrieren« noch wohlhabender werden. Zudem unterwandern Schiedsgerichte den Klimaschutz. Das muss nicht so bleiben – Regeln kann man ändern. Statt weitere Freihandelsabkommen bräuchte man eine ökofaire Reform der Welthandelsorganisation. Solange das nicht gelingt, ist Nichtstun die bessere Alternative (s. »Regeln für den Freihandel«, S. 363).

Deregulierung der Kapital- und Finanzmärkte

Die Gewinnerwartungen der Anleger zwingen Unternehmen zum Wachstum. Dieser Zwang hat sich seit den 1980er-Jahren dank gelockerter Regeln für den Kapitalmarkt beständig erhöht. Er ist in seiner gegenwärtigen Verfassung einer der zentralen Bremsfaktoren für nachhaltige Entwicklung.

Ausgehend von den USA und Großbritannien, haben die Industrieländer den Kapitalverkehr liberalisiert und die nationale Kontrolle von Anlageprodukten und Finanzmarktakteuren – also von Banken, Investmentbanken, Pensionsfonds, Investmentfonds, Hedgefonds, Private-Equity-Fonds – geschwächt oder ganz fallen gelassen. Veräußerungsgewinne hat man von der Steuer befreit und den Spielraum für Aktienrückkauf und variable Managervergütungen erweitert sowie Mehrfach- und Höchststimmrechte abgeschafft. Finanzmarktakteure verlegten ihren Sitz zunehmend offshore, wo sie keinen Genehmigungs- oder Transparenzpflichten und keinen Vorschriften über Eigenkapitaldeckung der maximal zulässigen Risiken unterliegen. Das Kreditgeschäft musste nicht mehr vom Investmentbanking getrennt werden. Investmentbanken konnten dadurch auf beiden Seiten des Marktes zugleich agieren und Insiderwissen über die Akteure beider Seiten sammeln, das ihnen einen nie da gewesenen Machtvorsprung gab. Banken können Geschäfte auf Tochtergesellschaften auslagern, sodass sie außerhalb ihrer Bilanz und der für sie geltenden Restriktionen bleiben. Zahlreiche weitere Kontrollmechanismen haben die Staaten abgeschafft und den Exzess der Finanzmärkte in Gang gebracht.[20] Besonders kritisch wird es, wenn Spekulationen über Kredite finanziert werden, weil die Zinsen niedriger sind als die zu erwartenden Börsenwerte. Das erhöht nochmals den wirtschaftlichen Wachstumszwang.[21] Insgesamt hat die Finanzmarkt-Deregulierung nicht nur die Wirtschaftskrise 2008 heraufbeschworen,[22] sondern auch ein sozial und ökologisch verantwortungsvolles Handeln der Unternehmen behindert.

Inzwischen ist der Hochfrequenzhandel an den Börsen gang und gäbe. Im Takt von hundertstel Sekunden entscheiden Computerprogramme auf der Grundlage von Algorithmen, welche Aktien gekauft oder verkauft werden. Die Machenschaften der Spekulanten sind selbst von Experten kaum noch zu durchschauen. Symptomatisch für den undurchsichtigen Handel sind die sogenannten Darkpools, bank- und börseninterne Handelsplattformen für den anonymen Handel mit Finanzprodukten.

2008 erlaubte die EU den rein elektronischen Handel, um mehr Wettbewerb unter den Börsen zu schaffen. Doch seitdem entstanden auch sehr spezielle elektronische Handelsplätze, zu denen nur wenige Menschen Zugang haben. An sich soll die Börse Angebot und Nachfrage transparent machen. Darkpools und Hochfrequenzhandel bewirken das Gegenteil: Außenstehende erfahren nicht, wer hier was zu welchem Preis handelt. Die Händler bieten anonym Aktien zum Kauf an. Ein anonymer Verkäufer kann seine Angebote weltweit in verschiedenen Darkpools platzieren. Interessenten geben Gesuche auf, ohne zu wissen, ob gerade solche Aktien angeboten werden. Eine Software bringt dann Gebote und Gesuche zusammen. Anders als bei normalen Börsen erfährt so keiner, dass überhaupt ein Handel stattgefunden hat.[23]

Shareholder-Value versus Public-Value

Gerade passend zur Finanzkrise kam der Film »Der große Ausverkauf« in die Kinos. Die Dokumentation berichtet über die Folgen der zunehmenden Privatisierung auf der ganzen Welt. Zu sehen sind teilweise haarsträubende Geschichten: rasant steigende Energie- und Wasserpreise, Zerfall der britischen Eisenbahn und elendige Zustände in Krankenhäusern. Wie im Rausch haben Politiker weltweit und auch in Deutschland Gemeingüter zur Daseinsvorsorge an den Meistbietenden veräußert.

Seit den 1980er- und 1990er-Jahren haben viele Kommunen ihre öffentlichen Dienstleistungen in den Bereichen Energie, Verkehr, Wasser, Gesundheit, Abfall und Wohnen privatisiert. Dabei ging man davon aus, die bürokratische Führung der Daseinsvorsorge sei träge, aufwendig und nicht kundenorientiert. Daher setzte sich zunächst die Überzeugung durch, private Unternehmen arbeiteten deutlich effizienter als die öffentliche Hand, seien flexibler, lieferten bessere Qualität und seien zugleich günstiger.

Übersehen hat man in der Euphorie, dass auch ein öffentliches Unternehmen effektiv und effizient wirtschaften kann, wenn man die Rahmenbedingungen dafür schafft. Mancherorts genügte es, den Kommunalbetrieb in eine GmbH umzuwandeln. In der Konsequenz haben Kaufleute die doppelte Buchführung eingeführt, es gab ordentliche Gewinn-und-Verlust-Rechnungen, der Bürger wurde zum Kunden, und es gab keine Verbeamtungen mehr. Über den Aufsichtsrat sicherte sich die Politik indes ein Mitspracherecht über die großen Linien der Unternehmensentwicklung. Sobald die Unternehmen profitabel wurden, flossen die Gewinne an die Gemeinden. So weit war alles gut. Doch kaum waren die Unternehmen fit für den Markt, ging der große Ausverkauf los, mit all seinen beklagenswerten Resultaten. Man hat nicht nur privatisiert, sondern verkauft, um die öffentlichen Haushalte zu sanieren. Das galt als klug und war doch töricht und litt an der Selbstüberschätzung, dass sich private Investoren durch gut ausgeklügelte Verträge zur Gemeinwohlorientierung verpflichten ließen. Doch Anleger wollen Gewinne: Der Kapitalmarkt entscheidet über das Wohl und Wehe eines börsennotierten Unternehmens, nicht die Politik. Aktienfonds versprechen ihren Anlegern enorme Gewinne, die sie dann von den Unternehmen einfordern. Die Rendite zählt, nicht selten kurzfristig und um jeden Preis. Seither haben wir uns daran gewöhnt, dass selbst gesunde Unternehmen Tausende Arbeitnehmer auf die Straße setzen, um die Rendite zu steigern.

Es liegt in der inneren Logik des Shareholder-Wesens, dass Ressourcenverbrauch, Umweltverschmutzung und unfaire Arbeitsbedingungen hingenommen werden, um den Gewinn zu steigern. Man kann den Vorständen kaum einen Vorwurf daraus machen. Viele habe dennoch etwas für den Klimaschutz getan. Beispielsweise haben die deutschen Stahlproduzenten bereits umfangreich in effiziente Technologien investiert. Aber in der Regel wird erwartet, dass sich die Maßnahme in zwei bis drei Jahren rechnet. Alles, was darüber hinausgeht, wird nur gemacht, wenn der Gesetzgeber es verlangt, denn der Anleger möchte nicht auf seine Rendite warten.

Schlaglicht: *Die Chefs von Shareholder-Unternehmen können sich nicht beliebig für das Gemeinwohl engagieren. Das musste schon Henry Ford feststellen. Er wollte, dass sich jeder amerikanische Farmer sein berühmtes »Model T« leisten konnte. Der Wagen sollte so billig werden, dass auch seine eigenen Angestellten den Wagen kaufen konnten. Darum hat er auf Gewinne verzichtet und mit dem Geld ständig neue Fabriken bauen lassen. So hat er die Preise durch Massenfertigung gesenkt, von 850 auf 500 Dollar. [...] Später setzte er sich dafür ein, dass sein Unternehmen der Gesellschaft und den Menschen dient. Er hat, anstatt Gewinne anzuhäufen, die Löhne seiner Arbeiter immer weiter angehoben, obwohl er am Markt weit billigere Arbeitskräfte finden konnte. Im Jahr 1920 haben die Brüder Dodge Ford deswegen verklagt. Sie hielten zehn Prozent der Anteile an der Ford Motor Company. Diese beiden Minderheitsaktionäre verlangten, dass Henry Ford höhere Dividenden an seine Aktionäre auszahlen sollte. Ford erklärte dem Gericht prompt, dass er das nicht tue und auch in Zukunft nicht tun wolle. Das Gericht hat den Dodge-Brüdern recht gegeben und ein weitreichendes Urteil gefällt: Der Zweck eines Unternehmens liege allein darin, seine Eigeninteressen zu verfolgen. Ford, dem immerhin mehr als die Hälfte des Unternehmens gehörte, musste seinen Aktionären Dividenden auszahlen.*[24]

Wettbewerbsdruck

Ist die Welt durch die Liberalisierung von Staatsbetrieben besser geworden? Ja, sagen die Befürworter und verweisen auf die Vorzüge des befreiten Telefonmarktes. In der Zeit des Monopols sei Telefonieren teuer und der Service schlecht gewesen. Durch die Liberalisierung habe sich das geändert, Telefonieren sei billig und der Service besser geworden. Das lässt sich nicht bestreiten. Doch ein weiteres Beispiel dieser Art ist kaum zu finden.

Schon beim Postmonopol für Pakete und Briefe sind die Resultate weniger überzeugend: Zum einen sanken die Preise für Warensendungen nach Beendigung des Monopols weniger deutlich als erwartet, zum anderen wirkt sich der Wettbewerb im Pakethandel negativ auf unsere Gesundheit, Lebensqualität und den Klimawandel aus, denn jedes Paketunternehmen fährt nun sämtliche Stadtteile und Regionen ab. In ein und dieselbe Siedlung fahren am Tag rund fünf Paketwagen. Damit vervielfacht sich die Belastung mit Schadstoffen und Lärm. Auch die gesamte Infrastruktur, etwa die Verteilstellen und Fahrzeuge, potenziert sich um den Faktor fünf. Mehr Wettbewerber sind also nicht automatisch zum Vorteil für den Kunden und schon gar nicht für die nächsten Generationen.

Zudem muss sich jeder Betrieb gegenüber seinen Wettbewerbern behaupten. Angenommen, der größte Sportartikelhersteller der Welt würde sein gesamtes Angebot schrittweise auf ökofaire Produkte umstellen. In der Folge würden Laufschuhe und Sportbekleidung deutlich teurer, viele Konsumenten würden zur Konkurrenz wechseln. Weil das absehbar ist, würden die Aktionäre eine solche Strategie nicht unterstützen.

Wenig zimperlich wären die Anleger wohl auch gewesen, wenn einer der großen Energieversorger Deutschlands bereits Mitte der 1990er-Jahre angekündigt hätte, fortan nur noch in Strom aus Sonne und Wind zu investieren. Ein dramatischer Einbruch an der Börse wäre vermutlich die Folge gewesen. Warum auch soll ein Energieversorger mit viel Geld die Effizienz in Haushalten verbessern, wenn es der Wettbewerber nicht tut? Damit versetzt sich das Unternehmen objektiv in einen Nachteil. In der Folge zieht der Kapitalmarkt sein Geld ab. Gegenüber dem Kapitalmarkt lässt sich nur sehr begrenzt nachhaltiges Engagement vertreten.

Der unheilvolle Wettbewerbsdruck hindert Unternehmen, das zu tun, was moralisch geboten wäre.

Bei RWE beispielsweise sind es nicht zuletzt die kommunalen Anteilseigner, die am Kohlepfad des Unternehmens so lange wie möglich festhalten wollen. Inzwischen geht die überkommene Strategie des Essener Energiekonzerns nicht mehr auf, das Kohlegeschäft garantiert keine üppigen Gewinne mehr. Nun klagen die betroffenen nordrhein-westfälischen Kommunen über ausbleibende Dividenden, die ihre ohnehin überschuldeten Haushalte weiter belasten, und bekämpfen die Vorschläge der Bundesregierung zum schrittweisen Ausstieg aus der Kohle – obwohl sie damit nur den überfälligen Strukturwandel hinauszögern.

Wettbewerb zwischen Kommunen

Viele Städte befinden sich in einer vergleichbaren Lage. Welcher Bürgermeister traut sich schon, den motorisierten Individualverkehr in der Stadt zu begrenzen? »Dann fahren die Menschen aus dem Umland doch zum Einkaufen in die Nachbarstadt«, lautet das Argument. Das wäre schlecht für den Einzelhandel, schlecht für die Wirtschaftslage, schlecht für den Arbeitsmarkt. Mit der gleichen Begründung werden immer mehr Grünflächen für Gewerbe und Einfamilienhäuser erschlossen. So sollen die wichtigsten kommunalen Einnahmen – die Gewerbesteuer und der kommunale Anteil an der Einkommenssteuer – gebunden und die Abwanderung ins Umland verhindert werden. Dies geschieht mit der Rechtfertigung: »Wenn wir das nicht anbieten, macht es die Nachbargemeinde.« Die lockt ohnehin mit Dumpingpreisen für Grundstücke und niedrigeren Gewerbesteuern.

In ihrem zerstörerischen Wettstreit schrecken die Städte und Gemeinden auch nicht vor dem Aus- und Neubau von Straßen und Flughäfen zurück. Jeder Entscheidungsträger ist sich zwar durchaus bewusst, dass der zunehmende Flugverkehr die globale Erwärmung beschleunigt und ganze Landstriche »verlärmt«. Aber das Risiko, durch Nichtstun den Anschluss zu verpassen, scheint zu groß. Es ist ein Rennen, bei dem die Beteiligten am Ende nur verlieren können – es sei denn, sie treffen interkommunale Absprachen oder die bundespolitischen Rahmenbedingungen ändern sich.

Wie schwer es fällt, sich dem Wettbewerbsdruck zu entziehen, veranschaulicht eine Schildbürgergeschichte vom »Bergischen Städtedreieck«. Eigentlich möchten die Städte Remscheid, Solingen und Wuppertal kooperieren. Doch bei der Frage, an welchem Standort ein großes Factory-Outlet-Center entstehen soll, entzündet sich ein erbitterter Streit. Anstatt sich zu verständigen, klagen die drei Städte gegeneinander und verstricken sich in einen grotesken Wettlauf um scheinbare Vorteile, der schließlich zum Bau von drei Einkaufszentren führt. Dabei stehen die kleinen Einzelhändler in den Innenstädten durch den Versandhandel längst unter großem Druck. Doch die Nulloption – den Verzicht auf ein neues Outlet-Center auf der grünen Wiese – haben die Stadtväter gar nicht erst in Erwägung gezogen und damit die Problemlage für alle aktiv verschärft.[25]

Wettbewerb zwischen Staaten, Schülern und Arbeitnehmern

Auch Staaten gehen in Konkurrenz zueinander – mit teils verheerenden Folgen. Von einem »race to the bottom«, einem »Abwärtswettlauf«, sprechen die Ökonomen, wenn im globalisierten Wettbewerb die Sozial-, Arbeits- und Umweltstandards immer weiter gesenkt werden. In den Medien allgegenwärtig sind Berichte über Unternehmen mit fantastischen Börsenwerten und minimalen Steuerausgaben. Auf der Suche nach der Steueroase spielen sie die Nationen gegeneinander aus.

Der internationale Wettbewerbsdruck macht sich bis in den Alltag von Schülern bemerkbar. Möglichst früh, möglichst effektiv und umfangreich sollen sie sich das notwendige Wissen aneignen, um später mithalten zu können. Unterricht schon im Kindergarten: Warum nicht? Abitur in zwölf Jahren? Muss sein, damit junge Menschen eher und länger arbeiten können. Englisch in der Grundschule? Wer etwas auf sich hält, wird seinen Kindern diese Möglichkeit sichern. Betrachtet man Deutschland im internationalen Vergleich, ist sogar noch viel Luft für Leistungssteigerung. In China und Japan werden Kinder schon im Vorschulalter für die Karriere gedrillt. All das muss sein, lassen die Wirtschaftsverbände und Unternehmen aller Länder verlautbaren. Wer nicht mitzieht, bleibt beim Kampf ums Wachstum auf der Strecke. So betrachtet, ist »lebenslanges Lernen« keine Formel für ein gutes, angenehmes Leben voller Herausforderungen, sondern verkommt zum Zwang. Stress, Mangel, Zeitnot, Zwiespalt und falsch verstandener Ehrgeiz sind die Kennzeichen des Bildungswettkampfes.

Aus derselben Wettbewerbslogik ergeben sich auch ständig steigende Anforderungen für die Arbeitswelt. Einen gesellschaftlichen Diskurs um Arbeitszeitverkürzungen gab es zuletzt in den 1980er-Jahren. Seither geht es um Verdichtung, längere Arbeitszeiten und Wochenendarbeit (s. Kapitel »Arbeiten«, S. 238).

Um für steigende Umsätze und Wirtschaftswachstum zu sorgen, werden immer häufiger verkaufsoffene Sonntage und Moonlightshopping eingeführt. Die Resonanz ist groß, keine Kommune möchte da außen vor bleiben. Viele Geschäfte haben längst bis 22 Uhr oder gar die ganze Nacht geöffnet. Wenn Lidl, Netto und Aldi am selben Standort sitzen, muss nur einer seine Öffnungszeit von 20 auf 22 Uhr verlängern, und sofort ziehen alle mit. Dass die Ansiedlung von drei Discountern auf engstem Raum ungefähr so sinnvoll ist wie drei Postfilialen in einer Dorfstraße, kommt den Stadtplanern selten in den Sinn.

Manager fordern radikalere Vorgaben der Politik

Wettbewerb ist eine gute Sache, wenn es denn ethische Spielregeln gibt. Wie jeder Fußballfan weiß, gäbe es ohne klare Regeln, Schiedsrichter, Rote und Gelbe Karten ein Hauen und Stechen und vermutlich kein ansehnliches Spiel – weder für die Zuschauer noch für die Akteure auf dem Feld. Aber wenn die Richtung vorgegeben ist, kann selbst der härteste Konkurrenzkampf die Transformation zur Nachhaltigkeit fördern.

In vielen Unternehmen haben die Verantwortlichen das bereits erkannt. Längst nicht mehr nur hinter vorgehaltener Hand fordern sie einen strengeren Ordnungsrahmen, um beim Thema Nachhaltigkeit voranzukommen. Es klingt fast unglaublich, aber acht von zehn Managern aus der Wirtschaft wünschen sich »radikalere Vorgaben von der Politik«, ergab eine Umfrage der Vereinten Nationen und der Unternehmensberatung Accenture unter 1 000 Konzernchefs aus 100 Ländern. Damit die Idee der Nachhaltigkeit nicht nur auf sporadische Fortschritte beschränkt bleibt, sondern sich zu einem kollektiven

Transformationsprozess entwickelt, braucht es nach Überzeugung der Manager klare ordnungspolitische Entscheidungen auf globaler, nationaler und lokaler Ebene.[26]

Konzernchefs wünschen sich strenge Vorgaben

Abbildung 4 Acht von zehn Managern aus der Wirtschaft wünschen sich »radikalere Vorgaben von der Politik«. In anonymen Befragungen fordern sie einen strengeren Ordnungsrahmen, um beim Thema Nachhaltigkeit voranzukommen.[27]

Bei der Ökodesignrichtlinie der Europäischen Union gelingt dies schon recht gut: Seit 2009 gibt die EU über diese Richtlinie Anforderungen an die umweltgerechte Gestaltung elektrischer Geräte vor (s. »Die Ökoroutine für Strom«, S. 146). Als kürzlich neue Standards für die Effizienz und Haltbarkeit von Staubsaugern ausgearbeitet wurden, waren Vertreter von Umweltinstituten, Industrieverbänden, der EU-Kommission und den betroffenen Unternehmen wie Hoover, Vorwerk, Miele und Bosch-Siemens beteiligt. Einige wollten ambitionierte Vorgaben, andere besonders hohe Standards. »Die Industrie beklagt sich nicht«, stellte die FAZ fest.[28] Im Gegenteil, die Unternehmen können gut damit leben, dass Standards fortlaufend verbessert werden. Unterm Strich profitieren sie von dem Anreiz, ihre Produkte kontinuierlich verbraucher- und umweltfreundlicher zu machen.

Wachstum

Unsere Wachstumslogik stellt das Nachhaltigkeitspostulat grundsätzlich infrage. Um für beständiges Wirtschaftswachstum zu sorgen, subventionieren wir vieles, das problematisch oder schädlich ist, wie Massentierhaltung, Flugverkehr, Diesel und Dienstwagen. Selbst die Klimaverhandlungen scheiterten über viele Jahre letztlich am Wachstumsdogma: Die Vertreter aller Nationen hatten schlichtweg Angst, eine entschlossene Klimapolitik könne ihr Wirtschaftswachstum gefährden.

Während ärmere Länder dabei auf ihren Entwicklungsbedarf für eine Befreiung aus der Armut verweisen, steht bei den Industrieländern die Annahme im Vordergrund, durch ein wachsendes Bruttoinlandsprodukt lasse sich das Problem der Arbeitslosigkeit lösen, zumindest jedoch die Zahl der Arbeitsplätze stabilisieren. Wachstum soll die Schulden reduzieren, Inflationsverluste ausgleichen, die sozialen Sicherungssysteme finanzieren und vieles mehr. Nur wenige Entscheidungsträger in der Bundespolitik können oder wollen sich eine Wirtschaft ohne Wachstum vorstellen.

Die fatale Wachstumsabhängigkeit

Tatsächlich ist es keine leichte Sache, sich von der Wachstumslogik zu lösen. Wir sind vom Wachstum abhängig. Verdrängen ist aber kein Ausweg, denn die Wachstumsfrage ist die größte Herausforderung der gesamten internationalen Nachhaltigkeitspolitik. Bleibt sie ungelöst, lässt sich kaum ein Regelwerk etablieren, mit dem die Vergeudung von Zink, Indium, Kohle, Öl, Gas usw. zu begrenzen ist.

Alle Vorgaben, die das Wachstum dämpfen könnten, sind bisher tabu: Die Abschaffung des Dienstwagenprivilegs beispielsweise könnte den Absatz der Automobilindustrie gefährden. Das gilt gleichermaßen für eine strenge CO_2-Vorgabe für Pkw. Schon die bescheidene Luftverkehrsabgabe wird kritisch gesehen, weil die Flughäfen dadurch angeblich nicht mehr so schnell wachsen. Noch mehr gilt die Einführung einer Kerosinsteuer als wachstumsfeindlich.

Aus denselben Gründen lässt man lieber von einer Ressourcensteuer die Finger, werden nicht genug Zertifikate aus dem CO_2-Handel genommen, gibt es keine strengen Vorgaben für artgerechte Tierhaltung, schleppt sich die Einführung der Transaktionssteuer hin, meiden wir nachdrückliche Regeln für Banken, Lohnerhöhungen und vieles mehr. Selbst so einfache Maßnahmen wie das Tempolimit auf Autobahnen scheitern an der Umsetzung, weil es möglicherweise das Wachstum der Autohersteller verlangsamt. Der erlittene Imageverlust wäre womöglich so gewaltig, dass das Interesse am deutschen Automobil zurückginge.

Was würde passieren, wenn ...

Man stelle sich vor, unsere Städte und Regionen wiesen keine weiteren Gewerbegebiete aus, keine Neubaugebiete und bauten keine neuen Straßen; der Hamburger Hafen legte alle Erweiterungspläne zu den Akten. Was würde passieren, wenn wir einen neuen Fernseher oder das neue Handy nur noch dann kauften, wenn das alte Gerät kaputt ist, und wenn wir das bei allen Gegenständen im Haushalt täten?

Dann könnten die Unternehmen weniger verkaufen und weniger Menschen beschäftigen. Der Markt für Fernseher und Handys würde vermutlich rapide zurückgehen. Arbeitsplätze gingen in der Produktion verloren, überwiegend in Herstellerländern wie China oder Südkorea. In Deutschland wären Arbeitsplätze im Handel gefährdet.

Was wäre, wenn die Visionen der Carsharing-Optimisten wahr würden und es eines Tages nur noch halb so viele Autos in Deutschland gäbe wie derzeit? Was, wenn China zugleich als Leitziel vorgäbe, dass nur jeder achte Haushalt über ein eigenes Auto verfügen darf? Geschähe dieser Wandel innerhalb von zehn Jahren, wären die Folgen vermutlich niederschmetternd.

Für die Beschäftigten bei VW, BMW und Co. ist es schon bedrohlich, wenn die Absatzzahlen nicht wachsen, während zugleich die Produktivität zunimmt. Denn Jahr für Jahr werden weniger Menschen benötigt, um die gleiche Menge Güter herzustellen. Im Schnitt liegt die Produktivitätsrate in Deutschland bei 1,5 Prozent im Jahr. Von 1 000 VW-Mitarbeitern müssten also jährlich 15 gekündigt werden, wenn die Zahl der produzierten Golfmodelle stagnierte.

Schon heute können die Hersteller Wachstum eigentlich nur noch im Ausland oder mit neuen Geschäftsmodellen generieren. Halbierte sich der Absatzmarkt für Autos in Deutschland, käme es zu dramatischen Einbrüchen. Carsharing ist daher der Albtraum für die deutsche Autowirtschaft. Die Hersteller machen jetzt zwar gute Miene zu der Entwicklung und fungieren selbst als Anbieter, aber die Hoffnung ist, dass die Begeisterung am Auto-Teilen sich in Grenzen hält.

Ohne Alternativkonzept zum Wachstumsmodell steigen die Arbeitslosenzahlen, die sozialen Sicherungssysteme sind gefährdet. Es käme zu sozialen Unruhen. Wie es läuft, wenn es mit dem Wachstum nicht klappt, kann man seit einigen Jahren in den Krisenländern der EU beobachten. Die Menschen in Irland, Griechenland und Spanien leben seit 2008 in einer sozialen und wirtschaftlichen Notlage. Die Zahl der Haushalte ohne Arbeitseinkommen hat sich dort verdoppelt. Erst seit 2015 zeichnet sich in manchen Ländern eine langsame wirtschaftliche Erholung ab.

Gleichwohl werde Wachstum allein nicht ausreichen, um die Schieflage zu überwinden, meint die Organisation für wirtschaftliche Zusammenarbeit und Entwicklung OECD.[29] Dafür sind die Arbeitslosenzahlen einfach zu hoch: In Griechenland erreichte die Arbeitslosenquote Mitte 2014 in der Altersgruppe bis 24 Jahre knapp 60 Prozent. In Spanien betrug der Anteil 54 Prozent, in Italien 43 Prozent und in Portugal 36 Prozent.[30] Indes steht die nächste Krise schon vor der Tür. Es ist nun dringend an der Zeit, ein Wirtschaftsmodell zu konzipieren und politische Rahmenbedingungen zu entwickeln, welche die fatale Wachstumsabhängigkeit mindern.

Grundströmungen der Wachstumsdebatte

Seit den Ölkrisen in den 1970er-Jahren wird weltweit über die möglichen Grenzen des Wachstums diskutiert. Gerade in den Industrie- und Schwellenländern basiert wirtschaftliches Wachstum auf einem immensen Ressourcenverbrauch. Gewaltige Mengen an Klimagasen werden infolgedessen emittiert. Allerdings ist es inzwischen – dank zahlreicher Effizienzmaßnahmen – gelungen, den Ressourcenverbrauch vom Wachstum abzukoppeln. Während das Bruttoinlandsprodukt in den letzten Jahrzehnten rasant wuchs, stagnierte der Verbrauch.

Die große Frage ist derzeit: Kann die notwendige Reduktion um 60 bis 80 Prozent gelingen, wenn zugleich die Wirtschaft weiter wächst wie gehabt? Hier streiten sich die Geister. Manche sagen, das sei nur mit einer schrumpfenden Wirtschaft möglich.[31] Andere meinen, Wachstum werde es auf Dauer nicht mehr geben.[32] Wieder andere behaupten, die Wirtschaft müsse nur »ergrünen«, dann könne beides gelingen: Wachstum und Nachhaltigkeit.[33] Von manchem wird sogar die These vertreten, die ökologischen Probleme ließen sich nur durch Wachstum lösen.[34]

Demgemäß kennzeichnen drei Strömungen die Diskussion: Die erste plädiert für Nullwachstum in den Industrieländern, besonders den OECD-Staaten. Klimaschutz sei zum Scheitern verurteilt, solange die Welt nach immer weiterem Wachstum strebt; Wachstum sei notwendigerweise mit fortschreitender Naturzerstörung verbunden. Wir müssten daher die wirtschaftlichen Aktivitäten drosseln. Grüne Technologien hätten bisher den Ressourcenverbrauch nur stabilisiert, und nur die Option Nullwachstum stelle sicher, dass zukünftig Effizienzgewinne in absolute Reduktion mündeten.

Abbildung 5 Der Firmenname »Mehr & Mehr – eine Lebensphilosophie« steht symbolisch für eine expansive Konsumkultur und ihre Bedeutung für wirtschaftliches Wachstum.

Die Vertreter der zweiten Strömung meinen, auch so lasse sich die Krise nicht bewältigen. Sie sprechen sich für Schrumpfung aus, denn die Fördergrenzen von Öl und anderen endlichen Ressourcen liege viel näher, als die meisten ahnen. Wenn man betrachte, mit welcher Dynamik weltweit der Ressourcenverbrauch in Asien und Südamerika zulege, sei klar:

Nur wenn die Industriestaaten schrumpfen, könnten arme Länder noch wachsen, und dies auch nur noch in begrenztem Umfang.

Am populärsten ist allerdings die dritte Perspektive: grünes Wachstum. Die Grenzen der Produktion und des Konsums ließen sich demnach nahezu unbegrenzt ausweiten, und falls das eines fernen Tages einmal nicht mehr möglich sei, hätten wir bis dahin schon längst alternative Technologien entwickelt; die globale Erwärmung sei mit grünen Technologien zu stoppen. Fast alle Parteien Deutschlands lassen sich dieser Strömung zuordnen – auch die Grünen.

Kann grünes Wachstum den Klimawandel stoppen?

Lassen sich die ökologischen Herausforderungen allein mit neuen Technologien lösen? Die zurückliegenden Erfahrungen stimmen da wenig optimistisch (S. 54, »Neigung zur Expansion«). Gewiss, ein hoher Stromverbrauch ist kein Problem, wenn die Erzeugung mit Sonnenkraft geschieht. Selbst die »Verschwendung« von Ressourcen kann nachhaltig sein, wenn wir den Ressourcenkreislauf schließen. Aus dieser Perspektive könnten wir den Ausstoß von Kohlendioxid um mehr als 80 Prozent verringern, ohne dass in Deutschland weniger Autos auf der Straße rollen. Auch ein Zuwachs des Lkw-Verkehrs um 30 Prozent wäre kein Problem. Und wenn eines Tages jeder zweite Erdenbürger über ein eigenes Auto verfügen sollte, wäre auch das kompatibel mit Klimaschutz. Gelingen könnte dies aus Sicht der Befürworter von grünem Wachstum durch Sonnenstrom für Elektroautos, Biokraftstoffe und effiziente Fahrzeugtechnik.

Es ist jedoch kaum vorstellbar, dass sich diese Vision in den nächsten 35 Jahren realisieren lässt. Schon jetzt liegt eine enorme Kraftanstrengung vor uns, wenn wir bis zur Mitte des Jahrhunderts Strom zu 100 Prozent regenerativ produzieren wollen. Darüber hinaus müssten, um die Vision Wirklichkeit werden zu lassen, noch 43 Millionen Pkws zusätzlich mit Strom betankt werden. Hinzu kämen die Lastkraftwagen, ein Drittel mehr als heute. Ökologisch erzeugter Wasserstoff müsste in der Luftfahrt Kerosin ersetzen. Und schließlich müsste sich der Verbrauch durch Effizienzgewinne dramatisch verringern. Schon jetzt zeichnet sich allerdings ab, dass die prognostizierten Einsparungen nicht annähernd ausreichen werden, um das massive Wachstum etwa der Luftfahrt zu kompensieren. All das spricht nicht gegen grüne Technologien. Ohne sie ist ein verantwortungsvoller Umgang mit dem Planeten nicht möglich. Doch das Potenzial erneuerbarer Energien und sparsamer Technik entfaltet sich erst dann zum Wohl der zukünftigen Generationen, wenn wir die Ausweitung des Straßen- und Flugverkehrs auf das gegenwärtige Niveau begrenzen (S. 235). Das ist unstrittig. Ebenso klar ist auch, dass Investitionen in den Umweltschutz sich positiv auf das Bruttoinlandsprodukt auswirken.

Durch die diffuse Perspektive »grünes Wachstum« geben sich zu viele Menschen der Illusion hin, dass es keiner absoluten Grenzen bedarf. Das ist eine fatale Fehleinschätzung, die leider gesellschaftlicher Mainstream ist. Ökoroutine plädiert weder für noch gegen Wachstum, sondern gibt konkrete und handfeste Handlungsvorschläge. Sie zielen auf klare Reduktionspfade oder wollen zumindest eine Deckelung des tatsächlichen Verbrauchs sicherstellen. Entscheidend ist schließlich, was am Ende rauskommt.

Neuland

Bisher sind die führenden Ökonomen offenbar nicht bereit, sich eine Republik vorzustellen, in der die Produktion etwa in der Automobilindustrie nicht weiter zunimmt. Ebenso weigert man sich, ein Szenario für die absolute Begrenzung des Straßen- und Luftverkehrs, des Flächenverbrauchs oder der Fleischproduktion zu berechnen und eine Transformationsperspektive zu entwickeln.

Doch genau für solche Entwicklungspfade benötigen wir sozioökonomische Modelle. Zu untersuchen sind systemische Ansatzpunkte, um die Abhängigkeit vom schmutzigen Wachstum zu lindern. Notwendig sind Forschungsarbeiten zur Stärkung der regionalen Mehrwertschöpfung, zu kooperativen Wirtschaftsformen und zu Gemeingütern oder zur alternativen Geldwirtschaft. Überlegungen dazu finden sich im Kapitel »Wirtschaftsförderung 4.0«, S. 281.

Unumgänglich ist zudem ein neues Verständnis zum Normalarbeitsverhältnis. Kürzere Arbeitszeiten lindern die Abhängigkeit vom Wachstum und leisten einen maßgeblichen Beitrag für den achtsamen Umgang mit unserem Planeten. Ökoroutine schlägt Strategien und Maßnahmen für die Etablierung einer veränderten Arbeitszeitkultur vor (S. 238).

Macht & Lobbyismus

Lediglich 147 Konzerne kontrollieren die Weltwirtschaft, ergab jüngst eine Studie der Eidgenössischen Technischen Hochschule (ETH) Zürich. Für ihre Untersuchung hatten die Wissenschaftler Daten über 37 Millionen Unternehmen und Investoren weltweit ausgewertet. Das Ergebnis: Die Verflechtung international agierender Konzerne hat extreme Ausmaße angenommen. Ganz vorne mit dabei im Klub der Mächtigen sind fast ausschließlich Banken, Fondsgesellschaften und Versicherungen. Über gegenseitige Beteiligungen bilden sie ein in sich geschlossenes System.[35] Buchstäblich regiert Geld die Welt.

Die Befürworter der freien Marktwirtschaft sehen ihre Mission in der Begrenzung staatlicher Macht. Mit der Macht von Konzernen scheinen sie hingegen kein Problem zu haben. In Deutschland erwirtschafteten im Jahr 2011 weniger als ein Prozent der größten Unternehmen zwei Drittel aller Umsätze.[36] Dieses Ausmaß der Machtkonzentration muss bedenklich stimmen: Es sichert den Unternehmen weitreichenden Einfluss auf die Spitzenpolitiker. Viele Chefs der größten DAX-Konzerne in Deutschland haben einen direkten Draht zur Bundeskanzlerin. Wer hunderttausend Arbeitsplätze repräsentiert, kann Politiker unter Druck setzen. Es genügt schon die Ankündigung, man überlege, zumindest einen Teil der Produktion ins Ausland zu verlagern. Da werden auch selbstbewusste Entscheidungsträger gefügig.

Einflussnahme auf Politik

Die gezielte Einflussnahme durch Unternehmen, Verbände und Vereine hat in den zurückliegenden Jahren kontinuierlich zugenommen. Die Methoden sind raffiniert und nicht selten einfach nur dreist. Die Gruppe »Initiative Neue Soziale Marktwirtschaft« (INSM) etwa wendet sich regelmäßig an die Bundestagsabgeordneten. Zwar wissen die Parlamentarier längst, dass es sich nicht um eine Sozialbewegung handelt, wie der unverfänglich klingende Name suggeriert, sondern um ein Sprachrohr, das die Arbeitgeberverbände der Metall- und Elektroindus-

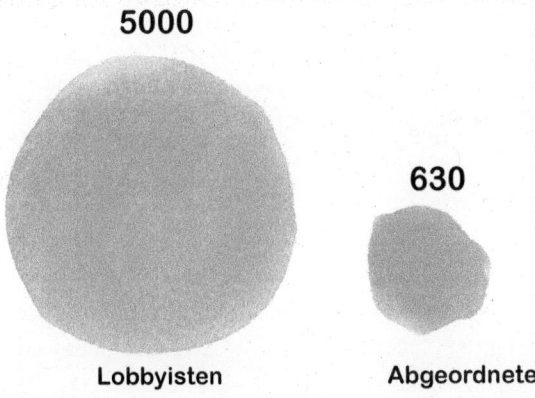

Abbildung 6 In Berlin kommen auf einen Bundestagsabgeordneten acht Lobbyisten. Die gezielte Einflussnahme durch Unternehmen, Verbände und Vereine hat in den zurückliegenden Jahren kontinuierlich zugenommen. Das unterwandert die demokratische Ordnung und behindert eine enkeltaugliche Politik.

trie finanzieren. Doch am Einfluss der INSM ändert das nichts. Anfang 2013 ließen sich die penetranten »Vorkämpfer« für Sozialabbau und einen möglichst »schlanken Staat« einen besonders frechen Neujahrsgruß für die Abgeordneten einfallen. Jeder Parlamentarier erhielt eine Schachtel mit dem Titel »Verfluchte Wahlversprechen«. Darin befand sich eine Voodoo-Puppe, die den Wähler darstellen sollte, gepiesackt von Nadeln mit dem Namen »Mindestlohn«, »Vermögensteuer« oder »Frauenquote«.[37]

Längst begnügen sich Unternehmen nicht mehr damit, sich über Verbände vertreten zu lassen. Sie engagieren professionelle Agenturen, um ihre Interessen noch zielgerichteter durchzusetzen. Nach Schätzungen gibt es in Berlin inzwischen circa 5000 Lobbyisten. Sie stehen 630 Abgeordneten gegenüber und haben nichts anderes zu tun, als Tag für Tag Einfluss auf die politischen Entscheidungsträger auszuüben. Vertreten sind dabei sogar die Kirmesbudenbesitzer.

Um für die Interessen ihrer Auftraggeber ein günstiges Umfeld zu schaffen, umgarnen Lobbyisten Politiker mit Reisen, Veranstaltungen und kostspieligen Events. Viele Verflechtungen zwischen Wirtschaft und Politik bleiben dabei im Verborgenen, denn es fehlt an klaren Regeln und angemessenen Auflagen für Transparenz. Zuweilen arbeiten Konzernvertreter direkt in den Ministerien und »helfen« dort bei der Formulierung von Gesetzen.[38] Nicht selten landen Gesetzesvorschläge der Industrie dadurch eins zu eins in den parlamentarischen Gremien.

Mindestens ein Drittel der Bundestagsabgeordneten geht zudem einer Nebentätigkeit nach. Die Einkünfte, die dabei erzielt werden, sind beträchtlich. Jeder sechste Parlamentarier lässt sich Vorträge und Ratschläge gut bezahlen, riskiert damit Interessenkonflikte und gefährdet seine Unabhängigkeit.[39] Es kommt sogar vor, dass Berufspolitiker Lobbyisten bei Lehrgängen schulen. Anrüchig ist es auch, wenn Parlamentarier unmittelbar in gut bezahlte Konzernjobs wechseln.

Organisationen wie LobbyControl ist es zu verdanken, dass diese korrumpierenden Verhältnisse bekannt werden. Durch sie weiß man, dass rund 1 000 Lobbyisten einen Hausausweis für den Bundestag haben. Ein Gerichtsurteil verlangte im Spätsommer 2015 die Veröffentlichung dieser Daten. Die Grünen legten die Namen sogleich offen, anschließend auch die SPD. Die CDU/CSU hingegen weigerte sich. Stattdessen ging der Bundestag gegen das Gerichtsurteil in Berufung. Um hier Klarheit zu erlangen, sollte ein offizielles Lobbyregister wie in den USA oder in Österreich eine Selbstverständlichkeit sein. Zwar würde es die Einflussnahme nicht verhindern, zumindest aber offensichtlicher machen als bisher.

Sich von vermeintlichen Experten und Lobbyisten beeinflussen zu lassen hat übrigens nichts mit Korruption gemein. Zwar sind hin und wieder Fälle von Bestechung öffentlich geworden, doch insgesamt gibt es keine Veranlassung zu der Annahme, dass sich eine nennenswerte Zahl von Bundes- oder Landespolitikern kaufen lässt. Das ist auch gar nicht notwendig – überzeugende Gespräche können völlig ausreichen. Die Kunst der Meinungsmache liegt ja ebendarin, die Entscheider so clever zu überzeugen, dass sie sich aus einer inneren Motivation heraus für eine Sache verwenden.

Wissenschaftslobbyismus

Kaum ein politischer Konflikt wird noch ohne wissenschaftliche Argumente ausgefochten. Jeder verweist auf eine passende »Studie«, um seine Meinung zu untermauern und mit der Aura von Vernunft und Rationalität auszustatten. Gut aufgestellte Interessenvertreter machen sich das bereits erwähnte Expertendilemma zunutze und forcieren den Eindruck einer zerstrittenen Wissenschaft, bei der es keine klaren Aussagen gibt. Je nach Fragestellung, Perspektive und Gewichtung bringt die in Auftrag gegebene Studie das Ergebnis, das man haben will.

Auch zwischen akademischer Forschung und privaten Unternehmen hat die Verflechtung zugenommen. Hochschullehrer und viele Forschungseinrichtungen sind auf Drittmittel und externe Finanzierung angewiesen. Wenn die Aula nach einem Firmenimperium benannt wird, verwundert dies schon niemanden mehr. Konzerne finanzieren Professorenstellen, Entgegenkommen inklusive. Unabhängig davon haben staatlich finanzierte Wissenschaftler besonders in der Bio- und Gentechnik außerdem ein Interesse an der Vermarktung von Entdeckungen, für die sie die Patente halten.[40]

In ihrem Buch »Die Machiavellis der Wissenschaft« beschreibt die US-amerikanische Professorin für Wissenschaftsgeschichte Naomi Oreskes, wie ein Zirkel konservativer Forscher systematisch Zweifel an Klimawandel, Umweltgefahren oder Gesundheitsschäden durch Tabak sät. Bezahlt von bestimmten Branchen, geht es ihnen darum, gezielt Dissens vorzutäuschen. Offene Fragen in der Klimaforschung beispielsweise werden so dargestellt, als wäre die gesamte Grundaussage vom menschengemachten Klimawandel falsch. In den USA haben Konzerne mehrere Institute aufgebaut, die – scheinbar unabhängig – Wissenschaft mimen, aber nichts anderes als Lobbyismus betreiben. Mit ihren interessengeleiteten »Studien« und »Gutachten« bedrängen sie Journalisten und pochen auf Veröffentlichung. Mit dem Argument, die Journalisten würden ihre Pflicht zu einer objektiven Berichterstattung verletzen, üben sie dabei Druck aus. Wie Oreskes in ihren Recherchen herausfand, erhalten Klimaskeptiker selbst in renommierten Zeitungen wie der »New York Times« oder der »Washington Post« 40 Prozent der Zeilen. Angemessen wären 3 Prozent.[41]

Ihre Wurzeln hat diese Strategie der Desinformation im Kampf der Tabakindustrie gegen politische Regulierung. Die als Wissenschaftler getarnten Lobbyisten haben sich allerdings meistens nicht einfach kaufen lassen. Sie waren überzeugt davon, dass insbesondere staatliche Einmischung grundsätzlich schlecht ist.

Manipulation der Öffentlichkeit

Lobbyagenturen und Organisationen wie die INSM beeinflussen nicht nur einzelne Politiker, Wissenschaftler und Journalisten. Sie sprechen gezielt und systematisch die breite Öffentlichkeit sowie ausgewählte Zielgruppen an. Besonders beliebt: Schulkinder. In dem Kapitel über Werbung werden die Machenschaften der Industrie und die Rolle der Schulen als willige Gefährten erläutert (S. 58).

Lobbyarbeit und Werbung sind in weiten Teilen deckungsgleich, wenn es um die öffentliche Meinung geht. Die Auswirkungen sind freilich auch in der Politik spürbar. So dürfte es den Befürwortern eines schrittweisen Kohleausstiegs noch schwerer fallen, mit ihren Argumenten durchzudringen, wenn sich Konzerne wie RWE mit Millionen Euro schweren Kampagnen als grüne Unternehmen präsentieren, die längst das tun, was die Politik erst noch vorhat. Kohleenthusiasten können sich freuen. Kürzlich ließ RWE einen grünen Riesen durch die Kinos ziehen. In computeranimierter Idylle war zu bestaunen, wie das sanfte Geschöpf Landschaften repariert, Windkraftanlagen installiert und ein Kraftwerk in den Ozean setzt. Die Botschaft: »Es kann so einfach sein, Großes zu bewegen. Wenn man ein Riese ist.« Als dieser Spot lief, erzeugte RWE jedoch lediglich zwei Prozent seines Stroms naturverträglich.

BP war einmal das Kürzel für »British Petroleum«. Seit Ende der 1990er will der Konzern seinen Namen nun anders verstanden wissen. »Beyond Petrol« soll es jetzt heißen – übersetzt: jenseits des Öls. Unter dem neuen Label stieg BP ins Geschäft mit Windkraftanlagen ein, schrieb unter seinen Mitarbeitern Umweltpreise aus, sponserte Lehrmaterialien für Klimaunterricht an Schulen und schraubte Solarzellen auf die Dächer von Tankstellen. Lang währte die neue Unternehmenspolitik allerdings nicht. Wenig später zog sich BP drastisch aus solchen Investitionen zurück. Doch selbst in der Hochphase der neuen grünen

BP-Zeit waren nur gut vier Prozent der Gesamtinvestitionen des Konzerns grün.[42] Industriekampagnen wie jene von BP machen es politisch schwer, Unternehmen durch Gesetze zu einem sparsameren Umgang mit Ressourcen zu bewegen. Denn die Öffentlichkeit hat ja den Eindruck, sie täten schon so viel.

Wer viel Geld hat, möchte es nicht nur behalten, sondern auch mehren. Ohne Renditeversprechen würden die Anleger ihr Vermögen abziehen. Also kämpfen besonders Aktienunternehmen gegen alles, was die Gewinnspanne senken könnte. Mit allen Mitteln und auf allen Ebenen. Manchmal gezielt gegen bestimmte Gesetze und nicht selten mit der Schrotflinte, um grundsätzlich Stimmung gegen staatliche Einmischung zu machen. Vor allem die »Initiative Neue Soziale Marktwirtschaft« betätigt sich als Gralshüterin der freien Marktwirtschaft. Diese sei gefährdet durch Mindestlohn und Rente mit 63, durch »Überregulierung und Bürokratie«, wettern die Arbeitgeberlobbyisten. Mit einem Jahresetat von sieben Millionen Euro ausgestattet, finanziert die INSM breit angelegte Kampagnen. Im Frühjahr 2015 trommelte sie mit Großplakaten und einer Buchpublikation für »Das Deutschland-Prinzip«. Unter anderem mit »wissenschaftlichen Studien« erklärten die Frontkämpfer der Marktwirtschaft den Bürgern, »was uns stark macht«, nämlich weniger Regulierung. Auch vor Schleichwerbung schreckte die Initiative für ihre Lobbyarbeit nicht zurück. In der ARD-Vorabend-Seifenoper »Marienhof« ließ sie vor einigen Jahren Zeitarbeit in ein rosarotes Licht rücken. Über mehrere Folgen der Serie hinweg wurde ganz im INSM-Sinne erzählt, wie die sympathische alleinerziehende Mutter »Jenny Busch« einen Job bei einer Zeitarbeitsfirma findet und komplett begeistert ist.[43] Statt die schlecht bezahlten Springerjobs zu kritisieren, half die Sendung, der Lohnminderungsmaschinerie ein positives Image zu verleihen.

Politische Einflussnahme verläuft zumeist außerhalb der öffentlichen Wahrnehmung. Oft lassen sich Lobbyeinflüsse erst im Nachhinein an den Ergebnissen ablesen. Wie Insider immer wieder berichten, ist es längst gang und gäbe, Diskussionen in Internetforen im Auftrag von Unternehmen zu beeinflussen. Auch bei Facebook und über Twitter geben sie sich als Privatpersonen aus, die nur eine persönliche Meinung vertreten. Dass sie im Auftrag einer bestimmten Branche oder einer bestimmten Firma schreiben, bleibt im Dunkeln. Das verdeckte Vorgehen ist systematisch und breit gefächert. Firmen engagieren Lobbyagenturen für PR-Maßnahmen, bei denen Urheber oder Auftraggeber nicht erkennbar sind. Diese wiederum organisieren Konferenzen, Treffen und Veranstaltungen, an denen auch Spitzenpolitiker nichts ahnend teilnehmen. Wenn sich eine scheinbar unabhängige Initiative für Gentechnik oder gegen höhere Umweltstandards ausspricht, klingt das glaubwürdiger.

Oftmals müssen die Branchen auch nicht mehr tun, als mit dem Abbau von Arbeitsplätzen zu drohen. Mit diesem Argument konnte die Industrie durchsetzen, dass das Gewicht eines Autos bei der Kfz-Steuer nur von relativer Bedeutung ist. Ein 2,5 Tonnen schwerer SUV wird so als effizienter eingestuft als ein Kleinwagen wie der Renault Twingo. Das Arbeitsplatzargument verhindert auch, dass die wirtschaftlich und ökologisch unsinnigen Vergünstigungen für Dieselkraftstoffe abgebaut werden (mehr dazu im Kapitel 9 »Arbeiten«, S. 238). Die Angst vor Arbeitsplatzverlusten unterbindet auch den überfälligen Braunkohleausstieg. Braunkohle ist der mit Abstand schmutzigste und ineffektivste Energieträger. Seine Förderung ist mit den Klimazielen Deutschlands und Europas nicht zu vereinbaren. Längst arbeiten in der Branche nur noch knapp 20 000 Menschen, während im Bereich der erneuerbaren Energien mittlerweile rund 370 000 neue Jobs entstanden sind. Die Politiker der vom Jobverlust bedrohten Regionen machen sich selbst zu Lobbyisten, wenn sie den unvermeidlichen Strukturwandel hinauszögern, statt den bevorstehenden Transformationsprozess aktiv anzugehen. Ob die Bürgermeister und Ministerpräsidenten der Kohleregionen damit den Mehrheitswillen ihrer Wählerschaft repräsentieren, darf bezweifelt werden.

Eine weitere beliebte Taktik der Industrie besteht darin, »Bürgerinitiativen« zu gründen oder zu unterstützen. Im Mantel einer scheinbar unabhängigen Bürgerbewegung verbreitet etwa ein Lobbyverein der Energiewirtschaft Lobeshymnen über die Atomkraft. Solche von der Industrie gelenkten Initiativen und »Umweltorganisationen« nehmen nach amerikanischem Vorbild seit einiger Zeit immer stärker zu. Energiekonzerne und Aluminiumindustrie unterstützen auch einige Bürgerinitiativen gegen Windkraft. Organisationen wie »Waste Watcher«, »Aktionskreis Energie e.V.«, »Informationskreis Kernenergie«

oder »GenePeace« sind vergleichbare Scheininitiativen und Lobbyorganisationen. Das sind keine Verschwörungstheorien: Die personellen Verquickungen zur Industrie lassen sich zahlreich nachweisen. Ein Beispiel ist der Verein Bürger für Technik (BfT), der sich vor einigen Jahren mit verschiedenen Internetseiten insbesondere an Schüler und Studenten wendete. Man wolle dazu beitragen, ließ der Verein verlautbaren, dass sich mehr junge Menschen für Naturwissenschaften und Technik interessieren. Das klingt nobel und selbstlos. Doch an vielen Stellen handeln die Vereinsstatements von »Windkraftlügen« und den Segnungen der Kerntechnik. Atomenergie ist gut, alternative Energien werden überschätzt, lautet die Botschaft.[44] Wenn man bedenkt, wie umfassend und methodisch die Segnungen der Sonnenkraft kleingeredet wurden, wundert es fast, dass die erneuerbaren Energien inzwischen fast ein Drittel der Stromerzeugung ausmachen.

Besonders kritisch ist es, dass sich Verbände und Unternehmen immer häufiger direkt in den Wahlkampf einmischen. Millionenschwere Etats für Marketing und Öffentlichkeitsarbeit stehen ihnen dabei zur Verfügung. So zogen die schon erwähnte arbeitgeberfinanzierte »Initiative Neue Soziale Marktwirtschaft« und der Verband »Die Familienunternehmer« vor der Bundestagswahl 2009 mit riesigen Plakatwänden und breit gestreuten Anzeigen gegen Pläne von SPD und Grünen zu Felde, im Falle eines Wahlsiegs eine Vermögenssteuer einzuführen. Auch gesetzliche Krankenkassen finden nichts dabei, gegen Pläne für eine Bürgerversicherung anzugehen. Eine Supermarktkette wie Tengelmann wirbt mit ganzseitigen Anzeigen für die Wahl von Angela Merkel.[45] Mehr und mehr bestimmen damit Geld- und Machtverhältnisse das Wahlergebnis. Die Profiteure beispielsweise einer Vermögenssteuer werden im Wahlkampf nicht gehört. Die Interessenvertretung der Einkommensarmen hätte nicht einmal genügend Geld für eine überregionale Zeitungsanzeige.

Lobbyisten sind intelligent, gut organisiert und finanziell bestens ausgestattet. Und sie können Demokratien gefährden. Je deutlicher der Einfluss von Konzernen und Verbänden in den Medien zutage tritt, desto politikverdrossener werden die Wählerinnen und Wähler. Wenn sich achtsame Lebensstile verselbstständigen sollen, können wir uns nicht vor einer Begrenzung der Einflussnahmen mächtiger Konzerne drücken.

Kapitel 3

Warum wir nicht tun, was wir für richtig halten

Ungezügelter Kapitalismus, Wettbewerbsdruck und Wachstumslogik sind systemische Gründe, warum nicht geschieht, was geschehen muss. Bei der Verortung von Bremsfaktoren müssen wir jedoch auch uns selbst fragen, warum wir nicht tun, was wir für richtig halten.

Neigung zur Expansion

Wir neigen zur Expansion. Schon im Jahr 1865 beschrieb der britische Ökonom William Stanley Jevons das Phänomen in seiner Veröffentlichung »Die Kohlefrage«. Jevons berichtete dort von der paradoxen Wirkung von Effizienzerfolgen: Der Erfinder James Watts hatte hundert Jahre zuvor eine Dampfmaschine entwickelt, deren Wirkungsgrad den der bislang üblichen Modelle deutlich übertraf. Doch der Kohleverbrauch stieg rapide an, nicht zuletzt weil der Brennstoff Kohle durch die sparsamere Anwendung billiger geworden war. Die Kosten sanken, Dampfmaschinen wurden erschwinglicher und erlebten einen Boom. Jevons kam zu dem Ergebnis, dass die effizientere Nutzung von Energie paradoxerweise den Verbrauch insgesamt erhöht. Das »Jevons' Paradoxon« funktioniert in etwa wie der Jo-Jo-Effekt einer Diät: Effizienzgewinne auf der einen Seite werden durch Mehrverbrauch auf der anderen Seite zumindest teilweise wieder aufgezehrt. Dieser »Reboundeffekt« sorgt dafür, dass der Energieverbrauch nicht im selben Maß zurückgeht, wie die Spartechnologien es eigentlich ermöglichen würden.

Was für das England der beginnenden Industrialisierung galt, gilt erst recht für die Industriegesellschaften von heute. Sie sind geprägt durch den Trend nach immer mehr, immer größer, immer schneller, immer luxuriöser. Die Innovationszyklen werden kürzer, die Lebensdauer von Produkten ebenso. Das Ergebnis: Überfischung, Abholzung der Regenwälder, Massentierhaltung, Überdüngung, Nahrungsmittel auf der Müllkippe, Einmal-T-Shirts, immer größere Wohnungen, Fernseher, Kühlschränke, übergewichtige Autos, Kurzurlaube mit dem Flugzeug. Bei den privaten Haushalten Deutschlands stieg der Stromverbrauch zwischen 1990 bis 2013 beispielsweise um 18 Prozent – trotz effizienterer Geräte wie Sparlampen, Flachbildfernsehern und Induktionsherden.[46]

Diese fundamentale Tendenz hat ihre Ursache zum einen im Gewinnstreben des Kapitals. Zum anderen ist aber auch das individuelle Expansionsstreben verantwortlich. Der Konsument kann anscheinend nie genug haben und lässt sich leicht verführen. Freiwillige Selbstbeschränkung ist in der marktwirtschaftlichen Logik der Gegenwart nicht vorgesehen.

So entfalten sich die Investitionen in grüne Technologien nur sehr gedämpft, weil jedem Effizienzerfolg meist ein Zuwachs an anderer Stelle gegenübersteht. Diese Tatsache ist ein wichtiger Beweggrund für Ökoroutine und wird daher in den verschiedenen Kapiteln zu den Gestaltungsfeldern aufgegriffen.

Der Vergleich

»Es ist nicht das Bewusstsein der Menschen, das ihr Sein, sondern umgekehrt ihr gesellschaftliches Sein, das ihr Bewusstsein bestimmt.«[47]

Kaum jemand will es sich eingestehen, doch Fakt ist: Menschen interessieren sich vor allem für ihre Wirkung auf andere Menschen. Wir alle vergleichen uns permanent mit anderen. Über unsere persönliche Zufriedenheit entscheidet weniger, was wir haben, sondern welcher Stellenwert den Dingen gemessen am Umfeld zukommt. Jeder von uns konkurriert mehr oder weniger bewusst mit seinen Nachbarn. Haben die Nachbarn oder die Freunde einen größeren und besseren Fernseher, scheint es an der Zeit, selbst ein neues Gerät anzuschaffen – selbst wenn das vorhandene noch funktionstüchtig ist.

Auch die Zufriedenheit mit dem eigenen Auto oder dem eigenen Gehalt steht in Abhängigkeit zum Umfeld. Fährt die Nachbarschaft in komfortableren Pkws, denkt man eher über einen Neuerwerb nach, so das Portemonnaie es denn zulässt. Sind im unmittelbaren Umfeld eher Fahrzeuge mit einem geringeren Statuscharakter vertreten, darf der Neuerwerb ruhig noch etwas warten. Ähnlich verhält es sich bei der neuen Espressomaschine, dem Fernseher, dem Handy und vielem mehr. Sogar die Größe unserer Wohnungen und Häuser ist relativ, auch hier steigen die Ansprüche durch den Vergleich.

Die gute Nachricht ist, dass dieser Mechanismus auch bei umweltfreundlichem und nachhaltigem Verhalten wirkt. Wer beim Nachbarn die Montage einer Solaranlage auf dem Hausdach beobachtet, wird sich vermutlich eher ebenfalls zu einem solchen Schritt entscheiden. Die große Herausforderung des nachhaltigen Kulturwandels liegt darin, die symbolische Bedeutung der Güterwelt in zukunftsfähige Sphären zu lenken. In dieser veränderten Welt würde Carsharing als modern und cool gelten, mit einem besonders leichten und effizienten Auto könnte »aufgetrumpft« werden, und derjenige würde als clever angesehen, der Dienstleistungen und Produkte tauscht, statt sie zu kaufen.

Unzufriedenheit, Gier & Selbstbeherrschung

In seiner »Ökonomie von Gut und Böse« hat Tomáš Sedláček eindrucksvoll herausgearbeitet, wie sehr das Rätsel des Konsums den Menschen schon immer begleitet hat. Der Mensch, formuliert der tschechische Ökonom, ist von Natur aus unnatürlich und strebt immerzu nach mehr, auch dann, wenn um ihn herum große Fülle herrscht. Sinnbildlich stehen für dieses Phänomen laut Sedláček die Geschichten über die Büchse der Pandora sowie Adam und Eva im Paradies: Selbst wenn wir von allem genug haben und in paradiesischen Zuständen leben, reicht uns das nicht. Wir neigen demnach immer dazu, das konsumieren zu wollen, was wir an sich gar nicht bräuchten.[48]

Schon Frank Hyneman Knight, der Begründer der wirtschaftsliberalen Chicagoer Schule der Ökonomie, vertrat die Ansicht: »Es liegt in der Natur des Menschen, umso unzufriedener zu sein, je besser es ihm geht.«[49] Ein Knight-Schüler fasste zusammen: »Das mit gesundem Menschenverstand begabte Individuum wünscht sich weniger die Befriedigung seiner bisherigen Bedürfnisse als mehr und bessere Bedürfnisse.«[50]

Zwar würdigt Sedláček die chronische Unzufriedenheit des Menschen als einen Motor für Fortschritt. Doch in unserem ständigen Begehren, immer mehr zu bekommen, kritisiert er, hätten wir das Angenehme an der Arbeit geopfert. Wir wollen demnach zu viel, und deshalb arbeiten wir auch zu viel. In seiner Analyse kommt Sedláček zu dem Schluss: »Wir sind die mit Abstand reichste Zivilisation aller Zeiten, doch sind wir mindestens genauso weit von dem Wort ›genug‹ oder von ›Zufriedenheit‹ entfernt wie in der fernen, ›primitiven‹ Vergangenheit.« Würden wir nicht ständig um jeden Preis das Bruttoinlandsprodukt und die Produktivität steigern wollen, müssten wir uns auch nicht ständig überarbeiten.

Doch es geht auch anders: Menschen sind durchaus zur Selbstbeherrschung fähig. Selbst kleinen Kindern gelingt, was Fachleute »Belohnungsaufschub« nennen. Mit seinem berühmten »Marshmallow-Test« wies der österreichische Psychologe Walter Mischel nach, wie wichtig die Fähigkeit zur Selbstkontrolle für die persönliche und berufliche Entwicklung ist. Bei der zwischen 1968 und 1974 an der Stanford University durchgeführten Testreihe wurden Kinder im Alter von vier bis fünf Jahren zu einem Spiel eingeladen. Mischel und sein Team stellten die Kinder vor die Wahl, ob sie sofort einen Marshmallow essen oder warten wollten. Dann würden sie als Belohnung einen zweiten bekommen. Wer sich fürs Warten entschied, musste 15 Minuten lang allein in einem leeren Raum sitzen, das Marshmallow vor sich auf dem Tisch. Daneben lag eine Glocke, mit der die Kinder klingeln konnten, wenn sie es nicht mehr aushielten. Nur wenige konnten sich eine ganze Viertelstunde lang gedulden, doch immerhin hielten die meisten Kinder sechs bis zehn Minuten durch.[51]

In der Selbstbegrenzung liegt der Schlüssel für achtsamen Konsum, für einen ressourcenschonenden Umgang mit dem Planeten und ein gleichermaßen auskömmliches und faires Miteinander. Das Bemühen um mehr Selbstbeherrschung, das etwa der Ökonom Sedláček fordert,[52] ist allerdings um eine maßgebliche Komponente zu erweitern: Wir sollten Treiber und Anreize installieren, die es uns leichter machen, Gier und Unzufriedenheit zu kontrollieren. Wie ein solcher Ermöglichungsrahmen, sprich Ökoroutine, aussehen kann, das ist der zentrale Gegenstand dieses Buches.

Werbung & Kommerzialisierung

Ein schöner Tag im Spätsommer 2015. Vor einem Geschäft am Berliner Ku'damm hat sich eine Menschentraube gebildet, eine lange Schlange zieht sich bis in die nächsten Straßen hinein. Viele kampieren hier schon seit einer Woche. Dutzende Ordner kümmern sich darum, dass Spaziergänger und Touristen nicht gestört werden. Manch einer fragt sich verwundert, gegen was auf der Einkaufsmeile wohl demonstriert werde. Der Anlass ist banal: Apple wird von diesem Tag an ein neues Handymodell verkaufen. Doch die wartenden Fans bekommen nichts geschenkt; viele haben sogar Urlaubstage geopfert, um als Erstes eines der neuen Modelle zu kaufen. Sie votieren nicht gegen, sondern für etwas: Die Versammlung vor dem Apple-Store ist eine Demonstration für den Konsumhedonismus. Eine Firma, die es geschafft hat, dass die Kunden ihre Produkte dermaßen verehren, kann mehr als zufrieden sein. Besser geht es nicht.

Appelle für achtsame Lebensstile sind wohlfeil, wenn die Menschen permanent, überall und zunehmend dazu aufgefordert werden, etwas zu kaufen. Auf Leinwänden, Kaffeebechern, Treppenstufen, Straßenbahnen, Häuserfassaden, in U- und S-Bahnen, auf Plakatwänden und Videotafeln, in Postwurfsendungen und Gratiszeitungen kämpfen Bilder, Geräusche und Bewegung um die Aufmerksamkeit der Verbraucher. Kinofilme werden zu Plattformen für Merchandisingprodukte. Das Streben nach Dingen wird zur Sinnstiftung.

Werbung dringt in jede Pore unseres Lebensalltags ein und macht auch vor den Schulen nicht mehr halt. Eigene Kommunikationsagenturen haben sich inzwischen auf diesen Bereich spezialisiert. Die Deutsche Schulmarketingagentur wirbt damit, wirtschaftliche Interessen der werbenden Unternehmen mit pädagogischen Inhalten in Einklang bringen zu können. Im Klartext heißt das: Wir können Lehrer und Eltern austricksen und trotz Werbeverbot in den Schulen Industriekampagnen platzieren.[53] Ginge es mit rechten Dingen zu, dürfte diese Agentur eigentlich keinen Cent verdienen.

Sponsoring gilt dabei als besonders klug. Versandhändler dürfen damit auf den offiziellen Websites von Schulen werben. Schüler kaufen dann eher dort als beim Bücherladen in der Stadt ihre Bücher. Lehrer und Eltern machen mit, denn so kann die Sanierung der Toiletten oder die Anschaffung von Notebooks finanziert werden, für die sonst kein Geld da wäre. Der Deutsche Fußballbund gratulierte zusammen mit McDonald's den Teilnehmern von schulischen Fußballturnieren. Der Kartoffelchipshersteller funny-frisch fördert unter dem Motto »Fit am Ball« Fußballtraining an Schulen. Über 1 700 solcher Projekte sind bundesweit bereits durchgeführt worden. Über viele Jahre bekannte sich die deutsche Nationalmannschaft in Werbeslogans zu ihrer Nutella-Leidenschaft. Popstars und Schauspieler beichten öffentlich ihre Schwäche für bestimmte Produkte. Nicht selten preist die Industrie extrem fett- und zuckerhaltige Lebensmittel in Fernsehspots und Anzeigen als gesundheitsfördernd an.[54]

Besonders subtil sind auch Unterrichtsmaterialien von Verbänden und Unternehmen. Beispielsweise stellt Volkswagen ein Arbeitsheft »Mobil im Klimaschutz« zur Verfügung. Von Ausgewogenheit kann bei solchen Unterrichtsmaterialien keine Rede sein. Busse, Bahnen und Radfahren sind in der VW-Broschüre natürlich kein Thema. Die »Initiative Neue Soziale Marktwirtschaft« polemisiert in ihren Schulheften gegen staatliche Regulierung und soziale Sicherung. Für den Rückbau des Wohlfahrtsstaats wirbt auch ein ganzes Schulbuch, das in drei Bundesländern offiziell zugelassen ist.[55]

Abbildung 7
Im Jahr 2013 investierte die deutsche Wirtschaft über 30 Milliarden Euro in Werbung. Ungefähr den gleichen Betrag wendet in den USA allein die Autoindustrie für Anzeigen und Kampagnen auf. Im Verhältnis dazu sind die Ausgaben der Staaten, um für verantwortungsvollen Konsum zu werben, verschwindend gering.[56]

Aber nicht nur Schulkinder werden von Werbung umgeben: Noch nicht ganz trocken, werden unsere Kinder bereits mit Marken konfrontiert. In ihrem Buch »Die verkaufte Kindheit« beschreibt die Hamburger Journalistin Susanne Gaschke, wie die Werbeindustrie schon kleine Kinder systematisch zum Überkonsum erzieht.[57] Möglichst früh sollen die Kunden von morgen an Unternehmen und Marken gebunden und Sehnsüchte und Wünsche auf bestimmte Produkte gelenkt werden. Der Begriff »Medienkompetenz« kommt der Werbe- und Medienindustrie sehr gelegen. Wie Erwachsene sollen auch Kinder kompetente Kunden sein, die selbstbestimmte Kaufentscheidungen fällen. Das weckt den Eindruck, zu einer verantwortungsvollen Erziehung zähle es geradezu, die Kinder täglich vor Fernseher und Computer zu setzen, um »Kompetenz« im Medienkonsum zu erwerben. Doch vor lauter Konsum und Kommunikation schrumpft die Zeit für freies Spiel und ungestörte Entfaltung. Die Marketingstrategien der Konzerne sabotieren die Persönlichkeitsentwicklung unserer Kinder, deren Leben dadurch von Anfang an auf Fremdbestimmung statt Selbstbestimmung getrimmt wird. Der Bundesverband der Verbraucherzentralen schätzt, dass Kinder im Alter zwischen sechs und 13 Jahren monatlich um die 900 Werbespots anschauen – bei einem durchschnittlichen Fernsehkonsum.[58] Das Internet verschärft die Situation noch, denn hier tritt die Werbung weniger offensichtlich auf. Beim Fernsehen kann man noch um- oder abschalten, viele Webportale sind hingegen nur noch zugänglich, wenn zuvor oder zugleich Werbung konsumiert wird.

Der Gebrauchswert der Güter verliert in unserer Kultur an Bedeutung, sehr viel mehr geht es inzwischen um den symbolischen Wert, die Aura oder Ausstrahlung.[59] Da die Menschen in den Industrienationen eigentlich alles haben, was sie für ein gutes Leben benötigen, setzen die Produzenten mehr und mehr auf Marketing. Viele Produkte haben genau genommen nur noch ein Image. Red Bull etwa gab im Jahr 2009 eine Milliarde Euro für Events und Marketing aus und nur 600 Millionen Euro für die Herstellung des Getränks.[60] Allein im Jahr 2013 investierte die deutsche Wirtschaft über 30 Milliarden Euro in Werbung[61] – ungefähr den gleichen Betrag wendet in den USA allein die Autoindustrie für Anzeigen und Kampagnen auf.[62] Im Verhältnis dazu sind die Ausgaben der Staaten, um für verantwortungsvollen Konsum zu werben, verschwindend gering.

Zudem macht Werbung unglücklich, wenn Bedürfnisse geweckt werden, deren Erfüllung nicht finanzierbar ist. Sie ruft Gefühle materieller Frustration durch immer neue Wünsche hervor. Ziel ist die tiefenpsychologische Beeinflussung der Bürgerinnen und Bürger hin zu immer mehr Konsum. Es geht in Summe um eine Art Gehirnwäsche der Zivilgesellschaft. Letztlich hat sich so eine totalitäre Konsumkultur entwickelt, die systematisch verhindert, dass die Menschen tun, was sie für richtig halten (s. »Werbung begrenzen«. S. 175).

Routinen & Shifting Baselines

Bahnreisende fragen sich regelmäßig: Fährt oder steht der Zug? Wenn sich im Bahnhof der Waggon auf dem Nebengleis in Bewegung setzt, ist schwer zu sagen, ob der eine oder der andere Zug Fahrt aufnimmt. Selbst rasende Geschwindigkeit empfinden wir als gemächlich, wenn der Nachbarzug geringfügig schneller fährt. Genauso verhält es sich mit den erdgeschichtlichen Veränderungen und unserer persönlichen Wahrnehmung. Die globale Erwärmung vollzieht sich klimatologisch mit einer erschreckenden Geschwindigkeit, wir selbst aber nehmen die Veränderung kaum wahr. Auch dies ist einer der zentralen Gründe, warum wir nicht tun, was wir für richtig halten.

Unser Leben ist geprägt durch Alltagsroutinen. Anders kann es gar nicht sein. Jeder stellt sich auf seine Arbeitsanforderungen, seine Hobbys, seinen Familien- und Freundeskreis ein. Es ist die Gegenwart, die das Denken bestimmt. In den Zeitungen und Nachrichtensendungen, mit denen wir uns über den Stand der Dinge informieren, geht es fast ausschließlich um tagesaktuelle Ereignisse. Hin und wieder lesen oder hören wir auch Berichte über Artensterben und Klimawandel, doch auch daran haben wir uns gewöhnt. Zudem sind solche Entwicklungen von unserem Alltagsgeschehen zu weit entfernt, um Veränderungen unserer Routinen auszulösen. Man könnte auch sagen: Wir sind abgestumpft. Nur wenn wir unmittelbar in unserem Alltag gestört werden, sind wir zu Veränderungen bereit. Dann erst werden wir aktiv und fangen an, uns zu wehren, etwa gegen den Bau von Stromtrassen.

Wenn sich der Bezugsrahmen verändert, sprechen Experten von »Shifting Baselines«;[63] Die eigene Wahrnehmung verändert sich parallel zu den physischen und sozialen Rahmenbedingungen. Es kommt zu »Verschiebungen und Veränderungen der Referenzpunkte, die der menschlichen Wahrnehmung beim Bemessen von Wandel dienen«.[64] Schleichende Katastrophen sind für uns daher kaum wahrnehmbar, wir sind überfordert. Eine generationenvergleichende Studie von Fischern im Golf von Kalifornien kam etwa zu dem Ergebnis, dass die jüngeren Befragten den Rückgang der Fischbestände kaum wahrnahmen. Ihnen war nicht klar, dass die Bestände vor noch relativ kurzer Zeit erheblich größer und vielfältiger gewesen waren. Immerhin wussten ihnen die Älteren noch von den früheren Zuständen zu berichten, weil die Veränderung für sie relativ schnell geschehen war.[65]

Auch die politischen Entscheidungsträger sind von diesem Phänomen betroffen. Sie wissen vom Klimawandel und fassen doch regelmäßig Beschlüsse, die in der Folge die Erderwärmung weiter beschleunigen. Wählern etwas zuzumuten gilt als zu riskant; es könnte die Wiederwahl gefährden. Für die Demokratie ist das eine gewaltige Herausforderung. Tief greifende Veränderungen etwa im Umwelt- und Klimaschutz sind nötig, aber kaum ein Politiker will sie anpacken aus Angst, die Wähler zu verprellen. Immerhin kämpfen viele zivilgesellschaftliche Organisationen genau dafür, weisen beständig und in immer neuer Form auf die Probleme hin und bieten Lösungsvorschläge an.

Tatsächlich können Gesellschaften ganz im Gegensatz zum Einzelnen durchaus auf langfristige Krisenphänomene reagieren. Andernfalls hätte es die Rente mit 67 nie gegeben, ebenso wenig wie ein Abkommen zum Schutz der Ozonschicht. Bewusste Anpassungsstrategien sind möglich, etwa beim Deichbau oder beim kommunalen Klimaschutz. Hier planen Städte ganz konkrete Anpassungsmaßnahmen, um für zunehmende Starkregenereignisse oder Hitzewellen besser gewappnet zu sein.

Wir treffen ungern Entscheidungen und verdrängen

Wir alle haben wenig Lust, Energie in Entscheidungen zu stecken, es sei denn, das Ergebnis macht uns besondere Freude. Die meisten täglichen Entscheidungen fällen wir, ohne weiter darüber nachzudenken. Anders ließe sich der Alltag kaum bewältigen, weil Abwägen aufwendig ist und Anstrengung beinhaltet. Auf Dauer würde es uns zermürben, bei jedem Einkauf überlegen zu müssen, welches Stück Butter und welche Packung Milch im Einkaufswagen landen soll.

Zähneputzen, ja oder nein? Solche Entscheidungen treffen wir ein Mal auf Basis der verfügbaren Informationen. Wir wissen, wer auch im hohen Alter über gesunde Zähne verfügen möchte, sollte die Prozedur regelmäßig durchführen; doch wie oft und mit welcher Technik, da wird die Informationslage schon diffuser. Aus all den Möglichkeiten wählen wir die vermeintlich beste, nachvollziehbare, praktikable Form. Fortan bleibt es erst mal dabei.

Mitunter können sich Veränderungen im Entscheidungsverhalten recht leicht ergeben. Als Anstoß genügt bisweilen ein Bericht in der Zeitung oder eine Untersuchung von Stiftung Warentest. Anschließend kaufen wir vielleicht eine andere Zahnpasta oder wenden andere Techniken beim Zähneputzen an. Nach einem Rindfleischskandal kommt womöglich für die nächste Zeit öfter mal Huhn oder Schwein auf den Teller.

Je nach Perspektive können unsere Routinehandlungen durchaus befremdlich wirken: Energieberater sind immer wieder verwundert, wie sorglos die Kunden Strom verbrauchen. Die ärgsten Stromfresser bleiben unbeachtet. Doch wenn es um die Geldanlagestrategie geht, ist der Berater womöglich derjenige, der von dem Verwalter eines Aktienfonds belächelt wird. Beide müssen sich, um in ihrem Job gut zu sein, auf ihre Stärken, Interessen und Verpflichtungen konzentrieren und sind gezwungen, die Komplexität des jeweils anderen auszublenden.

Besonders problematisch wird es, wenn unsere gefestigten Annahmen, unsere Routinen und Alltagsgewohnheiten zur Disposition stehen. Weniger Fleisch, und das nur noch aus artgerechter Tierhaltung? Das ist ja viel teurer! Das Auto stehen lassen? Ich muss doch die Kinder zur Schule bringen! Nur alle zwei Jahre fliegen? Warum ich und wozu?! Solchermaßen verunsichert, greifen wir mental nach jedem Strohhalm. Wenn selbsternannte »Experten« beispielsweise behaupten, der Klimawandel sei nicht vom Menschen verursacht, ist das zwar überraschend – schließlich finden sich in der Presse permanent Hinweise, wie gefährlich es sei, dass wir tagtäglich riesige Mengen des Treibhausgases Kohlendioxid in die Atmosphäre blasen. Der Zweifel an der Verantwortlichkeit des Menschen findet dennoch Gehör, denn er entlastet das Gewissen und lässt Verhaltensänderungen unnötig erscheinen.

Wir sind Verdrängungskünstler: Wir schieben Probleme lieber zur Seite, statt sie anzupacken, und verteidigen unsere Alltagsroutine, so lange es nur geht. Tatsachen, die Grundannahmen infrage stellen – und dadurch das Auskommen und die Selbstachtung von Menschen bedrohen –, werden einfach ausgeblendet, berichtet der Kognitionspsychologe Daniel Kahneman. Der Träger des Wirtschaftsnobelpreises kann sich dabei auf zahlreiche Studien und Experimente berufen.[66]

Besonders anschaulich ist das beim Rauchen. Dessen gesundheitliche Folgen sind seit Jahrzehnten bekannt. Unzählige Bildungsmaßnahmen und Kampagnen weisen darauf hin. Regelmäßig berichten die Medien darüber, wie sehr Rauchen das Leben verkürzt. Doch die Raucher selbst verweisen nicht selten auf Helmut Schmidt. Der sei als Kettenraucher ja auch fast hundert geworden, heißt die simple Logik mit scheinbarem Beruhigungseffekt.

Je weiter eine Bedrohung räumlich und zeitlich entfernt liegt, desto leichter fällt uns das Verdrängen und desto geringer ist die individuelle Handlungsmotivation. Wenn das schon beim Rauchen so gut klappt, obwohl die Folgen unmittelbar und in absehbarer Zeit die eigene Person treffen, wie soll dann der Klimawandel konkrete Verhaltensänderungen hervorrufen? Dass Menschen ihre Alltagsroutinen umstellen, nur weil der Meeresspiegel jährlich um einige Millimeter ansteigt, ist schwer vorstellbar.

Man kann unmöglich erwarten, dass sich jedermann kontinuierlich mit Energieeffizienz, der Erderwärmung, fairen Textilien oder Tierschutz befasst. Gerade das Thema Textilien ist besonders vertrackt. Widersprüchliche Berichte prasseln auf uns ein: Wir hören auf der einen Seite von den katastrophalen Arbeitsverhältnissen von Näherinnen in Bangladesch und auf der anderen Seite von Lug und Trug bei einem Label für faire Kleidung. Woran sollen wir uns beim Kleiderkauf nun orientieren? Wer angesichts unserer mental angelegten Verdrängungskultur nur auf die Rolle der Bildungseinrichtungen verweist, macht sich etwas vor und blendet selbst die Fakten aus. So wie die Zahl der Raucher nur zurückging, weil sich die Rahmenbedingungen geändert haben, so wird sich auch der Klimaschutz nur dann verselbstständigen, wenn wir ihn zur Routine machen. Appelle und Kampagnen sind gut gemeint. Doch sie verwirren manchmal mehr, als dass sie helfen. Der Konsument möchte nicht fortwährend abwägen, er braucht klare, verständliche und verlässliche Informationen. Das ist das Ziel von Ökoroutine.

Ressourcenverschwendung und Naturverbrauch sind fester Bestandteil unserer lebensweltlichen Alltagspraxis, unserer Kultur. Für ihre schädlichen Folgen müssen wir weitere Ressourcen aufwenden, die für sinnvollere Projekte dann nicht mehr zur Verfügung stehen. Unser Alltag ist geprägt von gelebter Schizophrenie. Teil unserer Kultur ist es beispielsweise, Milliarden für Produkte zur Gesundheitsförderung auszugeben, während wir gleichzeitig billige und schädliche Produkte essen. Befremdlich müsste es auch sein, dass sich viele Menschen mit ihren technischen Gerätschaften mehrere Stunden am Tag befassen und zugleich ihren Freuden erzählen, keine Zeit für ein Treffen zu haben. Interessengruppen werben auf der einen Seite für TTIP und mehr Freihandel und betonen zugleich die Vorzüge der regionalen Produktion. Nicht wenige Politiker schaffen es, in ein und demselben Satz mehr Klimaschutz und den Ausbau der Autobahnen zu fordern.

Geradezu paradox ist auch die Tierliebe unserer Gesellschaft. Einige Tiere betrachten wir als unsere besten Freunde, wir bringen sie in »Wellnesshotels« oder zum Tierfriseur und füttern sie ausschließlich mit Premiumfleisch. Die anderen behandeln wir wie tote Materie, sperren sie in grausamen Massenställen ein und verarbeiten sie dann zu billigem Fast Food. Die Beispiele zeigen: Schroffe Widersprüche sind Teil unserer Kultur. Kultur ist die unsichtbare Macht, die unsere Werte formt, unseren Glauben, unsere Gedanken und unser Verhalten. Kultur lässt alles, was wir tun, als natürlich erscheinen. Kultur befindet sich in einem ständigen Wandel. Entscheidend ist die Richtung, die können wir beeinflussen.[67]

Expertendilemma

Verdrängung kann sogar rational sein, dann nämlich, wenn nicht klar ist, welche Entscheidung die richtige wäre. Expertenanhörungen sind mittlerweile eine Selbstverständlichkeit im politischen Prozess. Doch nicht selten sind die Abgeordneten danach genauso unsicher wie zuvor und finden lediglich ihre längst bestehenden Werturteile bestätigt.

In der Wissenschaft sind Szenarien und Modelle gespickt mit Grundannahmen, die einen enormen Spielraum für die möglichen Ergebnisse eröffnen. Für jedes Gutachten finden sich Experten, die ein Gegengutachten mit anderen Ergebnissen erstellen können. Für komplexe Entscheidungsgegenstände steht kein absoluter Bewertungsmaßstab zur Verfügung. Das Ergebnis einer Expertenanhörung kann daher leicht den Eindruck wecken, wissenschaftliche Expertise sei eine sehr fragwürdige Instanz. Nach der Atomkatastrophe von Tschernobyl 1986 kommentierte ein Journalist eine Expertenbefragung vor dem Freiburger Gemeinderat: »Kein Zweifel, die Wissenschaft hat nach Tschernobyl durch ihre Inkompetenz noch mehr Kredit und Vertrauen verspielt als die Politik. Die Expertenmeinungen sind in ihrer Widersprüchlichkeit wertlos.«[68]

Vor Einführung der Ökosteuer 1999 gab es ein knappes Dutzend Studien über die möglichen Auswirkungen der geplanten Reform. Die befürwortende Untersuchung kam zu dem Ergebnis, dass Hunderttausende neue Jobs entstehen würden. Die Pessimisten kamen zum gegenteiligen Ergebnis und warnten vor einer immensen Arbeitsplatzvernichtung. Dabei wurde, abgesehen von der Stromsteuer, gar keine neue Steuer eingeführt, sondern lediglich die bestehenden Gesetze umweltfreundlich umgestaltet.

In babylonischen Zuständen leben auch wir Konsumenten. Äpfel aus Neuseeland, hören wir, seien klimafreundlicher als die heimische Variante. Wasser aus Plastikflaschen sei umweltfreundlicher als aus Pfandbehältern. Der Geschirrspüler sei sparsamer als manuelles Spülen. Tiefkühlkost schade dem Klima weniger als Frischware. E-Books seien geeignet, zum achtsamen Umgang mit Ressourcen beizutragen. So findet jeder für seine Alltagsroutine wissenschaftliche Legitimation. Nicht selten stehen renommierte Forschungseinrichtungen hinter den Analysen – die Ablassbriefe für unseren Überflusskonsum kommen damit von ganz oben.

Bei der Verleihung des Nobelpreises für Ökonomie im Jahr 2013 konnte die Öffentlichkeit den Eindruck gewinnen, das Komitee wolle das Dilemma divergierender Meinungen zwischen Experten geradezu persiflieren. Die Würdigung ging gleichzeitig an die US-amerikanischen Wirtschaftswissenschaftler Eugene Fama und Robert Shiller. Beide beschäftigen sich mit denselben Fragen, kommen aber zu diametral entgegengesetzten Ergebnissen: Fama ist Begründer der Theorie effizienter Märkte. Er meint, Aktienmärkte nähmen neue Informationen am schnellsten in die Kurse auf. Robert Shiller meint, genau das sei der größte Irrtum der Geschichte ökonomischen Denkens. Famas Annahme sei Grundlage der fatalen Deregulierung, die zur Krise beitrug. Shiller ist davon überzeugt, dass Anleger oft dem Herdentrieb folgen. Er hat 2007 die Blase erkannt, während Fama behauptete, es gäbe keine Anzeichen für eine Überhitzung. Er bestellte sogar das wirtschaftsliberale Magazin »Economist« ab, weil ihm das Wort »Blase« darin zu oft vorkam. Warum also wurde der Nobelpreis gleichzeitig an diese beiden sich hundertprozentig widersprechenden Ökonomen verliehen? Plausibel erscheint nur eines: Das Preiskomitee wollte signalisieren, es gebe keine klare Empfehlung. Wir wissen zu wenig.

Rolle der Medien

Bei der Frage, ob die globale Erwärmung vom Menschen verursacht wird, gibt es kein Expertendilemma. Die Klimawissenschaftler dieser Welt sind sich in den Grundsätzen einig. Sie diskutieren lediglich über Detailfragen und die möglichen Folgen des Klimawandels. Dennoch ist in der Öffentlichkeit die Annahme verbreitet, die Experten seien über die Klimafrage uneins. Schließlich treten in den Medien immer wieder vermeintliche »Fachleute« auf, die auf den Einfluss der Sonne oder auf die Warmzeit im Mittelalter verweisen. Das ist allerdings kein Experten-, sondern ein Mediendilemma. Talkshows werden in der Regel mit Vertretern kontroverser Meinungen besetzt, damit es zu möglichst angeregten Diskussionen kommt und man nicht von vornherein auf eine bestimmte Meinung festgelegt ist. So kommen dann auch Klimaskeptiker zu Wort oder Leute, die meinen, eine Verschwörung der Klimaforschung entdeckt zu haben. Doch beim Klimawandel geht es nicht um Meinungen, es geht um Fakten. Es ist keine Frage des Standpunkts, ob man den Menschen bei der Erderwärmung in der Verantwortung sieht, sondern Stand der Wissenschaften.

Mitunter ist auch mangelnde journalistische Sorgfalt das Problem. Kürzlich führten zwei kritische Journalisten ihre Kollegen mit einer vermeintlichen Schokoladenstudie vor. Mit wissenschaftlicher Begleitung erstellten sie eine »Studie«, die nur eine Handvoll Teilnehmer hatte und damit keinerlei wissenschaftlichen Standards entsprach. Das fingierte Ergebnis ging dennoch um die Welt: »Schokolade macht schlank.« Ein britisches Wissenschaftsmagazin veröffentlichte die Fake-Studie, Nachrichtenagenturen griffen die sensationelle Neuigkeit auf, dass ausgerechnet Schokolade beim Abnehmen helfe, unzählige Medien berichteten über die Wunderdiät. Doch schon die extrem geringe Zahl der Probanden hätte jeden Journalisten misstrauisch machen und von einer Veröffentlichung abhalten müssen. In den Redaktionen der Zeitschriften machten sich aber nur wenige die Mühe, einfachste Fragen zu stellen. Dann hätten sie zum Beispiel gemerkt, dass es das »Institute of Diet and Health«, das die angebliche Studie veröffentlicht hatte, gar nicht gibt. ZDF und arte strahlten später den Dokumentarfilm aus, den die beiden Journalisten über ihr Experiment zur Leichtgläubigkeit von Medien und Öffentlichkeit gedreht hatten.

Wenn man noch verantwortungsvolle Berichterstattung erwarten darf, dann doch von den öffentlich-rechtlichen Institutionen. Gleichwohl stellt sich auch bei unseren durch Gebühren finanzierten Rundfunkanstalten die Frage, mit welcher Gewichtung sie die Welt, in der wir leben, darstellen. Sicher, an Fußball führt kein Weg vorbei. Die Menschen wollen das sehen, auch in den Hauptnachrichten. Epische Berichte über die Ereignisse in Königshäusern sind womöglich auch unvermeidlich. Schließlich bezahlen die Bürger für das Angebot. Aber warum werden die Börsenereignisse zum öffentlichen Spektakel erhoben? Via Direktschaltung berichten Journalisten Tag für Tag vom Börsenparkett über das neueste Auf und Ab und äußern ihre Vermutungen über die Gründe für die Entwicklung einzelner Wertpapiere. Tatsächlich investieren die Zuschauer jedoch kaum privat in Aktien. Die Kenner der Szene erfahren ohnehin nichts Neues. Es ist geradezu fatal, dass über die Berichterstattung der DAX indirekt zum Wohlstandsindikator erhoben wird. Die Zuschauer lernen: Renditeorientierte Spekulationen sind das Normalste der Welt.[69] Dabei existiert schon längst kein Börsenparkett mehr. Die

Transaktionen werden über Computer abgewickelt. Was der Zuschauer im Fernsehen sieht, ist eine Börsenkulisse, die eigens für die tagtägliche Berichterstattung eingerichtet wurde.

Die Mär vom verantwortungsvollen Konsumenten

Seit mindestens zwei Jahrzehnten ist bekannt, dass ein hohes Umweltbewusstsein sich nicht automatisch in ein entsprechendes umweltbewusstes Verhalten umsetzt. Über diese Diskrepanz wurde viel geforscht und geschrieben. Mithin wollte man herausfinden, welche Faktoren dazu führen, die Diskrepanz überwinden zu können. Die Ergebnisse sind im Kern immer gleich: Informationen allein entfalten nur eine sehr begrenzte Wirkung.

Appelle, Kampagnen und Aufklärungsinitiativen müssen, wenn sie Erfolg haben sollen, von finanziellen und strukturellen Anreizen flankiert werden. Wenn das Autofahren teurer wird und zugleich Nahverkehr und Radeln attraktiver, dann kommen Veränderungen auch beim Einzelnen in Gang. Ohne solche Rahmenbedingungen, das haben repräsentative Untersuchungen gezeigt, wird umweltschonendes Verhalten lediglich in »Alibibereichen« praktiziert. Mülltrennung oder das Kaufen von Recyclingpapier mag das Gewissen so beruhigen, dass man sich zu gravierenden Verhaltensänderungen nicht veranlasst fühlt. Zugleich verrechnen wir innerlich verschiedene Handlungsstränge, wie den Urlaubsflug mit dem Bioladeneinkauf.[70]

Strategischer Konsum

Manche halten das für pessimistisch. Dem Menschen als vernunftbegabtem Wesen sei mehr zuzutrauen – nämlich vernünftiges, rationales Verhalten. Gewiss, gemeinsam könnten wir allein durch unser Einkaufsverhalten die Welt verändern. Schließlich wird nichts produziert, das keine Nachfrage findet.

Groß angelegte Kampagnen haben schon so manchem Hersteller einen Schrecken eingejagt. Wenn beispielsweise ein Produzent von Laufschuhen in der Öffentlichkeit wegen abgründiger Arbeitsbedingungen bloßgestellt wird, bringt das nicht selten empfindliche Umsatzeinbrüche mit sich – und für das Unternehmen einen starken Anreiz, die Bedingungen zu verbessern. Den bewegten Kunden fällt es vergleichsweise leicht, ihrem Unmut Ausdruck zu verleihen. Sie kaufen eine andere Marke. Ob es in den Fabriken dieses Unternehmens menschenfreundlicher zugeht, ist aber keineswegs gesagt.

In der Tendenz bewirken all diese Kampagnen etwas Positives, so ist zu vermuten. Doch deutlich darüber hinaus geht es dann doch nicht. Das fair produzierte Telefon verkauft sich miserabel, verglichen mit den Spitzenmarken. Faire Kleidung und Biolebensmittel gewinnen nur schleppend an Bedeutung. Noch weniger populär ist der Verzicht, der schließlich ebenfalls Ausdruck eines strategischen Konsums wäre. Stattdessen haben sich Webseiten wie utopia.de zu wahren Verkaufsplattformen entwickelt, die eher zum Überkonsum anregen, als uns der Utopie eines nachhaltigen, umweltfreundlichen Konsums näher zu bringen.

In der Summe bremsen viele Faktoren, wie sie in diesem Kapitel beschrieben werden, die Vision einer Konsumentenrevolution aus: Werbung, Routinen, Verdrängung, Wachstum. Ökologischer Konsum wird durch Kampagnen und Appelle nicht zur Routine.

Die LOHA-Bewegung

Deutlich wird das besonders bei denjenigen, die sich für die Vorreiter der Ökobewegung halten. Dass der Aufbruch vielfach nur ein vermeintlicher ist, beschrieb die Autorin Kathrin Hartmann in ihrem Buch »Ende der Märchenstunde«. Ende der 2000er-Jahre hatten Journalisten die sogenannte LOHAS-Bewegung entdeckt und feierten sie landauf, landab als ökologische Avantgarde. Ihre Vertreter, hieß es, hätten sich dem »Lifestyle of Health and Sustainability« verschrieben und pflegten nun einen grünen und progressiven Lebensstil von Gesundheit und Nachhaltigkeit. Studien ergaben, dass zehn bis 30 Prozent der Bundesbürger diesem schönen, neuen Lebensstil zugewandt seien.

Nur wenige Jahre später reibt man sich verwundert die Augen: War da was? Wenn fast ein Drittel der Bundesbürger tatsächlich Ökovorreiter wären, warum ist der Energieverbrauch in Deutschland in den letzten Jahren kaum gesunken? Warum gehen die Zulassungszahlen von Autos kaum zurück? Warum schafft die Bundesrepublik es kaum, ihre Klimaziele einzuhalten?

Deutlich wurde beim LOHAS-Hype eigentlich nur, dass auch viele Ökohedonisten im permanenten Widerspruch leben. Die Reise nach Indien oder Neuseeland ist einfach zu verlockend. Der Wäschetrockner ist aus Zeitmangel notwendig und das Auto unentbehrlich, weil kein ausreichender Anschluss an den öffentlichen Personennahverkehr vorhanden ist. Begründungen finden sich zuhauf, auch für Smartphone, Tablet und E-Book. Selbst ein SUV findet Legitimation, seitdem die tonnenschweren Geländewagen auch mit Hybridmotor zu haben sind.

Zu diesem Widerspruch zwischen Anspruch und Wirklichkeit gibt es viele Studien.[71] Es ist ganz einfach so, dass mit dem Einkommen die Konsummöglichkeiten zunehmen. Beispielsweise zeigt das Kapitel »Weniger Lohn, weniger Verschwendung« (S. 240) durch belastbare Daten: Mit dem Wohlstand wächst der Energieverbrauch. Die Spitzenverdiener verbrauchen im Vergleich zu den Ärmsten dreimal so viel Energie. Ähnlich sieht es mit den Ausgaben für Mobilität aus. Kein Wunder: Die Wohnungen und Häuser sind größer und Fernreisen erschwinglicher.[72]

Wenn allenthalben das »Mehr« gelebt und propagiert wird, wer mag da über das »Weniger« nachdenken? Wenn Politiker und Unternehmen signalisieren, alles läuft wunderbar, macht weiter so, das mit dem Klimaschutz bekommen wir schon hin, ohne dass ihr etwas dafür tun müsst – wie soll sich eine Kultur der Achtsamkeit entwickeln? Der aktuelle Referenzrahmen sagt, alles ist gut und richtig so. Was alle machen, kann nicht verkehrt sein. Gewiss, es gibt Ausnahmen: Menschen, die ihren Ressourcenverbrauch auf ein Minimum reduziert haben. Nichtsdestotrotz ist die Debatte über die Macht des Kunden und strategischen Konsum fehlgeleitet, weil sie die politische Dimension der Nachhaltigkeit ausblendet. Sie belastet den Einzelnen mit einer Verantwortung, die er weder tragen wolle noch könne, meint der Physiker und Philosoph Armin Grunwald.[73]

Niemand will der Dumme sein

Das liegt ganz einfach daran, dass keiner der Dumme sein will. Dem Klimaschutz mag man ja eine hohe Bedeutung beimessen, doch einer allein kann die Welt auch nicht verändern, so der Gedanke. Das Auto stehen zu lassen, während die Nachbarn, ja die ganze Welt weitermacht wie bisher, was soll das schon bringen? Ein objektiver Nachteil steht einem nicht spürbaren Effekt gegenüber. Aus Sicht des Einzelnen ist es ganz rational, bei den Gewohnheiten zu bleiben. Das Problem: Das individuell rationale Verhalten führt zu einem kollektiv irrationalen Ergebnis, denn kaum jemand sehnt den Klimawandel herbei. Ökoroutine spricht daher über politische Werkzeuge, Gelegenheitsstrukturen, Standards und Fahrpläne, die dazu führen, dass wir tun, was wir für richtig halten.

Kapitel 4

Essen

Stellen Sie sich vor, Sie gehen mit Rückenschmerzen zum Arzt. Woher die Schmerzen kommen, ist nicht klar. Um die Ursache zu finden, müsste der Arzt mehr Zeit aufwenden, als ihm von den Krankenkassen bezahlt wird. Er schlägt Ihnen vor, die Schmerzen mit einer Spritze zu lindern. Sie willigen ein. Das Vorgehen erscheint Ihnen sinnvoll und effektiv, zumal sich zunächst eine Besserung einstellt. Die Muskeln entspannen sich, die Blockade verschwindet. Doch bald tritt das Krisenphänomen wieder auf, die Schmerzen kehren zurück. Nun verschreibt der Arzt Massagen, Fangopackungen, Akupunktur. Falls auch das nur vorübergehend nützt, landen Sie irgendwann auf dem Operationstisch und bekommen Schrauben oder künstliche Bandscheiben eingesetzt. Doch selbst dann kann es sein, dass Sie Ihre Schmerzen immer noch nicht völlig los sind. Dabei raten gerade die Krankenkassen seit Jahren dazu, Rückenproblemen mit regelmäßiger Bewegung, gezielter Gymnastik und ausgewogener Ernährung entgegenzuwirken. Vorsorgendes Verhalten ist genauso wichtig wie medizinisch-technische Innovationen und Apparatemedizin.

Bei ökologischen Krisenphänomenen ist es ganz ähnlich. Die industrielle Tierhaltung etwa belastet nicht nur Böden, Wasser und Atemluft mit Schadstoffen. Sie sorgt auch dafür, dass sich multiresistente Keime immer mehr ausbreiten. In den Massenställen der industriellen Landwirtschaft wird eine zu hohe Zahl von Nutztieren auf zu engem Raum gehalten. Damit die dauergestressten Tiere das bis zum Schlachttermin durchstehen, werden große Mengen Antibiotika eingesetzt. Das begünstigt die Bildung resistenter Keime. Bei einer bundesweiten Stichprobe in Supermärkten fand der Bund für Umwelt und Naturschutz Deutschland kürzlich auf 88 Prozent des abgepackten Putenfleischs antibiotikaresistente Keime.⁷⁴ Die Keime gelangen mit dem Fleisch in die Küchen der Verbraucher, wo es zu einer Übertragung auf den Menschen kommen kann. Damit wächst die Gefahr, dass Antibiotika zunehmend wirkungslos werden – nach Angaben des Bundesgesundheitsministeriums sterben in Deutschland jedes Jahr rund 10 000 Menschen, weil Antibiotika nicht mehr wirken.

Wollte man die Ursache des Problems angehen, müsste man sich von der Massentierhaltung Schritt für Schritt verabschieden und einen achtsameren Umgang mit Nutztieren und Lebensmitteln etablieren. Bisherige Lösungsversuche behandeln das Problem nur an der Oberfläche. Ökoroutine liefert Vorschläge, die das Problem an der Wurzel packen.

Respektloser Umgang mit Nutztieren

Gerade beim Fleischverzehr zeigt sich die Schizophrenie unserer Lebensweise. Für unsere Haustiere, unsere Hunde, Katzen, Pferde, tun wir alles. Im Jahr 2013 gaben die Bundesbürger vier Milliarden Euro für Nahrung, Bedarfsartikel und Zubehör für ihre vierbeinigen Freunde aus.⁷⁵ Haustiere werden wie ein Teil der Familie behandelt. Ihre Fotos hängen schön gerahmt zusammen mit den Fotografien der Familienmitglieder an der Wand. Auch Todesanzeigen und gemeinsame Begräbnisstätten verweisen auf das enge Band zwischen Mensch und Tier.⁷⁶ Hunde und Katzen teilen sich das Sofa und das Bett mit ihrem Herrchen, sind allgegenwärtiger Begleiter, Spielkamerad und nicht selten Gesprächspartner. Tiere empfinden Schmerzen, träumen, streiten, kuscheln, ängstigen sich: Es ist verständlich, dass viele Menschen die Behauptung stützen würden, dass Tiere eine Seele haben. Und doch sind sich nur wenige der Widersprüchlichkeit ihres Handelns bewusst, wenn sie sich ein Schnitzel für einen Euro in die Pfanne hauen.

Wir sind perfekte Verdrängungskünstler. In den Medien sind zwar ständig Berichte über die erbärmlichen Zustände bei der Aufzucht von Hühnern, Schweinen und Rindern zu sehen und zu lesen. Unzählige Filme und Fotos dokumentieren die grauenvollen Umstände in den Massenställen, beweisen, wie die Tiere leiden. Niemand wird ernsthaft behaupten können: »Davon habe ich nichts gewusst.« Fernsehen,

Radio und Internet liefern einen permanenten Nachrichtenstrom über die skandalösen Zustände in Tierhaltung, Fütterung, Transport und Schlachtung.

Und dennoch rühren Millionen Bürgerinnen und Bürger das Biohackfleisch beim Discounter nicht an und greifen lieber zur Billigware. So billig, dass es auch nicht wehtut, wenn Übriggebliebenes oder abgelaufene Ware im Müll landet. Deutlicher können wir unsere Respektlosigkeit nicht zum Ausdruck bringen. Einige Regale weiter greifen wir dann zum Premiumfutter für unsere Vierbeiner. Das alles lässt sich soziologisch und psychologisch erklären, vielleicht sogar verstehen. Doch genau genommen ist es ein Beweis dafür, dass weitere Aufklärungskampagnen und noch umfangreichere Kennzeichnungen kaum die Wende bringen werden.

Wir haben uns an das Drama gewöhnt und sind abgestumpft. Nach einem Skandal geht die Nachfrage nach Billigfleisch kurzzeitig zurück, nur um wenige Monate später wieder auf das alte Niveau zu steigen. Die schlimmen Nachrichten sind schnell vergessen und bleiben nur noch als diffuse Erinnerung zurück. Aber liegt nicht die vegetarische, ja sogar vegane Ernährung voll im Trend? Es stimmt zwar, dass das Thema zunehmend Popularität genießt, in vielen Städten eröffnen derzeit vegane Restaurants. Doch bei einer Befragung gab nur gut ein Prozent der Deutschen an, sich überwiegend vegan zu ernähren. Immerhin verzehren nur noch 88 Prozent der Bundesbürger regelmäßig Fleisch.[77] Allerdings fällt das kaum ins Gewicht. Der Fleischkonsum liegt seit Jahren bei rund 60 Kilogramm je Bürger. Das ist fast doppelt so viel, wie die Deutsche Gesellschaft für Ernährung empfiehlt. Zwar ging der Konsum in den letzten Jahren leicht zurück, inzwischen steigt er jedoch wieder.[78] Unabhängig davon wächst die Fleischproduktion in Deutschland insgesamt deutlich – auf inzwischen umgerechnet 88 Kilogramm pro Bundesbürger.[79] Bei fast gleichbleibendem Verbrauch geht damit ein immer größerer Teil des Fleisches in den Export.[80] Trendwende sieht anders aus.

Landwirtschaft & globale Erwärmung

Auch zur globalen Erwärmung trägt die Landwirtschaft erheblich bei. In Deutschland ist sie mit einem Anteil von 7,5 Prozent der zweitgrößte Verursacher von Treibhausgasen nach der Energiewirtschaft. Darüber hinaus entstehen bei der Herstellung von Düngemitteln und durch den landwirtschaftlichen Verkehr Klimagase.[81] Besonders relevant: Lachgas und Methan. Sie sind neben Kohlendioxid die beiden wichtigsten Treibhausgase und um ein Vielfaches klimaschädlicher als CO_2. Methan entsteht insbesondere bei der Verdauung von Wiederkäuern, Lachgas vor allem durch den übermäßigen Einsatz von Stickstoffdünger. Dieser trägt schon bei der Produktion zur Erwärmung bei: Heute entfallen zwei bis drei Prozent des gesamten weltweiten Energieverbrauchs auf die Düngemittelproduktion.[82] Und dann werden unsere Lebensmittel natürlich auch noch verarbeitet, gekühlt, getrocknet, mit anderen Produkten kom-

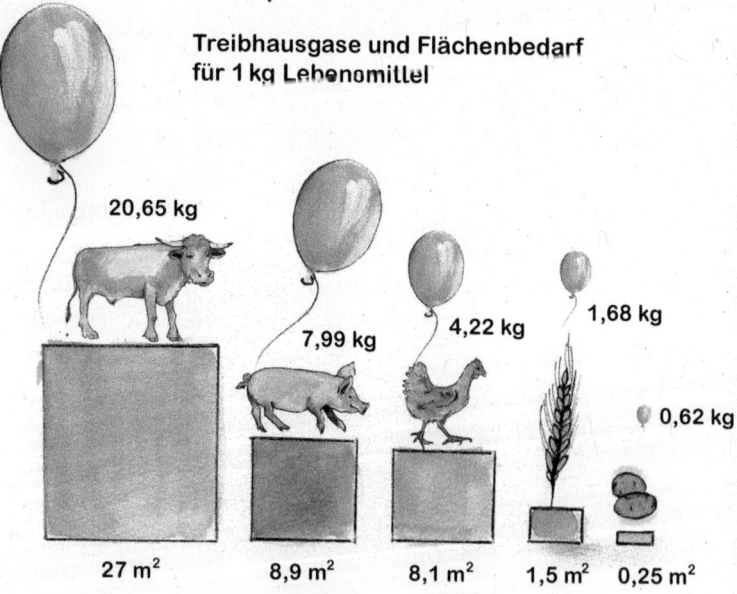

Abbildung 8 Flächenbedarf und CO_2-Belastung des Fleischkonsums sind immens. Für ihn nimmt Deutschland sogar Ackerflächen auf anderen Kontinenten in Beschlag. Zwischen 2008 und 2010 waren es fast sieben Millionen Hektar – das entspricht ungefähr der Größe Bayerns.[83]

biniert, verpackt, vorgekocht oder -gebraten und gefroren. Hinzu kommen sehr lange Transportstrecken zwischen diesen Prozessen. Sie alle verbrauchen Energie, die primär aus Kohle, Erdgas oder Erdöl stammt.

Besonders aufwendig ist die Fleischproduktion. Nahezu 70 Prozent der direkten Treibhausgasemissionen unserer Ernährung sind auf tierische Produkte zurückzuführen. Der CO_2-Rucksack eines Kilogramms Weizenmehl liegt bei 1,7 Kilogramm CO_2-Äquivalenten, bei Schweinefleisch beträgt er mit rund acht Kilogramm das mehr als Vierfache.[84] Allerdings muss Fleischkonsum nicht zwangsläufig ein Klimakiller sein: Wenn Tiere auf Weiden artgerecht und in passender Zahl gehalten werden, ist das mitunter sogar vorteilhaft für Klima und Umwelt – da Weideland Kohlendioxid speichern kann.

Subventionen

Seit Jahrzehnten werden Steuermittel verwendet, um den Bauern zu »helfen«. Ziel der Agrarsubventionen der Europäischen Union ist es erklärtermaßen, die Versorgung der Bevölkerung sicherzustellen, Produktivität und technischen Fortschritt zu fördern sowie für angemessene Preise zu sorgen.[85] Da die Staaten der EU immer noch hundert Milliarden Euro für die Förderung der Landwirtschaft ausgeben, wäre die Schlussfolgerung naheliegend, die Preise seien noch nicht günstig genug oder die Versorgung nicht sicher. Das würde jedoch wohl niemand behaupten. Dennoch werden die Transferleistungen nicht gekürzt. Bleibt noch das Argument, die Arbeitsplätze, die an der Landwirtschaft hängen, müssten erhalten werden. Wie das bei gleichzeitiger Förderung der Produktivität gelingen soll, ist allerdings rätselhaft. Anfang der 1950er-Jahre war noch jeder vierte Arbeitnehmer Europas in der Landwirtschaft beschäftigt, heute ist es nur noch jeder fünfundzwanzigste. Ihr Anteil an der Wertschöpfung schrumpfte von über zehn auf unter ein Prozent.[86] An den Hilfszahlungen für die Landwirtschaft hat das nichts geändert.

Paradoxerweise profitieren vor allem Großbetriebe von den Subventionen. Sie können dank der Hilfen so billig produzieren, dass sich der Export nach China oder anderen Entwicklungsländern lohnt, wo die Billigkonkurrenz aus Europa die heimischen Märkte kaputt macht. Ein Fünftel der landwirtschaftlichen Betriebe in der EU erwirtschaftet heute vier Fünftel der gesamten Agrarproduktion. Sie erhalten rund 80 Prozent der Direktzahlungen. Mithin haben die Landwirtschaftsminister dadurch die Industrialisierung der Tierhaltung und die beklagenswerten Zustände in den Megaställen aktiv begünstigt. Allein die Schweine- und Geflügelproduktion fördert der Staat jährlich mit rund einer Milliarde Euro Steuergeldern. Über 90 Prozent sind Direktzahlungen für Futterflächen, doch auch der Stallbau und die Fleischindustrie werden direkt bezuschusst.[87] Die Landwirtschaftsminister halten weiter daran fest, wie Bundesagrarminister Christian Schmidt kürzlich auf der Grünen Woche in Berlin nochmals betonte: Ohne industrialisierte Landwirtschaft gehe es nicht.

Über eine veränderte Subventionspolitik ließe sich die Landwirtschaft ökologischer gestalten, etwa indem kleinere Betriebe stärker gefördert werden als die Agrarindustrie. Doch insgesamt ist das Regelwerk der Subventionen kompliziert und das Für und Wider schwer abzuwägen. Damit sind die Möglichkeiten der Agrarlobby vielfältig. Ihr Einfluss verwässert konkrete Einzelvorschläge im Verhandlungsprozess so weit, dass vom ursprünglichen Anliegen kaum noch etwas übrig bleibt. Ein Agrarwendefahrplan, der die Standards für alle hebt, wäre aussichtsreicher, weil er sich jenseits des Subventionsthemas beschließen ließe.

Schlaglicht: *Supermärkte, Discounter, Großhändler und Hersteller von Fertiglebensmitteln achten beim Einkauf vor allem auf den Preis. Was die Qualität betrifft, wird in der Regel lediglich nach Herkunft aus konventioneller oder ökologischer Landwirtschaft unterschieden. Ein Bauer kann seine Produkte nur absetzen, wenn er höchstens den Preis der Konkurrenz verlangt. Wer mehr verkaufen will, muss das über verringerte Preise tun. Wenn das mehrere versuchen oder es ideale Erntebedingungen gab, verfällt durch das Überangebot der Preis. Denn die Konsumenten kaufen Lebensmittel nur nach Bedarf – auch wenn einiges davon im Müll landet. In anderen Konsumfeldern ist das ganz anders: Ist ein begehrter Laufschuh gerade zum Schnäppchenpreis zu haben, greifen womöglich viele Interessenten zu und werfen den alten verfrüht weg. Mithin unterscheiden sich Landwirtschaft und Industrie fundamental, womit sich strenge Regeln für den Welthandel legitimieren. Zudem rechtfertigt dieser Unterschied*

Subventionen. Eine nachhaltige Landwirtschaft hat es dem Bauern zu ermöglichen, durch den Verkauf selbst erzeugter Produkte zumindest einen auskömmlichen Verdienst zu erwirtschaften. Um das zu gewährleisten, sind auch produktionsabhängige Direktzahlungen vertretbar, meint der renommierte Ökonom Hans Christoph Binswanger.[88]

Fleischexport

Agrarsubventionen mögen fragwürdig sein und ihre Notwendigkeit umstritten. Noch weniger nachvollziehbar ist es jedoch, wenn der Steuerzahler den Export von Hühnerteilen, Rind- und Schweinefleisch begünstigt. Auch die deutsche Agrarindustrie möchte teilhaben am Wachstumsmarkt. Denn in den aufstrebenden Nationen, beispielsweise in Asien, nimmt der Appetit auf Fleisch in den wachsenden Mittelschichten zu. Als wären Tiere eine beliebige Ware, verkündete die damalige Bundeslandwirtschaftsministerin Ilse Aigner vor einigen Jahren, sie wolle aus Deutschland eine weltweit führende Fleischexportnation machen, die mit Billiganbietern wie Brasilien und den USA konkurrieren kann.[89]

Unser Fleisch wird dabei zu Dumpingpreisen verkauft. Durchrationalisierte Schlachtbetriebe, Subventionen und niedrige Standards in der Tierhaltung machen es möglich. Bis zu 50 Prozent der Investitionen werden Konzernen für den Bau von Industrieställen erstattet. Insgesamt wendet die Europäische Union dafür rund drei Milliarden Euro jährlich auf.[90] Allein in Niedersachsen verwendete die bis 2013 amtierende Landesregierung jährlich 40 Millionen Euro Steuergelder für die Förderung von neuen Ställen. Sie erstattete den Investoren 30 bis 50 Prozent ihrer Ausgaben.[91] Auch den Bau von Schlachthöfen bezuschussten die Niedersachsen – rund 6,5 Millionen Euro erhielt beispielsweise die Firma Rothkötter in Wietze.[92]

Knapp die Hälfte der jährlichen Fleischproduktion schaffen die Betriebe außer Landes. Seit dem Jahr 2000 haben sich die Exportzahlen mehr als verdreifacht. Bis 2006 war Deutschland noch Netto-Importeur beim Fleisch, jetzt ist das Land Netto-Exporteur. Inzwischen ist die Bundesrepublik der größte Schweinefleisch-Exporteur der Welt.[93] Die Logik: Export ist gut fürs Wachstum, ist gut für die Wirtschaft, ist gut für soziale Stabilität.

Dasselbe Mantra bemühen die Befürworter des TTIP-Abkommens, das derzeit zwischen USA und EU verhandelt wird.[94] Es soll den Export und Import weiter befördern. Amerikaner wollen unbedingt nach Europa exportieren. Dafür müssen, wenn es nach den neoklassischen Ökonomen geht, europäische Schutzvorschriften gegen Hormone, Antibiotika und Genmanipulationen ausgehebelt werden. Doch auch die europäische Fleischindustrie hofft auf mehr Profit durch Ausfuhren in die USA. Wo der Gewinn für die Bürgerinnen und Bürger ganz konkret liegen soll, bleibt ungewiss. Die Aussicht auf noch radikaleren Wettbewerb und noch billigeres Fleisch kann es nicht sein.

Nichtsdestotrotz werden Investoren nach wie vor gebauchpinselt. Und das nicht nur von irgendwelchen vermeintlichen Bürokraten in Brüssel, sondern auch in den Gemeinden. Denn irgendwer muss die Großschlachthöfe und Megaställe ja genehmigen. In der öffentlichen Diskussion mag ein Skandal den nächsten jagen. Das hält Lokalpolitiker nicht davon ab, selbst im nun schon extrem belasteten Niedersachsen weitere Ställe zu erlauben. Noch während in den Medien eine Debatte über multiresistente Keime als Folge von Massentierhaltung und Antibiotikaeinsatz tobte, machte der Gemeinderat von Großenkneten mit einem Grundsatzbeschluss den Weg für den Bau für viele weitere Stallanlagen frei – mit 28 zu 4 Stimmen.[95] Allerdings: Nach dem Bundesimmissionsschutzgesetz, das für die Genehmigung von Anlagen maßgeblich ist, besitzen Investoren einen Genehmigungsanspruch. Den Lokalpolitikern sind daher, zumindest teilweise, die Hände gebunden.

Immer wieder lautet das Argument für die Unterstützung des Ausbaus, nur mit weiteren Mastanlagen ließen sich Arbeitsplätze schaffen oder sichern. Nur so käme die Gemeinde zu Einnahmen. Doch die Tierhaltung ist so automatisiert, dass nur noch wenig Personal benötigt wird. In den Schlachthöfen sind fast ausschließlich Saisonkräfte etwa aus Rumänien anzutreffen – Arbeitskräften aus Polen sind die Löhne inzwischen zu niedrig. Und die Steuereinnahmen dürften in Anbetracht der Tricksereien seitens der Konzerne auch keinen Freudentanz auslösen. Wie kommt es also zu einem Beschluss wie dem von Großenkneten? Kumpanei und Vetternwirtschaft mögen die Entscheidung erklären: Möglicherweise haben die Bevorteilten eine gewichtige Stimme im Rat oder sind gar selbst dort vertreten. Doch die systemische Ursache liegt in den Subventionen – und im Bundesrecht.

Das gilt auch für die Verschiffung von Geflügelfleisch. In der Studie »Zukunftsfähiges Deutschland«[96] beklagte das Wuppertal Institut für Klima, Umwelt, Energie sowie zahlreiche andere Institutionen bereits vor acht Jahren, dass reiche Nationen mit ihren Geflügelresten afrikanische Märkte überschwemmen und dort Tausende Arbeitsplätze vernichten. Doch die Zustände haben sich seitdem eher verschlimmert: Um 182 Prozent sind die Fleischexporte der EU nach Afrika seit 2010 gestiegen. Deutschland schaffte im Jahr 2013 fast 42 000 Tonnen in den afrikanischen Markt.[97] Besonders schlimm ist, dass das Fleisch in den heißen Ländern mit häufigem Strommangel oft vergammelt.

Zudem importiert Deutschland Soja, um Fleisch zu exportieren. Wenn eine Nation schon den Fleischverzehr der eigenen Bevölkerung nur durch Import von Futtermitteln ermöglichen kann, darf sich der interessierte Bürger fragen, wie sinnvoll der Export von Fleisch in andere Kontinente ist. Zudem sind die Transporte schlecht fürs Klima, verursachen Schadstoffe und Lärm, verbrauchen Flächen und zerschneiden die Landschaften.

Kaum jemand dürfte ernsthaft behaupten wollen, das Wohlergehen Deutschlands hänge von neuen Mastställen, Schlachthöfen, Subventionen und dem Export von Fleischmüll in die ärmsten Länder der Welt ab. Die Bauern in Deutschland hatten einmal einen existenziellen Auftrag. Sie sollten dafür sorgen, dass die Menschen genug zu essen haben. Seit Jahrzehnten leiden die Bauern selbst unter Existenznöten und den Anforderungen eines radikalen Wettbewerbs. Wer nicht auf eine reine Nebenerwerbstätigkeit umsteigen möchte, muss wachsen. Die Landwirtschaft mutierte zu einer Wirtschaftsbranche.[98] Der Gewinn scheint nun das Ziel, nicht die Versorgung der Bevölkerung. Andernfalls bräuchte es keinen Export. Er ist in Anbetracht der ökologischen und ethischen Konsequenzen ein Sündenfall, den es zu überwinden gilt.

Daher ist es dringend geboten, den Import und Export von Fleisch außerhalb der EU zu begrenzen. Ein erster Schritt könnte ein ausgeglichenes Verhältnis zwischen Import und Export sein. Den Menschen in Afrika würde das gleich doppelt helfen. Erstens würden unsere Billigexporte nicht länger die Landwirtschaft in Afrika unter Druck setzen, zweitens wäre die Gesundheitsgefährdung durch vergammeltes Tiefkühlfleisch aus Europa gemindert. Unabhängig von den Partnerstaaten in der Europäischen Union könnten die Deutschen mit gutem Beispiel vorangehen und eine entsprechende Regelung beschließen. Die Botschaft: Wir stoppen den Wachstumsexzess und möchten die Daseinsvorsorge wieder zum Kernziel der Landwirtschaft machen.

Gefährliche Keime

Eine Wende bei der Viehhaltung ist nicht nur aus ethischen Gründen geboten. Subventionen, Export- und Wachstumsdrang gefährden inzwischen auch unmittelbar die Gesundheit der Bevölkerung. Da die Landwirte zu viele Nutztiere auf engstem Raum halten und ansteckende Keime eine ganze Aufzucht gefährden, versetzen sie das Trinkwasser für Schweine, Hühner und Puten mit Antibiotika und züchten damit wie bereits geschildert Antibiotikaresistenzen.

Besonders auffällig sind die Folgen in Niedersachsen – ein Hotspot für antibiotikaresistente und damit lebensbedrohliche Keime. Das Bundesland hat die höchste Tierhaltungsdichte in Europa. Rund 40 Prozent der deutschen Antibiotika im Mastbereich kommen in Niedersachsen zum Einsatz.[99] Sehr verbreitet ist inzwischen sogar die Verwendung von sogenannten Reserveantibiotika – sie sind das allerletzte Mittel gegen multiresistente Bakterien. Durch den Einsatz in deutschen Ställen verlieren sie womöglich bald auch im Krankenhaus ihre Wirkung. So wird die Massentierhaltung zum Risiko für uns alle.

Die Problematik verschärft sich zudem durch übertriebene Therapien in der Humanmedizin. Manche Ärzte verschreiben Penizillin, auch wenn es bei viralen Infektionen wirkungslos ist. Fast 30 Prozent der Antibiotikaverordnungen im Jahr 2013 gelten laut einer Studie der DAK hinsichtlich der Diagnose als fragwürdig.[100] Je sorgloser Patienten Antibiotika einnehmen und je häufiger die Viehhalter Medikamente verabreichen, desto höher ist die Wahrscheinlichkeit, dass resistente Keime sich vermehren und verbreiten können und auch den Menschen gefährden. Zwischen 7 500 und 15 000 Menschen sterben laut Bundesgesundheitsministerium jedes Jahr an Infektionen, die durch multiresistente Keime hervorgerufen wurden. Möglicherweise ist die Zahl sogar deutlich höher. Die Deutsche Gesellschaft für Krankenhaushygiene geht von mehr als einer Million Infektionen und mehr als 30 000 bis 40 000 Todesfällen aus.[101]

Landwirtschaftsverbände bestreiten zwar, dass sich die Keime vom Stall in Krankenhäuser und Praxen verbreiten. Doch allein im Münsterland sind zehn Prozent aller erfassten Infektionen mit resistenten Keimen definitiv auf eine Variante aus dem Stall zurückzuführen.[102] Gefährdet sind davon nicht nur alte Menschen oder Menschen mit stark angeschlagenem Immunsystem: Wenn beispielsweise bei Operationen die Keime in eine offene Wunde gelangen, sind selbst junge, gesunde Menschen davon gefährdet. Wenn nichts geschieht, befürchten zahlreiche Experten, dass in nicht allzu ferner Zeit einfache Infektionen wie eine Blasenentzündung tödlich enden können. Ganz unabhängig vom Tierwohl besteht somit dringender Handlungsbedarf.

Nur durch einen Agrarwendefahrplan, der die Standards schrittweise anhebt, sind die Probleme von der Wurzel an zu lösen (S. 90). Rasch sollte der Einsatz von Reserveantibiotika und Antibiotika als Wachstumsverstärker durch systematische Kontrollen unterbunden werden. In einigen Nachbarländern, etwa Großbritannien und Dänemark, ist diese Form der Ökoroutine längst Realität. Politiker, die sich diese Forderung auf die Fahnen schreiben, würden in der Öffentlichkeit viel Zuspruch erfahren: Eine überwältigende Mehrheit von 83 Prozent der Bundesbürger spricht sich für ein Verbot bestimmter Humanantibiotika in der Massentierhaltung aus.[103] Es gibt also keinen Grund, weiter zu zögern.

Grundwasser

Schon seit Jahren kämpfen die Wasserverbände mit überhöhten Nitratwerten im Grundwasser. Inzwischen wird die Norm für die Qualität des Grundwassers in 37 Prozent aller Vorkommen nicht mehr erfüllt. Eine Ursache für die schleichende Verseuchung ist die extreme Verdichtung in der industriellen Landwirtschaft: Zu viele Tiere werden auf zu dichtem Raum gehalten. Problematisch ist zudem das Sojaimportfutter, denn in jedem Kilogramm Soja steckt fast 30-mal mehr Stickstoff als in heimischem Mais. Wir importieren so enorme Mengen Stickstoff und wissen schon längst nicht mehr, wohin damit. Ja, Soja ist ein guter Eiweißlieferant. Das gilt aber auch für heimische Leguminosen. Der Anbau dieser Hülsenfrüchtler für Tierfutter und Gründüngung sollte gefördert werden.

Ein weiterer Treiber für den Stickstoffüberschuss sind die Biogasanlagen. Auf knapp sieben Prozent der Ackerfläche wächst inzwischen Nachschub für die Vergärung zur Stromerzeugung. Die Reste enthalten – wie die Abfälle aus den Viehställen – große Mengen Stickstoff. Das Gülleproblem wird auf diese Weise noch größer.[104]

Im Ökolandbau liegt die offensichtliche Lösung des Problems. Die Bürgerinnen und Bürger der Stadt München erhalten beispielsweise das meiste Trinkwasser aus dem Mangfalltal. Hier wie auch in anderen Trinkwassereinzugsgebieten bemühen sich die Versorger um Kooperationen mit den Landwirten. Manche erhalten einen Zuschuss, wenn sie achtsamer mit den Böden umgehen. Die Stadtwerke München haben sogar Flächen gekauft und verpachten sie an Bauern mit entsprechenden Auflagen. Das ist für die Stadtwerke günstiger, weil sie das Problem an der Wurzel packen: Sie sorgen dafür, dass gar nicht erst zu viel Nitrat ins Grundwasser gelangt, denn ist das erst einmal geschehen, ist es sehr kostspielig, das Nitrat wieder zu entfernen.

Viele Wasserwerke sind inzwischen dazu übergegangen, gutes mit schlechtem Wasser zu vermischen, um die Grenzwerte einzuhalten. Doch auch das ist aufwendig und langfristig wenig erfolgversprechend. Bewirken lässt sich damit nur ein zeitlicher Aufschub, in dessen Folge sich das Drama potenziert: Gegenwärtig fördern die Wasserwerke teilweise schon 150 Jahre altes, unbelastetes Wasser, um das Nitratproblem in den Griff zu bekommen. Es ist nur eine Frage der Zeit, bis die Schadstoffe auch in diese Wasservorräte vordringen.

Einen Ordnungsrahmen, die deutsche Düngeverordnung, gibt es zwar schon seit 1996. Das Paragrafenwerk listet penibel auf, wie viel Kot und Urin ein Mastbulle, ein Ferkel oder ein Schwein jährlich ausscheide, wie viel Stickstoff im Durchschnitt darin enthalten ist – und was die Bauern damit tun dürfen. So ist es den Bauern beispielsweise nicht gestattet, jährlich mehr als 170 Kilogramm Stickstoff pro Hektar in Form von Gülle zu verteilen. Von November bis Januar ist das Gülleausbringen untersagt. An der Nitratbelastung des Grundwassers hat sich wenig geändert, weil die Vorgaben zu schwach und die Kontrollen zu dürftig sind und Sanktionen ausbleiben. Im Jahr 2006 verschärfte die Regierungskoalition die Regeln und beschränkte den Nährstoffüberschuss – also die erlaubte Differenz zwischen dem auf die Felder verteilten Stickstoff und der von den Pflanzen aufgenommenen Menge – auf 60 Kilogramm pro Hektar. Wird die Grenze überschritten, geschieht allerdings nichts. Nicht einmal ein Bußgeld müssen Ignoranten fürchten.

Die Landwirtschafts- und Umweltminister stehen also gar nicht vor der Herausforderung, ein neues Gülledekret zu verfassen. Wie in vielen Bereichen der Landwirtschaft gibt es bereits ein Regelwerk. Im Sinne der Ökoroutine müssen lediglich einige Zahlen geändert beziehungsweise eingefügt werden, etwa ein abschreckendes Bußgeld für Regelverstöße. Denn bei Geldstrafen kalkulieren viele Landwirte das Risiko: Welche Kosten entstehen bei x Kontrollen über y Jahre im Verhältnis zum potenziellen Mehraufwand für die Einhaltung der Vorschriften? Aus der Beantwortung dieser Frage ergeben sich rückwirkend auch die Höhe des festzusetzenden Bußgeldes sowie die Dichte und Taktung der Kontrollen.

Mineralwasser

Die Qualität unseres Trinkwassers hat sich in den letzten Jahrzehnten permanent verbessert. Paradoxerweise nahm der Konsum von Mineralwasser zugleich Jahr um Jahr zu. Wir trinken inzwischen mehr als zehnmal so viel Mineralwasser wie 1970. Dabei schneidet Leitungswasser bei Tests häufig besser ab als Mineralwasser in Flaschen.

Mineralwasser in Flaschen ist nicht nur viel teurer als Leitungswasser. Es ist auch viel umweltschädlicher. Die Branche braucht Unmengen an fossilen Rohstoffen: als Grundstoff für die Herstellung von Plastikflaschen, als Energieträger für die Befüllungsanlagen und als Treibstoff für die Transportfahrzeuge. Oft wird das Wasser über Tausende Kilometer Entfernung herangeschafft. Nach einer Studie des auf Ökobilanzen spezialisierten Instituts ESU Services verursacht stilles Mineralwasser zwischen neunzig- und mehr als tausendmal höhere Umweltbelastungen als Leitungswasser. Trotzdem greifen 65 Prozent der Menschen in Deutschland täglich zur Flasche. Zum Vergleich: In Schweden trinken gerade einmal fünf Prozent der Bevölkerung täglich abgefülltes Wasser.[105]

Der Durst wird größer
Jährlicher Pro-Kopf-Verbrauch von Mineral- und Heilwasser in Deutschland

(in Litern)

1970: 12,5
1980: 39,6
1990: 82,7
2000: 100,3
2010: 130,8
2015: 143,4

Abbildung 9 Mineralwasser aus Flaschen ist extrem ressourcenintensiv. Paradox: Mit der Qualität des Leitungswassers stieg der Konsum von Mineralwasser.[106] Ökoroutine möchte diese Entwicklung umkehren und zumindest Mehrweg zur Routine machen. Zudem soll Leitungswasser in Restaurants kostenlos werden.

Mit der Gesundheit lässt sich dieser Anstieg nicht rational erklären, denn auch Leitungswasser kann man bedenkenlos trinken. Mineralwasser enthält zwar häufig mehr Mineralstoffe, aber gesünder ist es deshalb erst einmal nicht. Die meisten Mineralstoffe werden ohnehin über feste Nahrung aufgenommen. Nur bei alten Häusern mit Bleileitungen kann Leitungswasser schädlich für Säuglinge und Kleinkinder sein. Womöglich trinken die Deutschen einfach besonders gerne Wasser mit Kohlensäure. Aber auch das ist kein Grund für den ganzen Aufwand. Schon seit zwanzig Jahren gibt es billige Geräte, um das Leitungswasser mit Sprudel zu versetzen. Das spart Geld, vermeidet Kistenschlepperei und ist gut für die Umwelt. Vielleicht ist das Flaschenwasser einfach zu billig.

Schlaglicht: *Hat man im Restaurant ein Anrecht auf ein kostenloses Glas Leitungswasser? Hat man nicht. Aber es wäre schön, wenn es so wäre. In vielen Ländern Europas wird Leitungswasser unaufgefordert zum Essen angeboten. In Frankreich ist sogar durch ein Dekret der Generaldirektion für Wettbewerb, Verbrauch und Betrugsbekämpfung (DGCCRF) seit 1967 festgeschrieben, dass neben Brot und Gewürzen die Karaffe Wasser zum Essen dazugehört und dem Gast nicht gesondert berechnet werden darf.*[107] *Eine solche Verordnung würde in Deutschland für einigen Wirbel sorgen – und dem Leitungswasser in Restaurants wohl zu einiger Popularität verhelfen.*

Vom Abweg zum Mehrweg

Alles halb so schlimm, könnte man jetzt sagen. Wir haben schließlich unser vorbildliches Mehrwegsystem – das besonders umweltfreundliche Konzept macht es möglich, Glasflaschen 50-mal und Kunststoffflaschen etwa ein Dutzend Mal wiederzuverwenden. So weit die Theorie. Tatsächlich aber hat eine Mischung aus Bequemlichkeit des Konsumenten, phlegmatischer Politik und dem Gewinnstreben der Verpackungshersteller für eine Ausweitung des Ressourcenverbrauchs gesorgt.

Ursprünglich wollte der Gesetzgeber, dass die Händler 80 Prozent der Getränke in ökologisch vorteilhaften Getränkeverpackungen und Mehrwegflaschen anbieten. Jahr für Jahr ist dieser Anteil jedoch rückläufig. Heute liegt die Quote bei rund 40 Prozent. Ein Trauerspiel. Die Vorgaben der Verpackungsverordnung waren offenbar nicht verbindlicher als der Appell, Unternehmen sollen doch bitte nachhaltiger wirtschaften. Coca-Cola scheinen die Vorgaben beispielsweise wenig zu kümmern: Um den Gewinn pro verkauftem Getränk zu erhöhen, hat der weltgrößte Softdrinkhersteller einen Teil seiner Mehrwegflaschen durch unökologische Einwegplastikflaschen und Getränkedosen ersetzt. Betroffen ist ein Viertel des gesamten Angebots.[108] Nach den Flaschen mit 0,5 und 1,5 Litern will Coca-Cola in den nächsten Jahren auch seine 1,0-Liter-Mehrwegflasche aus dem Programm nehmen. Nach Recherchen der Deutschen Umwelthilfe kennzeichnet Coca-Cola seine Einwegflaschen und Dosen nicht als pfandpflichtig und verdient so an dem nicht ausgezahlten Pfandgeld.[109]

Was ist schiefgelaufen? Die Entwicklung der Mehrwegquote ist ein Lehrstück für die Mühsal politischer Steuerung. Das zum 1. Januar 2003 vom damaligen Bundesumweltminister Jürgen Trittin eingeführte Dosenpfand galt einst als umweltpolitisch progressiv. Es war eine radikale Notbremse. Der Mehrweganteil von Getränkeverpackungen war seit 1997 unter 72 Prozent gesunken. Die Pfandpflicht für Einwegverpackungen sollte dies ändern. Der 25-Cent-Aufschlag würde Einweggefäße verteuern, Pfandflaschen würden somit attraktiver werden, so die Idee. In den ersten Monaten waren die Bürger wie vor den Kopf gestoßen. Kegelklubreisende konnten plötzlich kein Dosenbier mehr kaufen. Viele Märkte hatten die Blechware schlichtweg aus den Regalen genommen, weil Einzelhandel und Getränkehersteller sich nicht auf das neue System vorbereitet hatten, sondern juristisch gegen seine Einführung vorgegangen waren. Plötzlich waren Getränkedosen Mangelware. Auf den Bahnhöfen konnte man nun beobachten, wie jeweils zwei Trinkfreunde eine Mehrweg-Bierkiste trugen. Eine Republik mit deutlich geschrumpften Müllbergen schien mit einem Mal greifbar nahe. Nachdem Händler und Hersteller auch vor dem Bundesverfassungsgericht gescheitert waren, erhielten sie eine neunmonatige Übergangsfrist, um sich auf das Pfandsystem einzustellen. Verpackungsindustrie, Discounter und Supermärkte einigten sich auf ein einheitliches Logo und Annahmesystem. Pfandware konnte spätestens ab 2006 in allen Läden zurückgegeben werden. Ein Erfolg war das Einwegpfand dennoch nicht. Das erklärte Ziel, die Mehrwegquote zu erhöhen, wurde dramatisch verfehlt. Tatsächlich hat sie sich halbiert. Einzige Ausnahme: Bier.

Einen Grund für das Scheitern sehen Fachleute darin, dass Mehrweg und Einweg für den Verbraucher nur schwer zu unterscheiden sind. Vielfach werden Pfandflaschen als umweltfreundliche Mehrwegverpackung wahrgenommen – schließlich werden sie ja recycelt. In Supermärkten und Discountern stehen die Automaten für Mehrweg und Einweg häufig direkt nebeneinander, ohne dass der Unterschied sofort ins Auge fällt. Der Verbraucher steckt seine Flaschen hinein und bekommen einen Bon für das Pfand. Im Ergebnis ist die Verwirrung komplett. Die eine Flasche aus PET wird gepresst, die andere beim Abfüller gereinigt und wiederverwendet. Immerhin ermöglicht das Rücknahmesystem ein hochwertiges Recycling. Und die Müllberge in der Landschaft sind verschwunden. Herumliegende Dosen und Plastikflaschen auf Fußwegen, Plätzen und Parks sind Vergangenheit.

Das gilt jedoch nicht für pfandfreie Plastikflaschen und Kartonbehälter, in denen wir Säfte und Milch kaufen. Sie wurden seinerzeit von der

Pfandpflicht ausgenommen, da Kartonverpackungen damals noch als ökologisch vorteilhafte Alternative galten. Diese Zeiten sind jedoch vorbei. Heutige Getränkekartons haben kaum mehr etwas gemein mit jenen von 2003: Sie sind schwerer geworden, ihr Plastikanteil ist gestiegen, der Zellstoffanteil hingegen gesunken. Die Deutsche Umwelthilfe moniert, dem Kunden werde eine Kunststoffverpackung mit Papierüberzug als Getränkekarton verkauft. Auch die Recyclingquote ist dürftig. Sie liegt bei 40 statt den vermuteten 70 Prozent.[110]

Doch selbst beim Mehrweg sind fatale Entwicklungen erkennbar. Bierflaschen mit einem gesonderten »Branding« konterkarieren durch ihre spezielle Flaschenform das Mehrwegkonzept, denn sie müssen in jedem Fall wieder zum Hersteller zurückgekarrt werden. Die Vorzüge des Mehrwegsystems werden so hinfällig.

Umweltverbände fordern daher, dass Dosenpfandverpackungen gut sichtbar als »Einwegverpackung« gekennzeichnet werden müssen. Der Kunde soll auf den ersten Blick unterscheiden können, ob eine Verpackung mehrfach verwendet wird und damit umweltfreundlich ist oder ob sie nach einmaligem Gebrauch entsorgt wird und damit unnötig die Umwelt belastet. Darüber hinaus macht sich die »Allianz für Mehrweg« schon seit Jahren für eine »Lenkungsabgabe« in Höhe von 20 Cent auf unökologische Einweg-Plastikflaschen und Getränkedosen stark. Wegwerfgebinde würden so teurer, die Nutzung umweltfreundlicher Mehrwegflaschen könnte deutlich steigen.[111]

Ökoroutine geht noch weiter: Sie macht das Mehrwegsystem zum Standard. Ganz einfach. Für alle Getränke. Ebenso legen wir ein Richtmaß für Formen und Gestalt der Flaschen fest. So kann ein Brauer in München ohne Weiteres die Flasche vom Produzenten aus Hamburg mit seiner eigenen Brause wieder füllen. Das ist nicht neu, sondern hat Tradition: Die standardisierte Perlenflasche für Sprudel gibt es schon seit fünfzig Jahren. Eine ähnliche Gestalt hat auch die Ein-Liter-Variante aus Kunststoff.

Diese Vorschläge mögen radikal klingen. Doch gerade die Einführung des Dosenpfands ist ein Beispiel, dass die Bürgerinnen und Bürger Neuerungen akzeptieren. Bereitwillig geben sie ihre Einwegplastikflaschen zurück. Das Pfand ist kein Problem. Und die Kegelklubs? Kaufen ihr Bier ohnehin schon in ultraleichten Plastikflaschen. Nach demselben Muster ließen sich auch Glasbehälter für Rotkohl, Gurken oder Peperoni auf wenige Grundformen standardisieren, reinigen und erneut nutzen. Selbst der Coffee-to-go-Becher kann stabil und als Mehrwegbecher konzipiert werden. Stündlich werden hierzulande 320 000 Coffee-to-go-Becher verbraucht.[112] Eine Alternative etwa aus Bambus mit Silikondeckel gibt es schon. An jeder Kaffeebude der Republik bekäme man die gleichen Becher, auf dem Bahnsteig in Düsseldorf gekauft, könnte man ihn bequem in Köln abgeben oder auffüllen lassen.

Ein weiteres Beispiel dafür, dass solche Veränderungen angenommen werden, ist das Getränkepfand bei Großveranstaltungen: Noch vor wenigen Jahren gab es den Glühwein auf Weihnachtsmärkten nur in Wegwerfbechern. Dass die Bürgerinnen und Bürger den Becher zurückbringen, schien unrealistisch, zu teuer, zu aufwendig und nervig für die Kunden. Doch einige Gemeinden wagten den Schritt und führten Mehrwegbecher ein. Der Erfolg war überwältigend. Ähnlich verlief es mit den Bierbechern in Fußballstadien und auf der Kirmes. Ist erst einmal der erste Schritt getan, ist das bislang für unmöglich Gehaltene plötzlich keine große Sache mehr. So funktioniert Ökoroutine.

Das deutsche Abfallrecht beinhaltet rund 10 000 Regelungen. Hinzu kommt das neue Wertstoffgesetz, dessen Eckpunkte die Große Koalition im Juni 2015 vorgestellt hat. Das eigentliche Ziel aller Abfallwirtschaftspolitik ist dem Gesetzgeber dabei allerdings völlig abhandengekommen: die Vermeidung von Müll. Wir sind Weltmeister bei der Mülltrennung. Das ist Statusroutine. Was wir bräuchten: weniger Abfall statt noch mehr Trennung – eben Ökoroutine.

Ökoroutine: Bio für alle!

An der Ladentheke können die Bürgerinnen und Bürger tagtäglich über das Wohl und Wehe der naturverträglichen Landwirtschaft entscheiden. Doch nur 3,7 Prozent der konsumierten Lebensmittel sind in Deutschland Bio; in Dänemark sind es 8 und in Österreich immerhin 6 Prozent.[113] Die Umstellung auf verantwortungsvolle Anbaumethoden steckt noch in den Anfängen.

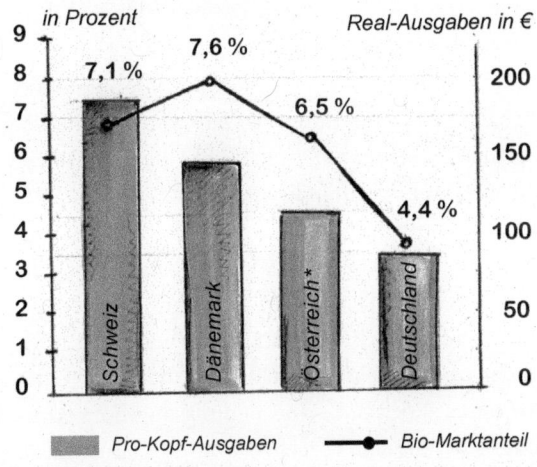

Abbildung 10
Aus Verantwortung gegenüber den zukünftigen Generationen werden in den Supermärkten eines Tages nur noch Biolebensmittel zu kaufen sein. Ökoroutine macht das möglich. (*Österreich 2011).[114]

Die Bundesregierung hat für den Anteil des Ökolandbaus an der Landwirtschaft eine Zielmarke von 20 Prozent bis zum Jahr 2020 formuliert. Erreicht wurden bislang erst gut acht Prozent.[115] Ginge der Wandel weiterhin so schleppend voran, werden die 20 Prozent erst im Jahr 2070 erreicht.[116] Das ist zu langwierig. Zu viele Faktoren bremsen den Transformationsprozess zur nachhaltigen Landwirtschaft aus: Gewinnstreben, Wettbewerb, fehlgeleitete Subventionen, die Gewöhnung der Konsumenten an zu billige Lebensmittel.

Die Naturbewusstseinsstudie der Bundesregierung hat ermittelt, dass sich eine überwältigende Mehrheit der Bundesbürger strengere Regeln und Gesetze für die Landwirtschaft wünscht.[117] Statt sich mit den einzelnen Bremsfaktoren aufzuhalten und nach jeweiligen Gegenmaßnahmen zu suchen, ist Ökoroutine, also ein systemischer, durchgreifender Ansatz, zielführender; damit wir tun, was wir für richtig halten. Bis zum Jahr 2030 heben wir die Standards in der Landwirtschaft nach und nach an. Das Ergebnis eines solchen Fahrplans: Bio für alle. Dieses Konzept hat den Vorteil, dass manche Hemmnisse sogar zum Treiber des Wandels werden können.

Ende der Zweiklassengesellschaft am Mittagstisch

Über gesunde Ernährung und die Skandale der Agrarindustrie wird fast täglich in den Medien berichtet und diskutiert. Zweifellos ist die artgerechte Tierhaltung moralisch geboten und nur der ökologische Landbau langfristig tragfähig und verantwortungsvoll. Wäre »Bio« im Supermarkt zum gleichen Preis zu haben wie konventionelle Ware, würde wohl niemand zum herkömmlichen Produkt greifen. Indes hat die Vorstellung, dass in Deutschland eines Tages vollständig naturverträglich gewirtschaftet wird, utopischen Charakter.

Nachdem auch Discounter in den Verkauf von Biolebensmitteln eingestiegen waren, erlebte die Branche zunächst einen kräftigen Boom. Doch seit einigen Jahren wächst der Bioanteil im Supermarkt nur noch schwerfällig. Der Kunde will anscheinend nicht. War's das jetzt? Oder sind noch mehr Kampagnen, Kochkurse und Bildungsangebote erforderlich? Der Staat müsste bei diesem Vorgehen wohl Milliarden Euro lockermachen, um die Bionachfrage in nennenswertem Umfang zu steigern.

Dabei ist die Agrarwende so einfach auf den Weg zu bringen, dass man sich verwundert die Augen reibt. Notwendig ist lediglich die weitere Begrenzung des Eintrags von Pestiziden und Düngemitteln. Das Regelwerk ist bereits vorhanden. Schon heute wird den Landwirten detailliert vorgeschrieben, welche Grenzwerte einzuhalten sind. Ein Fahrplan für die Agrarwende müsste nur noch vorgeben, in welchem Ausmaß und Zeitraum der Einsatz von Unkrautvernichtungsmitteln und Dünger zu reduzieren ist. Das kann eine großzügige Zeitspanne sein, etwa bis zum Jahr 2030.

Da Ökolandbau kostspieliger ist, werden die Preise langfristig etwas steigen. Das geschieht jedoch nicht von heute auf morgen, sondern nur ganz allmählich, sodass die Bürgerinnen und Bürger den Preisanstieg für Kartoffeln und Gurken kaum wahrnehmen werden. Wirtschaftsfachleute nennen diesen Effekt »Preiselastizität«. In 25 Jahren gibt der Durchschnittsbürger dann vielleicht 14 Prozent statt wie bisher nur elf Prozent seines Einkommens für Nahrungsmittel aus. Weil sich damit der Warenkorb für die Bemessung von Arbeitslosengeld und Sozialhilfe verändert, sind dementsprechend die staatlichen Sozialleistungen anzuheben. Das sieht das Gesetz schon jetzt so vor. Im Ergebnis würde gutes Essen eine ähnlich hohe Wertschätzung erfahren wie bei den Franzosen oder Italienern. Das liegt immer noch weit unter den Verhältnissen im östlichen Teil der EU. Dort müssen die Bürger meist ein Fünftel ihrer Einkünfte für Essen einplanen.[118]

Zugleich können an vielen Stellen Kosten eingespart werden. Biohändler werden ihre Produkte deutlich günstiger anbieten können als heute, denn eine flächendeckende ökologische Erzeugung ist kosteneffektiver als die bisherige Nischenproduktion. Die beträchtlichen Kosten für die Zertifizierung von Biowaren entfallen, während die Kontrollen bleiben. Besondere Förderprogramme für die Umstellung eines konventionellen Hofes auf Biostandard erübrigen sich, denn die schrittweise Umstellung stellt keine Benachteiligung dar, die durch Fördergelder ausgeglichen werden müsste, da sich schließlich auch die Konkurrenten an die höheren Standards zu halten haben. Auch die Distributionswege werden günstiger und effektiver. Eine Rückkehr zum ländlichen Idyll und zum Kleinbetrieb wird gleichwohl nicht die Folge sein, wenn der Agrarwendefahrplan umgesetzt wird. Klein ist nicht die Voraussetzung für Öko. Manch fortschrittliche Technik, die dem Biolandbau dient, kann sich nur ein größerer Betrieb leisten.

Ergebnis: Bio für alle! Die Zweiklassengesellschaft am Mittagstisch ist dann zumindest in Hinblick auf Ökoessen Geschichte. Einige Bremsfaktoren werden nun zu Treibern der nachhaltigen Landwirtschaft. Wettbewerb und Gewinnstreben wird und kann es weiterhin geben, nur die Wirkrichtung hat sich geändert. Auch Subventionen werden noch erforderlich sein, um beispielsweise die Weidewirtschaft in den Alpenregionen aufrechtzuerhalten. Wie einfach die große Transformation in der Landwirtschaft war, wird in einigen Jahren niemand mehr verwundern. Es wird eine Selbstverständlichkeit sein – und ein Vorzeigeprojekt ähnlich der deutschen Energiewende.

Von der Agrarwende werden alle profitieren: die Konsumenten, die nächsten Generationen, die Krankenkassen, ja selbst die Landwirte und die gesamte Volkswirtschaft. Denn die Erzeugung von Bioprodukten erfordert einen etwas höheren Arbeitseinsatz. Rund 90 000 Arbeitsplätze könnten beispielsweise in Frankreich entstehen, stiege die Zahl der Biobauern dort auf neun Prozent. Zurzeit werden nur vier Prozent der landwirtschaftlichen Fläche Frankreichs ökologisch bewirtschaftet.[119] Das Plus bei der Beschäftigung kompensiert etwaige Umsatzeinbrüche im Export von Getreide und Fleisch in Länder außerhalb der Europäischen Union. Dieser Effekt ist durchaus gewünscht, schließlich ist die Verschiffung von subventionierten Lebensmitteln auf andere Kontinente ökologisch schädlich und moralisch fragwürdig, wenn in ärmeren Ländern dadurch die lokalen Märkte zusammenbrechen.

Wie hoch das Arbeitsplatzpotenzial der Agrarwende tatsächlich sein wird, lässt sich nur schätzen. Doch eines ist schon jetzt Gewissheit: Es entstehen viele zusätzliche Jobs – der Traum aller Wirtschaftsförderer und Politiker. Lediglich die Hersteller von Dünger und Mitteln zur Schädlingsbekämpfung wären vermutlich weniger begeistert.

Klingt das alles zu schön und einfach, um wahr zu sein? Faktisch hat sich die Europäische Union längst auf den Weg gemacht. Im Jahr 2013 beschloss sie eine erste grundlegende Reform ihrer Agrarpolitik. In der aktuellen Förderperiode von 2014 bis 2020 haben die Länder nun umfangreiche Möglichkeiten, Dauergrünland und ökologische Vorrangflächen auszuweiten. Um das Unkraut zu unterdrücken, sind auch Vorgaben zur Fruchtartenvielfalt möglich.[120] Gut abgestimmt auf Wetter- und Bodenbedingungen vor Ort, können clevere Saatmuster und Fruchtfolgen den Einsatz von Herbiziden und Fungiziden auf ein vernachlässigbares Minimum reduzieren. Für immerhin ein Viertel der Äcker in größeren Betrieben gilt nunmehr: Europas Landwirte müssen auf abwechslungsreichere Fruchtfolgen achten.[121] Von sich aus besteht für Landwirte dazu kein Anreiz. Hochgezüchteter Weizen und Mais bringen schließlich wesentlich höhere Erträge als etwa Kartoffeln, Bohnen oder Erbsen. Durch anspruchsvolle Standards der EU-Agrarkommission können diese Logik schrittweise überwunden und Monokulturen verdrängt werden. Dazu wäre die Vorgabe lediglich in jeder Förderperiode um 25 Prozent anzuheben.

Eine artgerechte Tierhaltung lässt sich in der gleichen Weise auf den Weg bringen. Trotz aller Skandale in Mastanlagen und Schlachthöfen sind lediglich zwei Prozent des verkauften Fleischs in Deutschland tierfreundliches Biofleisch.[122] Der Widerspruch zwischen Wissen und

Handeln ist leicht zu erklären (S. 71, »Niemand will der Dumme sein«). Überwinden können wir ihn nur, wenn wir die Rahmenbedingungen ändern. Als ersten und naheliegenden Schritt schlägt Ökoroutine vor, den Neubau von weiteren Megaställen der herkömmlichen Art zu stoppen. Ein solcher Deckel für martialische Massentierhaltung ist kein tiefer Einschnitt in den Arbeitsalltag der Bauern und letztlich nur ein Anfang. Allerdings: Großställe sind nicht zwangsweise schlechter – falls die Tiere genügend Platz und Auslauf haben.

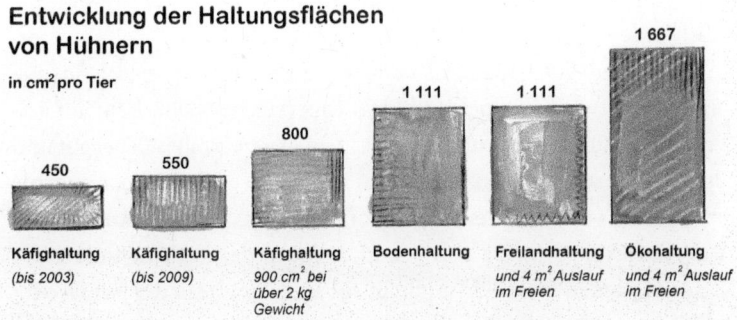

Abbildung 11 Die Agrarwende ist ganz einfach. Bis zum Jahr 2030 werden die bestehenden Standards schrittweise angehoben. Beim Auslauf für Legehennen gab es schon einige kleine Fortschritte. Heute haben sie doppelt so viel Auslauf wie 2003 (seit 2010 sind 800 cm² erreicht). Bis zum Standard der Boden- oder gar Ökohaltung ist es also gar nicht mehr weit.[123]

Zudem sind schrittweise die bestehenden Standards zur Tierhaltung anzuheben, etwa bis zum Jahr 2030. Auch hier ist ein weitgehendes Regelwerk bereits vorhanden und wäre nur anzupassen. Insofern das nicht der Fall ist, wie bei der Rinder- und Putenhaltung, kann man einfach auf die Vorgaben von Neuland oder Bioland zurückgreifen und diese für den Start deutlich abschwächen. Schritt für Schritt wird der Umfang, in dem Antibiotika zum Einsatz kommen, zu beschränken sein. Der Auslauf für Legehennen beispielsweise ist schon heute auf den Quadratzentimeter genau festgelegt. Ganz im Sinne eines Agrarwendefahrplans ist die vorgeschriebene Fläche pro Henne in den vergangenen Jahren erhöht worden (Abbildung 11).[124] Dieser erste Schritt in die richtige Richtung ist fortzuschreiben und damit Öko zur Routine zu machen – auch bei Schweinen, Rindern und Puten. Dann haben wir das, was die große Mehrheit der Bevölkerung für richtig hält: einen vertretbaren Umgang mit Tieren.

In Umfragen sprechen sich die Bundesbürger immer wieder für mehr Tierschutz aus. Mindestens zwei Drittel der Befragten sind demnach bereit, höhere Preise für Fleisch und Wurst zu zahlen – wenn sie damit eine Verbesserung für die Tiere bewirken könnten.[125] Doch bei der Umsetzung hapert es. Nur wenige tun, was sie eigentlich für richtig halten. Statt zum teureren Biofleisch greifen sie weiterhin zur Billigware – selbst wenn sie Massentierhaltung nicht gutheißen.

Der höhere Preis für Bio ist dabei nicht einmal der entscheidende Punkt. Sonst wäre anzunehmen, dass Gutverdiener beim Kauf auf artgerechte Haltung achten und der Marktanteil von Biofleisch bei gut und gerne 50 Prozent liegen müsste. Der Grund ist vielmehr der enorme Preissprung von Billigfleisch zu Biofleisch. Ein Schnitzel kann leicht zwei- bis dreimal teurer sein – und damit in der Wahrnehmung des Kunden zu teuer. Das Gleiche gilt für die Mensapreise in der Schule oder das Kantinenmenü im Betrieb. Ökoroutine vermeidet diesen abrupten Preisanstieg. Der Wandel vollzieht sich allmählich und leise – es ist nicht weniger als eine stille Revolution.

Schlaglicht: *Die Fleischindustrie hat erfahrungsgemäß wenig Interesse an solchen Vorgaben, weiß aber auch um die Unzufriedenheit der Öffentlichkeit. Um eine politische Regelung zu verhindern, rief die Fleischwirtschaft Anfang 2015 eine Tierwohl-Initiative ins Leben. Sie sollte die Bedingungen für die Tiere im Stall deutlich verbessern. Beteiligt sind die wichtigsten Verbände und Unternehmen. Die Initiative sieht vor, dass der Handel aus dem Umsatz ein paar Cent je Kilo Fleisch in einen Fonds zahlt. Dieser reicht das Geld an solche Bauern weiter, die in tierfreundlichere Haltung investiert haben. Es hat sich gezeigt, dass viele Bauern bereit sind, etwas für das Tierwohl zu tun, wenn die Finanzierung stimmt. Doch letztlich ist das Konzept unnötig kompliziert und erreicht nur einen Teil der Ställe. Höhere Standards bringen für alle einen systematischen Wandel in Gang. Die höheren Kosten können die Tierhalter an den Handel weitergeben.*

Die neuen Vorgaben werden dabei mit einem ordentlichen Vorlauf angekündigt, damit Planungssicherheit gegeben ist und alle Beteiligten genug Zeit haben, sich darauf einzustellen. Plant ein Landwirt den Bau eines neuen Stalls, achtet er darauf, die neuen Standards einzuhalten. Für bestehende Ställe gibt es Übergangsfristen. So müssen nicht von einem auf das nächste Jahr alle Ställe abgerissen und neu errichtet werden. Schon allein deshalb steigen die Preise für die Tierhaltung nicht plötzlich, sondern in einem vertretbaren Tempo.

Ein anderer Ansatz, um den Bürgern einen Anreiz zu geben, ihren Konsum von Billigfleisch zu reduzieren, ist die von Tierschutzorganisationen vorgeschlagene Einführung einer Fleischsteuer. Auch eine dem schwedischen Landwirtschaftsministerium unterstellte Behörde griff den Vorschlag kürzlich auf.[126] Wird Fleisch verteuert, so die Idee, kann das ein Weg zu einer nachhaltigeren Fleischproduktion sein. Auch der Klimagasausstoß der Landwirtschaft könnte insgesamt sinken. Ökoroutine schlägt einen anderen Weg vor, denn eine Fleischsteuer würde vor allem einkommensarme Bürgerinnen und Bürger treffen, sie könnten sich weniger Fleisch leisten. Die Steuer würde als sozial ungerecht empfunden. Gutverdiener hingegen würden ihre Gewohnheiten kaum ändern. Auch die Produzenten hätten keinen Anlass, sich umzustellen, es sei denn Biofleisch würde gleichzeitig steuerlich begünstigt. Dann würde es allerdings richtig kompliziert. Die Einführung neuer Steuern würde zudem enorme Widerstände wecken und kaum die Zustimmung der Wählerinnen und Wähler finden. Langwierige Debatten und juristische Auseinandersetzungen könnten die Folge sein, mit ungewissem Ergebnis. Wenn es schlecht läuft, ist das Thema anschließend »verbrannt« und eine eigentlich wünschenswerte Zielsetzung von der gesellschaftlichen Agenda gestrichen.

Ein Anheben der Standards, wie Ökoroutine sie vorschlägt, bringt hingegen allen Schichten und Gesellschaften Vorteile. Sie führen substanzielle Verbesserungen herbei. Das kann sich zwar auch in höheren Preisen bemerkbar machen, aber dafür profitieren auch Geringverdiener von der höheren Qualität. Wird der Wandel allmählich vollzogen, können die Konsumenten die langsam steigenden Kosten ganz leicht durch einen verringerten Schnitzelverzehr ausgleichen. Das ist schon allein aus Sicht der Gesundheitsförderung dringend notwendig. So betrachtet, wäre es angebracht, dass sich auch die Gesundheitsminister für eine artgerechte Tierhaltung starkmachen.

Oder wäre es doch unfair gegenüber einkommensarmen Mitbürgern, wenn Fleisch teurer würde? Gibt es ein Grundrecht auf Billigfleisch? Zumindest wird allenthalben mit großer Selbstverständlichkeit betont, dass zumindest arme Menschen auf Billigschnitzel angewiesen sind. Es sei ungerecht, für steigende Preise zu sorgen. Doch Industriefleisch ist mitnichten ein Anliegen der Sozialpolitik. Der Produktivitätsfortschritt durch die Viehhaltung und Schlachtung im Großformat hat in Verbindung mit Fördergeldern der Europäischen Union dazu geführt, dass Hackfleisch mittlerweile so billig ist wie Katzenfutter.[127] Das ist kein Menschenrecht, sondern töricht.

Fairness ist zudem relativ: Im Durchschnitt mussten die Bundesbürger 1970 noch 96 Minuten für ein Kilogramm Schweinefleisch arbeiten. Im Jahr 2009 gelang uns das in 23 Minuten.[128] Es wäre wohl zu verkraften, wenn daraus in den nächsten 15 Jahren 30 Minuten werden. Bisher ist Biofleisch aus artgerechter Haltung in der Tat nur für Gutverdiener erschwinglich. Daneben gibt es einige achtsame Konsumenten, die bei Lebensmitteln trotz begrenzter Mittel auf ethische Prinzipien achten. Mit Ökoroutine können sich auch arme Menschen im Einklang mit der Natur ernähren. »Bio für alle« ist Liberalismus in Reinform. Alle Menschen haben die Möglichkeit, sich mit Bioprodukten einzudecken. Die Einschränkung besteht darin, dass man fortan keine zigfach mit Antibiotika behandelten Tiere aus erbärmlicher Massentierhaltung mehr kaufen kann.

Mit dem Agrarwendefahrplan, also der schrittweisen Verbesserung der Standards bis zum Jahr 2030, setzen sich europaweit Tierschutz und Biostandard durch. In den Supermärkten ist dann nichts anderes mehr zu bekommen. Das ist das Ziel der Ökoroutine. Man könnte auch von einer ernährungskulturellen Transformation sprechen. Das klingt alles sehr utopisch. Doch die Empfehlungen des Wissenschaftlichen Beirats für Agrarpolitik weisen in die gleiche Richtung. Schon seit 65 Jahren berät der Rat mit seinen Gutachten die Bundesregierung. Nie zuvor waren seine Empfehlungen zur Nutztierhaltung so radikal wie im Frühjahr

2015: Die Haltungsbedingungen eines Großteils der Nutztiere sei nicht zukunftsfähig, schrieben die führenden Wissenschaftler der Politik ins Stammbuch. Die Tiere bräuchten mehr Auslauf im Freien und deutlich mehr Platz. So viel, wie es heute nur in Bioställen der Fall ist.

Die Europäische Union hat die Macht, den Import von Produkten zu verhindern, die nicht dem schrittweise anzuhebenden Standard entsprechen. Das ist ebenso nichts Neues. Schon heute gibt es umfangreiche Importbeschränkungen für Lebensmittel. Das hat uns spätestens die Diskussion über das Freihandelsabkommen mit den USA ins Bewusstsein gerufen: Gechlorte Hähnchen dürfen ebenso wenig in die EU eingeführt werden wie gentechnisch verändertes Getreide[129] oder Hormonfleisch.

Freilich kann Deutschland »Bio für alle« nicht allein ins Werk setzen. Notwendig ist eine EU-weite Reform. Das ist keineswegs aussichtslos, wenn Deutschland, statt die Etablierung von Ökolandbau zu behindern,[130] am Verhandlungstisch in die entgegengesetzte Richtung argumentiert. Ein ganz großes Rad, zugegeben, doch Handlungspotenzial besteht zugleich in jedem Bundesland, wenn es nicht am Willen fehlt. Das macht der grüne Agrarminister in Niedersachsen, Christian Meyer, vor. Er versucht das scheinbar Unmögliche: Schon kurz nach seinem Amtsantritt im Februar 2013 ordnete Meyer eine Filterpflicht für große Schweineställe an und bekam dabei auch Rückendeckung von CDU-Politikern. Eine neue »Tierwohlprämie« soll verhindern, dass Hühnern die Schnäbel und Schweinen die Ringelschwänze gestutzt werden. Zwar ist dies laut einer EU-Richtlinie von 2008 längst verboten. Doch die Vorgaben erlauben zahlreiche Ausnahmen, sodass das Verbot in der Praxis kaum greift. Wirklich durchführbar wäre es nur, wenn die Tiere insgesamt mehr Platz hätten, also Stallanlagen grundsätzlich artgerechter konzipiert wären. Niedersachsen zahlt nun für jeden nicht kupierten Ringelschwanz eine Prämie von 16,50 Euro. Mehr als 100 000 Anträge sind bereits eingegangen.[131]

Da Tierschutzvorschriften vielfach vorhanden sind, aber nicht eingehalten werden, hat Meyer Dutzende neue Kontrolleure eingestellt. Zunächst soll dafür gesorgt werden, dass sich die Landwirte an die bestehenden Vorgaben halten, bevor strengere Vorschriften erlassen werden. Dafür wären der Bund und die EU-Kommission gefragt. Folgerichtig überwachen die Niedersachsen jetzt auch besser, wohin Gülle und Hühnerkot gebracht werden. Ställe sollen geschlossen werden, falls die Bauern zu viele Antibiotika einsetzen, und männliche Küken sollen künftig nicht mehr geschreddert werden dürfen, weil sie in der Eierproduktion keinen Nutzen haben und deshalb als wirtschaftlich unrentabel angesehen werden.[132] Die Agrarwende ist möglich.

Schlaglicht: *Ab 2017 ist in Niedersachsen das Kupieren der Schnäbel verboten. Zehn weitere Bundesländer wollen sich anschließen. In der Sommerpause 2014 informierte der »Verein für kontrollierte alternative Tierhaltungsformen« (KAT) seine 2 500 Mitgliedsbetriebe per Rundbrief darüber, dass das Verbot von 2017 an auch für sie gelten werde: »Wir möchten Sie bitten, sich rechtzeitig auf die Umstellung der Herden vorzubereiten.« Praktisch alle deutschen Supermarktketten verlangen von ihren Eierlieferanten, dass sie von KAT zertifiziert sind. Das heißt: Was dieser Verein beschließt, betrifft praktisch alle Eier in deutschen Supermärkten. Damit geht in der Haltung eine große Umstellung einher. Um das blutige Picken zu stoppen, werden die Hühnerhalter Einstreu und Futterqualität verbessern müssen, und die Hennen brauchen »Beschäftigungsmaterial« wie zum Beispiel Picksteine.*[133]

Gesundheit ist uns wichtig

Zu viel Fleisch ist ungesund. Das haben viele Studien erwiesen. Derzeit verzehrt jeder Bundesbürger rund 60 Kilogramm an Fleischerzeugnissen pro Jahr. Das ist doppelt so viel, wie Ernährungsexperten aus gesundheitlichen Gründen empfehlen. Demnach sollten 15 bis 30 Kilogramm die Obergrenze sein.[134] Vor allem rotes Fleisch ist bedenklich: Es befördert unter anderem Herzkrankheiten, Schlaganfall, Darmkrebs, Diabetes Typ 2.[135] Wenn sich der Wandel zu weniger Fleisch und zu Bio für alle schrittweise verselbstständigt, leben wir alle gesünder. Das schafft zugleich die Grundlage, um mit Ökolandbau die Welt zu ernähren (s. u.). Eine schmackhafte Lasagne beispielsweise lässt sich auch ohne Fleisch zubereiten. Inzwischen gibt es sogar vegetarische Schnitzel, die geschmacklich vom Original kaum zu unterscheiden sind. Alles eine Frage der Gewohnheit, will sagen: der Kochkultur. Das Potenzial einer zumindest teilweise vegetarischen Ernährung für die Welternährung ist exorbitant: Aus sieben Kilogramm Sojabohnen lassen sich rund 14 Kilogramm Tofu herstellen, dessen Nährwert dem von Fleisch entspricht. Das heißt, mit Tofu bekommt man 14-mal mehr Menschen satt als mit Fleisch. Man kann sich das ungefähr so vorstellen: Petra lädt 14 Freunde zu einer Grillparty ein. Einer davon bringt sein Steak mit. Dessen Herstellung war ungefähr genauso aufwendig wie die der Tofu-Burger aller übrigen Gäste.[136]

Die konventionelle Landwirtschaft belastet die Umwelt außerdem mit Stickstoff, Phosphor und Schwermetallen. Pflanzenschutzmittel mit Breitbandwirkung töten nicht nur Schädlinge, sondern vernichten auch nützliche Insekten und zerstören damit die Nahrungsgrundlage insektenfressender Vögel und Säugetiere. Darunter leidet die Artenvielfalt. Es ist also gar nicht entscheidend, ob Gemüse und Obst aus ökologischer Landwirtschaft tatsächlich gesünder ist. Viel wichtiger ist, dass zum Beispiel die Böden und das Grundwasser entlastet werden. Und das macht sich letztlich auch gesundheitlich bemerkbar.

Ökoroutine in der Landwirtschaft überwindet auch das leidige Expertendilemma in der Schadstoffdiskussion. Als völlig ungefährlich galt bis vor Kurzem beispielsweise Glyphosat. Das Pestizid ist der Renner unter den Unkrautvernichtungsmitteln, auch von Hobbygärtnern gerne verwendet. Rund 6000 Tonnen des Mittels werden allein in Deutschland jährlich versprüht. Nach Einschätzung der Weltgesundheitsorganisation WHO ist Glyphosat »wahrscheinlich krebserzeugend bei Menschen« und steht zudem im Verdacht, Gendefekte auszulösen. Fast 100 der in Deutschland zugelassenen Unkrautvernichtungsmittel enthalten den Wirkstoff. Geringe Mengen werden regelmäßig in Lebensmitteln gefunden.[137] Ob indes ein Verbot von Glyphosat das Problem lösen könnte, ist nicht klar. Schließlich würden dann andere Pestizide versprüht werden, die womöglich viel schlechter untersucht sind. Um die Angelegenheit von Grund auf anzugehen, ist eine schrittweise Umstellung beispielsweise auf mechanische Unkrautbekämpfung angezeigt. Formal ist das recht einfach möglich, denn die EU-Kommission muss der Neuzulassung von Mitteln wie Glyphosat zustimmen. Diese Zustimmung nach und nach zu verweigern ist eine Art Ausstiegsfahrplan – Ökoroutine statt Spiegelfechtereien über die Risiken und Folgen von Pestiziden.

Kann Bio die Welt ernähren?

Kritiker behaupten mitunter, Ökolandbau bedeute halbierter Ertrag bei doppelten Kosten, und die Weltbevölkerung lasse sich daher nie und nimmer biologisch ernähren. Doch das ist nur Stimmungsmache einer Branche, die schmalere Renditen fürchtet. Viele Erfahrungsberichte und Studien belegen, dass ein vollständiger Umstieg der globalen Landwirtschaft praktizierbar ist.[138] Mehr noch, der Umstieg ist aus Sicht von Agrarwissenschaftlern notwendig und geboten. Denn der konventionelle Anbau hat unerwünschte Nebenwirkungen, die die Erträge auf Dauer gefährden: Dünge- und Spritzmittel lassen die Böden verarmen, die Struktur der Humusschicht geht langfristig verloren, und die Verdichtung der Böden fördert die Erosion.[139]

Eine Auswertung von über 40 Studien zur Wirtschaftlichkeit des Ökolandbaus kam für 55 untersuchte Pflanzenarten zu dem Ergebnis, dass die Erträge im Schnitt um 18 Prozent niedriger waren als im herkömmlichen Anbau.[140] Eine weitere Untersuchung, veröffentlicht im Fachmagazin »Nature«, wertete zahlreiche Studien zu dieser Frage aus. Im Mittel liegen die Erträge im Ökolandbau demnach um ein Viertel niedriger als in der konventionellen Landwirtschaft. Die Differenzen fallen je nach Feldfrucht unterschiedlich aus: Bei Getreide sind die Unterschiede besonders groß, bei Leguminosen, Sojabohnen oder mehrjährigen Pflanzen wie Obstbäumen liegen die Ertragsraten hingegen eng beieinander. Bei optimaler Bewirtschaftung liegt der Ernterückstand im Biobereich sogar bei nur 13 Prozent.[141] Das lässt sich leicht auffangen, wenn die Menschen in den Industrieländern weniger Fleischprodukte essen. Gerade hier liegt der Schlüssel zu einer naturverträglichen Welternährung (s. u.).

Auch intuitive Überlegungen lassen den Schluss zu, dass eine ökologische Ernährung im globalen Maßstab praktikabel ist: Die Mehrheit der Weltbevölkerung ernährt sich heute von den Erträgen von Kleinbauern. Rund 85 Prozent der weltweit 525 Millionen Bauernhöfe verfügen über weniger als zwei Hektar Land. Sie produzieren den größten Teil aller Lebensmittel und bewirtschaften etwa 60 Prozent der weltweiten Anbaufläche. Und obwohl die Böden tendenziell weniger ergiebig und schlechter bewässert sind,[142] erzielen die Kleinbauern je Hektar höhere

Erträge, da ökologisch bewirtschaftete Böden mehr Wasser speichern können, eine bessere Bodenqualität aufweisen und weniger von Erosion betroffen sind. Eine jüngst im Fachmagazin »Nature Plants« erschienene Metaanalyse, für die Forscher der Washington State University Studien der letzten 40 Jahre auswerteten, kommt zu dem Ergebnis, dass Ökolandbau unter schwierigen klimatischen Bedingungen sogar höhere Erträge bringt als die konventionelle Landwirtschaft.[143] Handarbeit ist effektiver als die Arbeit mit Maschinen. Große Felder, Technik und Chemie sind vor allem wichtig, um die Arbeitskosten zu minimieren. Die sind in den armen Ländern des Südens jedoch sehr günstig.[144]

Ökologische Anbaumethoden sind in vielen Ländern ein maßgeblicher Beitrag, um Hungerkatastrophen zu verhindern. Sie dienen dem Klimaschutz und bekämpfen die Armut. Sie ermöglichen sogar eine Verdopplung der Ernteerträge innerhalb von drei bis zehn Jahren. Zu diesem Ergebnis kam die Auswertung von Projekten, die in 20 afrikanischen Ländern durchgeführt wurden.[145] Weltweit leiden laut Ernährungs- und Landwirtschaftsorganisation der Vereinten Nationen (FAO) rund 870 Millionen Menschen unter Hunger und Unterernährung. Um den Hunger zu bekämpfen, braucht es indes nicht mehr Technik und Chemie, sondern Hilfe zur Selbsthilfe mit den jeweils verfügbaren einfachsten Möglichkeiten. Renditen sind so freilich nicht zu erwarten.

Satte Menschen hungrig machen

Im krassen Gegensatz zum Hunger in Teilen von Afrika stehen Übergewicht und Überfluss in den reichen Industrieländern. Mehr als ein Drittel der Weltgetreideernte wird an Tiere verfüttert.[146] Im Süden gilt es, hungrige Menschen satt zu machen, bei uns hingegen wird versucht, satte Menschen hungrig zu machen. Fett, Zucker und Salz verleiten dazu, mehr zu essen, als der Körper benötigt. Selbst besonders ungesunde Produkte werden in der Werbung noch verbrämt mit »Wellness« etikettiert. Unsere Ernährung liegt in den Händen von Industriekonzernen. Im Fernsehen mögen auf allen Kanälen Kochsendungen laufen, auf den Tisch kommen jedoch überwiegend vorgefertigte Produkte mit Zutaten aus dem Chemielabor. Zum Kochen fehlt die Zeit. Das ist unsere Kultur. Damit sie sich nicht schlecht fühlen, werden die Konsumenten systematisch belogen, erläutert Thilo Bode in seinem Buch »Die Essensfälscher«.[147] Das Treiben der Konzerne grenze an Körperverletzung, so der Gründer und Geschäftsführer der Verbraucherschutzorganisation Foodwatch.

Der Agrarwendefahrplan schont nicht nur die Äcker und hebt das Wohl der Tiere. Er ist zugleich Wegbereiter einer gesunden Ernährung. Schon heute reduzieren Biohersteller bei Fertigprodukten die Zusatzstoffe auf ein Minimum. Von über 300 zugelassenen Zusatzstoffen dürfen bei Produkten mit dem EU-Bio-Siegel nur fünfzig enthalten sein, Demeter erlaubt sogar nur 13 Zusatzstoffe.[148]

Damit Biolandbau und gesunde Ernährung Hand in Hand gehen, müssten letztlich nur die simplen Tipps des Ernährungsexperten Michael Pollan zur Routine werden: Erstens sollten keine Produkte zugelassen werden, die mehr als fünf Inhaltsstoffe haben, zweitens keine Produkte, deren Zutaten ein normaler Mensch nicht im Kühlschrank hat.[149] Auch hier könnte man schrittweise vorgehen. Das wäre das Ende der Lebensmittelindustrie, wie wir sie kennen. Unsere Ernährungskultur stünde vor einer Revolution.

Gewiss, auch diese Ökoroutine klingt unglaublich simpel und utopisch. Wem das zu weit geht, der kann sich womöglich mit dem Konzept von Frosta anfreunden: Das Unternehmen stellt alle Produkte ohne Zusätze wie Farbstoffe, Aromen, Geschmacksverstärker, Emulgatoren, Stabilisatoren, chemisch modifizierte Stärken und gehärtete Fette her. Auch ein solches Konzept ließe sich zum Standard definieren. Hauptsache, klar und einfach. Lebensmittelkontrollen, transparente Kennzeichnungen und Kampagnen für gesunde Ernährung sind hilfreich, wenn wir die Standards schrittweise anheben. Andernfalls lenken sie nur ab von den systemischen Problemlösungen.

Gentechnik statt Ökoroutine?

Die Frage der Welternährung wird auch von Firmen wie Bayer, BASF, Syngenta und Monsanto thematisiert. Die wachsende Weltbevölkerung, behaupten sie, lasse sich in Zukunft nur mit Gentechnik ernähren.[150] Ist die Manipulation der Gene also Teil der Agrarwende? Zweifellos ist es notwendig, diese Möglichkeit vorurteilsfrei zu betrachten. Immerhin hat sich gerade ein Verfahren etabliert, das viele mögliche Risiken ausschließt: Bei dem Verfahren der Cis-Genetik setzen die Biotechniker fremdes Erbmaterial direkt ins Genom der Zielpflanze ein und können so punktgenaue Veränderungen an ihren Eigenschaften vornehmen – die dabei entstehenden Gewächse unterscheiden sich biologisch nicht von Ergebnissen natürlicher Mutation oder konventioneller Kreuzung.[151]

Bisher jedoch haben genetisch veränderte Pflanzen kaum Vorzüge mit sich gebracht. Als Garant für die Welternährung taugen sie keineswegs. Studien zeigen, dass genmanipulierte Mais-, Raps- und Sojasorten nicht mehr Ertrag liefern im Vergleich zur gentechnikfreien Landwirtschaft. Der Einsatz an Pestiziden bleibt indes gleich oder nimmt sogar zu: In den USA ist der Anbau von Grundnahrungsmitteln durch Monokulturen und genetische Verarmung immer anfälliger geworden.[152] Anders als die Gentechnikbranche prophezeit hat, haben sich einige Unkrautarten an die Spritzmittel angepasst. Nun verbreiten sich sogenannte Superkräuter, die gegen das vermeintliche Allzweckmittel Glyphosat resistent sind. In der Folge wird mehr Glyphosat versprüht, zusätzliche Pestizide kommen zum Einsatz.[153] Die Konzerne sehen darin kein Problem. Schließlich haben sie längst neue gentechnisch veränderte Pflanzen anzubieten. Etwa einen Mais, der sechs verschiedene Insektengifte produziert und gegen zwei Unkrautvernichtungsmittel resistent ist.[154] Schon jetzt zeichnet sich ab, dass Lebensmittel durch den massiven Technologieeinsatz nicht günstiger werden. Lebensmittel sind nicht billig wegen, sondern trotz Gentechnik.

Noch vor wenigen Jahrzehnten sorgten die Bauern selbst für ihr Saatgut, sie schlossen sich zu Genossenschaften zusammen und erhielten von Raiffeisenbanken »Grüne Kredite« für Saatgut und Dünger. Angelockt durch die Ertragsversprechen der Saatgutindustrie, sind die Bauern heute in die Abhängigkeit geraten. Besonders in den ärmsten Ländern ist das Fall. Aber auch in Europa ist es für normale Betriebe kaum noch möglich, Saatgut selbst herzustellen. Wer eigene Sorten anbauen möchte, muss viel Geld in die Hand nehmen, um eine Zulassung bei der Europäischen Behörde für Lebensmittelsicherheit zu bewirken. Insgesamt haben die Segnungen der Gentechnik die Bauern abhängig gemacht, die natürliche Selbstvermehrung von Nutzpflanzen blockiert und die Sortenvielfalt verarmen lassen.

Es gibt hierzulande noch Landwirte, die das nicht akzeptieren und das System der Raiffeisenbanken vitalisieren wollen. Sie brauchen Unterstützung bei der Bereitstellung von leistungsfähigem Ökosaatgut. Diese Unterstützung zu gewähren ist Teil der Ökoroutine. Dafür sollten Saatgutfonds wie etwa die Zukunftsstiftung Landwirtschaft in Bochum stärker gefördert werden. Das ist dringend geboten, denn die Agrarunternehmen verhindern durch Hybridsaatgut gezielt die Selbstvermehrung ihrer Sorten. In Anbetracht der neuen Möglichkeiten durch Gentechnik oder »schlaue Züchtung«[155] können Stiftungen, Raiffeisenbanken oder Genossenschaften dafür sorgen, dass auch kleinere Betriebe von den zukünftigen Errungenschaften profitieren. Das Ziel ist mithin eine Selbstverständlichkeit: »Open Source auf dem Acker«.[156]

Ob die grüne Gentechnik gut oder schlecht ist, soll hier nicht entschieden werden. Die Position der Bürgerinnen und Bürger ist klar: Sie wollen keine Gentechnik. Hersteller wie Monsanto versuchen deshalb mit allen Mitteln, eine klare Kennzeichnung und Beweislastumkehr zu verhindern. Entscheidend ist jedoch, wie sich ein achtsamer Umgang mit den fruchtbaren Böden der Welt ins Werk setzen lässt. Der Ökolandbau kommt gut ohne manipulierte Gene zurecht. Die wirtschaftlichen Erfolge der Hersteller von gentechnisch verändertem Saatgut, Dünger und Pflanzenschutzmitteln wecken den Eindruck, dass vor allem der Kapitalmarkt von der bisherigen Entwicklung profitiert hat.

Beim Ökolandbau sind die Gewinnmargen oft geringer. Solange die Renditen bei konventionellen Methoden höher sind, werden sich Anleger und Investoren darauf konzentrieren. Im Fokus der Ökoroutine stehen allerdings nicht Renditen, sondern Menschen. Ökoroutine wendet sich nicht aus Prinzip gegen technischen und biochemischen Fortschritt, macht ihn jedoch auch nicht zum Selbstzweck.

Spekulation belastet Kleinbauern

Die extrem niedrigen Leitzinsen der Zentralbanken haben eine Geldschwemme geschaffen. Für dieses Kapital werden nun Anlagemöglichkeiten gesucht. Grund und Boden in guten Lagen zählen seit jeher dazu, doch inzwischen erwerben Konzerne, Kapitalfonds und finanzkräftige Privatinvestoren selbst einfaches Ackerland – weltweit, in Europa und inzwischen auch in Deutschland. In Afrika verpachten und verkaufen Regierungen Land zum Schnäppchenpreis an internationale Investoren. Staatliche Regulierung gibt es dabei kaum. Zudem ist Ackerland nicht nur für die Erzeugung von Lebensmitteln von Interesse: Auch Hersteller von Kraftstoffen und Chemiekonzerne investieren. Die Folge: Millionen Menschen werden von ihrem Land vertrieben. Manche bezeichnen das als eine neue Form von Kolonialismus.[157]

In Deutschland ist vor allem der zunehmende Anbau von Biomasse für die Energieerzeugung zum Treiber der Bodenspekulation geworden. Besonders in Ostdeutschland kaufen sich branchenfremde Konzerne in die Landwirtschaft ein. Laufen Pachtverträge aus, werden die Forderungen deutlich angehoben.[158] In Niedersachsen haben sich seit 2005 die Flächenpreise in manchen Regionen verdreifacht. Klein- und Biobauern können da nicht mithalten.

Ein Agrarwendefahrplan beziehungsweise »Bio für alle« wirkt in Anbetracht dieser Entwicklung utopisch. Die naturverträgliche Landwirtschaft hat schließlich auch so schon mit genügend Widerständen zu kämpfen. Es ist daher notwendig, gegen die Nutzung von Flächen als reine Kapitalanlage vorzugehen. Denkbar wäre ein neues Grundstücksverkehrsrecht, das etwa ein Vorkaufsrecht für örtlich ansässige Landwirte vorsieht.[159] Ein zentraler Ansatzpunkt ist zugleich die Subventionspolitik der Europäischen Union. Es gilt zu verhindern, dass große Betriebe am meisten profitieren, obwohl sie die geringsten Kosten je Ertragseinheit haben. Nicht mehr zeitgemäß ist es zudem, den Maisanbau mit Steuermitteln zu unterstützen. Eine faire Agrarpolitik fördert kleinräumige Strukturen statt Agrarkonzerne. Das stärkt auch die regionale Wertschöpfung und sichert Arbeitsplätze.

Kaum Hilfe erwarten können bisher die Bauern in Afrika, Südostasien und Osteuropa. Inzwischen gibt es immerhin eine Datenbank, die umstrittene Landgeschäfte weltweit systematisch erfassen soll.[160] Wie sich die Geschäfte der Großanleger indes eindämmen lassen, ist ungewiss.

Einfacher wäre das bei der Spekulation mit Lebensmitteln. Auch hier führt der Kapitalmarkt zu kritischen Entwicklungen auf den Handelsplätzen, etwa für Weizen. Schon 2011 hat die Verbraucherschutzorganisation Foodwatch mit der Studie »Die Hungermacher« auf das Problem aufmerksam gemacht. Der Vorwurf: Finanzunternehmen wie die Deutsche Bank oder Goldman Sachs treiben mit ihren Wetten an den Rohstoffmärkten die Preise für Grundnahrungsmittel nach oben. In den Medien wird seitdem immer wieder darüber berichtet. In den vergangenen zehn Jahren hat sich die Zahl der Terminkontrakte auf Weizen an einem der wichtigsten Handelsplätze, dem Chicago Board of Trade (CBOT), verfünffacht, obwohl die Erntemengen fast konstant geblieben sind. Gleichzeitig hat sich der Weizenpreis verdoppelt.[161] Um negative Auswirkungen auf die Nahrungsmittelversorgung zu verhindern, ist der Handel an den Rohstoffbörsen daher streng zu reglementieren. Dafür gibt es bereits konkrete Vorschläge. Indes handelt es sich dabei um nur einen kleinen Schritt bei der ohnehin anstehenden Begrenzung des Kapitalmarkts.

Der Weniger-Effekt

Gegenwärtig beansprucht jeder Bundesbürger durchschnittlich 1 560 Quadratmeter Ackerfläche für seine Speisen, also rund 40-mal 40 Meter.[162] Wenn im Jahr 2050 knapp zehn Milliarden Menschen die Erde bewohnen, stünden jedem durchschnittlich noch 1 170 Quadratmeter zur Verfügung. Bei gleichbleibenden Ernährungsgewohnheiten müsste dann deutlich mehr aus den Böden herausgeholt werden.

Nun ist die Landwirtschaft in den Industrieländern heute schon geprägt von Hochtechnologie. Noch mehr Technik, Spritzmittel und Dünger sowie gentechnisch veränderte Sorten wären notwendig, um die geradezu fantastischen Ertragssteigerungen zu ermöglichen, die nötigt wären. Das behaupten zumindest die Anbieter von konventionellen Agrarprodukten. Doch von ihnen ist nichts anderes zu erwarten: Wird Öko in der Landwirtschaft zur Routine, wäre das für viele Agrokonzerne ruinös – zumindest wenn sie ihr Geschäftsmodell nicht überdenken.

Eine ganz einfache Strategie macht es möglich, ohne Technikexpansion und Chemiekeule mit weniger Ackerland je Erdbürger auszukommen: Wir müssen nur unsere Ernährungsgewohnheiten ändern, ergab eine Studie der Umweltschutzorganisation WWF.[163]

Gesunde Ernährung ist Klimaschutz

Die WWF-Studie vergleicht zwei Szenarien. Im ersten Szenario ernährt sich jeder Bundesbürger nach den empfohlenen Richtwerten der Deutschen Gesellschaft für Ernährung (DGE). Der Fleischkonsum pro Kopf ist demnach auf 600 Gramm pro Woche beschränkt – also nur halb so viel wie die heute konsumierte Menge. In diesem Szenario bräuchte jeder Deutsche im Jahr 2050 für sein Essen immer noch 1 290 Quadratmeter Ackerfläche – und damit mehr als die 1 170 Quadratmeter, die bei einer Weltbevölkerung von zehn Milliarden Menschen für jeden Einzelnen zur Verfügung stehen.

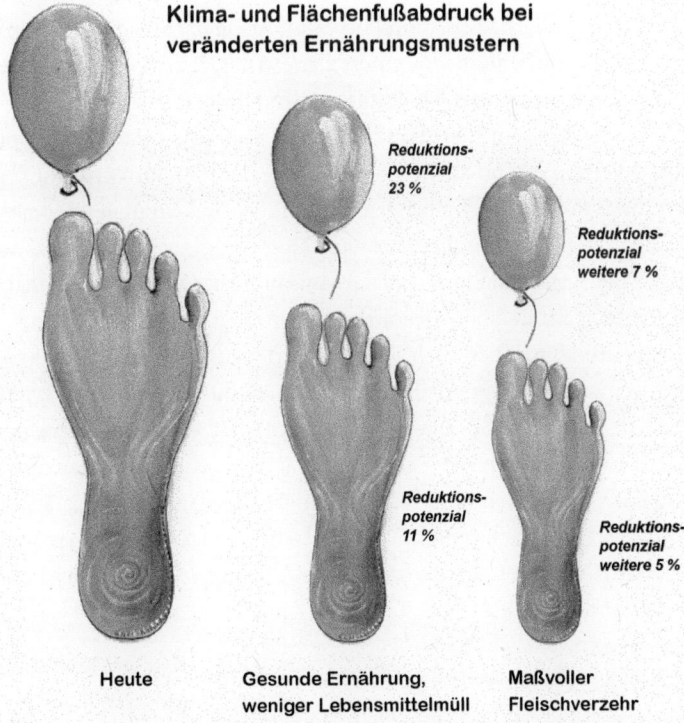

Klima- und Flächenfußabdruck bei veränderten Ernährungsmustern

Heute — Gesunde Ernährung, weniger Lebensmittelmüll (Reduktionspotenzial 23 %, Reduktionspotenzial 11 %) — Maßvoller Fleischverzehr (Reduktionspotenzial weitere 7 %, Reduktionspotenzial weitere 5 %)

Abbildung 12
Weniger Fleisch und Lebensmittelmüll machen möglich, dass auch zehn Milliarden Erdbürger satt werden. Ganz ohne neue Technik, Spritzmittel und Dünger. Weniger ist höchst effektiv![164]

Im zweiten Szenario reduziert sich der durchschnittliche Fleischverzehr auf 350 Gramm pro Person und Woche. Das liegt am unteren Rand der DGE-Empfehlungen, die 300 bis 600 Gramm wöchentlich vorsehen. Aus ernährungswissenschaftlicher Sicht ist das kein Problem, da Mineralstoffe wie Eisen und Zink aus Hülsenfrüchten und Getreideprodukten, zumal aus Vollkorn, aufgenommen werden können. Ergebnis: In diesem Szenario genügen die für 2050 kalkulierten 1 170 Quadratmeter. Der Weniger-Effekt ist erstaunlich. Dabei sinken auch die Treibhausgasemissionen unserer Ernährung um 23 bis 30 Prozent.

Die Autoren der WWF-Studie nehmen für ihre Berechnungen an, zukünftig werde deutlich weniger Essen in den Müll geworfen.[165] Auch hier schlummern beträchtliche Potenziale: Zurzeit landen zwischen 30 und 40 Prozent aller Lebensmittel im Müll. In Deutschland sind es pro Jahr knapp sieben Millionen Tonnen. Landwirte, Handel, Gastronomie und Haushalte vernichten damit zusammen jährlich größtenteils noch genießbare Speisen im Wert von bis zu 21,6 Milliarden Euro. Pro Kopf der Bevölkerung entspricht das einer Summe von 235 Euro pro Jahr.[166]

Weltweit kostet der Nahrungsmittelmüll jährlich rund 400 Milliarden Dollar, hat das britische Waste and Resources Action Programme ausgerechnet, eine gemeinnützige Organisation, die für einen nachhaltigen Umgang mit Ressourcen eintritt. Die größten Verschwender sind – wie in anderen Bereichen auch – die Industrienationen. Mit der Menge, die sie wegwerfen, könnten alle 870 Millionen hungernden Menschen in den Entwicklungsländern ernährt werden. Beispielsweise wird Obst und Gemüse, das nicht den Schönheitsstandards entspricht, gar nicht geerntet oder landet sofort im Abfall. Weniger Lebensmittelmüll ist nicht nur moralisch geboten, sondern auch entscheidend für die Begrenzung der globalen Erwärmung, den pfleglichen Umgang mit Böden und aus Respekt vor dem Tier.[167]

Bio für zehn Milliarden

Ernährung ist ein Milliardengeschäft, angefangen beim Saatgut bis hin zum mikrowellentauglichen Fertigmenü. Das Konzept der Ökoroutine wird bei den Profiteuren der industrialisierten Landwirtschaft nicht besonders viel Zuspruch auslösen. Nicht, weil mit »Bio für alle« kein

Geld zu verdienen wäre. Ökoroutine steht für einen allmählichen Systemwechsel, die Geschäftsfelder werden sich wandeln. Und damit tun sich Konzerne naturgemäß schwer. Zu beobachten ist das an den behäbigen Reaktionsmustern der deutschen Energiekonzerne bei der Energiewende. Zuerst ignorierten sie die neue Entwicklung, dann traten sie als Bremser auf, um nicht vollends den Anschluss zu verlieren. Ähnlich wie im Energiebereich wird sich auch die Transformation der Landwirtschaft wohl nicht mit, sondern nur gegen die Großkonzerne realisieren lassen. Wie bei der Energiewende gilt es, strukturelle Mechanismen zu etablieren, die den von der breiten Öffentlichkeit gewünschten Veränderungsprozess in Gang bringen. Der Agrarwendefahrplan der Ökoroutine ist gewissermaßen das Erneuerbare-Energien-Gesetz für die Landwirtschaft. So wie es gelungen ist, schrittweise das Ende der Atomkraft herbeizuführen, so kann Ökoroutine auch das Ende der martialischen Tierhaltung und exzessiven Verwendung von Düngemitteln und Chemie einleiten. Yes, we can!

Kapitel 5

Wohnen

Bis 2050 will Deutschland seine Treibhausgasemissionen um 80 bis 95 Prozent senken. Das Klimaabkommen, das im Dezember 2015 in Paris beschlossen wurde, geht sogar noch weiter: Damit die Erderwärmung deutlich unter zwei Grad Celsius gehalten werden kann, soll die Welt in der zweiten Hälfte des Jahrhunderts klimaneutral sein. Wenn es dann noch zu Emissionen kommt, müssen diese an anderer Stelle kompensiert werden. Demnächst will die Bundesregierung deshalb einen Klimaschutzplan 2050 vorlegen.

Klar ist, dass das Ziel der Klimaneutralität neben dem verstärkten Ausbau der erneuerbaren Energien auch deutliche Einsparungen beim Energieverbrauch erforderlich macht. Doch danach sieht es bislang nicht aus. Weltweit steigt der Hunger nach Energie, vor allem in den Entwicklungs- und Schwellenländern. Aber auch das Energiewendeland Bundesrepublik steht alles andere als vorbildlich da. Der Endenergieverbrauch ist in Deutschland seit Beginn der 1990er-Jahre kaum gesunken – trotz vielfacher Effizienzmaßnahmen. Teilweise ist der Verbrauch sogar gestiegen, vor allem im Verkehrsbereich und in den privaten Haushalten (vgl. die Ausführungen zum Jevons' Paradoxon in Kapitel 3).[168]

Hier, in unseren privaten Häusern und Wohnungen, verbrauchen wir gut ein Viertel der gesamten Endenergie. Nur 15 Prozent davon ist Stromverbrauch. Der große Rest – 85 Prozent – wird für Heizung und warmes Wasser verwendet.[169] Am aufwendigsten ist das bei älteren Häusern. Sie benötigen zur Beheizung etwa zehnmal so viel Energie wie sparsame Neubauten.[170] Das Gelingen der Energiewende hängt somit maßgeblich davon ab, ob wir es schaffen, den Aufwand für Heizenergie zu verringern. Das gilt auch für Nichtwohngebäude. Erforderlich dafür ist auf jeden Fall, dass im Neubau höchste Effizienzstandards zur Routine werden. Noch wichtiger ist es, dass wir den Energieverbrauch im Bestand systematisch reduzieren. Wände und Dächer mit Dämmstoffen zu verkleiden, Fenster zu erneuern, sparsame Heizungen zu installieren, all das ist Teil der bereits vielfach praktizierten Ökoroutine. Ergänzend kann ein Teil der Wärme mit Sonnenkraft erzeugt werden, spezielle Lüfter könnten die Frischluftzufuhr übernehmen. Kommunen obliegt es neben Bund und Ländern, die Bürger und Unternehmen beim Nutzen dieser Potenziale zu beraten, zu fördern und zu fordern.

Daneben gibt es jedoch noch eine weitere Klimaschutzstrategie, die von den zuständigen Akteuren bislang fast vollständig ignoriert wird: die Begrenzung des Neubaus und die suffizientere Nutzung der Wohnflächen im Bestand – ein Kernanliegen der Ökoroutine.

Der Wenigereffekt

Wie in vielen anderen Bereichen sind auch beim Wohnen Ausdehnungseffekte zu beobachten: Die Wohnfläche wird immer größer. Die eigenen vier Wände reflektieren den materiellen Wohlstand und sind Kernelement des Lebensstils. Inneneinrichtung und Größe variieren mit Kulturkreis und Möglichkeiten. Während es in Tokio normal ist, wenn eine vierköpfige Familie auf 40 Quadratmetern lebt, gelten hierzulande inzwischen 120 bis 150 Quadratmeter als angemessen. Mitte der 1990er-Jahre bezogen die Bundesbürger ihre Einfamilienhäuser mit im Schnitt 120 Quadratmeter Wohnfläche. Heute müssen es schon 140 Quadratmeter sein.[171] Es gab in Deutschland eine Zeit, da war es normal, dass zwei Kinder sich ein Zimmer teilen. Getrennte Zimmer – und waren sie noch so klein – galten als Luxus. Heute ist fast ein Zustand erreicht, in dem sich Jugendliche arm fühlen, wenn ihnen »nur« zwölf Quadratmeter zur Verfügung stehen. Im Singledasein setzt sich diese Maßlosigkeit fort. Es ist Teil unserer Kultur, wenn zwei Personen auf 100 Quadratmetern leben.

Wie warm muss es sein?

Wer sich im Winter in Portugal aufhält, wird möglicherweise verwundert feststellen: In den Häusern und Wohnungen ist es dort häufig kälter als in Deutschland. Mag das Thermometer hier auch zehn Grad unter null anzeigen, in unseren Wohnzimmern herrschen meist Temperaturen von 20 bis 23 Grad. In Portugal gelten zehn Grad Außentemperatur schon als kalt. Doch in den Wohnstuben kommt der Besucher aus Deutschland leicht ins Frieren, denn häufig gibt es keine Heizung. Statt eine teure Zentralheizung zu installieren, verzichtet man in Portugal lieber auf den Wärmeluxus. Dem Klimaschutz ist das außerordentlich zuträglich.

Warum ist das so? Der Grund liegt nicht darin, dass die Deutschen kälteempfindlicher sind als andere. Der Grund hat mit Physik zu tun. Je größer der Temperaturunterschied zwischen draußen und drinnen, desto größer ist auch die Differenz zwischen Raumluft und Wand. Luft bewegt sich, warme Luft steigt auf, kalte Luft fällt herab. Es entstehen sozusagen Winde im Wohnzimmer. Sind diese Luftverwirbelungen besonders stark, empfinden wir selbst 22 Grad als nicht besonders warm. Deswegen sind 16 Grad im portugiesischen Wohnzimmer zur Weihnachtszeit auch erträglicher als in Bayern, denn die Temperaturdifferenz ist in Lissabon wesentlich geringer. Konkret heißt das: Die Bewohner empfinden 20 Grad in einem gut isolierten Gebäude als wesentlich wärmer als in einem Altbau mit einfach verglasten Fenstern. Der Grund liegt ganz einfach darin, dass die Wände bei fallenden Temperaturen weniger auskühlen.

Mit dem steigenden Komfort, den modernere Heizungsanlagen und Wärmedämmungsmaßnahmen mit sich bringen, steigt allerdings auch der Anspruch – zum Teil nur deshalb, weil es leichter geworden ist, Energie zu verbrauchen. Das war schon so, als Vermieter die Kohleöfen durch Gasetagenheizungen ersetzten. Zwar sind Gasetagenheizungen effizienter als Kohleöfen. Man hätte also erwarten können, dass der Energieverbrauch insgesamt sinkt. Doch tatsächlich geschah das Gegenteil. Weil Heizen nun einfacher war und man die anderen, zuvor nur indirekt beheizten Räume ganz bequem und ohne Kohleschleppen erwärmen konnte, ging der Verbrauch letztlich nicht zurück.

Ingenieure stellen bei Sanierungsmaßnahmen immer wieder fest, dass der errechnete Energiebedarf von Wohnungen und Häusern zum Teil sehr stark vom tatsächlichen Energiebedarf abweicht. Vor einer Sanierung liegt der Bedarf rechnerisch meist deutlich höher als der tatsächliche. Nach der Sanierung hingegen verbrauchen die Bewohner oft mehr Energie als veranschlagt, der Effizienzgewinn liegt beispielsweise bei nur 60 statt 80 Prozent.[172] Der Grund: Eine gut isolierte Wohnung lässt sich auf bequemere Weise erwärmen – was einen starken Anreiz darstellt, dies auch zu tun. Vermeiden lässt sich dieses Phänomen wohl nicht. Schließlich kann man den Menschen nicht vorschreiben, auf welche Temperatur sie die Heizung einzustellen haben. Immerhin zehrt der Komfortgewinn den Einspareffekt nicht vollständig auf. Der Einspareffekt ist aber geringer als erhofft. Dies gilt es zu berücksichtigen, wenn Klimaschutzmaßnahmen beschlossen werden. Gleichwohl ist und bleibt die energetische Gebäudesanierung ein wichtiges Instrument zur Reduzierung von Treibhausgasen und Energiekosten.[173]

Wie wichtig Lebens- und Alltagsgewohnheiten für den Erfolg von Klimaschutzmaßnahmen sind, haben Schweizer Forscher in einer umfangreichen Studie für die Stadt Zürich ermittelt. Zürich hatte sich zuvor per Volksentscheid dazu verpflichtet, die Stadtentwicklung auf die Vision einer »2000-Watt-Gesellschaft« auszurichten, das heißt, mit dem Energiesparen in allen Bereichen ernst zu machen. Die Studie kommt zu dem Schluss, dass die Wohnfläche ein markanter Einflussfaktor für den individuellen Energieverbrauch ist. Reduziert man die Standardpersonenfläche[174] um ein Drittel, ist demnach bei der Primärenergie wie auch bei den Treibhausgasemissionen eine beträchtliche Einsparung von rund 15 Prozent möglich. Das gilt für Neubauten genauso wie für Umbauten im Bestand.[175]

Gerade beim Heizen machen sich Unterschiede in Lebensstil und Verhaltensroutinen enorm bemerkbar. Das ist seit Langem bekannt. Schon 1995 hat die Physikerin Bärbel Epp in einer Studie den »Einfluss des Verhaltens auf das Energiesparen von privaten Haushalten«[176] herausgearbeitet. Zehn Jahre zuvor hatte die Eidgenössische Materialprüfungsanstalt bei Ölverbrauchsmessungen von 60 Einfamilienhäusern mit gleicher Wohnstruktur festgestellt, dass der haushaltsspezifische Verbrauch um rund 50 Prozent um den Mittelwert schwankte.[177] Eine empirische Untersuchung des Heizverbrauchs von 1 600 Haushalten ergab bei vergleichbaren Gebäuden derselben Gegend Verbrauchsunterschiede im Verhältnis 3:1.[178] Auch eine Wärmebedarfsmessung bei gleichartigen Niedrigenergiehäusern in Dänemark zeigte deutliche haushaltsspezifische Schwankungen.[179] Je nach Verhalten weicht der Wärmebedarf von

Haushalten also ganz erheblich vom Mittelwert ab – teilweise um die Hälfte. Da das jeweilige Heizverhalten das ausschlaggebende Kriterium ist, lassen sich die Schwankungen sowohl bei Niedrigenergiehäusern als auch bei konventionell gebauten Häusern beobachten. Die Abweichungen entstehen durch Unterschiede in Raumtemperaturniveau, Beheizungsumfang, Regelungsmechanismen, Lüftungsverhalten und Anwesenheitszeiten.

Sehr anschaulich wird der Einfluss des Verhaltens auf den Wärmebedarf durch eine einfache Rechnung, die in keiner Energiesparberatung fehlt: Wer seine Raumtemperatur um ein Grad Celsius mindert, kann rund sechs Prozent seiner Heizkosten einsparen. Würden die Bundesbürger ihre Gewohnheiten nur leicht ändern, hätte das einen erstaunlichen Effekt.

Suffizient neu bauen

Wie in allen anderen Lebens- und Konsumfeldern ist auch im Wohnungsbau eine ökologische Ausrichtung, die über gesetzliche Anforderungen hinausgeht, eher im Ausnahmefall anzutreffen. Schon seit Anfang der 1990er-Jahre gibt es zwar »Null-Energiehäuser«, später kamen »Plusenergiehäuser« hinzu. Lauter schöne Modellprojekte, die gezeigt haben, was technisch möglich ist. Doch verbreitet haben sich die guten Beispiele kaum.

Das liegt an der einseitigen Gewichtung der Kriterien, die beim Hausbau anzulegen sind. Einige Hunderttausend Euro werden in die Hand genommen, schicke Bäder eingerichtet, massive Eichendielen verlegt und edle Küchen angeschafft. Aber für die solare Erwärmung des Duschwassers fehlt dann das Geld, die besonders gute Dämmung der Außenwand oder eine Lüftungsanlage erscheinen »unwirtschaftlich«. Bei der Badkeramik spielt Wirtschaftlichkeit meist keine Rolle, schließlich geht es um Schönheit, Ästhetik und Komfort. Doch von grünen Investitionen wird erwartet, dass sie sich rechnen. Alles andere gilt als Altruismus. Und schließlich lässt sich mit einem kleinen Häuschen nicht die globale Erwärmung stoppen.

Während etwas mehr Luxus bei der Küchenzeile leicht einige Tausend Euro extra kosten darf, nehmen wir warme Wände und frische Luft oftmals gar nicht als Komfortmerkmal wahr, geschweige, dass wir bereit wären, dafür zusätzlich Geld auszugeben. Offenbar sind die Bürgerinnen und Bürger, aber auch die Wohnungsbaugesellschaften mit dem Nachhaltigkeitspostulat überfordert, sobald sie als Bauherren auftreten.

Hier setzt die Ökoroutine an. Sie verselbstständigt den Komfortgewinn von gut isolierten und gelüfteten Häusern und macht höchste Effizienz im Neubau zum Standard – als Qualitätskriterium. Die Städte und Gemeinden könnten den Anfang machen. Bislang gehen nur wenige Kommunen bei ihren Vorgaben über die gesetzlichen Mindeststandards – die Energieeinsparverordnung – hinaus. So etwas scheint allenfalls in gefragten Gegenden machbar, wie Projekte in Frankfurt am Main oder Hamburg gezeigt haben. Das hat sich bis heute nicht geändert. Im Gegenteil, die immer strengeren Vorgaben des Gesetzgebers werden zunehmend beklagt. Das Bauen werde dadurch noch komplizierter und teurer, heißt es, und auch sozial orientierten Unternehmen falle es zunehmend schwerer, günstige Mietwohnungen zu bauen.[180] Mit soliden Zahlen lässt sich das allerdings nicht belegen. Tatsächlich sind die Investitionskosten für Neubauten seit 1990 preisbereinigt nahezu konstant geblieben. Für die monatlichen Kosten, inklusive Energiekosten, ergibt sich sogar ein Plus an Einsparungen.[181]

Gleichwohl stünden die Chancen für den Klimaschutz im Gestaltungsfeld »Wohnen« nicht zum Besten, wenn Bundesregierung und Europäische Kommission das Problem noch gar nicht erkannt hätten. Doch für den Neubau haben sie das Konzept der Ökoroutine bereits angenommen und einen ordnungsrechtlichen Rahmen für anspruchsvolle Standards geschaffen, der schrittweise angehoben wird. Wegbereiter für die jeweils nächsten Schritte sind Kampagnen, Geldanreize und Steuervorteile.

Schon seit 1976 gibt es in der Bundesrepublik gesetzliche Bestimmungen für effizientes Bauen. Die Anforderungen für Heizungsanlagen und Wärmebedarf von Büros und Wohnhäusern haben sich mehrfach verschärft, seit 2002 firmieren sie unter dem Namen »Energieeinsparverordnung«. Seit 2009 gibt es auch Vorgaben für die Nutzung von Wärme aus erneuerbaren Energien. 2016 werden die Standards um weitere 25 Prozent angehoben, ab 2019 müssen öffentliche Gebäude und ab 2021

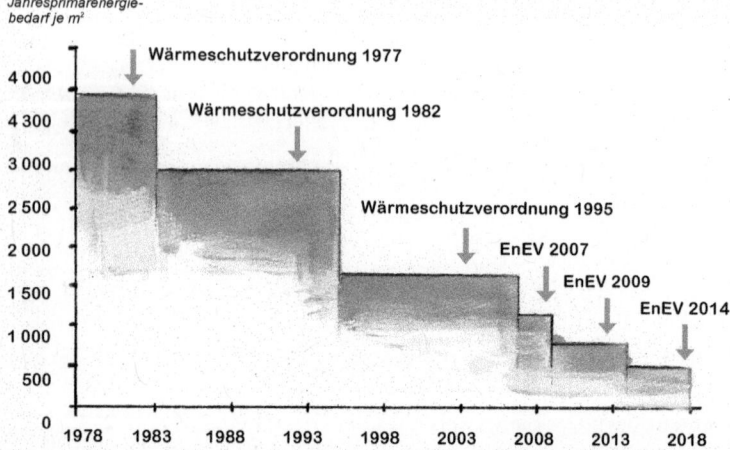

Abbildung 13 Die Anforderungen für Gebäudeeffizienz haben sich schrittweise verschärft. Maßgeblich ist derzeit die Energieeinsparverordnung von 2014. Neubausiedlungen müssen ab 2021 nahezu den Nullenergiehaus-Standard erfüllen.[183] So wird Öko zur Routine, und alle machen mit.

alle übrigen Neubauten den Niedrigstenergiestandard erfüllen, also nahezu den Standard eines Nullenergiehauses.[182] Diese Vorgaben gelten übrigens nicht nur in Deutschland, sondern in der gesamten Europäischen Union.

Die Entscheidung der EU-Staaten, auf ständig steigende Effizienzstandards für die Bauwirtschaft zu setzen, zeigt exemplarisch, wie sich Ökoroutine mit europäischer und nationaler Rahmensetzung systematisch ins Werk setzen lässt. Die hohen Standards sind nicht nur ein Beitrag zur Bekämpfung der Erderwärmung und begrenzen den künftigen Energieverbrauch. Sie entlasten den einzelnen Bürger auch von der moralischen Abwägung zwischen Klimaschutz und Küchendesign. Die Wärmeschutzverglasung wird nun von Beginn an eingeplant, und der verbleibende finanzielle Spielraum bestimmt darüber, wie kostspielig die Badkeramik sein darf. Klimapolitisch ambitionierte Bürgermeister und Stadtplaner müssen fortan nicht darum bangen, dass das geplante Neubaugebiet nicht angenommen wird, weil die energetischen Anforderungen zu hoch sind, denn auch die Baugebiete der Nachbargemeinde sind gleichermaßen zum Klimaschutz verpflichtet.

Kritiker von Wärmedämmungsmaßnahmen wird es vermutlich auch weiterhin geben, auch Skandalmeldungen zu »Volksverdämmung«, Brandgefahr, Schimmelbildung. Doch all das wird bald keine große Rolle mehr spielen – und zwar in dem Maß, wie Menschen mit einigem Stolz von den technologischen Errungenschaften und dem äußerst geringen Energieverbrauch ihres Hauses oder ihrer Wohnung erzählen. Dieser technische Wandel ist leicht. Viel schwerer fällt uns die achtsame Wahl der Wohnungsgröße (s. S. 129, »Nichtbau«).

Ebenso wie beim Neubau lassen sich auch für den Bestand Zug um Zug die energetischen Standards anheben. Bei jedem Haus steht nach 15 bis 40 Jahren ein Austausch der Heizung oder eine Erneuerung der Fassade auf dem Plan. Das ist der Moment, um etwas für den Klimaschutz zu tun. Von allein geschieht das jedoch selten. Eigenheimbewohner scheuen die hohen Kosten, und Vermieter müssen ohnehin nicht für die Heizkosten aufkommen. Das ist allgemein bekannt und schlägt sich inzwischen auch in der politischen Agenda nieder.

Als Ergebnis hat die Bundesregierung für die Sanierung der Gebäude einen Plan formuliert. Einen Sanierungsfahrplan. So wie die Bahn die Ankunftszeit ihrer Züge festlegt, so legt die Regierung Zielvorgaben für den Fortschritt der energetischen Sanierung fest. Demnach soll der Primärenergiebedarf bis 2050 um 80 Prozent sinken.[184] Der Gebäudebestand Deutschlands wäre dann nahezu klimaneutral. Doch um das zu schaffen, müsste sich die derzeitige Sanierungsrate von etwa einem Prozent der Häuser pro Jahr wenigstens verdoppeln.[185]

Die Fahrplanlogik bei der Gebäudesanierung gehört zum Kern der Ökoroutine. Allerdings gibt es einen Haken: Ob die Hauseigentümer sich an den Plan halten, ist ungewiss. Der Plan ist unverbindlich, eine gesetzliche Verankerung gibt es nicht. Bislang beschränkt sich die Bundesregierung lediglich auf Informationen und Anreize, wie etwa die Kampagnen »co2online-Klimaschutzkampagne« oder »Haus Sanieren – Profitieren« zeigen.[186] Der vor einigen Jahren eingeführte Gebäudepass soll Vermieter und künftige Mieter für die Energiekosten der Wohnung sensibilisieren. Die Förderbank KfW vergibt zinsgünstige Darlehen oder

Zuschüsse für besonders weitgehende Sanierungsvorhaben ebenso wie für Energieberatungen. Geplant war auch ein Steuernachlass bei Wärmedämmungsmaßnahmen, der jedoch zunächst an der CSU-Regierung in Bayern gescheitert ist. Auch insgesamt hapert es bei der Verbindlichkeit.

Das ist freilich auch ein Problem für die Städte und Gemeinden in Deutschland. Manche möchten »100 % Klimaschutz«.[187] Die Entwicklung der gleichnamigen Klimaschutzkonzepte werden vom Bund gefördert. Es entstehen beeindruckende Pläne, deren Umsetzung jedoch gerade im Gebäudebereich nur bedingt möglich ist. Denn die Kommunen verfügen nur über relativ sanfte Instrumente, um die Sanierung der Gebäude voranzutreiben. Sie sind auf achtsame und umsichtige Eigentümer und Investoren angewiesen, die sich dem Klimaschutz verpflichtet fühlen, sowie auf die Förderprogramme von Bund und Ländern für Beratung und Investition.

Ökoroutine zielt darauf ab, dass sich achtsame Einsparinvestitionen gleichsam verselbstständigen. Im Idealfall bleibt Vermietern gar nichts anderes übrig, als ihre Immobilien energetisch verantwortungsvoll zu gestalten. Das hat die Europäische Kommission mit einer Richtlinie zur Energieeffizienz von Gebäuden bereits auf den Weg gebracht. Sie gilt in der gesamten EU und ist in den jeweiligen Ländern gesetzlich umzusetzen. Deutschland kommt den Anforderungen mit der Energieeinsparverordnung nach.[188] Die Verordnung zielt unter anderem auf die vielen veralteten Heizungen, die im Gebäudebestand nach wie vor existieren. Würden sie auf einen Schlag ausgetauscht, könnte man sofort auf Atomstrom oder auf die Gasimporte aus Russland verzichten.[189] Die Energieeinsparverordnung verlangt nun immerhin, dass Öl- und Gasheizkessel, die älter als 30 Jahre sind, ersetzt werden. Der Gesetzgeber hebt auf diese Weise für Heizanlagen den Standard und macht Öko zur Routine.

Zudem sind Eigentümer nunmehr verpflichtet, bis Ende 2015 die oberste Geschossdecke zu isolieren. Gemeint sind Decken beheizter Räume, die an ein unbeheiztes Dachgeschoss angrenzen. Die Forderung gilt auch als erfüllt, wenn das Dach darüber gedämmt ist oder den Mindestanforderungen an die Dämmung nachkommt. Auch die Wände sind zu isolieren, wenn eine weitgehende Sanierung der Fassade geplant ist, die über einen reinen Anstrich hinausgeht und mehr als zehn Prozent der Fläche betrifft. Solche Verpflichtungen sind berechtigt und sinnvoll, weil sich die zusätzlichen Kosten für die Montage von Dämmmaterialien wieder einspielen lassen, wenn ohnehin das Gerüst aufgebaut und die Fassade überholt und gestrichen wird. Und wenn man gerade dabei ist, darf die Modernisierung der Fenster nicht fehlen. Auch dazu drängt die Verordnung.

Solche Vorgaben setzen sich nicht von selbst ins Werk. Dass es sie gibt, heißt noch nicht, dass sie auch umgesetzt werden. Doch immerhin haben die lokalen Behörden vor Ort nun einen Hebel in der Hand, um nachträgliche Klimaschutzmaßnahmen an Gebäuden einzufordern und vorhandene Klimaschutzkonzepte umzusetzen. Nicht selten genügt schon ein freundlicher Brief mit dem Hinweis auf die neue Gesetzeslage (»Standards kommunizieren«, S. 360).

Baden-Württemberg setzt Maßstäbe in der Wärmewende

Ein sehr schönes Beispiel für den Grundgedanken der Ökoroutine liefert das Land Baden-Württemberg. Dort hat die damalige schwarz-gelbe Regierung das EEG-Wärmegesetz des Bundes auf schon bestehende Häuser übertragen. Seit Januar 2010 müssen bei einem Heizanlagenaustausch in bestehenden Wohngebäuden zehn Prozent der Wärme mit erneuerbaren Energien erzeugt werden. Möchte der Eigentümer bei einer Öl- oder Gasheizung bleiben, kann eine thermische Solaranlage das Heizsystem ergänzen. Die Verpflichtung gilt als erfüllt, wenn die Kollektorfläche in einem bestimmten Verhältnis zur Wohnfläche steht.[190] Für ein Haus mit 150 Quadratmetern reichen beispielsweise sechs Quadratmeter Sonnenkollektoren. Diese Kollektorgröße genügt unabhängig davon, ob damit tatsächlich zehn Prozent des Wärmebedarfs gedeckt werden. Solche klaren Vorgaben sind wegweisend: leicht verständlich und praktisch gut umsetzbar.

Freilich ist nicht jede Dachfläche für die Erzeugung solarer Wärme geeignet. Daher sind auch andere Möglichkeiten vorgesehen, um die Verpflichtung zu erfüllen, etwa mit einem Pelletkessel oder einer Scheitholzheizung. Weitere Alternativen sind erstens Wärmeschutzmaßnahmen, um den gesamten Wärmeverlust des Gebäudes zu reduzieren. Zweitens: Die neue Heizung erzeugt zugleich Strom – diese Technik heißt »Kraft-Wärme-Kopplung«. Drittens genügt es dem Gesetz, wenn das Haus an ein Wärmenetz angeschlossen ist, das mit Kraft-Wärme-Kopplung oder mit erneuerbaren Energien arbeitet. Und falls viertens auf der Dachfläche bereits eine Photovoltaikanlage installiert ist, gilt die Zehn-Prozent-Anforderung ebenfalls als erfüllt.

Inzwischen hat die amtierende grün-rote Landesregierung den Pflichtanteil an erneuerbaren Energien von zehn auf 15 Prozent erhöht. Damit hat sich Baden-Württemberg einen eigenen Sanierungsfahrplan gegeben. Von der Lobby der Hausbesitzer kommt allerdings Widerstand. Sie findet die Maßnahme zu weitreichend und argumentiert, nun hätte erst recht keiner mehr Lust, die Heizanlage zu sanieren. Vermieter würden die Investition künftig hinauszögern, bis die Heizung in ihre Einzelteile zerfällt. Das stimmt möglicherweise. Doch von der Energieeinsparverordnung des Bundes ist ohnehin ein Limit von 30 Jahren gesetzt. Vollends zerstreuen würden sich die Bedenken der Zauderer wohl, wenn die Landesregierung ankündigte, die Vorgabe im Jahr 2020 auf 20 Prozent zu erhöhen.

Frische Luft ins Haus

Frische Luft ist gesund. Das weiß jedes Kind. Deswegen gehen die Menschen spazieren oder wandern. Aber mit der frischen Luft in den eigenen vier Wänden ist es nicht weit her, zumindest im Winter. Denn zur kalten Jahreszeit bleiben die Fenster geschlossen und werden meist nur für einige Zeit einen Spalt weit geöffnet.[191] Das ist in gesundheitlicher und energetischer Hinsicht eine Katastrophe, denn Kipplüften kühlt die Räume aus und erhöht die Schimmelgefahr. Beides ließe sich vermeiden. Wäre Öko beim Lüften Routine, würden wir einige Fenster mindestens dreimal täglich für einige Minuten ganz öffnen und für Durchzug sorgen. Stattdessen werden die Fensterbänke für Deko, Lampen oder Zimmerpflanzen genutzt, was die simple Lüftung per Durchzug erschwert.

Zugleich nimmt das Problem »Mief« drastisch zu, weil mit jedem Fenstertausch die Häuser immer dichter werden. Früher gab es quasi eine automatische Lüftung durch undichte Ritzen. Nun müssen sich die Bewohner selbst um Luftaustausch bemühen. Das fällt schwer, weil sich nur wenige darüber im Klaren sind, wie wichtig das banale Lüften für die Gesundheit ist. Dabei ist regelmäßiges Lüften vermutlich ebenso bedeutsam wie die wöchentliche Stunde im Fitnesscenter.

Ingenieure kennen das Problem, dass die Gebäudehüllen immer dichter werden und der Lüftungsbedarf weiter zunimmt. Sie haben daher die automatische Komfortlüftung erfunden. Ohne Zutun der Bewohner soll die Lüftung systematisch und kontinuierlich erfolgen. Das ist praktisch und geht noch besser: Beim automatischen Lüften kann man sogar die heraustretende Wärme zurückgewinnen. Mit der warmen Abluft aus dem Haus wird die kalte Frischluft vorgewärmt. Das ist besonders klimafreundlich und spart sehr viel Energie, weil der Wirkungsgrad häufig über 90 Prozent liegt. Zudem ist die permanent frische Luft gut für die Gesundheit. Allerdings gibt es bei der automatischen Lüftung einen Haken: Für einen hohen Wirkungsgrad ist es notwendig, die Fenster ständig geschlossen zu halten. Auch das Kippen soll möglichst vermieden werden. Das erfordert eine intensive Auseinandersetzung mit dem Thema Lüftung, denn der verwurzelte Wunsch nach »Frischluft« ist nach wie vor da – wir stehen vor einer kulturellen Herausforderung.

Ab 2021 werden die umweltfreundlichen Lüftungsanlagen im Neubau zum Standard. Doch die schönen Gesetze und die tolle Technik allein helfen wenig, wenn sich die Bewohner nicht damit befassen. Sie lüften häufig wie bisher mit gekippten Fenstern, und die Filter der Anlage werden gar nicht oder zu selten gewechselt. Das erhöht sowohl den Energieverbrauch des Lüftungsgeräts auch als den Geräuschpegel, den der Wärmetauscher verursacht. Manche schalten die Lüfter gar aus, um Strom zu sparen oder weil der Geräuschpegel stört. Projektleiter berichten, dass die Sensibilität für das Lüftungskonzept trotz persönlicher Einführung extrem gering ist – wir alle sind noch zu sehr an Fenster ohne die neue Technik gewöhnt.

Zudem wird die automatische Lüftung als »unsinnlich« empfunden, kalte Luft wird mit frischer Luft gleichgesetzt. Unterm Strich ist ein Passivenergiehaus nur so sparsam wie seine Bewohner. Wir stehen demnach noch ganz am Anfang in Sachen energiesparendes Wohnen, vergleichbar mit der Phase, als die ersten Sparlampen auf den Markt kamen. Die mussten allerdings nur installiert werden und erforderten keine weiteren Verhaltensänderungen.

Eine noch größere Herausforderung stellt sich bei schon gebauten Wohnsiedlungen. Auch sie sind schrittweise mit Lüftungsanlagen auszustatten. Doch die innovative Technik hat hier bislang nur unterhalb der Wahrnehmungsschwelle Einzug gehalten. Es gibt sowohl bei Bauherren als auch Architekten zahlreiche Vorurteile und Informationsdefizite. Und selbst wer offen für das Thema ist, kann sich nur schwer einen Überblick verschaffen. Bei der Vielzahl an technischen Konzepten, Wirkungsgraden und Kosten fällt es schwer, die Orientierung nicht zu verlieren.[192] Theoretisch ließen sich Lüftungsanlagen auch über gesetzte Standards in die Breite bringen. Doch dafür wäre es wohl noch zu früh, weil es sich immer noch um einen, zumindest für Laien, unübersichtlichen Nischenmarkt handelt. Für den Kampf gegen Mief benötigen wir den klassischen Mix verschiedener Instrumente: Fahrpläne für Standards, finanzielle Anreize und Informationskampagnen. So wird Öko – also Lüften – zur Routine.

Fair zum Mieter

Wenn wir von Hauseigentümern einfordern, dass sie in den Klimaschutz investieren, stellt sich zwangsläufig die Frage, ob – und wie – das sozial ausgewogen möglich ist. Dass ein Sanierungsfahrplan gleichermaßen gerecht und umweltfreundlich sein kann, scheint umstritten.

Ein Grundproblem: Die energetische Gebäudesanierung wird von Vermietern oder Wohnungsgesellschaften oft genutzt, um eigentlich ungerechtfertigte Mieterhöhungen zu legitimieren. Wird die energetische Sanierung in eine allgemeine Instandsetzung eingebunden, die ohnehin ansteht, weil etwa der Putz abblättert, die Fenster verzogen sind oder das Dach undicht ist, reduzieren sich die energierelevanten Kosten auf rund ein Drittel der Gesamtkosten der Sanierung. Sie liegen dann ähnlich hoch wie die langfristige Energiekostenersparnis. Wird beispielsweise die komplette Fassade ausgebessert und gestrichen, verursachen nur das Dämmmaterial und dessen Montage Zusatzkosten. Viele Einsparmaßnahmen sind zudem in den letzten Jahren deutlich günstiger geworden: Bei einigen Anbietern ist die besonders effiziente Dreifachverglasung bei Fenstern heute beispielsweise kaum mehr teurer als die Zweifachvariante.[193] Energiesparinvestitionen amortisieren sich vielfach erst langfristig. Die energetischen Mehrkosten sind im Vergleich zu den Vollkosten einer Sanierung zwar oft gering, trotzdem muss der Eigentümer die gesamte Investitionssumme aufbringen, bevor ihm anschließend die Energieeinsparungen oder – im Falle von vermietetem Eigentum – höhere Mieteinnahmen zugutekommen. Der Einzelne misst Wirtschaftlichkeit folglich eher daran, ob sich eine Investition kurz- bis mittelfristig bezahlt macht – eine deutliche Diskrepanz zu den energie- und klimapolitischen Erfordernissen.

In vielen Städten explodieren die Immobilien- und Mietpreise – nicht nur in den ohnehin teuren Metropolen wie München, Düsseldorf oder Hamburg. In Anbetracht der Eurokrise zahlen Anleger geradezu fantastische Preise. Sie investieren in »Betongold«. Entsprechend hohe Erwartungen werden in die Mieteinnahmen gesetzt. Eine vierköpfige Familie mit einem Durchschnittseinkommen kann sich heute oft nur noch eine Wohnung leisten, die außerhalb liegt und womöglich in schlechtem Zustand ist. Angesichts solcher Probleme erscheint eine energetische Sanierung vielfach als purer Luxus. Mithin führt die Modernisierung in Stadtquartieren bisher häufig zur sozialen Spaltung. Das zu verhindern ist keine leichte Sache. Doch es gibt einige Möglichkeiten, um Klimaschutz und sozial tragfähiges Wohnen ausgewogen zu forcieren.

Mietpreisgrenzen festsetzen

Für Mietsteigerungen können beispielsweise Obergrenzen festgesetzt werden. In der Mietrechtsnovelle hat die Bundesregierung im Dezember 2012 den Ländern das Recht eingeräumt, selbst zu bestimmen, in welchen Gebieten sie die sogenannte Kappungsgrenze von bisher 20 auf 15 Prozent senken. Die Kappungsgrenze besagt, dass nach einer Mietpreissteigerung die Miete maximal 20 Prozent über dem Niveau von vor drei Jahren liegen darf.

Auch das Bodenrecht gibt Kommunen Einflussmöglichkeiten. Sie können für ausgewählte Zonen »Umwandlungsverbote« aussprechen. Damit lässt sich verhindern, dass Mietwohnungen in Eigentumswohnungen umgewandelt oder kleinere Wohnungen zu einem teuren Loft umgebaut werden.[194]

Das wichtigste wohnungspolitische Gestaltungspotenzial in Städten und Gemeinden liegt in deren Beteiligungen an Wohnungsunternehmen. Ein verantwortungsvoller Umgang mit Immobilien ist gerade dann zu beobachten, wenn die Unternehmensführung von der öffentlichen Hand oder den Bürgern selbst getragen wird. Hier gelingt am ehesten eine sozial- und umweltgerechte Sanierung. Faire Mieten gehören zum Markenzeichen von Wohnungsgesellschaften in öffentlicher Hand. Ökoroutine ist nur möglich, wenn sie als gerecht empfunden wird.

Der Bielefelder Klimabonus

Wie viele andere Städte hat sich auch Bielefeld zum Klimaschutz verpflichtet und eigene Klimaziele formuliert. Bei der Reduktion des CO_2-Ausstoßes geht es zwar auch hier nur mühsam voran. Den Gebäudebestand energiesparsam zu machen ist eine Mammutaufgabe. Immerhin wurden aber bisher schon 17 Prozent des gesamten Wohnungsbestands, rund 27 000 Wohneinheiten, energetisch optimiert.

Dass auch die Sozialbehörde einen Beitrag zur Energiesanierung leistet, ist ungewöhnlich. Doch so geschah es in der nordrhein-westfälischen Großstadt. Die Verantwortlichen im Bielefelder Sozialamt hatten schon länger die hohen Nebenkosten ihrer »Kunden« als Problem erkannt. Immerhin jeder zehnte Bürger der Stadt ist auf Sozialleistungen angewiesen. Die meisten einkommensarmen Haushalte leben in älteren Gebäuden, die extrem hohe Heizkosten verursachen und auch gesundheitsschädlich sind. Wohnungen in besserem Zustand konnten ALG-II-Empfänger jedoch nicht anmieten, weil die maximal übernommene Miete je Quadratmeter dann überschritten worden wäre. Ein Vermieter, der seine Immobilie energetisch saniert hatte, lief dadurch Gefahr, die Wohnungen nicht mehr vermieten zu können.

Die Bielefelder Wohnungsbaugesellschaft (BGW) drängte darauf, das durch die erhöhten Mietkosten entstehende Problem politisch zu lösen. Zudem wollte man die Sanierung des Gebäudebestandes kräftig vorantreiben. Schließlich konnten die beiden Herausforderungen zugleich angegangen werden – Klimaschutz und menschenwürdiges Wohnen.

Die Verantwortlichen aus Stadtverwaltung, Politik und BGW entwickelten daraufhin ein Konzept, das inzwischen als »Bielefelder Klimabonus« bekannt geworden ist. Die Sozialbehörden machen damit Öko zur Routine: Sie sind bereit, etwas höhere Mieten zu übernehmen, wenn bestimmte Kriterien für den Energieverbrauch erfüllt werden. Dadurch können Transferleistungsempfänger Wohnungen mit höherem Energiestandard beziehen – wodurch wiederum die Ausgaben für die Heizung sinken. Die höhere Miete wird durch die eingesparten Energiekosten kompensiert. Da der Staat bei den betroffenen Haushalten auch für die Heizkosten aufkommt, bleiben die Ausgaben unter dem Strich gleich.[195]

Die Sozialbehörde schrieb alle Leistungsempfänger an, deren Mietkosten über der Angemessenheitsgrenze lagen, und wies auf den Klimabonus hin. Bei Vorlage eines Energieausweises kann die Grenze nun neu festgelegt werden. In der Folge wurden Vermieter vermehrt nach Energieausweisen gefragt, was auch zu Rückfragen beim Hauseigentümer-Verband Haus und Grund führte, der seinen Klienten bis dahin geraten hatte, mit der Erstellung des Energieausweises noch abzuwarten. Dieser Effekt war durchaus gewollt. Die Bielefelder Stadtväterräte hatten beabsichtigt, Vermieter durch den Klimabonus stärker zur Gebäudesanierung zu motivieren. Als weiterer Sanierungstreiber wirkten die steigenden Energiepreise. Anfängliche Zweifel am Klimabonus – man befürchtete zusätzliche Kosten – haben sich zerstreut. Inzwischen haben andere Städte das Konzept übernommen.

Finanzielle Förderung

Ein anderer Lösungsansatz ergibt sich, wenn die Sanierungskosten zwischen Vermieter, Staat und Mieter aufgeteilt werden. Der Eigentümer des Gebäudes übernimmt dabei ein Drittel der Kosten, da dies den Instandhaltungskosten entspricht und der Gebäudewert entsprechend steigt. Ein weiteres Drittel der Sanierungskosten wird durch die staatliche Förderung getragen, gekoppelt an eine Energieberatung und die Einhaltung von Qualitätskriterien. Für den Mieter bleibt die Warmmiete gleich, denn die Mieterhöhung entspricht der erwarteten Senkung der Heizkosten.

Ein solches Modell bringt nach Einschätzung des Umweltverbandes BUND Vorteile für alle Beteiligten. Die jährliche Sanierungsrate würde dadurch auf 2 bis 2,5 Prozent steigen und Investitionen in Höhe von 30 bis 50 Milliarden Euro pro Jahr auslösen. Der Verband schließt sich der Forderung der Deutschen Energieagentur dena an und verlangt, die staatliche Förderung von derzeit 1,5 Milliarden Euro auf 5 Milliarden und längerfristig gar auf 10 Milliarden Euro pro Jahr zu erhöhen. Durch höhere Einnahmen bei Mehrwertsteuer und Gewerbesteuer sowie niedrigere Schadenskosten durch verringerte CO_2-Emissionen erhält der Staat diese Summe zurück, errechnen dena und BUND. Zugleich wird privates Kapital für die »Wärme-Energiewende« bei den Gebäuden aktiviert.[196]

Die Kosten des Fördermodells ließen sich noch weiter begrenzen, wenn man es auf bedürftige Haushalte fokussiert, beispielsweise auf Mehrfamilienhäuser. Da ein Großteil der einkommensarmen Haushalte in solchen Häusern lebt,[197] wäre das Programm relativ treffsicher.

Die Förderung müsste auch regional angepasst werden. Wie der Vergleich zwischen Hamburg und Oberhausen zeigt, sind es gerade die ärmeren Städte mit geringen Mietspiegeln, in denen energetische Sanierungsmaßnahmen selten wirtschaftlich rentabel sind. An die jeweilige regionale Situation angepasste Förderquoten könnten helfen, solche Unterschiede auszugleichen. Eine Möglichkeit hierfür ist, die Förderung an dem Ausgangsniveau der Nettokaltmiete auszurichten statt an den realen Investitionskosten. Das heißt, je geringer die Nettokaltmiete, umso höher die Förderung.[198] Damit würden insbesondere energetische Sanierungsmaßnahmen in Städten mit geringen Mietspiegeln unterstützt, etwa in Regionen mit schrumpfender Einwohnerzahl. Aber auch in wachsenden Städten mit hohen Mietspiegeln würde die Sanierung im sozialen Wohnungsbau und in anderen Gebäuden mit niedrigen Mieten gefördert.

Die ökofaire Wohnroutine

Die Energiekosten im Wohnungsbereich sind in den letzten Jahren im Schnitt deutlich stärker gestiegen als die Mietpreise. In Deutschland lag die Mietpreiserhöhung zuletzt bei durchschnittlich gut einem Prozent pro Jahr, die Verbraucherpreise für Erdgas, Heizöl, Strom und andere Wärmeenergieträger aber stiegen jährlich um sechs Prozent.[199] In Städten und Regionen mit vergleichsweise geringen Mietspiegeln sind die

Nebenkosten als »zweite Miete« längst Realität. Obwohl der Ölpreis auf den Weltmärkten rapide gesunken ist, sind deutlich niedrigere Verbraucherpreise für Öl und Gas auch in Zukunft kaum zu erwarten. Das verschärft die Probleme gerade für arme Menschen, die im Schnitt zwar sehr viel weniger Energie als wirtschaftlich besser gestellte Haushalte verbrauchen, gemessen am verfügbaren Einkommen aber einen wesentlich höheren Einkommensanteil dafür aufwenden müssen.

Klimaschutz und Gerechtigkeit sind keine Gegensätze. Vielmehr ist die Umsetzung des »Sanierungsfahrplans« sowohl aus sozialpolitischer als auch umweltpolitischer Sicht geboten. Nur wenn die Gebäudesanierung entschlossen vorangetrieben wird, lassen sich steigende Preise abfedern. Und nur so können Klimaschutzziele erreicht werden. Soziale Härten lassen sich mit den hier vorgestellten Konzepten vermeiden. Sie sind Teil der ökofairen Transformation und schaffen Akzeptanz für die Energiewende insgesamt.

Ökoroutine: Nichtbau

Die größten Einsparpotenziale bleiben kommunalpolitisch bislang aber völlig unbeachtet – nämlich die Begrenzung des Neubaus. Das klingt zunächst nach einer verrückten Idee. Tatsächlich aber ist der Vorschlag sehr plausibel, vor allem wenn man an die schrumpfenden Einwohnerzahlen vieler Städte denkt. In Essen beispielsweise lebten 1970 noch knapp 700 000 Menschen, im Jahr 2000 waren es nur noch 595 000, und heute leben gut 570 000 Menschen in der Zentralstadt des Ruhrgebiets.[200]

Vielen anderen Städten im Osten und Westen ergeht es ähnlich. Mitunter sind die Verluste moderater, aber nur wenige Kommunen wachsen. Zudem ergab die jüngste Volkszählung aus dem Jahr 2011, dass Deutschland insgesamt 1,5 Millionen weniger Einwohner hat, als man zuvor angenommen hatte. In mehr als einem Dutzend Städten leben demnach mindestens 10 000 Menschen weniger, als die Fortschreibung früherer Erhebungen hatte vermuten lassen. Städte, bei denen die Abweichung besonders groß war, darunter auch Hamburg und Berlin, weigerten sich, die Zensusergebnisse anzuerkennen – allerdings vergeblich.[201]

Durch die vielen Flüchtlinge, die seit 2015 nach Deutschland kommen, wächst die Zahl der Einwohner zwar derzeit. Doch das wird kaum

Raumwärmebedarf im Spannungsfeld von Wärmedämmung und Wohnflächennutzung

Raumwärmebedarf ist verstanden als Energieverbrauch für Raumheizung ohne Warmwasserbereitung

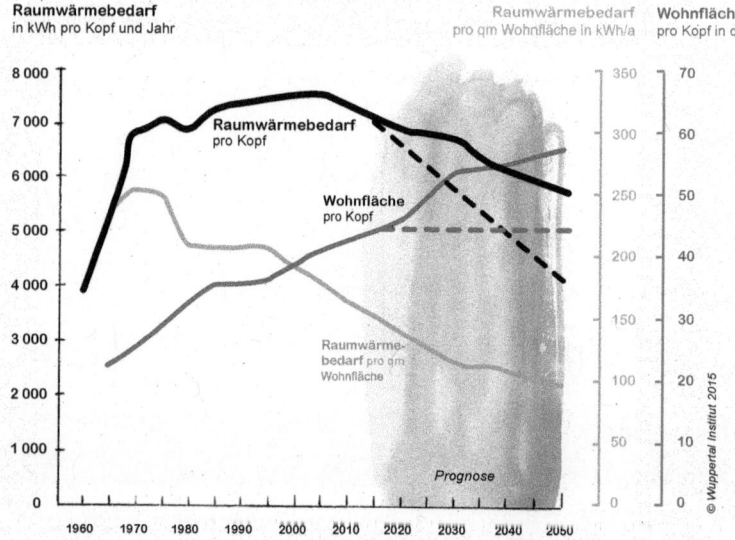

Abbildung 14 Bis zum Jahr 2005 kompensierte der Zuwachs an Wohnfläche, die zusätzlich beheizt wird, die Effizienzgewinne der Gebäudedämmung. Die gestrichelten Linien zeigen den zu erwartenden Effekt einer Begrenzung der Wohnfläche.[202]

Bestand haben: Viele Flüchtlinge werden wohl in ihre Heimatländer zurückkehren, sobald das wieder möglich ist. Angesichts einer konstant niedrigen Geburtenrate in Deutschland wird die Bevölkerungszahl – wie in den meisten reichen Industriestaaten – künftig allenfalls stagnieren. Der Zensus 2011 ergab aber nicht nur, dass man die Bevölkerungszahl der Bundesrepublik bislang überschätzt hatte. Heraus kam auch eine deutliche Unterschätzung des Gebäude- und Wohnungsbestands. Denn obwohl vielerorts die Einwohnerzahlen zurückgehen, entstehen Jahr für Jahr neue Siedlungen für Einfamilienhäuser und Gewerbebetriebe. Das hat Auswirkungen auf den Heizbedarf: Insgesamt steigt die beheizte Fläche in Wohn- und Nichtwohngebäuden jährlich weiterhin um ca. 0,6 Prozent.[203] Dieser Neubau ist der Versuch, die Schrumpfung und damit den Wegfall von Einnahmen durch die Einkommens- und Gewerbesteuer zu stoppen oder gar umzukehren.

Auch auf den Klimaschutz hat das Auswirkungen. Der beständige Neubau kompensiert die Einspareffekte der Gebäudesanierung. Durch die höheren Standards ging der Energieverbrauch pro Quadratmeter zwischen 1995 und 2005 bundesweit um gut neun Prozent zurück. Je Einwohner nahm der Raumwärmebedarf aber zunächst zu. Erst seit zehn Jahren ist er rückläufig. In der Gesamtbilanz könnten noch rund zehn Jahre verstreichen, bis wir das Verbrauchsniveau der 1980er-Jahre wieder erreicht haben.

Im Wesentlichen sind zwei Entwicklungen für den zunehmenden Wohnflächenbedarf verantwortlich: Erstens gibt es einen Trend zu kleineren Haushalten. Zweitens wächst der Wohnflächenkonsum älterer Ein- und Zwei-Personen-Haushalte, deren Kinder ausgezogen sind.[204] Käme es hingegen zu einer Stagnation der Wohnflächenentwicklung, wären die möglichen Einspareffekte beträchtlich. Hier setzt das »Flächenmoratorium« der Ökoroutine an.

Flächenmoratorium

Und so würde es aussehen: Der Bundesgesetzgeber deckelt den Flächenbedarf. Er setzt einen Ordnungsrahmen, der den Zubau neuer Wohnflächen begrenzt. Innerhalb des Rahmens kann kreativ verfahren werden. Für Kommunen mit Bevölkerungszuwachs ist eine Öffnung für zusätzliche Wohnflächen vorgesehen. Bei stagnierender Bevölkerung hingegen gibt das Moratorium bis auf Weiteres vor, dass die Wohn- und Gewerbefläche in Deutschland nicht zunimmt. Das würde Neubauten zwar nicht ausschließen, jedoch nur bei gleichzeitigem Abriss an selber oder anderer Stelle gestatten. In der Summe würde der Flächenbedarf nicht weiter steigen.

Diese Form der Ökoroutine ist zweifellos ein streitbares Postulat. Schlimmstenfalls wird Wohneigentum so teuer, dass nur Wohlhabende die frei werdenden Immobilien erwerben können. Doch wäre das tatsächlich so? Welche wirtschaftlichen und gesellschaftlichen Folgen sich aus einem Flächenmoratorium ergeben würden, wäre im Rahmen einer gesonderten Studie zu untersuchen. Doch einige Vorüberlegungen lassen sich auch ohne weitergehende Analyse anstellen.

Das Baugesetzbuch hat schon jetzt einen enormen Einfluss auf Gestalt, Struktur und Entwicklung der Städte und Gemeinden. Hier wäre der richtige Ort, um das Moratorium zu verankern. So behandelt der § 30 beispielsweise die »Zulässigkeit von Vorhaben im Geltungsbereich eines Bebauungsplans«, ein hier einzufügender vierter Absatz könnte lauten:»Die Aufstellung von Bebauungsplänen ist ausschließlich in Abänderung bereits vorhandener Pläne unter Fortbestand von deren räumlicher Abgrenzung zulässig.« Damit wäre klargestellt, dass bestehende Bebauungspläne zwar geändert werden dürfen, um den Lückenschluss in bebauten Gebieten sinnvoll zu planen, dass aber keine neuen Baugebiete hinzukommen dürfen.

Siedlungslimit in der Schweiz

Die Schweiz hat sich bereits eine Art Flächenmoratorium gegeben. Das Ziel ist, die Zersiedelung der Landschaft und den verschwenderischen Umgang mit Bodenfläche zu stoppen. Im Mai 2014 beschloss der Schweizerische Bundesrat diese Form der Ökoroutine. In einer Volksbefragung hatte die Mehrheit der Schweizer dem neuen Raumplanungsgesetz zuvor zugestimmt. Bauzonen sollen verkleinert und verdichtetes, effizienteres Bauen gefördert werden. Das Gesetz beinhaltet einen Baustopp in schützenswerten Landschaftslagen, um Bodenfläche und Natur zu erhalten. Zukünftig soll nur noch in besiedelten Gebieten gebaut werden.

Für die Kantone ergeben sich daraus zahlreiche Vorgaben, welche sie in ihren »Richtplänen« zu berücksichtigen haben. Sie müssen nachweisen, dass ihre Bauzonen dem voraussichtlichen Bedarf an neuen Gebäuden der nächsten fünfzehn Jahre entsprechen. Die Kantone sind angehalten, Bauzonen und Siedlungen möglichst kompakt zu entwickeln. Dörfer und Städte sollen nach innen weiterentwickelt werden, beispielsweise durch verdichtetes Bauen, das Schließen von Baulücken oder die Umnutzung von Brachen. Grundlage ist das Bestreben, den Verschleiß von Kulturland einzudämmen und hohe Kosten für die Erschließung mit Straßen, Strom und Wasser zu vermeiden.[205]

Das Raumplanungsgesetz der Schweiz zeigt, dass es bereits Ansätze gibt, die einem Flächenmoratorium nahekommen. Mit diesem kann man dem Anstieg der Pro-Kopf-Wohnfläche entgegenwirken und bereits gebauten Wohnraum effizienter nutzen. Auch in Deutschland wäre ein solcher Ansatz durchaus möglich und durchsetzbar. Damit ließen sich nicht nur die Zersiedelung der Landschaft und der verschwenderische Umgang mit Bodenfläche begrenzen. Man würde, wie das Schweizer Beispiel zeigt, außerdem enorme Kosten einsparen.

Anreize für effiziente Wohnraumnutzung

Jenseits solcher zentralen administrativen Ansätze können weitere Anreize zum sparsamen Flächenverbrauch geschaffen werden. Beispielsweise wäre es möglich, die Steuer beim Erwerb eines Grundstücks zu erlassen, wenn jemand in eine kleinere Wohnung umzieht und die größere verkauft. Denkbar wäre auch ein Bonus für ältere Paare, die ihr Häuschen zum Wohle größerer Familien verkaufen. Dieser Bonus ließe sich über Grund- oder Grunderwerbssteuer finanzieren. Das Interesse an solchen Offerten ist vorhanden: Einer repräsentativen Umfrage zufolge können sich mehr als zwei Drittel der Befragten den Umzug in eine kleinere Wohnung vorstellen, wenn sich die Zahl der Mitbewohner verringert.[206] Um diese Menschen zu erreichen, ist es zudem angebracht, attraktive Wohnformen zu fördern. Wenn zum Beispiel ältere Menschen ihr Haus verlassen, suchen sie Wohnungen ohne Barrieren. Zugleich soll genug Platz für den Besuch der Kinder und Enkel vorhanden sein. Beides scheint zunächst nicht kompatibel. Doch lässt sich dieser sehr verbreitete Anspruch recht einfach durch Gästezimmer erfüllen, welche mit den Nachbarn gemeinsam genutzt werden. In Städten mit knappem Wohnraum gibt es schon heute vereinzelt solche Ansätze.

Schlaglicht: *Umzugsprämien. Berlin – staatlich finanzierte Umzugsprämien sollen alte Menschen dazu bewegen, Platz für junge Familien zu machen. Das hat der Chef der Gewerkschaft IG Bau, Robert Feiger, vorgeschlagen. Den Zuschuss von bis zu 5 000 Euro sollen Senioren erhalten, wenn sie ihre große Wohnung aufgeben und in eine kleinere ziehen. Solche Prämien werden bereits erprobt. Mit dem Anreizsystem würde man nicht nur Wohnungssuchenden, sondern auch den alten Menschen helfen, ist der Gewerkschaftschef überzeugt. »Zwingen wollen und können wir natürlich niemanden. In der Realität sieht es aber doch so aus, dass Senioren oftmals nicht mehr die Wohnung verlassen, weil sie die Treppen nicht steigen können. Sie würden gern in ein Haus mit Fahrstuhl umziehen«, sagte Feiger. Eine kleinere Wohnung sei kein Hindernis. Für den Staat rentiere es sich, wenn zum Beispiel ein Rentner in eine altersgerechte Wohnung statt in eine Einrichtung für betreutes Wohnen zieht. Hier zahle der Staat deutlich mehr drauf, erklärte der IG-Bau-Vorsitzende. Nach seinen Vorstellungen soll die Umzugsprämie vor allem bedürftigen alten Menschen zugutekommen. [...] 2014 hatten die landeseigenen Wohnungsunternehmen in Berlin und Brandenburg ein Prämienmodell eingeführt. Damit der Umzug in eine kleinere Wohnung die Mieter nicht finanziell überfordert, zahlen die jeweiligen Gesellschaften Umzugsprämien von bis zu 2 500 Euro. Bis September 2014 zählten sie 105 Fälle, in denen Wohnungen getauscht wurden.*[207]

Wohnen im Alter: Die berühmteste WG Deutschlands

Mit zunehmendem Alter verlassen Senioren ihre Wohnung nur noch für wenige Stunden. Über 50 Prozent gaben in einer repräsentativen Befragung an, nur maximal vier Stunden am Tag außerhäuslich zu verbringen.[208] Wer auch in der Wohnung auf Rollator oder Rollstuhl angewiesen ist, braucht viel Platz, u. a. auch im Badezimmer. Wohnberater empfehlen daher Wohnungsgrößen von 40 Quadratmetern für Ein-Personen-Haushalte beziehungsweise 60 Quadratmeter für Paare. Nur zwei Prozent der 60- bis 85-Jährigen begnügen sich tatsächlich mit 40 Quadratmetern, 45 Prozent verfügen über eine Bleibe mit 100 Quadratmetern und mehr.

Eine übergroße Wohnung kann für Senioren jedoch eine Belastung sein. Saugen, Staubwischen und Aufräumen fallen mit zunehmenden körperlichen Einschränkungen schwerer. Es überrascht nicht, dass jeder fünfte Befragte seine Wohnung als zu groß empfindet. Fast ein Drittel der Älteren fühlt sich mit der Größe seines Wohneigentums überfordert.[209] Diese Gruppe würde vermutlich auch über Alternativen nachdenken, wenn es attraktive Angebote gäbe – so wie beispielsweise die WG von Henning Scherf.

Henning Scherf war über viele Jahre Bremens Oberbürgermeister. Schon seit Ende der 1980er-Jahre lebt er zusammen mit seiner Frau in einer Mehrgenerationen-WG. Die Kinder sahen ihre Eltern als »postpubertäre Romantiker«, doch für die Scherfs hat diese Lebensform Modellcharakter in einer ständig älter werdenden Gesellschaft. Zu acht leben sie in einer Villa in der Bremer Innenstadt, Ältere und Jüngere. Die Älteren können von der Leistungsfähigkeit der Jüngeren profitieren und diese wiederum von Erfahrungen und Zeitproviant der Älteren.[210]

Inzwischen gibt es zahlreiche Bücher über »Wohnalternativen für die zweite Lebenshälfte«.[211] Sie betonen die Lebensqualität und Teilhabe im Alter und befassen sich weniger mit dem medizinisch-technischen Aspekt von Pflege.[212] Zur Auswahl stehen Wohn- und Hausgemeinschaften, Mehrgenerationen- und Frauenprojekte. Alle Wohnformen bieten insbesondere alleinstehenden oder verwitweten Männern und Frauen die Möglichkeit, der drohenden Isolation zu entfliehen und »mitten im Leben« zu bleiben.[213]

Statt ausdauernd den Pflegenotstand zu beklagen, scheint die systematische Förderung alternativer Wohnformen angemessen, etwa mit besonderen Förderprogrammen der KfW, welche über das Modellstadium hinausgehen. Viele faszinierende Ansätze fristen ein Nischendasein, weil die Transformation unserer Altenwohnkultur kaum unterstützt wird. So auch das Konzept »Wohnen für Hilfe«: Hier erhalten die Vermieter keine Euros, sondern Hilfeleistungen. Senioren stellen beispielsweise Studenten ein Zimmer in ihrem Haus zur Verfügung und erhalten dafür Hilfe im Haushalt, bei der Gartenarbeit und beim Einkaufen. Und sie erhalten Gesellschaft.[214]

Ökoroutine bei der Wogeno München

In München gibt es bereits Anreize, mit Wohnraum verantwortungsvoll umzugehen. Die Wohnungsknappheit in der Region resultiert schließlich nicht nur aus dem anhaltenden Zuzug, sondern auch aus dem zunehmenden Platzbedarf des Einzelnen. Dem begegnet die Wohnungsgenossenschaft Wogeno mit flexiblen Wohnungen. Diese sind an sich vergleichsweise klein, werden aber durch Gemeinschaftsbereiche ergänzt. Im Keller gibt es ein Spielzimmer; Freunde, ausgezogene Kinder oder Enkel können im hauseigenen Gästeappartement übernachten, und das Maleratelier lässt sich auch für Geburtstagsfeiern nutzen. Die Wogeno bietet zudem ein Tauschprogramm für Wohnungen an, etwa für die verwitwete Seniorin, für die sich der Umzug in eine kleinere Wohnung nicht lohnt – diese wäre mit einem neuen Mietvertrag oft ähnlich teuer wie die große alte.[215]

Arbeiten & Wohnen in der Gemeinschaft: Die Kalkbreite Zürich

Wer in beliebten Städten wie München, Hamburg, Göttingen oder Heidelberg leben möchte, muss inzwischen einen beträchtlichen Teil seines Gehalts für die Miete aufwenden. Viele Faktoren haben zu dieser Entwicklung beigetragen. Verantwortlich sind aber auch die Stadtväter selbst. Attraktive Grundstücke verkaufen sie an den meistbietenden Investor und heizen damit den Anstieg der Preise insgesamt an. In populären Städten kann man beobachten, wie Luxusimmobilien für Superreiche entstehen, deren Preise die Vorstellungskraft eines Normalverdieners sprengen. Das ist übrigens mitnichten ein Phänomen allein in den urbanen Magnetpolen. In Städten wie Osnabrück oder Augsburg schlagen zwar nicht die Milliardäre aus China ihre Zelte auf. Doch auch hier finden sich, entgegen allen städtebaulichen Postulaten für mehr soziale Gerechtigkeit, Wegbereiter für die Spaltung der Gesellschaft in Arme und Reiche. Es ist die vornehme Pflicht der Stadtväter, bei der Vermarktung von Grundstücken auch Menschen mit kleinem Portemonnaie Chancen zu bieten.

Genossenschaftliche Wohnformen können das ermöglichen. Davon profitieren die Wohnungssuchenden beispielsweise in Wien und Zürich: Bei den Eidgenossen befindet sich jede fünfte Wohnung in Gemeinschaftsbesitz.[216] So auch die Kalkbreite in Zürich. Auf einem mehr oder weniger brachliegenden Tramgelände an der Kalkbreitestraße entstand Raum für gemeinschaftliches Wohnen und Arbeiten sowie verschiedene Lebensmodelle. Eines der Ziele war, den Flächenverbrauch pro Person auf das Notwendigste zu verringern. Im Ergebnis beanspruchen die Bewohner jeweils maximal 35 Quadratmeter, inklusive gemeinschaftlich genutzter Fläche. Ökoroutine hat dort also bewirkt, dass jeder Bewohner zehn bis 15 Quadratmeter weniger Fläche nutzt als in heutigen Neubauten üblich. Für die Wohnungen gibt es eine Mindestbelegung.

Es gibt Familienwohnungen, kleinere Wohngemeinschaften und Gemeinschaftsräume, um etwa zu kochen, Büroarbeiten zu erledigen, zu waschen oder zu werkeln. Schon etwas exotisch klingt es, wenn von Clustergruppierung und Großhaushalten die Rede ist. »Cluster« bestehen aus autonomen Kleinwohnungen mit Gemeinschaftsraum. In Großhaushalten verbinden sich mehrere Individualwohnungen, in denen sich jeweils etwa 50 Bewohner gemeinsam die Infrastruktur teilen, also Küche, Ess- und Aufenthaltsraum und Ähnliches. Die Bewohner verfügen über einen Raum für gemeinsame Feste, Turniere und sonstige Unternehmungen. An den gemeinsamen Abendessen können natürlich auch Gäste von außerhalb teilnehmen.

Nicht nur beim Flächenbedarf ist die Kalkbreite vorbildlich. Regenerative Energieversorgung, ressourcenschonende Bauweisen und ein nachhaltiges Mobilitätskonzept machen das Projekt zukunftsfähig. Die Bewohner erhalten Hilfe beim Energiesparen und haben sich dazu verpflichtet, kein eigenes Auto zu besitzen. So konnten die Kosten für den Bau von Parkplätzen eingespart werden. Die gute Lage sorgt für eine optimale Anbindung an die öffentlichen Verkehrsmittel. Selbstverständlich sind große Fahrradparkplätze und Velo-Verleihstationen vorhanden.

Solche Projekte im Kleinen oder Großen nachzuahmen obliegt den Städten und Gemeinden in Deutschland. Eine zentrale Verordnung für einen gemeinwohlorientierten Städtebau wird es in absehbarer Zeit kaum geben. Die Hoffnung ist, dass unsere kommunalen Mandatsträger den blinden Wettbewerb um Einwohnerzahlen beenden, sich vom verschwenderischen Ressourcenverbrauch durch neue Einfamilienhaussiedlungen verabschieden und den Mut finden, ökofaire Ideen auf den Weg zu bringen. Eine absolute Begrenzung des Flächenverbrauchs für Wohnen und Gewerbe würde diesen kommunalen Transformationsprozess hin zur Nachhaltigkeit begünstigen.

Umnutzung: Wohnen im Parkhaus

Parkhäuser sind die unwirtlichsten Orte der Innenstadt. Von innen betrachtet, strahlen sie eine unheilvolle Atmosphäre aus. Von außen erstickt die Kulisse jedweden Anflug urbanen Lebens. Zugleich erinnern sie uns täglich an den Albtraum der autogerechten Stadt. Mit dem eigenen Wagen bis ins Kaufhaus zu fahren, das ist zwar praktisch, steht aber der Sehnsucht nach Ruhe, Vielfalt, Flanieren und Ästhetik entgegen.

Nicht selten scheitert die Erweiterung einer Fußgängerzone daran, dass die Zufahrt zu einer Hochgarage befahrbar gehalten werden muss. Können solche Projekte erst realisiert werden, wenn das Parkhaus vom Zerfall bedroht sind und abgerissen wird? Keineswegs. Es ist sogar möglich, Parkhäuser umzubauen, wie etwa in Münster. Im alten Parkhaus Stubengassen parken heute nur noch Fahrräder. Zudem befindet sich nun ein Möbelhaus in der unteren Etage, Büros und zahlreiche Wohnungen entstanden in den oberen Geschossen. Die Parkhaus-Metamorphose zeigt: Die Rückgewinnung von Stadtraum ist möglich. So werden unsere Städte attraktiver und lebenswert.

Umnutzung: Vertical Village

In vielen Städten stehen zudem viele Büroimmobilien leer, die keiner mehr haben will. Ein Umbau könnte helfen, dort dringend benötigte Wohnungen zu schaffen. In Frankfurt wurde – nach jahrelangem Leerstand – ein 14-stöckiger Büroklotz komplett umgebaut und in knapp hundert Wohnungen aufgeteilt. Perspektivisch ergäbe sich so ein enormer Spielraum: In ganz Frankfurt gibt es fast 1,5 Millionen Quadratmeter Büroleerstand, rechnerisch die Fläche von fast 20 000 Wohnungen à 75 Quadratmetern.[217] In München sind es 880 000 Quadratmeter, und Hamburg hat knapp 800 000 Quadratmeter leere Büros zu bieten.[218]

Spezielle Förderprogramme können helfen, diese Potenziale zu nutzen. Dabei ist zu berücksichtigen, dass spekulative Bürobauten nun mit Fördergeldern umgewidmet werden, auch zugunsten der früheren Bauherren. Besonders attraktiv würden solche Programme durch eine bundesweite Grenze für neue Wohnflächen.

Erste Ansätze zur Umnutzung gibt es bereits. Die Christoph-Gröner-Gruppe zählt nach eigenen Angaben zu den bundesweit führenden Projektentwicklern im Wohnungsbau. Ihre Kunden sind institutionelle Anleger. In zwölf deutschen Großstädten möchte Gröner überflüssige Bürohochhäuser in Wohntürme für moderne Städter umbauen. Ein Neubau erübrigt sich dadurch. Geplant sind allerdings keine großräumigen Luxusapartments, sondern Ökoroutine. Die durchschnittliche Wohnfläche soll für Zwei-Zimmer-Wohnungen zwischen 45 und höchstens 65 Quadratmetern liegen. Doch das Ganze wäre kein »Metropolen-Lifestyle-Konzept«, bliebe es dabei: Zum einen sind die Wohnungen mit cleveren Lösungen teilmöbliert: Garderobe, Schlafzimmerschrank und komplette Küche werden bereits vorhanden sein. Weitere Konzeptbausteine können sich die Mieter dazubuchen. Zum anderen sollen die vormals unwirtlichen Bürotürme viel Platz für Service- und Freizeiteinrichtungen bieten. Es wird Fitnessbereiche geben, Läden, Sky-Lounge, Restaurant, Café und auch Gästezimmer. All dies sind Orte der Begegnung. Sie sollen verhindern, dass die Bewohner in einer »Wohnmaschine« aneinander vorbeileben und niemand merkt, wenn sich jemand nicht mehr rührt. Darüber hinaus sind gemeinschaftliche Arbeitsplätze geplant, die man bei Bedarf nutzen kann. Das gilt zugleich für die komplett eingerichtete Gemeinschaftsküche. Dort können die Bewohner zusammen kochen und kleine Feierlichkeiten mit Freunden und Familie begehen. Kurzum: Die »Vertical Village« soll alles bieten, was ein Dorf oder – um es urbaner auszudrücken – eine Wohngemeinschaft zu bieten hat.[219]

Auch der Gesetzgeber kann bei solchen Umbaumaßnahmen helfen, denn die Wohnungsnutzung ist nur in bestimmten Gebieten bauplanungsrechtlich zulässig. Daher lässt sich nicht jede Büroimmobilie in ein Wohnhaus verwandeln. Hinderlich sind im Einzelfall: das Abstandsflächenrecht, die Frage der Pkw-Stellplätze, die Freiflächengestaltung, zugelassene Nutzungsdichte oder der sogenannte Trennungsgrundsatz. Dieser verhindert für bestimmte Gebiete Kleingewerbe oder Eckläden.[220] Hier kommt die kommunale Baunutzungsverordnung ins Spiel. Was geht, machen etwa die Hessen vor: Frankfurt-Niederrad bewerkstelligt mit stadtplanerischer Geduld und viel Geschick den langsamen Wandel seiner Bürostadt. Mehr als 700 Wohnungen wurden bislang in ehemaligen Bürotürmen geschaffen, und 3 000 weitere sollen folgen. Die Stadtväter sorgen zugleich dafür, dass sich Einzelhändler im Quartier ansiedeln können und beispielsweise ein Kindergarten entsteht.

Das Postulat als Provokation

Ökoroutine in Form einer absoluten Begrenzung des Flächenverbrauchs – ob mit einem eigenen Moratoriumsgesetz oder einem Paragrafen im Baurecht, ob mit oder ohne einen Zertifikatehandel – ist grundsätzlich geeignet, den Wettbewerb zwischen Kommunen in zukunftsfähige Bahnen zu lenken. Sind Anreize vorhanden, werden sich die Kommunen um kooperative Entwicklungsstrategien bemühen. Die interkommunale Zusammenarbeit würde deutlich an Bedeutung gewinnen. Schon heute werden mitunter Gewerbegebiete gemeinschaftlich betrieben, Ähnliches könnte man auf den Wohnbau übertragen: Städte mit wachsender Bevölkerung schaffen zusätzlichen Wohnraum, schrumpfende nicht. Ein gutes Beispiel für interkommunale Zusammenarbeit geben die drei direkt benachbarten Städte Friedrichshafen, Ravensburg und Weingarten, die sich im Jahr 2000 für ein gemeinsames Oberzentrum entschieden haben. Per Vertrag vereinbarten sie, eng zusammenzuarbeiten und sich gegenseitig weder öffentliche Einrichtungen noch Firmen abzuwerben.

Zugegeben, der Vorschlag eines Flächenmoratoriums klingt radikal. Das Postulat ist eine Provokation. Doch nicht wenige denken bereits in dieselbe Richtung. Mit der Alternative »Nicht bauen statt neu bauen« befasst sich beispielsweise der ehemalige Architekturverleger Daniel Fuhrhop in seinem Blog »Verbietet das Bauen«. Neu zu bauen ist seiner Meinung nach oft mit Verschwendung und Prestigesucht verbunden, immer teuer und oft unwirtschaftlich. Zudem schadet es der Umwelt und fördert die soziale Spaltung unserer Städte. In seinem Buch zum Blog beschreibt Fuhrhop mit vielen Beispielen, wie wir unsere vorhandenen Häuser anders und besser nutzen können.[221]

Die bisherige Bauroutine bei gleichzeitig steigenden Wohnflächen je Einwohner kritisiert auch der Journalist Hanno Rauterberg mit dem bissigen Hinweis, diese sei in Hamburg eine Luxusnot. Die meisten Bewohner der Hansestadt leben auf mehr Quadratmetern denn je. Vor allem die Singles – mehr als 50 Prozent aller Haushalte – machen das

Wohnen rar und teuer. Würde sich nur jeder Zehnte dazu entschließen, aus seinem Einzel- ein Doppelleben zu machen, stünden plötzlich über 40 000 Wohnungen frei.[222] Eine Kampagne dafür gibt es bisher nicht und auch kein Bewusstsein. Kluge Wohnungspolitik wirbt für die Wohngemeinschaft und lockt mit attraktiven Angeboten. Großstadtsingles finden Anschluss, Abwechslung und Austausch.

Inzwischen gibt es auch zahlreiche Architekten, die sich für weniger Bauen aussprechen. Deutschlands erster Suffizienzkongress für Architekten fand im Frühjahr 2014 statt. Motto: »Besser, anders, weniger: dauerhafte Qualität statt zweifelhafter Quantität«. Kreative Planer stellten bei dem Treffen realisierte Projekte vor und machten deutlich, dass Ökoroutine möglich und Neubau allenfalls eine Notlösung ist.[223]

Kapitel 6

Strom

Achtsame Konsumentscheidungen zu treffen ist im Lebensalltag nicht immer leicht. So etwa in dieser Situation: Ein umsichtiger Bürger entscheidet sich beim Kauf eines neuen Kühlschranks für die höchste Effizienzklasse – zweifellos eine umsichtige Entscheidung. Das Kühlgerät ist auch kaum größer als das alte. Bescheidenheit geht vor. Doch dann macht der Verkäufer den Kunden auf eine komfortable technische Neuerung aufmerksam. In »BioFresh«-Kühlschränken, die mit einzeln kühlbaren Fächern ausgestattet sind, behalten Obst und Gemüse, Fleisch, Fisch und Milchprodukte laut Hersteller ihre gesunden Vitamine, ihr delikates Aroma und ihr appetitliches Aussehen sehr viel länger als üblich. Die Argumente überzeugen den Kunden. Alsbald steht das vermeintliche Ökogerät in seiner Küche. Doch seine Stromrechnung wird dennoch nicht sinken, denn die tolle neue Frischetechnologie braucht deutlich mehr Strom. Schließlich werden statt sechs oder acht Grad Kühlung nun bis zu null Grad vorgehalten. Gut möglich, dass das Neugerät trotz höchster Effizienzklasse ähnliche Verbrauchswerte aufweist wie das ausrangierte Modell – dank der zusätzlichen Biofrostfachfunktion.

Um den eigenen Stromverbrauch nicht nur relativ, sondern auch absolut zu senken, genügt es nicht, beim Neukauf auf die Effizienzklassen zu achten, die inzwischen immerhin bei den meisten elektrischen Geräten angegeben werden. Darüber hinaus geht es auch um die schiere Größe. Wenn ein Kühlschrank der höchsten Effizienzklasse so groß ist wie der Kleiderschrank, kann man allenfalls von effizienter Verschwendung sprechen. Das Gerät mag dann zwar pro Liter Innenvolumen weniger Strom benötigen als ein weniger effizientes Gerät. Da das Volumen aber insgesamt größer ist, sinkt der Stromverbrauch aber trotzdem nicht.

Abbildung 15 Das Expansionsparadoxon. Aus zunehmender Bildschirmdiagonale resultiert vergrößerter Sitzabstand – laut Herstellerempfehlung. Die empfundene Größe des Fernsehbildes bleibt dabei gleich.

Dasselbe gilt für Fernseher. Auch sie werden – pro Quadratzentimeter Bildfläche – zunehmend sparsamer. Doch absolut ergibt sich keine Einsparung, weil die Geräte immer größer werden. Heute sind Fernseher so groß, dass die Zuschauer den empfohlenen Sitzabstand kaum noch einhalten können. Nur riesige Wohnzimmer werden dem gerecht: Das Gerät wird dann auf der anderen Raumseite postiert, gegenüber von der Sofaecke. Niemandem scheint das Größenparadox aufzufallen. Aus zunehmender Bildschirmdiagonale resultiert vergrößerter Sitzabstand – laut Herstellerempfehlung. Die empfundene Größe des Fernsehbildes bleibt dabei aber gleich.

Auch jenseits der Wohnung verursachen die heutigen Fernseher mit hochauflösendem Bild einen immensen Stromverbrauch: Je besser die Bildqualität, desto größer sind die Datenmengen, die auf den Serverfarmen bereitzustellen sind. Expansion kompensiert Effizienz auch, wenn die Haushalte nach und nach zusätzliche Geräte anschaffen, die Strom verbrauchen: digitale Bilderrahmen, WLAN-Router, schnurlose Telefone, Zweit- und Drittfernseher oder Heizdecken. Eine Playstation –

letztlich ein Computer in klein – verbraucht zwar viel weniger Strom als ein alter PC, dafür gibt es inzwischen Millionen Playstations in den Wohnstuben. Seit Jahrzehnten nimmt unser Haushaltsstromverbrauch zu – trotz aller Spartechnologie. Erst seit Kurzem scheint eine Trendumkehr in Sicht, die womöglich das Resultat der Ökodesignrichtlinie ist (s. u.).

Zu expansiven Verhaltensweisen kommt es überall – häufig ganz unbeabsichtigt. Wer beispielsweise zu einem Ökostromanbieter wechselt, lässt die Sparlampe dann oft länger angeschaltet und achtet überhaupt weniger aufs Sparen. Experten nennen das »Moral-Hazard-Effekt«. Eine besonders umweltfreundliche Entscheidung verschafft uns ein gutes Gewissen und führt uns damit moralisch in die Versuchung, mit Strom großzügiger umzugehen – weil man das Gefühl hat, längst etwas Gutes getan und damit sein »Soll« schon erfüllt zu haben.

Der Wenigereffekt

Den heimischen Stromverbrauch absolut und dauerhaft zu senken – das ist also wirklich eine harte Nuss. Möglich ist es dennoch. Das zeigen beispielsweise Messungen bei 63 Ein-Personen-Haushalten in Frankfurt. Obwohl die Wohnungen vergleichbar waren, gab es gravierende Unterschiede im tatsächlichen Stromverbrauch. Während einige Bewohner mit 800 Kilowattstunden im Jahr auskamen, benötigten andere mehr als 3 000 Kilowattstunden – also fast das Vierfache.[224] Das kann viele Gründe haben. Der wichtigste ist sicherlich, dass die »Verschwender« die klassischen Energiespartipps nicht beachten. Möglicherweise betreiben einige auch ein Aquarium, schlafen im Wasserbett oder benutzen elektrische Heizlüfter – allesamt Geräte mit einem hohen Stromverbrauch.

Um die strategischen Ansatzpunkte im Sinne der Ökoroutine zu ermitteln, stellen wir uns Herrn und Frau Frost beim Elektrohändler vor – also in der Anschaffungsphase für einen neuen Kühlschrank. Beide beschließen, auf mehr Größe, Komfort und Leistungsstärke zu verzichten. Das Biofrostfach klingt interessant, bleibt aber außen vor. Frau Frost erklärt, da jetzt die Kinder ausgezogen sind, sei ein großes Gerät eigentlich gar nicht mehr vonnöten. Das wäre der Idealfall einer umsichtigen Kaufentscheidung. Daheim beginnt dann die Nutzungsphase. Herr Frost

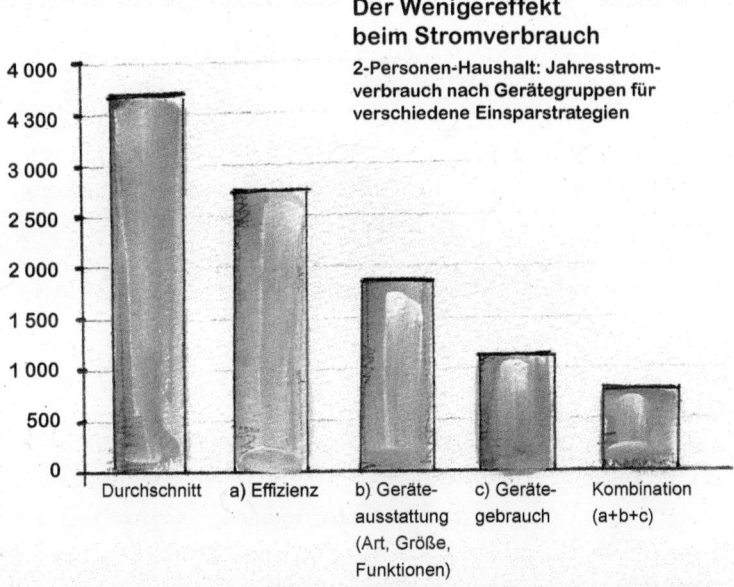

Abbildung 16 Beispiel eines Zwei-Personen-Haushalts mit durchschnittlichem Jahresstromverbrauch (mit elektrischer Warmwasserbereitung): Effiziente Geräte (a), die womöglich sogar kleiner sind (b) und womöglich auch noch besonders sparsam genutzt werden (c), führen im Ergebnis zu einer kräftigen Verbrauchsreduktion.[225]

stellt das Gerät am kühlsten Ort der Küche auf und sorgt dafür, dass die Luft an der Rückwand gut zirkulieren kann. Das spart Strom im Betrieb. Die gewünschte Kühlschranktemperatur stellen Herr und Frau Frost auf acht Grad. Das ist zwar etwas wärmer, als etwa auf der Milchtüte empfohlen wird, reicht aber aus.

Wenn das Paar bei den anderen Geräten im Haushalt ähnlich verfährt, verringert es seinen Stromverbrauch Schritt für Schritt um bis zu achtzig Prozent, und das ohne nennenswerte Komforteinbußen. Das bestätigt die Studie »Energiesuffizienz« des Instituts für Energie- und Umweltforschung Heidelberg (Ifeu). Die Berechnungen für einen durchschnittlichen Zwei-Personen-Haushalt mit einem Jahresstromverbrauch in Höhe von 3 670 Kilowattstunden zeigen, dass sich der Verbrauch auf 800 Kilowattstunden verringern lässt. Rund ein Viertel spart der Haushalt durch die vollständige Ausstattung mit den derzeit effizientesten Geräten. Suffizienzentscheidungen bei der Geräteausstattung – also der Kauf möglichst kleiner Geräte – bringen weitere 25 Prozent. Und die achtsame Nutzung der Geräte schließlich ist der Clou.[226] Denn selbst beim sparsamsten Gerät lässt sich der Verbrauch noch weiter mindern, etwa durch den Aufstellort des Kühlschranks und dessen Temperatur oder die Zeit vor dem Fernseher. Die Kombination aus Effizienz, Genügsamkeit bei Größe, Leistung und Komfort und achtsamem Umgang mit den Geräten bringt eine sagenhafte Ersparnis von 80 Prozent gegenüber einem Durchschnittshaushalt.

Ökoroutine: Verbrauchsziele statt Sparziele

Das sind fantastische Aussichten. Doch wie kommen wir dorthin? In der Realität entscheiden sich die meisten Kunden schließlich noch längst nicht für das effizienteste Gerät, wenn der Neukauf ansteht, von einer Größenanpassung ganz zu schweigen. Erfreulicherweise hat sich Europa aber bereits auf den Weg gemacht, und zwar mit der sogenannten Ökodesignrichtlinie. Sie ist von unschätzbarem Wert für die Verbreitung von effizienten Technologien und entspricht der Logik der Ökoroutine.

Aus der Richtlinie gingen bisher diverse Verordnungen hervor. Mitunter wurden sie gar nicht wahrgenommen, etwa die Stand-by-Verordnung, die endlich beendet hat, was den Effizienzpolitikern schon lange auf den Nägeln brannte, denn Fernseher, HiFi-Anlagen, Radiowecker und dergleichen hatten nicht selten Leerlaufverluste von 40 Watt und mehr. Jahrelang hat man an die Kunden appelliert, beim Kauf auf diese Form der versteckten Verschwendung zu achten. Doch im Geschäft kalkulierten nur wenige die Kosten über eine Nutzungsdauer von zehn Jahren. Wichtiger war beim Fernseher die Größe und Auflösung des Bildes. Nun müssen sich die Bürgerinnen und Bürger darum nicht mehr kümmern: Egal, für welches Gerät sie sich entscheiden, es zieht maximal ein halbes Watt. Das ist fast nichts.

In der gleichen Form geht der Gesetzgeber für Dutzende Produkte vor und nimmt die Produzenten in die Pflicht, anstatt sich in wirkungslosen Beschwörungsformeln über strategischen Konsum zu ergehen.

Kühl- und Gefrierschränke – meist die größten Verbraucher im Haushalt – mit den Effizienzklassen A, B und schlechter gibt es bereits seit Juli 2012 nicht mehr im Handel. Die viel gerühmte Faktor-4-Pumpe für die Zirkulation des Heizungswassers spart im Jahr locker 600 Kilowattstunden und wurde dennoch nur von ambitionierten Handwerkern empfohlen. Nun ist die Spitzentechnologie Standard, und weder Handwerker noch Bauherren müssen sich darüber den Kopf zerbrechen. Das Feld wird sozusagen von unten aufgeräumt. Schrittweise machen wir so A^{+++} zum Standard für alle und Öko zur Routine.

Aus derselben Richtlinie ging auch die Sparlampenverordnung hervor. Zunächst löste sie einen Proteststurm aus. Es gab sogar einen Kinofilm namens »Bulb Fiction – Die Lüge von der Energiesparlampe«. Darin wird der kleine Max krank; schuld ist die Energiesparlampe. Der Film unterstellte eine Verschwörung der Leuchtmittelindustrie, die mit den neuen Lampen nur mehr Profit machen will. Zielgruppe: der verärgerte Bürger. Das war möglich, weil viele Geschichten kursierten, die noch aus den Anfangszeiten stammten und breite Verunsicherung hervorgerufen hatten. Beispielsweise war die Rede vom vermeintlich hohen Energieverbrauch in der Startphase. Das ist seit den 2000er-Jahren längst Vergangenheit, aber immer noch mental verankert.

Nichtsdestotrotz verzogen sich die Protestwolken rasch. Zum einen lernten die Konsumenten schnell, dass verschiedene Farbtemperaturen zur Auswahl stehen und auch Sparlampen gemütliches Licht verbreiten können. Zum anderen dynamisierte die Verordnung innovative Entwicklungen. In der Folge setzte sich die LED-Technologie rasch durch. Natürlich profitierte davon die Industrie, doch auch die muss man gelegentlich zum Jagen tragen.

Aufsehen zog auch die Ökodesignverordnung für Staubsauger auf sich.[227] Sie bestimmt sogar eine Verbrauchsobergrenze und macht eine Mindesteffizienzvorgabe für den erlaubten Energieverbrauch in Abhängigkeit von der Staubaufnahme. Seit September 2014 sind nur noch Sauger mit einer Nennleistungsaufnahme unter 1600 Watt im Handel, ab 2017 sinkt diese Vorgabe auf 900 Watt. Erstmals gibt eine Verordnung damit Sparziele statt nur Verbrauchsziele vor. Das ist wegweisend und macht Öko zur Routine. Bei Kühlgeräten ließe sich ähnlich verfahren, um die Größenexpansion zu begrenzen. Zugleich haben die Experten erstmals die Haltbarkeit des Produkts bedacht. So muss etwa der Schlauch des Staubsaugers nach 40000 Schwenkungen noch belastbar sein und der Motor mindestens 500 Betriebsstunden halten (s. »Haltbarkeitskriterien der Ökodesignrichtlinien« S. 169). Ein Label informiert nun über Energieeffizienz, Verbrauch, Saugkraft und Lautstärke.

Kaum trat die Verordnung für Sauger in Kraft, waren diverse Modelle zu haben, die weniger als 900 Watt benötigten. Der Unternehmenssprecher von Hoover verkündete, das neue Modell »Hurricane« werde nur noch 700 Watt haben. Man habe den Motor geändert, die Düse und den Luftstrom, sodass die Saugkraft genauso gut ist wie bisher. Die Unternehmen weckten den Eindruck, als hätten sie auf die Vorgabe nur gewartet. Denn naheliegend war die Befürchtung, dass sich Geräte mit weniger Watt, also weniger »Leistung«, schlechter verkaufen lassen. Wer gibt sich schon gern mit weniger zufrieden, wenn für das gleiche Geld mehr zu haben ist? Ein Label hätte da wenig bewirkt. Das zeigen die Erfahrungen bei der Auszeichnung eines lärmarmen und kraftstoffsparenden Autoreifens mit Blauem Umweltengel Ende der 1990er-Jahre. Tatsächlich verkaufte sich die Spritsparversion mit dem Engel eher schlechter als vorher.

Durch die Vorgaben der Ökodesignrichtlinie lassen sich ab 2020 jährlich bis zu 280 Euro pro Haushalt einsparen, schätzt der Verbraucherschutz.[228] Rund 200 Euro entfallen auf Einsparungen bei Wärme und Warmwasser und 80 auf strombetriebene Elektro- und Elektronikgeräte. Mögliche Mehrkosten in der Anschaffung sind dabei bereits abgezogen.

Bisher erstreckt sich die Ökodesignrichtlinie auf 50 Produktgruppen. Die daraus entstehenden Verordnungen haben jeweils einen drei- bis fünfjährigen Beratungsprozess durchlaufen. Die beteiligten Organisationen und Unternehmen hinterfragen die gestellten Anforderungen. Sobald die EU-Kommission eine Verordnung verabschiedet hat, gilt sie automatisch in der gesamten Europäischen Union und muss nicht mehr in den Mitgliedsstaaten beschlossen werden. Die Standards gelten also im gesamten Wirtschaftsraum der EU mit über 500 Millionen Einwohnern. Allein in Deutschland werden jährlich schätzungsweise vier Millionen Staubsauger verkauft.[229] Das hat selbstverständlich Auswirkungen auf den Weltmarkt.

Schlaglicht: *Die Ökodesignrichtlinie: Massive Einsparpotenziale. Die Ökodesignrichtlinie ist eines der effektivsten Werkzeuge der Europäischen Union (EU) für kostengünstige Energieeinsparungen. Diese Einsparungen erhöhen laut einer Studie des Beratungsunternehmens Ecofys nicht nur die Versorgungssicherheit innerhalb der EU, sie schaffen auch Arbeitsplätze und helfen der EU, ihre mittel- und langfristigen Klima- und Energieziele zu erreichen. Inzwischen gibt es bereits Durchführungsmaßnahmen für zahlreiche Produktgruppen. Hier eine Auswahl: Backöfen und Dunstabzugshauben, Beleuchtung, Computer, Geschirrspüler, Kühl- und Gefrierschränke, Waschmaschinen, Trockner, Staubsauger, Wasserpumpen.*[230]

Eine korrekte Anwendung der EU-Ökodesignrichtlinie würde zu einer jährlichen Einsparung von bis zu 600 Terawattstunden Strom und 600 Terawattstunden Wärme bis zum Jahr 2020 führen, dies entspricht 17 Prozent des gesamten Stromverbrauchs und zehn Prozent des gesamten Wärmeverbrauchs in der EU. Dies wiederum entspricht einem jährlichen CO_2-Ausstoß von 400 Millionen Tonnen in 2020. Das ist genauso viel,

Abbildung 17 »Inzwischen weiß der Sohnemann, dass man auch sparsam saugen kann.«[231] Der achtsame Umgang mit Energie kann sich verselbstständigen, etwa durch die Vorgaben aus der Ökodesignrichtlinie. Beispielsweise wurden für Staubsauger Verbrauchsobergrenzen festgelegt, ebenso wie Kriterien zur Haltbarkeit. Foto: matka Wariatka, fotolia.com

wie die EU über ihr Emissionshandelssystem ETS im besten Fall an Treibhausgasemissionen reduzieren wird.

Neben den ökologischen Vorteilen ergeben sich laut Ecofys-Studie Kosteneinsparungen für die europäischen Verbraucher und Betriebe von rund 90 Milliarden Euro pro Jahr. Zudem könnte die Abhängigkeit von Stromimporten um ein Viertel, die für Erdgas und Kohle um mehr als ein Drittel gesenkt werden. Dies bedeutet, die EU könnte Erdgasimporte aus Russland um mehr als die Hälfte reduzieren und Kohleimporte aus Russland ganz einstellen. Um diese Effekte auch zu realisieren ist es wichtig, dass die Entscheidungsträger in Brüssel und in den europäischen Hauptstädten mehr Aufmerksamkeit auf die korrekte Anwendung der Ökodesignrichtlinie legen.[232]

Das Stromkundenkonto

Damit sich der sparsame Umgang mit Strom verselbstständigt, haben sich die Mitgliedsstaaten der Europäischen Union verpflichtet, ihren Bruttoendenergieverbrauch jährlich um 1,5 Prozent zu verringern. Die Anforderung der »Energieeffizienzrichtlinie« kann allerdings durch Einsparungen pro Einzelmaßnahme nachgewiesen werden. Die Summe der Einzelmaßnahmen muss mindestens eineinhalb Prozent entsprechen. Dabei ist unerheblich, ob der Energieverbrauch insgesamt tatsächlich entsprechend sinkt. Ökoroutine begnügt sich nicht mit solchen relativen Zielvorgaben, sondern strebt nach einer tatsächlichen Einsparung. Eine echte Einsparverpflichtung beruht auf einer Begrenzung des absoluten Stromverbrauchs für den Bereich der privaten Haushalte.

Bislang sind die Energieversorger eher daran interessiert, möglichst viel Strom zu verkaufen. Umsatz und Gewinn sind mit dem Absatz von Strom verbunden. Durch die Einsparverpflichtung sollen sich die Unternehmen darum kümmern, dass der Stromverbrauch in den Haushalten zurückgeht, beispielsweise indem sie ihren Kunden durch Kampagnen, Beratung und finanzielle Anreize beim Sparen helfen. Stromlieferanten bieten Dienstleistungen an, und diese Verpflichtung läuft letztlich auf einen Wandel der Unternehmensphilosophie hinaus. Aus Stromlieferanten werden Energiedienstleistungsunternehmen – und Öko wird zur Routine.[233]

Strom kaufen wie Benzin

Stromsparen kann sich in einem beträchtlichen Umfang verselbstständigen. Ökoroutine entlässt den Verbraucher jedoch nicht vollständig aus der Verantwortung. Denn die Entscheidung, sich beim Kauf des neuen Fernsehers oder Kühlschranks nicht zu vergrößern, gar eine kleinere Variante zu wählen oder auf Extrafunktionen zu verzichten, lässt sich nur durch Kommunikationsstrategien und preisliche Anreize beeinflussen.

Da die deutschen Strompreise im europäischen Vergleich bereits sehr hoch sind und Millionen Menschen schon heute kaum ihre Stromrechnung begleichen können, lässt sich die Preisschraube vorläufig nicht weiter anziehen. Insgesamt bringen hohe Stromrechnungen den Vorzug mit sich, dass die Sensibilität für Sparmöglichkeiten durch Technik und Verhalten zugenommen hat. Hohe Preise signalisieren: Sparen und Klimaschutz lohnen sich. So weit, so gut. Das Problem ist aber, dass Strom als Kostenfaktor in der alltäglichen Lebensführung quasi keine Rolle spielt, weil das Thema nur einmal im Jahr bei der Gesamtabrechnung aufkommt. Das erscheint uns normal, weil es den Gewohnheiten und Routinen entspricht.

Wäre es bei Benzin genauso, würde Herr Blech zur Tankstelle fahren, den Tank füllen und wegfahren, ohne zu bezahlen. Niemand wunderte sich, denn Herr Blech zahlt monatlich 120 Euro Abschlag an Shell. Am Ende des Jahres wird abgerechnet. Wenn Herr Blech deutlich mehr Kilometer gemacht hat als im Jahr zuvor oder sich die Benzinpreise erhöht haben, dann steht eine Nachzahlung an. Das können auch einige Tausend Euro sein, etwa durch berufliche Veränderungen. Wer gerade knapp bei Kasse ist und die Jahresabschlussrechnung nicht begleichen kann, bekommt kein Benzin mehr, von niemandem. Das ist eine absurde und völlig unrealistische Fantasie? Das stimmt. Beim Tanken. Beim Strom dagegen läuft es genau so. Jeden Tag kommt es in nahezu 900 Haushalten[234] zu Stromsperren mit drastischen Folgen.

Guthabenzähler für Strom helfen, Schuldenberge und Stromsperren zu vermeiden, besonders in Verbindung mit einer Energiesparberatung. Sie würden es aber auch gut verdienenden Haushalten ermöglichen, den Stromverbrauch als Kostenfaktor mental zu verankern. Mit dieser Absicht werden in Deutschlands Haushalten in den nächsten zehn Jahren nach und nach digitale Stromzähler installiert. Einen entsprechenden Gesetzentwurf verabschiedete das Bundeskabinett im November 2015.[235] Die sogenannten Smart Meter sind wegen Datenschutzbedenken zwar umstritten. Fürs Energiesparen sind sie aber eine gute Option. Sie ermöglichen es, den aktuellen Verbrauch auch im Wohnzimmer etwa übers Smartphone oder ein gesondertes Display wahrzunehmen. Gekoppelt mit professionellen Beratungen, Smileys für besonders niedrigen Verbrauch, Hinweise über den Verbrauch der Nachbarschaft und Ähnliches mehr ist eine beträchtliche Reduktion des Verbrauchs möglich. Im Rahmen einer Studie sparten Haushalte in Verbindung mit einer Guthabenzahlung, wie sie etwa beim Prepaidtarif für Mobiltelefone üblich ist, bis zu 30 Prozent Strom ein.[236]

Um sich keinen Illusionen hinzugeben: Auch Kostentransparenz kann nicht verhindern, dass wohlhabende Bürger ihrem Verbrauch keine Beachtung schenken. Andernfalls würden wohl deutlich weniger spritschluckende SUVs verkauft. Doch insgesamt dürfte in Deutschlands Haushalten die Sensibilität für den Faktor Strom künftig zunehmen. Das beeinflusst Kaufentscheidungen und schafft gute Voraussetzungen für Energiesparberatungen.

Der Weg zum Ökostrom

Der sparsamere Umgang mit Strom fällt uns offenbar sehr schwer. Da ist es umso erfreulicher, dass wir auf enorme Fortschritte bei der Stromerzeugung zurückblicken können. Hier ist Ökoroutine schon seit vielen Jahren Realität. Den Startpunkt machte die Einspeisevergütung für Solar- und Windstrom[237] Anfang der 1990er-Jahre. Plötzlich lohnte es sich, Windmühlen aufzustellen. Seither hat der Gesetzgeber das Regelwerk mehrfach reformiert. Im Jahr 1998 beschloss der Bundestag das »Erneuerbare-Energien-Gesetz« (EEG). Solarstrom war bis dahin völlig unwirtschaftlich: Über 50 Cent kostete anfänglich eine Kilowattstunde Sonnenstrom in der Produktion, aus der Steckdose kostete sie 10 Cent. Nur Enthusiasten hatten bis dahin in Photovoltaik investiert. Das EEG machte die alternativen Energien plötzlich lukrativ. Millionen Bundesbürger haben investiert, weil sich die Rahmenbedingungen geändert haben. Bis heute boomen die erneuerbaren Energien. Was vor 15 Jahren noch unvorstellbar war, ist heute Realität.

Wind- und Sonnenkraft gewinnen bei der Stromerzeugung mit großen Schritten an Bedeutung. Im Jahr 2015 trugen sie zusammen mit Biomasse und Wasserkraft bereits 30 Prozent zur Bruttostromerzeugung in Deutschland bei. Photovoltaikmodule werden von Jahr zu Jahr günstiger. Inzwischen kostet die Kilowattstunde nur noch 10 Cent, während die Versorger rund 28 Cent verlangen. Das wiederum ist ein Treiber für den forcierten Ausbau der Stromerzeugung aus Sonne. Der Prozess hat sich verselbstständigt.

Der Kohleausstieg

Dennoch geht der deutsche Kohlendioxid-Ausstoß seit einigen Jahren nicht mehr zurück. Das liegt unter anderem daran, dass die Kohlekraftwerke weiterlaufen – in der Bundesrepublik, aber auch in der gesamten Europäischen Union. Eigentlich sollte der europäische Emissionshandel die Stromerzeugung aus Kohle allmählich unwirtschaftlicher machen. Das wichtigste Klimaschutzinstrument der EU sollte dafür sorgen, dass veraltete und ineffiziente Anlagen rasch vom Netz gehen und die Nutzung von Kohle schließlich Schritt für Schritt ausläuft. Das Emission Trading System wurde 2005 von der EU eingeführt und galt zunächst als Flaggschiff der europäischen Klimapolitik. Die Idee ist einfach: Man gibt CO_2 einen Preis und deckelt die Menge des erlaubten Ausstoßes. Dadurch wird Kohlendioxid immer teurer, sodass sich Einsparungen lohnen.

Dieses Konzept ist jedoch vorläufig gescheitert, denn bei der Vergabe der Zertifikate verfuhren die europäischen Staaten allzu großzügig. Mindestens zwei Milliarden Zertifikate sind mittlerweile zu viel im System, der Preis für eine Tonne CO_2 liegt seit Jahren im Keller. Das Ergebnis: Nicht die klimaschädlichsten Kraftwerke werden verdrängt, sondern sie verdrängen umgekehrt nun solche, die besonders umweltfreundlich sind – nämlich die Gaskraftwerke. Inzwischen hat die EU zwar eine Reform beschlossen, doch diese greift erst in einigen Jahren und wird aller Voraussicht nach nicht weitreichend genug sein, um den Emissionshandel zu einem funktionierenden Klimaschutzinstrument zu machen.

Es ist nun geboten, mit anderen Mitteln die klimaschädliche Verwendung von Kohle zu verringern. Gutachten über die rechtlichen Vorgaben für Bau und Betrieb von Kohlekraftwerken zeigen, dass sowohl CO_2-Mindestgrenzwerte, Mindestwirkungsgrade als auch Flexibilitätsvorgaben für Kraftwerke rechtlich möglich sind. Ebenso ließen sich CO_2-Mindestpreise auf nationaler Ebene europarechtskonform umsetzen.[238] Im Jahr 2015 kam die Überlegung auf, alte Meiler mit einer Klimaabgabe unrentabel zu machen. Dem Verursacherprinzip folgend, wollte man die Kraftwerksbetreiber in die Pflicht nehmen. Herausgekommen ist immerhin ein kleiner Kohleausstieg, leider auf Kosten der Stromkunden. Über 1,5 Milliarden Euro werden an die Energiekonzerne fließen, um die Stilllegung von einem halben Dutzend Kraftwerksblöcken zu finanzieren, die nicht mehr benötigt werden.[239]

Wie auch immer wir den Ausstieg aus der Kohleverstromung bewerkstelligen, in der Energiepolitik ist das Konzept der Ökoroutine die beste Option. Zugleich zeigt sich beim Thema Kohlestrom einmal mehr, dass Klimaschutz nicht automatisch heißt, etwas Bestimmtes zu tun, sondern zu unterlassen. Wenn die Mandatsträger in den Landtagen ernsthaft etwas für den Klimaschutz tun wollen, dann unterlassen sie die Erschließung weiterer Abbaugebiete. Sie riskieren dabei wenig: Der Braunkohletagebau ist nicht nur in den betroffenen Regionen unbeliebt, sondern auch bei der Mehrheit der Deutschen. Zwei Drittel sprechen sich gegen neue Tagebaue aus.[240]

Schlaglicht: *Die Jobs in der Kohleindustrie. Verdi-Chef Frank Bsirske warnte im Frühjahr 2015, die von Wirtschaftsminister Sigmar Gabriel geplante Sonderabgabe auf alte Kohlekraftwerke bedrohe bis zu 100 000 Arbeitsplätze. Die Pläne bargen aus seiner Sicht die Gefahr eines tief gehenden Strukturbruchs im Braunkohlerevier in der Lausitz und im rheinischen Revier. Doch die Zahl von 100 000 bedrohten Arbeitsplätzen war aus der Luft gegriffen, wie der Branchenverband Debriv kurz darauf einräumte. Nach seinen Berechnungen sichert die Braunkohlewirtschaft direkt und indirekt 70 000 Jobs. Unmittelbar beschäftigt sind dort aber nur gut 21 000 Mitarbeiter. Auf die deutlich höhere Zahl kommt Debriv nur deshalb, weil der Verband auch alle Bäcker, Friseure und andere Dienst-*

leister mitzählt, bei denen die Angestellten der Braunkohlewirtschaft Geld ausgeben und so deren Stellen sichern. Solche mittelbaren Effekte mitzuzählen ist allerdings unüblich. Bei der Berechnung für die Branche erneuerbare Energien werden sie weggelassen. Ließen sich deren Vertreter zu den Luftbuchungen der Kohleindustrie hinreißen, wäre nicht von 370 000, sondern von mindestens doppelt so vielen Arbeitsplätzen die Rede.[241]

In Dänemark ist KWK längst Routine

Kohlekraftwerke sind nicht besonders effektiv. Je nach Alter weisen sie nur einen Wirkungsgrad von 25 bis 40 Prozent auf. Das liegt daran, dass die entstehende Wärme nicht genutzt wird. Sie verpufft im Kühlturm. Würden wir stattdessen viele kleine Anlagen zur Stromerzeugung in unseren Städten und Kellern aufstellen, ließe sich die Abwärme zum Heizen nutzen. Das nennt sich Kraft-Wärme-Kopplung (KWK). Dieses Konzept ist nicht weniger als eine Schlüsseltechnologie auf dem Weg zur Energiewende, insbesondere weil sich die Anlagen flexibel und spontan, also nach Bedarf, ansteuern lassen. In Deutschland ist es allerdings noch nicht weit her damit: Gegenwärtig liegt der KWK-Anteil an der Stromerzeugung bei 17 Prozent, angestrebt sind bis 2020 lediglich 25 Prozent.[242]

In Dänemark ist KWK längst Routine. Möglich wurde das durch einige recht schlichte Vorgaben. Wesentlich war die Entscheidung des Königreichs in den 1970er-Jahren, den Bau von Kondensationskraftwerken ohne Wärmenutzung zu verbieten. Das hat den Ausbau dezentraler Heizkraftwerke mit Fernwärme forciert. Nahezu 60 Prozent der Gebäudeflächen in Dänemark werden derzeit über Fernwärmesysteme beheizt, die zu einem Großteil in Kraft-Wärme-Kopplung und mit regenerativen Energiequellen betrieben werden.[243]

Wir schaffen das

Hierzulande wird viel über die Kosten des Ausbaus der erneuerbaren Energien gestritten, über Stromlasten, Netzausbau und Arbeitsplatzverluste in der Kohleindustrie. Nur selten nimmt sich jemand in der öffentlichen Diskussion Zeit, die bisherigen Erfolge herauszustellen. Im Ausland sehen Fachleute und Entscheidungsträger ganz deutlich das Zukunftspotenzial der Energiewende. Das dokumentiert etwa eine Studie über Expertenmeinungen in Schwellenländern. Bei diesen genießt Deutschland demnach hohes Ansehen als Vorreiter für eine ökologische Transformation. Die Energiewende wird zwar als ambitioniertes Projekt eingeschätzt, dessen Umsetzung jedoch gerade ein Land wie die Bundesrepublik schaffen kann. Deutschland hat den Ruf eines Planers, der seine Probleme schnell in den Griff bekommt. Zu den positiven langfristigen Wirkungen zählt aus Sicht der Experten die Unabhängigkeit von Energieimporten. Weil Deutschland ein rohstoffarmes Land ist, halten die Fachleute die Entscheidung für die Energiewende für zwingend logisch, denn sie stärke die Wirtschaft.[244]

Stellvertretend für viele Meinungen im Ausland sind die Ausführungen zur Energiewende von Naomi Klein zu verstehen. In ihrem jüngsten Buch »Die Entscheidung. Kapitalismus vs. Klima« kommt die weltbekannte Aktivistin an vielen Stellen auf die deutschen Entwicklungen zu sprechen. Beispielsweise werden die Initiativen zum Rückkauf der Stromnetze in Hamburg und Berlin anerkennend gewürdigt. Immer wieder erweist sich Deutschlands Gesetz für erneuerbare Energien und die Entwicklungen, die es angestoßen hat, als Leitkonzept für die internationalen Bestrebungen im Klimaschutz.

Wenn die Energiewende in Deutschland funktioniert, gibt es für andere Länder keinen Grund mehr zu zögern. Die Initialfunktion, die von hier ausgeht, lässt sich beispielsweise in China beobachten, wo in rasantem Tempo eine klimafreundliche Stromerzeugung aufgebaut wird. Im Jahr 2013 haben die Chinesen Solaranlagen mit einer Leistung von 12 000 Megawatt installiert, sie liefern bei Tag so viel Strom wie acht Atomkraftwerke. Diesen Rekordwert hat China für 2015 sogar noch überboten, mit einer installierten Kapazität von 18 300 Megawatt.[245] Das Gesetz für erneuerbare Energien haben zahlreiche Länder übernommen. In Portugal sind inzwischen 70 Prozent der Stromerzeugung regenerativ. Schweden möchte bis 2020 den Gebrauch fossiler Energieträger zumindest zu Heizzwecken vermeiden und bis 2030 ganz auf den Import von fossilen Energieträgern verzichten. Marokko strebt bis 2020 einen regenerativen Anteil an der installierten Erzeugungskapazität von über 40 Prozent an.[246] Die Welt hat sich auf den Weg gemacht. Und darüber dürfen wir uns durchaus freuen!

Kapitel 7

Kaufen

»Die Identität des Menschen definiert sich nicht mehr danach, was jemand tut, sondern was er besitzt. Aber Besitz und Konsum befriedigen unsere Sehnsucht nach Sinn nicht. Ich bitte Sie zu Ihrem eigenen Wohl und für die Sicherheit der Nation, auf unnötige Reisen zu verzichten und wann immer möglich Fahrgemeinschaften zu bilden oder öffentliche Verkehrsmittel zu benutzen. Jede Form des Energiesparens ist gut für das Allgemeinwohl. Mehr noch, sie ist eine patriotische Handlung.«

Mitte 1979 wandte sich US-Präsident Jimmy Carter in einer landesweit ausgestrahlten Fernsehrede an die amerikanische Öffentlichkeit. Als Reaktion auf die damalige Ölpreiskrise rief er seine Landsleute zu einem sparsameren Umgang mit dem wichtigen Rohstoff auf. Doch Carter begnügte sich nicht mit Appellen: Er übte auch grundsätzliche Kritik an der sich ausbreitenden Konsumkultur Amerikas. Die Grundbedürfnisse eines guten Lebens waren für die breite Bevölkerung damals längst erfüllt, dennoch ließen die Wünsche nach immer Mehr und immer Neuem nicht nach. Schwarz-Weiß-Fernseher waren toll, bis die farbige Variante auf den Markt kam. Die Zentralheizung setzte sich durch, Autos wurden größer und PS-stärker, und bis zum Mobiltelefon war es auch nicht mehr weit. Doch materieller Wohlstand, so Carter, kann unsere Sehnsucht nach Sinn nicht befriedigen. Ist es vorstellbar, dass ein Präsident oder ein Bundeskanzler sich heute noch so äußern würde?

Die Ölkrisen der 1970er-Jahre haben viele Menschen nachdenklich gemacht. Nicht nur Jimmy Carter kritisierte den zunehmenden Konsumismus der westlichen Welt: Schon 1972 hatte der Club of Rome vor den »Grenzen des Wachstums« gewarnt und zu einem nachhaltigeren Umgang mit dem Planeten aufgerufen. Viel geändert hat sich dadurch allerdings nicht. Als der Ölpreis 2008 das Allzeithoch von 150 Dollar pro Fass erreichte, gab es erneut Forderungen nach einem grundlegenden Wandel in unserem Lebensstil. Doch schon ein Blick auf das Gewicht neu zugelassener Autos zeigt, dass Energiesparen noch immer nicht Common Sense ist.

Ablesen lässt sich das auch an unseren Müllbergen. Die Kunststoffabfallmenge hat sich in Deutschland im Zeitraum von 1994 bis 2011 von 2,8 Millionen Tonnen auf rund 5,5 Millionen Tonnen pro Jahr beinahe verdoppelt. Verantwortlich dafür ist der Endverbraucher, also wir alle – hier gab es die größten Zuwächse. Eine vierköpfige Familie füllt in einer Woche locker zwei »Gelbe Säcke«, hinzu kommen andere Kunststoffe in der Restmülltonne. Von diesem Kunststoffabfall recyceln die Entsorger lediglich 42 Prozent, mehr als die Hälfte wird verbrannt. Je Kilogramm Müll entstehen dabei etwa zwei Kilogramm Kohlendioxid. Unter Kreislaufwirtschaft – die in der Bundesrepublik immerhin seit zwanzig Jahren gesetzlich gefördert wird – stellt man sich etwas anderes vor.[247]

Die Ex-und-hopp-Mentalität hat sich auch bei unserer Kleidung durchgesetzt. Jedes Jahr werden allein in Deutschland mehr als 1,5 Milliarden Kleidungsstücke einfach weggeworfen.[248] Modeketten bringen in immer kürzeren Abständen neue Kollektionen auf den Markt. Die britisch-irische Kette Primark ist eines der Symbole dieser textilen Wegwerfgesellschaft geworden: Sie verkauft Mode zum Dumpingpreis. Das Konzept ist gefragt, regelmäßig eröffnet das Unternehmen neue Filialen. Möglich sind die Niedrigpreise, die zum Wegwerfen einladen, durch die systematische Missachtung von Menschenrechten. Achtzig Stunden in der Woche, teilweise auch deutlich mehr, schuftet die überwiegend weibliche Belegschaft für einen Hungerlohn – schlimmstenfalls, bis sie tot umfallen.[249] Immer wieder kommt es in den sogenannten Sweatshops, in denen die neue Billigware hergestellt wird, zu katastrophalen Brandunfällen. Im April 2013 stürzte in Bangladeschs Hauptstadt Dhaka eine achtstöckige Textilfabrik ein. Mehr als 1 100 Näherinnen starben, 2 400 erlitten teils schwere Verletzungen. Die Arbeiterinnen hatten nicht nur für Primark gefertigt, auch bekannte Marken und andere Modeketten ließen hier produzieren. Von den erbärmlichen Produktionsbedingungen erfuhren Kunden und Öffentlichkeit erst durch die Katastrophe.

Besonders dramatisch ist die Ressourcenverschwendung auch bei Elektrogeräten. Kein Land der EU produziert so viel Elektroschrott wie Deutschland – rund 777 000 Tonnen waren es dem europäischen Statistikamt zufolge im Jahr 2010. Auf Platz zwei liegt Italien mit 582 000 Tonnen.[250] Und dabei ist nur der Elektroschrott erfasst, der ins Recyclingsystem wandert. Nach Schätzungen der Vereinten Nationen fallen in der Bundesrepublik tatsächlich Jahr für Jahr zwei Millionen Tonnen Elektromüll an – der größte Teil des Schrotts landet also noch nicht einmal im Recycling, sondern »verschwindet« einfach.[251]

Es gab einmal eine Zeit, da haben wir einen neuen Fernseher gekauft, wenn der alte kaputt war. Das ist längst Geschichte. Wer in den 1990er-Jahren auf die Welt kam, findet es ganz normal, ein vollkommen funktionstüchtiges Gerät gegen ein neues auszutauschen, das mehr Komfort und mehr Funktionen verspricht oder einfach mehr im Trend liegt. Wer sich einen High-Definition-Fernseher angeschafft hat, war vermutlich der Meinung: Besser geht's nicht. Berichte in Medien und Internet verbreiteten Begeisterung. Das seien Bilder, hieß es, in denen man spazieren gehen kann. Eine ganz neue Erfahrung. Bis zu fünfmal mehr Bildinformation zeigt ein HDTV-Bild gegenüber dem bisherigen Standard PAL. Auch Bildformat und Übertragung änderten sich: Aus 4:3 wurde augenfreundliches 16:9, analog wandelte sich zu digital. Das Resultat sind detailreiche, klare Bilder mit hohem Kontrast.[252] Erst Jahre später waren die TV-Sender in der Lage, die entsprechenden hochauflösenden Datenmengen überhaupt anzubieten. Rasch ging es weiter mit den Innovationen und völlig neuen Bilderlebnissen. Die Fernseher und Monitore wurden immer größer, und wenig später kam die dritte Dimension. Jetzt stehen Ultra-HD-Fernseher auf dem Plan, Geräte mit »4K«, also vierfacher HD-Auflösung, mithin viermal »besser«. Wer wird sich dem verschließen können? Zwar raten Experten ab, weil es noch viele Jahre dauern wird, bis solche Datenmengen über Funk und Telefonleitung angeboten werden können, doch dessen ungeachtet steht bereits »8K« in Aussicht. Einen ersten Probelauf hat es bereits gegeben: Das japanische Fernsehen übertrug im Sommer 2014 das Finale der Fußballweltmeisterschaft in dem neuen Format.

Je größer die Datenmengen, desto leistungsfähiger müssen auch die Übertragungswege sein. Hochauflösendes Fernsehen via Internet, also über die Telefonleitung, verstopft die Leitungen. In der öffentlichen Diskussion gehört es daher zum guten Ton, den massiven Ausbau der Dateninfrastruktur zu fordern. Schon seit Jahren investieren Netzbetreiber Milliarden und kommen doch kaum den steigenden Ansprüchen nach. Ob wir Ultrafernsehen überhaupt benötigen, fragt niemand. Man kann sich der Parallele zum Wettrennen zwischen Hase und Igel nicht erwehren: Die Hersteller von TV-Geräten sind immer schon vorher da. Kaum ist der Graben für das neue Datenkabel zugeschüttet, könnten die Netzbetreiber ihn kurz darauf für noch leistungsfähigere Leitungen wieder ausheben.

Wir haben uns an den Gedanken gewöhnt, all das sei gut für die Wirtschaft und deshalb auch für uns – als würden haltbare, zeitlose und reparaturfähige Produkte wirtschaftliches Wachstum behindern. Ökoroutine will das ändern.

Die Menschen hinter dem Müll

Die Produktion eines Fernsehers nimmt ihren Anfang im Bergbau, beispielsweise in der Demokratischen Republik Kongo. Das Land gehört zu den sechs rohstoffreichsten Staaten der Welt.[253] Tantal, Kupfer, Kobalt, Gold, Diamanten und Holz werden dort exportiert. Die Arbeitsbedingungen sind wohl noch schlechter als in den Nähfabriken in Bangladesch und anderen Entwicklungsländern: Schächte sind nicht gesichert, Arbeiter werden geköpft oder erschossen, wenn sie von der schwülen Hitze zu erschöpft sind, um weiterzumachen. Immer wieder kommt es zu Massenvergewaltigungen, und Kinderarbeit ist der Normalfall.[254]

Der Abbau der Seltenen Metalle hat zusätzlich negative Folgen für die Biodiversität: Zur Flächengewinnung wird artenreicher tropischer Regenwald abgeholzt, viele Tiere, unter anderem die vom Aussterben bedrohten Berggorillas, verlieren dadurch ihren Lebensraum.[255]

Selbst in der Hightechproduktion von Mobiltelefonen herrschen nicht selten entwürdigende Arbeitsbedingungen. Foxconn, einer der weltweit größten Auftragshersteller von Elektronik- und Computerteilen, sorgt seit vielen Jahren immer wieder für Negativschlagzeilen:

Geringe Löhne, extreme Arbeitszeiten und psychischer Druck sind in vielen Fabriken des Konzerns Alltag. An einigen chinesischen Standorten soll es vermehrt zu Suiziden unter der Belegschaft gekommen sein. 2011 erhielt Foxconn für seine »unethischen bis illegalen Arbeitsbedingungen« den »Public Eye Award«, eine kritische Auszeichnung für Konzerne, die sich besonders verantwortungslos gegenüber Mensch und Umwelt verhalten.

Immerhin landet der Edelschrott nach seinem Gebrauch bei uns nicht mehr so oft in der normalen Mülltonne. Der Gesetzgeber hat dafür gesorgt, dass die Bürgerinnen und Bürger ihre Geräte kostenlos in kommunalen Sammelstellen abgeben oder über eine Wertstofftonne vor der Haustür entsorgen können.[256] Alternativ kann man die Dienste eines Entrümplers in Anspruch nehmen. Auch das geschieht in der Regel kostenlos, weil die Anbieter mit dem vermeintlichen Schrott etwas verdienen können. Die Recyclingquote könnte also bei nahezu 100 Prozent liegen. Die Frage ist nur, warum das nicht längst geschehen ist.

Um herauszufinden, was mit all dem Elektroschrott geschieht, der nicht in der Statistik auftaucht, verfolgten Journalisten kürzlich den Entsorgungsweg von zwei defekten Fernsehern mittels GPS-Sender.[257] Das Ergebnis: Ein Großteil der zwei Millionen Tonnen Elektromüll, die in Deutschland jährlich anfallen, gelangt in arme Länder des Südens, vornehmlich Afrika. Viele Menschen verdienen an diesem Ablauf – auch daran, dass die Rohstoffe in recycelter Form wieder zurück in die Herstellerländer wandern, was wiederum ein gutes Geschäft für mehrere Händlerstufen bedeutet. Allein in Ghana landen jeden Monat um die 500 Container mit ausgemusterten elektronischen Geräten. Nach der Weihnachtszeit sind es sogar doppelt so viele. In jeden Container passen rund 900 Fernseher. Was sich nicht reparieren lässt, wird zertrümmert und grob auseinandergenommen: Weißblech, Platinen, die Elektrokabel, Kunststoffe. Die Isolierung der Kabel zerschmelzen die Müllarbeiter im offenen Feuer. Ihre Atemluft ist vergiftet, die Lebenserwartung gering. Art und Weise der Zerlegung ist menschenverachtend, gleich, ob in Afrika oder Asien.[258]

Doch nicht alles, was die Südländer als Elektromüll importieren, wird zerschlagen und zerlegt, denn wer den Schrott wieder zum Laufen bekommt, erzielt eine drastische Wertsteigerung. Während die Bundesbürgers schon froh sind, keine Gebühr für die Entsorgung zahlen zu müssen, verdienen viele Händler und Techniker am Transformationsprozess. Die Verschiffung von defekten Altgeräten würde sich für die Händler in Afrika nicht lohnen, wenn lediglich Recycling das Ziel wäre.

Tatsächlich sind die Beteiligten bestrebt, die Fernseher, Handys oder Computer wenn irgend möglich zu reparieren. Aus dem vermeintlichen Elektroschrott werden dann Produkte. Der defekte Fernseher, den die Journalisten auf die Reise schickten, wurde zum Beispiel für sage und schreibe 27 Euro verkauft, ohne dass der Käufer wusste, ob das Geräte noch funktionstüchtig oder wenigstens reparabel ist. Als ihm die Reparatur glückte, konnte er den Fernseher für 70 Euro verkaufen – an einen weiteren Zwischenhändler, der schließlich noch einmal daran verdiente.[259]

Was ist zu tun? Den Export von alten DVD-Playern, Computern und anderen Elektrogeräten schlichtweg zu verbieten, um den menschenverachtenden Bedingungen des Müllexports Einhalt zu gebieten, ist zwiespältig. Einleuchtend erscheint die Vorgabe, dass nur funktionstüchtige Geräte exportiert werden dürfen. Dennoch werden millionenfach defekte Geräte verschifft. Zu Recht, ließe sich argumentieren: Schließlich bringen Tausende Reparateure etwa in Ghana die ausgemusterten Geräte wieder in Gang – und das verlängert die Nutzungsdauer. Ökologisch betrachtet, ist das ein klarer Vorteil.

Murks: Vorzeitiger Produktzerfall

Für die Umwelt ist es zweifellos besser, wenn unsere Elektrogeräte länger halten und genutzt werden. Doch das ist schwerer denn je, weil sich sowohl Haltbarkeit als auch Nutzungsdauer verringert haben. Ein Grund könnte sein, dass insbesondere elektronische Geräte vorschnell den Geist aufgeben. Stefan Schridde bezeichnet so etwas schlichtweg als »Murks«,[260] die Wissenschaft spricht von »Obsoleszenz«. Auf der Website »murks-nein-danke.de« sammeln sich unzählige Beispiele für Mängel an Waschmaschinen, Mixern, Fernsehern, Staubsaugern oder Kaffeeautomaten.

Es ist letztlich recht einfach, die Haltbarkeit eines Gerätes zu planen, beispielsweise durch die Qualität der verwendeten Kunststoffe, Kondensatoren oder Widerstände. Die Hersteller bestreiten heutzutage jedoch, die Haltbarkeit ihrer Produkte gezielt zu verkürzen. In den 1930er-Jahren hielt sich die Industrie weniger bedeckt. Das Konzept des geplanten Verschleißes galt damals sogar als volkswirtschaftlicher Lösungsweg, um die damalige Wirtschaftskrise und die daraus resultierende Massenarbeitslosigkeit zu überwinden.[261] Denn ist der Markt gesättigt und hat das Produkt eine lange Haltbarkeit, haben Unternehmen ein Problem mit der Nachfrage. Wenn alle versorgt sind, bleibt nur der Export in noch nicht bediente Märkte, oder man lockt die Käufer mit neuen Produkten, die besser sind als die bislang verkauften. Alternativ lässt sich die Haltbarkeit manipulieren. Erfahrungen dazu hatte man schon, wie Dokumente zum sogenannten Glühlampenkartell belegen: Eine Absprache aller großen Lampenhersteller im Jahr 1924 sah demnach vor, dass nach spätestens 1 000 Stunden die Lichter ausgehen. Verstöße gegen dieses Abkommen ahndete das Kartell mit festgeschriebenen hohen Strafen.[262]

Seither gab es immer wieder Untersuchungen zum geplanten Verschleiß von Produkten. Anfang der 1970er-Jahre ließ die von der damaligen Bundesregierung eingesetzte »Kommission für wirtschaftlichen und sozialen Wandel« in mehr als hundert Studien nachfragen, ob Unternehmen durch Verkürzung der Lebensdauer von Gütern oder durch immer neues Styling und Einführung von Modestrategien versuchen, die Nachfrage zu beeinflussen.[263] Das Ergebnis war, wenig überraschend, nicht eindeutig.

Doch Smartphones, Computer und Co. werden nicht allein durch einen Defekt unbrauchbar. Sie sind potenziell schrottreif, wenn sich die Software nicht mehr aktualisieren lässt, beispielsweise um sich gegen Hackerangriffe zu schützen. Wenn zudem in kurzen Abständen neue Modelle auf den Markt kommen, fühlt sich ein Handy spätestens nach zwei Jahren alt an. Kurze Innovationszyklen und Werbung gehen dabei Hand in Hand. Vodafone hat zeitweilig ganz offen dafür geworben: »Jedes Jahr ein neues Smartphone«.

Selbst kleinste Detailänderungen vermarkten die Hersteller als bahnbrechende Innovationen, etwa bei Rasierern, deren Funktionsweise und

Abbildung 18 Mit einer Fake-Anzeige macht Greenpeace auf groteske Werbebotschaften aufmerksam. Kurze Innovationszyklen und Werbung gehen heute Hand in Hand. Eine Herstellergarantie von vier Jahren und ein garantiertes Update für sechs Jahre könnte dem entgegenwirken.
Quelle: Greenpeace-Magazin

Design sich schließlich kaum grundsätzlich ändern können. »Psychologischer Verfall« nennen Fachleute das Phänomen, das aus dieser Marketingstrategie entsteht. Nach einer Untersuchung des Umweltbundesamtes tauschten die Bürgerinnen und Bürger im Jahr 2012 beispielsweise ihre Fernseher zu über 60 Prozent aus, obwohl sie noch funktionstüchtig waren. Grund war der Wunsch nach einer größeren Bildschirmdiagonale oder einer besseren Bildqualität. Insgesamt wird in Deutschland fast ein Drittel aller Haushaltsgroßgeräte vorzeitig ausgemustert. Die größte Zunahme solcher Ersatzkäufe lässt sich bei Geräten feststellen, die jünger als fünf Jahre sind.[264]

Autos sind recht lange haltbar – zumindest theoretisch. Indes sind Modellpaletten und Funktionsumfang rasch gewachsen. Immer neue elektronische Bauteile erhöhen aber auch die Fehleranfälligkeit, kürzere Zeitspannen bis zur Neuauflage werden wahrscheinlicher. Die Rückrufaktionen im Fahrzeugbereich sind besonders auffällig: General

Motors musste unlängst 8,4 Millionen Fahrzeuge zurückrufen, wenig später kündigte Honda die größte Rückrufaktion aller Zeiten an: Rund 13 Millionen Wagen wurden zurückbeordert, um lebensgefährliche Airbags auszutauschen.[265] Klemmende Gaspedale, defekte Bremsen oder fehlerhafte Zündschlösser: Die Skandale reißen nicht ab. In den USA wurden 2014 fast viermal mehr Fahrzeuge in die Werkstätten zurückbeordert als Neuwagen abgesetzt.[266]

In der Tendenz zeichnete sich diese Entwicklung bereits in den 1920er-Jahren ab. Henry Ford war ein überzeugter Verfechter von Qualität und Langlebigkeit seiner Produkte. Das günstige »Model T« war extrem robust und gut zu reparieren. Fords schärfster Konkurrent General Motors hingegen erkannte, dass die Kunden nicht nur die Funktion eines Fahrzeugs betrachten, sondern auch das Design. In relativ kurzen Abständen brachte GM neue Modelle mit verändertem Erscheinungsbild auf den Markt. Das Auto wandelte sich damit vom Fortbewegungsmittel zum Lebensstilprodukt. General Motors stieg zum weltgrößten Automobilhersteller auf, der Marktanteil von Ford halbierte sich hingegen. Viele Unternehmen folgten dem Beispiel – die Strategie verkürzter Produktzyklen und gezielter Qualitätseinbußen begann sich durchzusetzen.[267]

Die Unternehmen bestimmen selbst, inwiefern sie sich für Qualität und Quantität entscheiden. Hochwertige Produkte, die lange halten, sind zumeist teurer. Die Verkaufszahlen sind dann gegenüber den auf Quantität setzenden Billiganbietern eher geringer. Der Wettbewerbsdruck macht es also nicht leicht, sich in der verbreiteten Schnäppchenjägermentalität zu behaupten.

Ist Obsoleszenz eine Verschwörungstheorie?

Ob der Defekt eines Gerätes tatsächlich bereits vom Hersteller vorgesehen war, lässt sich nur schwer nachweisen. Die Produzenten legitimieren den Einsatz billiger und wenig haltbarer Bauteile schlichtweg mit dem Kostendruck. Zudem verweisen sie auf die Verantwortung des mündigen Kunden: Es sei schließlich seine Entscheidung, ob er ein billiges Produkt mit kurzer Haltbarkeit erwirbt oder ein teureres Produkt mit längerer Haltbarkeit. Allerdings geht die Rechnung »teures Produkt =

lange haltbar« nicht immer auf. Das ebenso teure wie legendäre iPhone zum Beispiel hat wie auch iPod und iPad seit jeher fest verbaute Akkus. Der Tausch durch den Hersteller ist so kostspielig, dass die Kunden eher zum Neukauf neigen.

Auch der Verweis auf psychologische Obsoleszenz ist nicht immer stichhaltig. Bei einer elektrischen Zahnbürste etwa dürfte die Neigung, immer auf dem neuesten Stand zu sein, relativ gering sein. Schließlich zückt man die Bürste nicht ständig vor anderer Leute Augen aus der Tasche. Hier sichert der fest verbaute, nachlassende Akku die Nachfrage. Doch auch hier wollen die Hersteller das Offensichtliche nicht zugestehen. Ihre Begründung zur nachteiligen Verbauung des Akkus: Der Kunde wolle sich auch unter der Dusche die Zähne putzen, deshalb müsse der Akku fest verbaut sein. Wundersam nur, dass selbst hochsensible Fotokameras in wasserdichter Ausstattung relativ preiswert zu haben sind, selbstverständlich mit wechselbarer Speicherkarte und Akkus.

Mittlerweile liegen von diversen Produktentwicklern anonyme Berichte vor. Sie belegen, dass sogar führende Qualitätshersteller ihren Entwicklungsingenieuren den Auftrag geben, die Haltbarkeit eines Produkts im gewünschten Maß zu begrenzen.[268] Kühlschränke sind beispielsweise dafür bekannt, dass sie jahrzehntelang funktionieren. »Viel zu lang«, denken sich offenbar manche Hersteller und beauftragen ihre Techniker, bestimmte Bausteine so einzuplanen, dass das Gerät schon nach sieben Jahren ausfällt.[269]

Auch erste statistische Analysen bestätigen den Trend zum geplanten Produktende. Unter den Haushaltsgroßgeräten, die wegen eines Defekts ausgetauscht werden mussten, stieg der Anteil der noch relativ neuen Geräte in weniger als zehn Jahren um knapp fünf Prozent. Waren 2004 erst 3,5 Prozent der ausgemusterten Geräte weniger als fünf Jahre alt, waren es 2012 bereits 8,3 Prozent.[270] Die gesellschaftliche Wahrnehmung weist in dieselbe Richtung: Allein in den drei Monaten von Mai bis Juli 2014 gingen bei der Schweizer Stiftung für Konsumentenschutz, die sich für Verbraucherinteressen starkmacht, mehr als 400 Meldungen über frühzeitig defekte Produkte ein.[271]

Ökoroutine gegen Überflusskonsum

In der Nachhaltigkeitspolitik wird immer wieder gefordert, die Konsumenten sollten doch ihre Produkte möglichst lang benutzen und nicht vorschnell wegwerfen. Doch in der Praxis steht diesem gut gemeinten Postulat die kürzere Haltbarkeit der Geräte entgegen. Anders gesagt: Die schlechte Qualität von Produkten befördert die Wegwerfmentalität und konterkariert das Leitbild »Nutzen statt besitzen«. Die im Kapitel »Wirtschaftsförderung 4.0« (S. 281) beschriebenen Strategien zur Förderung von Reparieren, Leihen und Tauschen können sich so nur gebremst entfalten. Repaircafés und Reparaturnetzwerke kommen rasch an ihre Grenzen, wenn Ersatzteile nicht oder nur zu horrenden Preisen beschafft werden können oder Bauteile so montiert sind, dass sie sich nicht austauschen lassen.

Economy of Times

Ökoroutine nimmt die Erfahrung ernst, dass moralische Appelle allein nicht genügen. Vielmehr sind die wirtschaftspolitischen Regeln so weiterzuentwickeln, dass sich der achtsame und effiziente Umgang mit Ressourcen auch in den Gegenständen unseres Haushalts widerspiegelt. Zu beklagen, dass die Konsumenten überwiegend Billigwaren bevorzugen und damit schlechte Qualität und raschen Verschleiß akzeptieren, führt nicht weiter. Stattdessen ist es wirksamer, direkt bei der Entstehung der Produkte anzusetzen. Damit Öko zur Routine wird, sind Mindeststandards dafür zu etablieren, wie haltbar und reparaturfähig die Produkte sein sollen. Im Vordergrund steht dabei die Economy of Times, die Zeit-Nutzen-Funktion.[272]

Anschließend sind die Konsumenten gefordert: Sie können durch ihr Nutzungsverhalten den Ressourcenverbrauch ebenfalls maßgeblich beeinflussen. Diesen persönlichen Spielraum im Umgang mit Produkten kann man als »Suffizienzpotenzial« bezeichnen. Eine kleine Beispielrechnung veranschaulicht, in welcher Dimension wir uns dabei bewegen: Wenn beispielsweise Smartphones im Durchschnitt vier statt zwei Jahre genutzt würden, wäre der Ressourcenverbrauch mit einem Schlag halbiert. Dasselbe gilt für Waschmaschinen, Fernseher und andere Geräte. Die verdoppelte Nutzungsdauer führt automatisch dazu, dass in der

Herstellung nur noch halb so viele Rohstoffe benötigt werden. Jedes Jahr an verlängerter Nutzung verringert den ökologischen Rucksack eines Produkts.

Verlängerung der Gewährleistung

In Deutschland gibt es bereits einen Standard für die Mindesthaltbarkeit von Produkten. Die Gewährleistungspflicht verlangt von den Unternehmen, für ein halbes Jahr Mängel nachzubessern, wenn sie zum Zeitpunkt des Verkaufs bereits bestanden. Eine Garantie ist dagegen lediglich eine freiwillige Zusage des Herstellers oder Verkäufers.

In Europa ist die Länge der Garantie rechtlich nur für ein Minimum vorgeschrieben. Sie variiert in den einzelnen Mitgliedsstaaten zwischen zwei und sechs Jahren. Deutschland setzt lediglich die Mindestanforderung von zwei Jahren Garantiezeit um. In Schweden sind es drei Jahre, Frankreich legt fünf Jahre fest, Irland sogar sechs.[273]

Darüber hinaus bestimmen die Länder den Zeitraum der sogenannten Beweislastumkehr unterschiedlich: Die Bundesrepublik hält die ersten sechs Monate für angemessen. In dieser Zeit muss der Verkäufer beweisen, dass kein Mangel vorliegt, danach der Kunde. Die Slowakei und Polen haben sich auf ein Jahr festgelegt, Frankreich, Portugal und Schweden auf zwei Jahre.

Ökoroutine heißt: Wir machen besonders haltbare Produkte zum Standard. Um das zu erreichen, wäre nicht einmal ein neues Gesetz nötig. Im bestehenden Paragrafenwerk müssten lediglich einige Zahlen ausgetauscht werden. Profitieren würden alle. Idealerweise einigen sich die Länder der Europäischen Union dabei auf eine gemeinsame Regelung. Konkurrenzdruck wäre dann kein Problem, da alle Importe die EU-Standards einhalten müssen. Um nicht alles in einen Topf zu werfen, ist es allerdings sinnvoll, nach Produktarten zu unterscheiden. Für Tablets und Computer wäre eine Gewährleistung von fünf Jahren angebracht. Bei Schuhen dürfen es drei Jahre, bei Kühlschränken und Möbeln auch zehn oder 15 Jahre sein. Über diesen Zeitraum hätten die Hersteller nachzuweisen, dass Ausfälle nicht durch einen Mangel in der Fertigung verursacht wurden. Der Vorteil für den Einzelhandel: Die Verantwortung verbliebe nicht allein beim Verkäufer.

Auch für die Käufer würden diese Vorgaben erhebliche Verbesserungen mit sich bringen. Bislang müssen Kunden oft viel Zeit aufwenden, um sich über die Qualität von Produkten zu informieren. Langlebigkeit etwa ist bei Druckern oder Waschmaschinen ein wichtiges Kriterium. Ob ein Produkt dies erfüllt, ist häufig ungewiss. Auch ein hoher Preis ist kein Garant für lange Haltbarkeit. Eine verlängerte Gewähr würde Verlässlichkeit schaffen: Die Unternehmen müssten sich dann darum kümmern, dass ihre Waren lang genug funktionieren.

Aber werden die Preise dann nicht massiv steigen? Dieser Punkt ist relativ umstritten. Abriebfeste Zahnräder im Handmixer beispielsweise verursachen nur minimale Mehrkosten. Bei großen Stückzahlen kämen für den Hersteller zwar durchaus beträchtliche Summen zusammen, im Endpreis für den Kunden würde sich das aber kaum bemerkbar machen. Für die Unternehmen ist letztlich nur wichtig, dass alle Wettbewerber vor der gleichen Herausforderung stehen. Die Kunden wären eher bereit, zehn Euro mehr für einen Drucker auszugeben, wenn sie sicher sein können, dass sie garantiert für vier Jahre ein funktionstüchtiges Gerät erwerben. Zudem würde die längere Herstellergarantie es mit sich bringen, dass auch Ersatzteile länger bereitgehalten werden und die Unternehmer stärker auf die Reparaturfähigkeit ihrer Produkte achten. Damit würden zwar die Produktpreise teils steigen, die Kosten insgesamt durch gesteigerte Langlebigkeit allerdings kaum.

Eine Beweislastumkehr und eine ausgedehntere Herstellergarantie würden sogar bei einem Lifestyleprodukt wie dem Mobiltelefon zu einer verlängerten Nutzungsdauer führen. Wenn Smartphones zukünftig vier Jahre halten müssten, wird es deutlich attraktiver, sie weiterzuverkaufen oder zu verschenken, auch weil sich der Weiterverkaufswert erhöht. Die Geräte landeten seltener im Müll, die Dauer ihrer Nutzung verlängerte sich insgesamt. Der Verbrauch von kostenbaren Rohstoffen würde sich somit spürbar verringern.

Haltbarkeitskriterien in der Ökodesignrichtlinie

Konkrete Standards ließen sich auch für einzelne Produktarten festlegen. Dass die Unternehmen sich freiwillig dazu verpflichten, hat sich nur zu oft als leere Hoffnung erwiesen. Tatsächlich klappt das zumeist nur, wenn der Gesetzgeber mit einer Verordnung droht. Beispielsweise warb die Europäische Union über viele Jahre für einheitliche Handyladestecker. Passiert ist nichts, bis es der EU-Kommission zu bunt wurde und sie Strafzahlungen und einen staatlich verordneten Standard androhte. Danach ging es dann ganz schnell. Heraus kam der heute von nahezu allen Herstellern umgesetzte Micro-USB-Standard.

Hätten sich die Hersteller nicht geeinigt, hätte man eine entsprechende Verordnung beschlossen. Möglich macht das die Ökodesignrichtlinie, denn mit dieser Richtlinie hat die Europäische Union einen Rahmen geschaffen, innerhalb dessen sie Verordnungen für den Energieverbrauch und für die Haltbarkeit von Produkten beschließen kann. Damit möchte die EU den Energie- und Rohstoffbedarf reduzieren und dafür sorgen, dass zunehmend erneuerbare Rohstoffe zum Einsatz kommen. Die Geräte sollen länger halten und gut zu reparieren sein. Die Europäische Union möchte, dass die Unternehmen leicht wiederverwendbare Bestandteile einsetzen. Und schließlich zielt die Richtlinie darauf ab, dass sich die Emission von Schadstoffen, Strahlung, Lärm etc. reduziert. Kurzum: Die EU möchte Öko zur Routine machen.

Bislang hat die EU über die Ökodesignrichtlinie vor allem Vorgaben zum Energieverbrauch von Produkten formuliert. Doch inzwischen gibt es auch Anforderungen zur Haltbarkeit, beispielsweise müssen Haushaltslampen bestimmte Lebensdauervorgaben einhalten. Bedacht hat man zugleich die Möglichkeiten für Reparatur und Wartung. Die Hersteller sind angehalten, Informationen für die zerstörungsfreie Demontage bereitzustellen. Möglich wären hier auch Vorgaben für den Zeitraum, in dem Ersatzteile verfügbar sein müssen.

Im Vergleich zur verlängerten Gewährleistung sind die Verordnungen zum Ökodesign recht detailliert und damit auch kompliziert. Doch der Erfolg gibt den Befürwortern recht. Die Ökodesignrichtlinie ist wegweisend, um nachhaltige Produktionsmethoden zu etablieren.

Frankreich: Vorschnelles Altern von Geräten bestrafen
Auf die abschreckende Wirkung von Strafen setzen seit Oktober 2014 die Franzosen. Das französische Parlament beschloss, die Manipulation von Produkten zur Verkürzung der Lebensdauer unter Strafandrohung

zu stellen – mit bis zu zwei Jahren Gefängnis und 300 000 Euro Strafzahlung. Das Gesetz geht auf eine Initiative der Grünen zurück und wurde im Rahmen des Energiewendegesetzes beschlossen. Die regierenden Sozialisten ließen sich auf den Deal ein, um sich die Zustimmung der Umweltpartei zu sichern. Das Gesetz legt fest, dass das bewusste Herbeiführen von Defekten, Zerbrechlichkeit, Programmierungsausfällen, technischer Beschränkung bis hin zur Nichtreparierfähigkeit bestraft werden können. Es geht also nicht nur um die bewusste Manipulation zur Verkürzung der Lebensdauer, sondern auch um Fälle, in denen das ganze Gerät ersetzt werden muss, wenn nur ein Einzelteil defekt ist. Zugleich sollen die Konsumenten besser informiert werden, etwa durch Aufkleber zur Lebensdauer von bestimmten Geräten.[274]

Da sich der geplante Defekt nur schwer nachweisen lässt, wird das Gesetz womöglich kaum die Haltbarkeit von Produkten verlängern. Vielleicht hat aber auch schon die bloße Drohkulisse einen Effekt. Der bereits weiter oben vorgeschlagene Ansatz der Ökoroutine wäre jedoch wesentlich unbürokratischer und zielführender: Wir verlängern die gesetzlichen Gewährleistungen spezifisch für unterschiedliche Produktgruppen, um den Konsumenten zumindest die Chance zu geben, ihre Handys und Fernseher länger zu nutzen.

Postplastikökonomie

Der deutsche Müllberg ist so groß wie noch nie. Ob das ein Problem ist, darüber wird viel gestritten. Schließlich landet unser Abfall schon lange nicht mehr auf der Deponie, sondern wird recycelt oder thermisch verwertet. Er dient also als Brennstoff beispielsweise für Zementwerke. Die benötigen dann weniger Gas oder Öl. Das klingt erst mal prima, doch ob dabei keinerlei schädliche Emissionen entstehen, ist fraglich. Zudem ist die Energiebilanz unerfreulich: Zur Produktion von einem Kilogramm Plastik wird mindestens die doppelte Menge an Erdöl benötigt.[275]

Vom allseits propagierten Ziel der Kreislaufwirtschaft sind wir weit entfernt. Öl soll ja auch noch in hundert Jahren ausreichend verfügbar sein und Kohle möglichst gar nicht ans Tageslicht befördert werden. Eine Welt ohne Kunststoffe wird es vermutlich nicht mehr geben, jedenfalls nicht, solange Menschen leben. Doch etwas weniger ist durchaus möglich: einmal durch eine Mehrwegoffensive wie im Kapitel »Vom Abweg zum Mehrweg« (S. 87) beschrieben, zum anderen durch klare Vorgaben für Monoverpackungen, denn diese ermöglichen sortenreines Recycling. Dann wandern alle Materialien ohne Qualitätsverlust und ohne Müll zurück in den Produktionskreislauf. Sensoren können mittels automatisierter optischer Verfahren verschiedene Materialien unterscheiden. Schwierig wird es immer dann, wenn in einer Verpackung verschiedene Kunststoffsorten zusammenkommen. Beispielsweise befinden sich fertig verpackte Wurstscheiben oft in einer harten Schale, die mit einer weichen Folie abgedeckt und verklebt ist. Dabei wäre es weder für die Hersteller noch für Supermärkte ein Problem, nur noch solche Verpackungen zu verwenden, die sich leicht sortenrein wiedergewinnen lassen. Hier ist der Gesetzgeber gefragt: Notwendig wäre eine entsprechende Regelung im Kreislaufwirtschaftsgesetz.

Noch besser wäre es natürlich, so viel Plastikmüll wie möglich zu vermeiden. Doch konkrete Handlungskonzepte dazu fehlen bislang. Statt am Kernproblem beim Kunststoffmüll – den Verpackungen – anzusetzen, dreht sich die gesellschaftliche Debatte bisher vor allem um Plastiktüten. Deren Anteil am gesamten Plastikabfall liegt jedoch schätzungsweise nur bei einem halben Prozent.[276] Dennoch widmen sich ganze Schulen dem Kampf gegen Plastiktüten, während sich daheim in rasantem Tempo die gelben Säcke mit Verpackungsmüll füllen. Die Lobbyorganisationen der Verpackungsindustrie hätten sich das nicht besser ausdenken können, um die öffentliche Meinung von den eigentlichen Herausforderungen abzulenken.

Einen substanziellen Fortschritt bringen Geschäfte wie »Original unverpackt«, die seit 2014 in einigen deutschen Großstädten eröffnet haben. Sie zeigen, dass Einkaufen auch ohne Verpackung möglich ist. Ökoroutine heißt ganz klar, dieses Konzept zum Standard zu erklären. Natürlich nur, wenn es funktioniert und eine kritische Masse erreicht hat. Wenn es aber die ersten 50 Läden gibt, ist es Zeit, darüber nachzudenken, wie sich die Selbstabfüllung von Produkten schrittweise etablieren lässt. In einer ersten Phase wäre das für Nudeln, Reis und dergleichen möglich. Und wo das nicht so gut klappt, kann man auf Mehrwegbehälter zurückgreifen.

Textile Wegwerfmentalität überwinden

Kleidung unterliegt per se der Mode. Selbst bei Herrenanzügen, an denen sich nur Details verändern, wissen Kenner das ungefähre Alter abzuschätzen. Obsoleszenz ist gewissermaßen die innere Logik der Textilbranche. Doch auch hier gibt es gravierende Unterschiede: Jacken, die zeitlos sind, Stoffe, die nicht schon nach kurzer Zeit fadenscheinig werden, Schuhe, die man reparieren kann, womöglich sogar mehrfach. Schon heute bieten einige Hersteller für Oberhemden freiwillig fünf Jahre Gewährleistung an. Das könnte man, im Sinne der Ökoroutine, zum Standard erheben – für die gesamte Garderobe.

Sicher, würde man die Näherinnen in den Fabriken darüber hinaus auch noch auskömmlich bezahlen und die Grundstoffe umweltverträglich bereitstellen, dann könnte unsere Kleidung nicht mehr so billig sein wie bislang. Doch womöglich würden wir unsere Hosen, Mäntel, Röcke und T-Shirts dann auch etwas länger tragen, sie eher im Kleiderkreisel tauschen und insgesamt seltener etwas Neues kaufen. Oder ist das nur ein kühner Traum?

Moralisch geboten ist es auf jeden Fall, dass wir die Wegwerfmentalität überwinden und dafür sorgen, dass eines Tages alle Kleidung ökofair produziert wird. Ökoroutine würde bedeuten, dass die Standards schrittweise erhöht werden. Das ist prinzipiell auch in Hinblick auf die Menschenrechte der Arbeiterinnen und Arbeiter im Bergbau, auf den Baumwollfeldern und in den Fabriken möglich. Nur so werden wir über Appelle und wohlfeile Versprechungen hinauskommen.

Denkbar wäre etwa ein internationales Abkommen zur Firmenhaftung. Vorbild könnte der »Dodd-Frank Act« sein, der die Beschaffung von Rohstoffen aus Konfliktregionen wie der Demokratischen Republik Kongo in den USA begrenzen soll. Zwar sieht das Gesetz kein Verbot vor, doch alle US-börsennotierten Unternehmen müssen seit Mai 2014 offenlegen, ob sie sogenannte Konfliktmineralien verwenden. Motto: »Name and Shame«. Die Grundidee dabei ist, dass die Unternehmen aus Sorge um ihre Reputation ihr Verhalten ändern werden.

Das US-Gesetz hat das Thema auf die internationale Agenda gebracht. Vor allem die Elektronikindustrie, Automobilzulieferer und Werkzeughersteller müssen ihre Lieferketten genauer betrachten. Herstellerverbände empfehlen ihren Mitgliedern, die Vorgabe sehr ernst zu nehmen. Mit der neu eingeführten Offenlegungspflicht entsteht de facto eine Pflicht zur Offenlegung der gesamten Lieferkette. Auch Unternehmen in der Liefer- beziehungsweise Produktionskette zur Herstellung eines Produkts sind damit mittelbar betroffen.[277]

Eine ähnliche Regelung wäre gewiss auch für Textilien möglich. Übergangsweise könnte man es beim »Name and Shame« belassen. Später ließen sich auf diesem Weg die Einhaltung von Menschenrechten manifestieren und letztlich ökofaire Standards bei der Produktion etablieren.

Wäre das eine Katastrophe für die Händler und Hersteller? Nicht unbedingt, meint Michael Otto, Aufsichtsratschef der Otto-Gruppe. Ihm zufolge muss ein Hemd keinen Euro teurer werden, wenn die Näherinnen mehr verdienen. Der entscheidende Hebel ist laut Otto die Frage, wie man die Zusammenarbeit mit seinen Zulieferern gestaltet. Arbeitet ein Unternehmen bei jedem Einkauf mit anderen Zulieferern zusammen und sucht jeweils den günstigsten, billigsten heraus – oder hat das Unternehmen feste Vertragsbeziehungen mit seinen Partnern? In diesem Fall haben die Zulieferer Planungssicherheit. So können sie ihre Arbeiter ausbilden und somit höhere Qualität liefern. Alle Beteiligten haben etwas davon.[278]

Eine andere Möglichkeit bieten Zölle. Schon in der Antike wurden sie erhoben, um Geld in den Staatshaushalt zu spülen. Für die Europäische Union sind Zölle eine direkte Einnahmequelle. Zugleich schützen sie die heimische Produktion vor ausländischer Konkurrenz. Zwar ist Freihandel seit Jahrzehnten die Leitidee, und die Staaten bemühen sich, Handelsbarrieren abzubauen. Dennoch gibt es sie nach wie vor. Für Textilien fallen in Europa zum Beispiel zwölf Prozent des Warenwerts an Zollgebühren an, für Lederschuhe acht Prozent. Die EU unterscheidet also nach der Warenart und nutzt ganz selbstverständlich den immensen Steuerungsspielraum, den Zölle bieten. Beispielsweise hat die EU-Kommission im Dezember 2013 einen Anti-Dumping-Zoll für Solarmodule aus China beschlossen. Es wäre also auch denkbar, den Import von menschenfreundlich hergestellter Kleidung vom Zoll zu befreien und konventionelle Produkte deutlich höher als bisher zu verzollen. Ein ähnliches Vorgehen wäre auch in Hinblick auf Elektronikprodukte möglich: Hersteller von Produkten wie dem Fairphone, die sich nachweislich um faire Produktionsbedingungen auch im Bergbau bemühen, könnten ihre Ware günstiger einführen. Die Kosten, die durch zusätzliche Kontrollen anfallen, ließen sich durch den erhöhten Zoll für konventionelle Produkte und Bußgelder einspielen.

Auch Importverbote werden in der Praxis eingesetzt, beispielsweise für Fleisch von Tieren, die mit bestimmten Hormonen behandelt wurden. Es ist Alltagsroutine im internationalen Warenverkehr, die jeweiligen Standards und Vorschriften einzuhalten. Die Einfuhr von Textilien unterliegt schon heute einer Genehmigungspflicht. Eine Vorgabe wie der 1992 eingeführte Oeko-Tex-Standard zur Zertifizierung schadstoffgeprüfter Textilien und umweltfreundlicher Produktion ließe sich leicht für alle Produkte festschreiben.

Das Gegenargument, solche Vorgaben ließen sich doch gar nicht kontrollieren, ist nicht stichhaltig. Denn wenn ein Standard nicht einmal gesetzlich vorgegeben ist, kann man auch nichts einfordern. Kontrollen erfolgen immer in Stichproben. Ihre Effektivität hängt zum einem von den personellen Kapazitäten und der Neutralität der Kontrolleure ab. Zum anderen ist die Höhe des möglichen Bußgeldes von entscheidender Bedeutung. Auch hier gilt das Fahrplankonzept der Ökoroutine. Die ökofairen Standards für importierte Kleidung sind schrittweise anzuheben, über einen so langen Zeitraum, dass die Produzenten, Händler und Kunden sich daran gewöhnen können. So werden ökofaire Hosen und Hemden zur Selbstverständlichkeit, ohne dass wir uns im Alltag lange damit auseinandersetzen müssen.

Werbung begrenzen: Entkommerzialisierung

Keine Frage, Werbung ist der stärkste Treiber für Überflusskonsum. Eine der wichtigsten Gegenstrategien der Ökoroutine ist daher die Begrenzung von Werbung. Auf diese Weise könnten wir uns effektiv und einfach vor den Folgen fehlgeleiteten Konsums schützen. Diese Strategie der Ökoroutine ist zentral, wenn sich achtsame Verhaltensweisen verselbstständigen sollen. Die Begrenzung der Werbung lässt sich auch als »Entkommerzialisierung« bezeichnen.[279]

Den Anfang könnte ein generelles Verbot von Werbung machen, die sich speziell an unter Zwölfjährige richtet. So halten es Schweden und Norwegen schon heute. Hilfreich wäre auch ein prinzipielles Werbeverbot im Umfeld von Kindersendungen, wie es in Österreich und Dänemark üblich ist.[280] Begründen ließe sich die Entscheidung damit, dass Kinder keine Konsumenten sind und sich nur schwer gegen die subtilen Lockungen der Werbung wehren können. Es stimmt zwar, dass die Eltern entscheiden können, was gekauft wird und wie viel Zeit ihre Kinder vor dem Bildschirm verbringen. Doch im Alltag lässt sich selbst besseres Wissen oft nur schwer durchsetzen. Nur wenige haben die Kraft und die Kapazität, sich dem Einfluss einer milliardenschweren Industrie entgegenzustellen. Es wäre fahrlässig, sie damit allein zu lassen.

Weiter könnte eine EU-Richtlinie bestimmen, dass nur solche Autos im Fernsehen beworben werden dürfen, die weniger als die nach dem aktuellen Grenzwert zulässigen 120 Gramm Kohlendioxid pro Kilometer emittieren. Das Wenigste wäre es, bei jeder Werbeanzeige auf die klimaschädliche Auswirkung des Fahrzeugs aufmerksam zu machen. Ein solches Vorgehen ist keine Utopie, sondern beim Tabak längst selbstverständlich. Seit bald zwei Jahrzehnten müssen Anzeigen darauf hinweisen, dass Rauchen die Gesundheit gefährdet. Seitdem ist die Zahl der Raucher deutlich gesunken.

Effektiv ist zudem Gegenwerbung, wie sie beispielsweise auf jeder Rückseite eines Greenpeace-Magazins zu finden ist. Das Design ist vom Original zunächst kaum zu unterscheiden. Doch in den darin enthaltenen Texten wird der entsprechende Hersteller kritisiert und karikiert. Um beispielsweise die Werbelügen einer vermeintlichen Zwischenmahlzeit zu persiflieren, titelt die Fake-Anzeige: »Ich hab's nicht so mit Brote schmieren!« Weiter heißt es: »Ich hasse es, täglich Pausenbrote zu belegen und Äpfel zu waschen. Für das Hungergefühl zwischendurch stecke ich mir und meinen Kindern einfach eine Milch-Schnitte ein. Die enthält zwar mehr Zucker, Fett und Kalorien als Schoko-Sahne-Torte. Aber wir tun einfach mal so, als sei es eine sportlich-leichte Zwischenmahlzeit.« »Culture Jamming« nennt sich diese gegen herkömmliche Werbung gerichtete Kunstform. Fernsehsender könnten dazu verpflichtet werden, zu bestimmten Sendezeiten solche Gegenwerbung kostenfrei auszustrahlen.

Das wäre vergleichbar mit der schon bestehenden vertraglichen Verpflichtung für private Sender, einen gewissen Anteil ihrer Sendezeit kulturellen Themen zu widmen. Diese Zeiten beschickt beispielsweise das Medienunternehmen dctp mit Kulturmagazinen.

Auch der Deutsche Werberat könnte – und sollte – seinen Einfluss geltend machen. Schon heute heißt es in den Verhaltensregeln des Werberats, Werbung für Kinder sollte keine direkten Aufforderungen zu Kauf oder Konsum an Kinder enthalten und dem Erlernen einer gesunden Ernährung nicht entgegenwirken. Wer das liest, gerät ins Staunen. Würden diese schon bestehenden Vorgaben beachtet, sähe die Werbewelt anders aus. Doch nur besonders kritische Organisationen weisen auch auf die Einhaltung solcher Regeln hin, der Werberat wohl am allerwenigsten. Dabei könnte das Gremium wesentlich mehr bewirken, wenn der Gesetzgeber entsprechend Einfluss nimmt.

Ökoroutine formiert den Werberat zu einer machtvollen Institution, deren Ziel die Begrenzung von Werbung ist. Auch hier ist keine Hauruckaktion erforderlich, sondern planvolles Vorgehen. Im ersten Schritt geht es der Kinderwerbung an den Kragen, später sind besonders manipulative und falsche Aussagen zu unterbinden. Der Werberat verhindert auch Spots und Anzeigen von Konzernen und Verbänden zur Beeinflussung von Wahlergebnissen (»Manipulation der Öffentlichkeit«, S. 50).

Zudem sorgen die Kultusministerien und Schulbehörden künftig wie bereits ausgeführt dafür, dass Firmen sich nicht in Schulen einschleichen. Weder die Brotdose mit dem Logo des heimischen Bäckers »für das gesunde Frühstück« noch das Matheübungsheft von der Sparkasse haben dort etwas zu suchen. Das allgegenwärtige Sponsoring wird rigoros unterbunden. Wenn Unternehmen spenden wollen, können sie das anonym tun. Wem das zu radikal erscheint, der könnte sich an einem Kompromiss versuchen: Die Spender finden einmal im Jahr Erwähnung im Schulreport. Ansonsten erscheint an keiner Stelle ein Firmenlogo oder ähnliche Werbebotschaften.

Der Bilderverschmutzung im öffentlichen Raum widmet sich hierzulande das »Amt für Werbefreiheit«. Die Aktivisten dieser »Behörde« wenden sich gegen die Störung und Belästigung durch Werbung, auch weil zu viel Werbung den Ressourcenverbrauch erhöht. Mit vergleich-

Abbildung 19 »Delete« nannte sich ein Kunstprojekt in Wien. Für zwei Wochen verdeckten Künstler auf 200 Metern einer großen Einkaufsstraße sämtliche Logos und Plakate mit gelber Folie, um das Ausmaß der Kommerzialisierung zu verdeutlichen. São Paulo hat Werbung im öffentlichen Raum sogar bereits teilweise verboten. Und tatsächlich kann Öko nur zur Routine werden, wenn wir die Werbung zurückdrängen. Foto: wikimedia.org

barer Intention gab es vor einigen Jahren das Kunstprojekt »Delete«. Auf 200 Metern einer der bekanntesten Einkaufsstraßen Wiens waren für zwei Wochen kein Logo und keine Werbung mehr zu finden. Die Künstler verdeckten sämtliche kommerziellen Schilder mit gelben Stoffbahnen und Folien, um auf das Ausmaß der Bilderverschmutzung aufmerksam zu machen. Erstaunlich war, dass die Wiener Wirtschaftskammer die Aktion sponserte.

Öko kann nur zur Routine werden, wenn wir die Werbung zurückdrängen

Dass Werbeverbote realistisch sind, zeigt die brasilianische Stadt São Paulo.[281] Die Metropole hat 2007 in beispielloser Manier übergroße Werbung im Stadtbild per Gesetz untersagt. Zur Begründung hieß es, man wolle die visuelle Umweltverschmutzung vermeiden[282] und dem ästhetischen, kulturellen und ökologischen Wohlergehen der Stadt dienen.

Werbung im öffentlichen Raum ist demnach nur dann zulässig, wenn sie auf einer Fassade von bis zu zehn Quadratmetern nicht mehr als anderthalb Quadratmeter und auf einer Fläche von bis zu 100 Quadratmetern höchstens vier Quadratmeter einnimmt.[283] Monströse Werbetafel sind damit verschwunden, die Stadt ist kaum wiederzuerkennen. Wer sich nicht an das Gesetz hält, muss mit einem Bußgeld rechnen. Die Demontage der rund 15 000 Außenwerbeflächen soll über acht Millionen Euro gekostet haben.[284]

Zwei Drittel der Bevölkerung befürworten das Gesetz. Die Menschen fühlen sich nun stressfreier, da die unzähligen Werbebotschaften nicht mehr unbewusst registriert werden müssen und sie durch die Demontierung der Leuchtreklame die Dunkelheit in der Nacht zurückerlangt haben.[285] Im Jahr 2013 haben die Stadtväter die Radikalkur allerdings beendet, auch im Hinblick auf die Fußballweltmeisterschaft 2014. An 2000 Standorten gibt es jetzt wieder Außenwerbung – nicht viel für eine Stadt mit zwölf Millionen Einwohnern. Die Hälfte sind digitale Displays, die auch News, Nachrichten der Stadtverwaltung und Kulturprogramme anzeigen müssen.[286]

Um dem 30-Milliarden-Werbeetat der Wirtschaft etwas entgegenzusetzen, wäre es zudem hilfreich, eine Art GEMA-Gebühr für Werbeanzeigen in Fernsehsendern, Zeitschriften und Internetportalen zu verlangen: Für jede geschaltete Anzeige erheben die Werbeträger eine Gebühr von fünf Prozent und geben die Einnahmen an die »Verwaltungsgesellschaft für Gegenwerbung« weiter. Diese Agentur finanziert mit ihrem Etat Gegenwerbung. Zudem führt sie systematische Kontrollen durch und untersagt über den Werberat solche Anzeigen, die den Prüfkriterien nicht entsprechen. Diese sind freilich deutlich zu erweitern, wenn Öko zur Routine werden soll.

Auch Ökoroutine verfolgt nicht das Ziel, Werbung komplett zu verbieten. Sie gehört zum Unternehmertum wie der Marktschreier zum Wochenmarkt. Doch der Rahmen, in dem sich Werbung bewegt, wird sich mit Ökoroutine ändern.

Kapitel 8

Unterwegs

In dem Film »Larry Crowne« hat Tom Hanks gerade seinen Job verloren. Die Suche nach einer neuen Stelle bleibt erfolglos, bald geht Larry das Geld aus. Er verkauft sein Haus, seinen Fernseher und weitere Wertgegenstände. Seinen riesigen Geländewagen, gegen den ein Q7 von Audi niedlich aussieht, behält er allerdings – bis sich ein Aha-Erlebnis an der Tankstelle ereignet: Während bei Larrys SUV Gallone für Gallone durch den Tankstutzen rauscht, fahren zwei Motorrollerfahrer vor. Sie brauchen für einen vollen Tank nur 1,2 Gallonen. Bei Mr Crowne hat die Anzeige derweil 25 Gallonen (rund 95 Liter) überschritten. Schlagartig wird ihm das soeben vorgeführte Sparpotenzial bewusst. In der nächsten Szene hat er seinen »Kleinlaster« verkauft und feilscht um einen gebrauchten Roller.[287]

Die Geschichte verdeutlicht, dass die extreme Verschwendung von Öl nach wie vor ein selbstverständlicher Teil unserer Mobilitätskultur ist. Ein Umdenkprozess setzt oft erst ein, wenn es zu drastischen Einschnitten kommt, wie etwa Arbeitslosigkeit oder rapide steigenden Treibstoffpreisen. Als der Ölpreis bei weit über 100 Dollar pro Barrel (159 Liter) lag, verdreifachten sich in den USA die Kosten für eine Tankfüllung. Durch den geringen Steueranteil beim Benzin macht sich der Rohölpreis umso stärker bemerkbar. Durch den aktuellen Preisverfall beim Öl ist Tanken derzeit aber wieder beispiellos billig und ein Anreiz zur Sparsamkeit nicht vorhanden.

Auch in Deutschland geht der Trend seit Jahren zu immer größeren und PS-stärkeren Fahrzeugen. Die Neuzulassungen von Kleinwagen verringerten sich zwischen 2009 und 2014 um fast 20 Prozent, während die Zahl der SUVs und Geländewagen um 122 Prozent zunahm. Im Schnitt hatte im Januar 2011 jeder Neuwagen 133,6 PS unter der Haube.

Im Jahr 1995 waren es noch 95 PS.[288] Diese Entwicklung liegt nicht allein am Spritpreis. Sie ist auch das Ergebnis wenig umweltfreundlicher Weichenstellungen durch die politischen Entscheidungsträger. Käufer von Schwerstgewichtsfahrzeugen müssen nicht einmal ein schlechtes Gewissen haben, denn ein irreführendes Klimalabel gaukelt ihnen vor, das Richtige zu tun. In der Berechnungsformel für die Klimawirksamkeit von Fahrzeugen relativierte die Bundesregierung unter dem Druck der Automobilkonzerne den Verbrauch über das Gewicht. Die tatsächlichen Emissionen werden dadurch verschleiert. Das führt dazu, dass ein BMW ActiveHybrid X6 mit einem Gewicht von mehr als 2,5 Tonnen und einem CO_2-Ausstoß von 231 Gramm je Kilometer noch die Effizienzklasse C erhält. Ein Renault Twingo, ein Kleinwagen mit gut einer Tonne Gewicht und einem Ausstoß von 120 Gramm Kohlendioxid je Kilometer, hat hingegen die schlechtere Effizienzklasse D. Gemessen am neuen Ökolabel, sind ein Golf und ein Leopard-Kampfpanzer gleich umweltfreundlich.[289] Das ist das Ergebnis einer Politik, die Verschwendung zur Routine macht. In der Konsequenz nimmt der Verbrauch von Benzin und Diesel seit nunmehr zehn Jahren zu. Eine Trendumkehr ist nicht in Sicht.

Auch die steuerliche Begünstigung von Dienstwagen stellt einen weiteren Abwärtstreiber dar. Sie verleitet zu wenig achtsamem Verbrauch und entzieht den öffentlichen Haushalten Steuermittel, die für ökologisch sinnvolle Maßnahmen verwendet werden könnten.[290] Der Halter eines von der Firma bereitgestellten Dienstwagens zahlt deshalb für einen VW Passat lediglich 1 500 Euro im Jahr – alles inklusive. Als Privatperson würde ihn derselbe Wagen jährlich mindestens 7 500 Euro kosten.[291] Daher ist es nicht verwunderlich, dass fast zwei Drittel aller Pkw in Deutschland als Dienst- beziehungsweise Firmenwagen in den Verkehr kommen.[292]

Das Dienstwagenprivileg forciert damit die Schwergewichtsroutine. Denn je teurer der Wagen ist, desto höher fällt der Zuschuss aus. Die Entscheidung für große, schwere Limousinen wird dadurch begünstigt. Der Effekt: Kleinwagen haben nur zur Hälfte einen gewerblichen Halter, bei der Oberklasse sind es 86 Prozent.[293]

Die steuerliche Förderung von Dienstwagen gehört deshalb endlich abgeschafft. Nur so kann Öko zur Routine werden. Wer sich das nicht

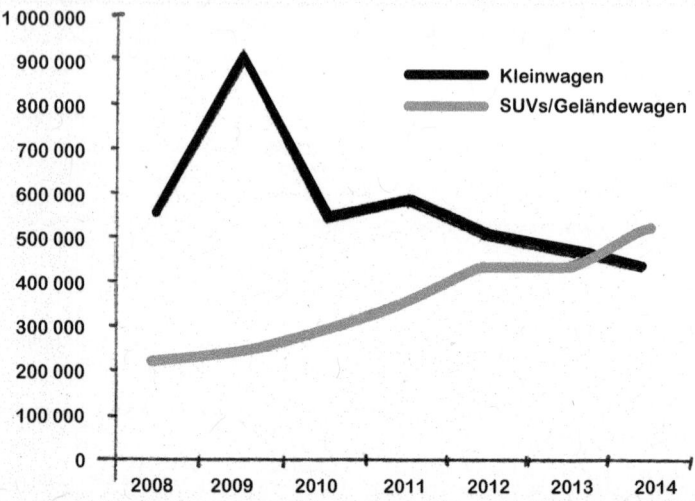

Abbildung 20 Die Neuzulassungen von SUVs und Geländewagen haben dramatisch zugenommen. Kleinwagen werden dagegen immer weniger nachgefragt. Nur nach der Öl- und Finanzkrise fanden leichte, verbrauchsarme und günstige Autos kurzfristig reißenden Absatz – auch bedingt durch die Abwrackprämie.[294]

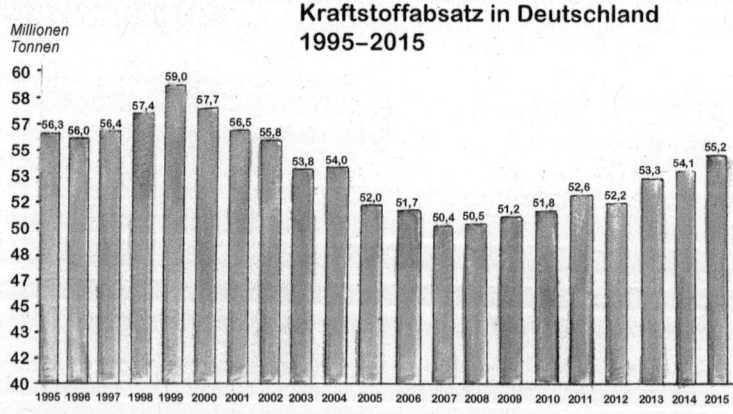

Abbildung 21 Eigentlich sollte der Verbrauch von Diesel und Benzin beständig zurückgehen. Passiert ist das Gegenteil: Der Verbrauch erhöhte sich in den letzten Jahren wieder in höchst bedenklichem Maße.[295]

zutraut, sollte zumindest dafür sorgen, dass der Steuerzahler nur noch besonders sparsame Fahrzeuge bezuschusst. Würde etwa die steuerliche Absetzbarkeit der Ausgaben für Firmen- und Dienstwagen auf eine für umweltfreundlichere Pkw-Fahrten ausgerichtete Größe von hundert Gramm CO_2 pro Kilometer begrenzt, würde das auf mittlere Sicht zu einer CO_2-Minderung des Pkw-Verkehrs um etwa fünf Prozent führen. Außerdem könnten so rund vier Milliarden Euro klimaschädlicher Subventionen pro Jahr abgebaut werden.[296] In Großbritannien gingen seit einer ähnlichen Reform der Dienstwagenbesteuerung im April 2002 die CO_2-Emissionen der Dienst- und Firmenwagen von 196 Gramm CO_2 auf danach 169 Gramm pro Kilometer zurück.

Der Wenigereffekt

Es ist offensichtlich, dass unser Mobilitätsverhalten den persönlichen Energiebedarf massiv beeinflusst. Unsere Fortbewegungsroutinen werden maßgeblich durch äußere Rahmenbedingungen bestimmt. So wie die über Jahrzehnte währende Verkehrspolitik im Sinne der »autogerechten Stadt«, die Menschen dazu bewegt hat, in den Wagen statt in den Bus oder aufs Rad zu steigen, kann das Leitbild der menschengerechten Stadt den Trend zur urbanen Blechverschmutzung wieder umkehren.

Ökoroutine sorgt für kurze Wege zu Einkaufsmöglichkeiten für den alltäglichen Bedarf, für eine exzellente Anbindung zum kostengünstigen Nahverkehr, verlängerte Wege zum Auto, schrittweise reduzierte Stellplätze und den Einsatz von besonders sparsamen Personenwagen. Bei entsprechenden Rahmenbedingungen kann es gelingen, dass die Bürgerinnen und Bürger durch moderat suffizientes Verhalten den Primärenergieverbrauch und die Treibhausgasemissionen mehr als halbieren. Durch verschwenderisches Verhalten ist eine Erhöhung von Verbrauch und Emissionen um rund 30 bis 40 Prozent zu erwarten.[297]

Gemeinhin gelten kurze Fahrten mit dem Auto innerhalb der Stadt als vermeidbar. In Nürnberg ergab eine Studie, dass rund drei Viertel aller Fahrten innerhalb der Stadtgrenzen stattfanden. Was die Entfernung angeht, überschätzen viele Nürnberger ihre Autofahrten: Tatsächlich führten zwei Drittel aller täglichen Wege nicht weiter als sechs Kilometer. Für jeden zweiten Weg wäre das Auto entbehrlich gewesen. Nicht jedes Mal muss man beispielsweise einen Großeinkauf transportieren. Laufen und Radfahren würden neben Benzinkosten zudem das Fitnessstudio ersparen. Es wäre schon viel gewonnen, wenn in Nürnberg jeder für seine Fahrten mit dem Privatauto ein- bis zweimal pro Woche eine klimafreundliche Alternative wählen würde. Der Privatverkehr in der Stadt würde so um zehn bis 20 Prozent zurückgehen und damit auch die entsprechenden Schadstoff- und CO_2-Emissionen.[298]

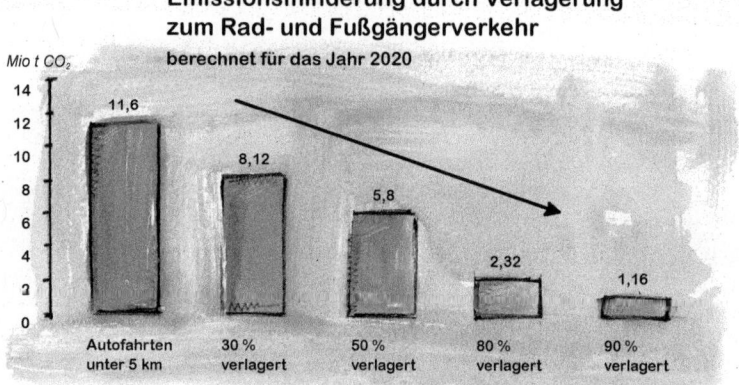

Abbildung 22 Die Emissionen für Autofahrten unter fünf Kilometer liegen bei 11,6 Tonnen im Jahr. Sie verringern sich auf 5,8 Tonnen, wenn sich die Hälfte zum Fahrrad- oder Fußgängerverkehr verlagert.[299]

Bundesweit ist rund die Hälfte aller Autofahrten kürzer als fünf Kilometer, fünf Prozent liegen unter einem Kilometer. Diese – eigentlich leicht vermeidbaren – Fahrten erzeugen zusammen jährlich mehr als 14 Millionen Tonnen Kohlendioxid. Durch sparsamere Autos lässt sich der Ausstoß nach Berechnungen des Umweltbundesamtes bis zum Jahr 2020 allenfalls auf 11 Millionen Tonnen Kohlendioxid senken. Würde in Deutschland hingegen die Hälfte der Autofahrten unter fünf Kilometern zum Fahrrad- oder Fußgängerverkehr verlagert, ließen sich knapp sechs Millionen Tonnen CO_2 einsparen.[300]

Das »mentale« Potenzial ist jedenfalls vorhanden. Die Bürgerinnen und Bürger sind bereit für die Verkehrswende: 82 Prozent beantworten die Frage »Sollten unsere Städte und Gemeinden so umgestaltet werden, dass die/der Einzelne kaum noch auf ein Auto angewiesen ist?« mit »Ja«. Vier von fünf Bundesbürgern wünschen sich also eine Abkehr von einer auf das Auto abgestimmten Städteplanung und eine Hinwendung zu kurzen Fußwegen, Fahrrad- und öffentlichem Nahverkehr.[301]

Nahversorgung

Die »Stadt der kurzen Wege« wird seit Jahrzehnten als wünschenswertes Leitbild für mehr Umweltschutz und Lebensqualität beschworen, während die tatsächliche Entwicklung in die entgegengesetzte Richtung ging: Supermärkte entstanden auf der grünen Wiese, am Stadtrand wurden reine Schlafbezirke gebaut, und die Institution »Tante-Emma-Laden« gibt es fast nur noch in Form von Spielzeugkaufläden für Kinder.

Die Wegstrecken für den Einkauf von Grundnahrungsmitteln wie Milch und Kartoffeln haben sich seitdem verlängert. Sie mit dem Auto zurückzulegen wurde zum Normalfall. Dieser Trend hält allen Einsichten und Bekenntnissen zum Trotz an. Jeden Tag machen vier Nahversorger wie Metzger, Lebensmittelhändler oder Bäcker ihren Laden dicht. Insgesamt ging die Zahl kleinerer Lebensmittelgeschäfte zwischen 2007 und 2013 um mehr als 40 Prozent zurück, die der Bäckereien und Metzgereien um jeweils fast 20 Prozent.[302] Nicht nur auf dem Land ist das ein Problem, auch in vielen Stadtteilen.

Der Trend zu langen Wegen beim Einkauf hat sich verselbstständigt. Die Verantwortung liegt aber auch bei den Kunden. Sie wollten mehr Auswahl und entwickelten sich zum Schnäppchenjäger. Der niedrige Preis ist in vielen Fällen das stärkste Kaufargument. Das dokumentieren die mit Werbeprospekten verstopften Briefkästen. Offenbar lassen sich die Verbraucher anlocken, wenn eine Pizza für 2,59 statt 2,79 Euro zu haben ist.

In Anbetracht der Fahrkosten hat die Tendenz zur Fernversorgung mit Vernunft nichts zu tun. Ältere Bewohner, die nicht mehr selbst zum Großsupermarkt fahren konnten, baten ihre Angehörigen, ihren Einkauf mit zu erledigen. Nach und nach entzogen sie damit den Anbietern im eigenen Stadtquartier die Wirtschaftsgrundlage. Wer kein Auto hat oder nicht fahren kann, hat in dezentralen Stadtteilen und im Umland ein Problem. Es war und ist eine schleichende verkehrspolitische Katastrophe – und auch eine soziale, weil gerade für ältere Menschen neben der wohnortnahen Versorgung auch wichtige Treffpunkte verloren gehen.

Freilich kann man Einzelhändler nicht zwingen, Läden an Standorten mit schlechten Gewinnmargen zu eröffnen. Die Autoren der Studie »Nahversorgt« kommen zu dem Schluss, dass nun eine politische Grundsatzentscheidung angezeigt ist. Der im Grundgesetz festgelegte Anspruch, einheitliche Lebensverhältnisse in den Teilräumen des Bundesgebietes zu gewährleisten, spiegelt sich immer weniger in den realen Verhältnissen wider. Entweder man gibt diesen Anspruch nunmehr auf, lautet das Fazit der Studie, oder es ist im Rahmen der Raumplanung und Strukturförderung dafür zu sorgen, dass sich der Trend umkehrt.

Das Raumordnungsgesetz adressiert seit 2009 formal eine Trendwende. Paragraf 2 thematisiert »die Erreichbarkeit von Angeboten der Grundversorgung […] auch in dünn besiedelten Regionen«. Doch es wird nicht ausreichen, in Bauplänen kleine Nahversorgungsgeschäfte vorzusehen, möglichst mit ergänzenden Dienstleistungen. Darüber hinaus ist eine finanzielle Förderung notwendig. Wie das funktionieren kann, macht Schleswig-Holstein mit dem landesweit etablierten Nahversorgungsmodell »MarktTreff« vor. Das Konzept entstand in Kooperation mit engagierten Akteuren aus der Region, aus Wirtschaft, Verbänden und Gesellschaft. Angesprochen werden damit Gemeinden mit bis zu 2 500 Einwohnern. Ziel eines MarktTreffs ist es, möglichst viele Produkte, Services und Angebote unter einem Dach zusammen anzubieten, um die Lebensqualität in den ländlichen Räumen zu verbessern.

Solche Förderinitiativen fallen auf fruchtbaren Boden. Vielerorts sammeln die Bürgerinnen und Bürger beispielsweise im Zuge einer Genossenschaftsgründung Gelder für die Ansiedlung eines Dorfladens. In dem Ort Resse nahe Hannover kamen innerhalb von zwei Wochen genügend Mittel zusammen, um einen 700 Quadratmeter großen Markt mit Backshop und Frischfleischtheke in Kooperation mit einem Lebensmittelhändler aufzubauen. Bundesweit gibt es mittlerweile rund 200 solcher Dorfläden. Ein Teil davon hat sich zu einem Netzwerk zusammengeschlossen, um sich gegenseitig zu unterstützen.[303]

Die finanzielle Beteiligung der Anwohner gewährleistet das notwendige Eigeninteresse beim Aufbau eines Dorfladens. Denn mit öffentlichen Geldern Nahversorgungsläden aufzubauen hilft wenig, wenn die Adressaten weiter zum Discounter fahren. Gleichwohl kann eine systematische – und auch finanzielle – Förderung von Bund und Ländern die Abwärtsspirale stoppen helfen, Nahversorgung sichern und womöglich eine Trendumkehr bewirken. Und das ist mithin eine wichtige Strategie für kurze Wege und zukunftsfähige Mobilität.

Sportlich: Das Rad

Die Förderung des Radverkehrs haben sich Bund, Länder und Kommunen inzwischen auf die Fahnen geschrieben. Das Ziel: mehr Radverkehr, weniger Autoverkehr. In diesem Punkt sind sich alle einig. Doch wie kommt man da hin? Hier trennt sich die Spreu vom Weizen. Der Etat für Radwege an Bundesstraßen, die für eine bessere Anbindung des ländlichen Raums sorgen sollen, liegt noch immer unter dem Niveau des Jahres 2010 – obwohl der Fahrradverkehr zugenommen hat.[304]

Der ehemalige Bundesverkehrsminister Peter Ramsauer schimpfte öffentlich über »Kampfradler« und sprach von »Verrohung«.[305] Mit eigenen Augen habe er beobachtet, so Ramsauer, wie Radler rote Ampeln und jede Verkehrsregel missachten. Polizisten plädieren ergänzend für Fahrradkennzeichen, um die Sünder leichter ausmachen zu können. Das ist die Befindlichkeit einer Nation im Zustand totaler Automobilisierung. In Paris dagegen ist es Radlern seit vier Jahren gestattet, bei Rot geradeaus weiterzufahren oder rechts abzubiegen, wenn die Straße frei ist. Ein Schild mit einem gelben Pfeil weist die Fahrradfahrer auf die neue Freiheit hin. Zunächst beschränkte sich die Regelung auf einen kleinen Bezirk im Norden von Paris. Nun gilt sie an mehr als tausend Kreuzungen in der französischen Hauptstadt.[306] Im US-Bundesstaat Idaho gibt es die Regelung schon seit 1982. Auch in den Niederlanden, Belgien und in Basel sind damit gute Erfahrungen gemacht worden. In Deutschland allerdings will man von der Idee nichts wissen. Bundesverkehrsminister Alexander Dobrindt lehnt sie »aus Gründen der Verkehrssicherheit«

ab.[307] Dabei haben Untersuchungen ergeben, dass die Förderung des Radverkehrs zu mehr Sicherheit führt. Je mehr Radler unterwegs sind, desto seltener kommt es zu Unfällen, denn Autofahrer achten dann eher auf den Fahrradverkehr. In Kopenhagen hat sich die Zahl der schwer verletzten Radfahrer halbiert, während die zurückgelegten Radkilometer um 20 Prozent anstiegen.[308]

Überhaupt kann man in der dänischen Hauptstadt sehen, was möglich ist. Dort möchten die Stadtplaner mit einer Fahrradstrategie bewirken, dass die Bewohner bis 2025 jeden zweiten Weg mit dem Rad zurücklegen. Kann das auch bei uns gelingen? Die Berliner nutzen gegenwärtig für 13 Prozent der Wege ihr Fahrrad.[309] Es gibt viel zu tun, wenn dieser Wert eines Tages auf 50 Prozent ansteigen soll. Fest steht zumindest, dass nicht allein Kampagnen und Bildungsarbeit einen solchen Wandel bewirken werden. Denn sie zielen nur auf das Bewusstsein. Wichtiger ist jedoch das »Sein«, also die Rahmenbedingungen: Radschnellwege, Vorrangschaltung für Radfahrer, kostenlose Mitnahme in Bus und Bahn, Tempolimit und vieles mehr. Die meisten Konzepte können Kommunalpolitiker ohne Einschränkung umsetzen. Beim Tempolimit ist allerdings der Bund gefragt.

Besonders bei kurzen Strecken ist es naheliegend, das Rad, also die sportliche Variante, zu bevorzugen. Die Reisezeit ist häufig sogar kürzer als mit dem Auto. Es ist verblüffend, wie viele private Autofahrten in Städten unter sechs Kilometer liegen (s. Kapitel »Der Wenigereffekt, S. 144). Wer einmal selbst die Probe machen möchte, vergleiche auf dem Parkplatz eines Supermarkts oder Schwimmbads die Zahl der Fahrräder mit der Menge an ortsansässigen Autos – das Ortskennzeichen an den Autos deutet darauf hin, dass eine Alternative vorhanden wäre. Selbst vor Biomärkten stehen häufig deutlich mehr Autos als Räder.

Kopenhagen macht Radfahren zur Routine

Die Städte und Gemeinden haben in den letzten zwanzig Jahren einiges unternommen, damit die Bürgerinnen und Bürger zumindest kurze Strecken mit Muskelkraft zurücklegen. In München etwa konnte der Radverkehrsanteil innerhalb von zehn Jahren von 10 auf 17 Prozent gesteigert werden, während der motorisierte Individualverkehr um zehn Prozent zurückging.[310] Hier wird das vorhandene Potenzial zumindest ansatzweise realisiert. Erfolgreich sind zum einen Kampagnen, die auf die Psyche abzielen. Zum anderen prägen die physikalischen Infrastrukturen in Form von Radwegen, Vorrangschaltung, kostenloser Mitnahme in Bus und Bahn unsere »mentalen Infrastrukturen«.[311] In diesem Sinne sind komfortable Radwege die Grundlage des kulturellen Wandels; physikalische und »mentale« Infrastrukturen sind zwei Seiten derselben Medaille.

Geradezu visionär hat das Kopenhagen veranschaulicht. Wohl keine andere Stadt hat sich so sehr um Radfahrer bemüht wie Dänemarks Hauptstadt. Die Radspuren – breit und gut gepflegt – werden mit einer Steinkante von der Straße abgetrennt, Autostellplätze in Stellflächen für Räder umgewidmet und auf den am stärksten befahrenen Radwegen sind die Ampeltaktungen auf die Geschwindigkeit der Radler abgestimmt. Vormittags kann man mit 20 Stundenkilometern quasi unterbrechungsfrei im Zentrum fahren. Zwanzig Angestellte arbeiten im »Cykelsekretariat« der Stadt, einzig mit der Aufgabe betraut, das Radfahren so angenehm wie möglich zu machen. Zum Vergleich: Berlin hat sich zwar

Abbildung 23   Zugeräumter Radweg in Dresden. Radeln kann nur Routine werden, wenn Radwege auch im Winter geräumt werden. So macht es Kopenhagen. Foto: Konrad Krause, ADFC

schon 2004 den hübschen Titel »Fahrradstadt« gegeben, doch das selbst gesteckte Ziel, fünf Euro pro Einwohner für den Radverkehr aufzuwenden, verfehlt die Hauptstadt immer wieder. Die knapp bemessenen Mittel können teilweise nicht einmal ausgegeben werden, weil es an Personal fehlt. Vorübergehend gab es einen ehrenamtlichen Fahrradbeauftragten, das Amt ist jedoch seit Jahren nicht mehr besetzt.[312]

Dass Kopenhagen die Infrastruktur für Radfahrer fördert und ausbaut, hat auch die Selbstwahrnehmung der Kopenhagener verändert. Je deutlicher die Wertschätzung des Zweiradverkehrs seitens der Stadtverwaltung wurde, desto häufiger stiegen die Anwohner aufs Rad. Eine ernsthafte Förderpolitik für den Radverkehr signalisiert durch konkrete Maßnahmen ganz klar: Wir freuen uns über jeden weiteren Radfahrer und über jeden, der sein Auto stehen lässt oder abschafft.

Nun sind Bekenntnisse zum Radverkehr das eine, die politische Umsetzung das andere. Im Winter offenbart sich, ob es die Stadtväter ernst meinen mit der Förderung des Radverkehrs: Freie Straßen auch bei Schnee sind eine Selbstverständlichkeit, doch die Radwege werden in den meisten Städten erst als Letztes geräumt, wenn überhaupt. Nicht selten schiebt die Straßenreinigung den Schnee sogar auf den Radweg. Radfahren erscheint dadurch als eine Gutwetterbeschäftigung – im Winter muss man eben das Auto nehmen. In Deutschland gibt es wohl nicht eine Stadt, die ihre Radwege genauso effektiv von Schnee befreit wie ihre Straßen. So spüren die Bürgerinnen und Bürger: Priorität hat das Auto.

Kopenhagen bemüht sich dagegen besonders im Winter um die Bürgerinnen und Bürger, die auch bei Kälte und Schnee mit Muskelkraft zur Arbeit fahren. Wertschätzung pur ist es, wenn Kopenhagen im Winter zuerst Radwege vom Schnee befreit. Autofahrer müssen notfalls warten. Das scheint in Deutschland geradezu unvorstellbar. Der städtische Räumdienst in Kopenhagen begründet diese Priorität mit dem »gesunden Menschenverstand«: Rund 40 Prozent der Kopenhagener radeln bei normalen Wetterverhältnissen zur Arbeit. Würden sie beim ersten Schnee aufs Auto umsteigen, würde der Verkehr zusammenbrechen.[313] Auf die Idee kam Klaus Bondam, bis 2010 Bürgermeister für Bauen und Umwelt in Kopenhagen. Sein Kommentar: »Die Autofahrer sitzen im Warmen, wir müssen uns um die kümmern, die es am schwersten haben.«[314]

Selbstständigkeit erlernen

Es gibt viele Ansatzpunkte, die Sicherheit von Radfahrern zu fördern. Manchmal muss dafür nichts getan, sondern etwas unterlassen werden – etwa die Kinder mit dem Auto zur Schule zu bringen. Experten halten es für dringend geboten, dass sich der Trend zum »Taxi Mama« wieder umkehrt. Sie warnen, dass Kinder Selbstständigkeit im Straßenverkehr nicht lernen können, wenn Papa und Mama sie ständig an der Hand haben. Den Chauffeur für die Kinder zu spielen ist demnach nicht gut, sondern nur gut gemeint.

Dass sich Eltern Sorgen um die Sicherheit ihrer Kinder machen, ist zwar verständlich, doch ungewollt fördern sie damit genau das, was sie eigentlich verhindern wollen. Viele Schulen beklagen, dass Eltern das Halteverbot vor der Schule missachten oder direkt auf das Schulgelände fahren und so den Weg für alle anderen zum Hindernislauf machen und die Unfallgefahr vor den Schulen erhöhen. Oftmals sind es auch keineswegs die Gefahren des Straßenverkehrs, mit denen die elterlichen Fahrdienste begründet werden, sondern dass der Weg zur Schule zu dunkel, zu nass, zu warm oder zu kalt ist und der Ranzen so schwer. Einige Eltern fahren ihre Kinder aus falsch verstandener Sorge sogar 250 Meter bis zur Kindertagesstätte.

Eine Untersuchung des Kinderbarometers Hessen ergab, dass nur 15 Prozent der Kinder dort wirklich auf das elterliche Auto angewiesen sind. Mehr als die Hälfte erklärte in der Befragung, die Ziele auch zu Fuß oder mit dem Rad erreichen zu können. Wer an das »Taxi Mama« gewöhnt ist, hat darauf allerdings oft keine Lust mehr. Musiklehrer und Sporttrainer berichten, dass ihre Schützlinge schlicht nicht erscheinen, wenn der Familienfahrdienst einmal streikt. Doch Kinder gewinnen im Straßenverkehr nur dann Sicherheit, wenn sie ihn als aktive Verkehrsteilnehmer erleben. Einige Tage Verkehrserziehung können das nicht ersetzen.[315] »Back to the Bikes« könnte das Motto der »Generation Rad« lauten. Wie so oft bei der kulturellen Transformation liegt die Innovation hier im Altbewährten.

Aktive Mobilität

Allerdings sind moralische Erwiderungen fehl am Platz, wenn Kinder sich beschweren: »Warum müssen wir mit dem Rad fahren, während meine Freunde mit dem Auto gebracht werden?« Radfahren ist eine Frage der Haltung. Es ist kein Opfer für die Kinder in Afrika oder die zukünftigen Generationen. Wer mit dem Rad fährt, tut sich selbst – und seiner unmittelbaren Mitwelt – einen Gefallen. Er handelt nicht nur umweltfreundlich, er fördert auch die eigene Gesundheit. Die Älteren haben oft Gewichtsprobleme und können auf zwei Rädern dagegenarbeiten. Die Jüngeren sitzen mehr denn je vor Bildschirmen, ansonsten in der Schule oder an den Hausaufgaben, sodass ihr natürliches Bewegungsbedürfnis zu kurz kommt. Wie viele Länder legt auch Dänemark seinen Bürgern im Rahmen von Gesundheitskampagnen nahe, täglich spazieren zu gehen und häufig zu radeln. Beispielsweise wird den Fahrgästen in den Bussen des öffentlichen Nahverkehrs vorgeschlagen, gelegentlich eine Station früher auszusteigen und den Rest zu Fuß zurückzulegen.[316]

Studien aus Skandinavien zeigen, dass sich die positiven Gesundheitseffekte des Radfahrens auch quantifizieren lassen. Pro Kilometer ergibt sich demzufolge ein Nutzen von 0,15 Euro. Ein finnisches Verkehrsplanungshandbuch beziffert den »Gesundheitszuwachs« durch jeden neuen Fahrradnutzer auf 1 200 Euro pro Jahr, der sich beispielsweise aus verringerten Ausgaben der Krankenkassen erklären lässt. Die finnische Bewertung stützt ihre Berechnungen auf eine norwegische Kosten-Nutzen-Analyse. Drei Städte in Norwegen hatten sie durchgeführt, nachdem in ihren Kommunen neue Rad- und Gehwege gebaut worden waren. Dabei wiesen die analysierten Projekte ein deutlich besseres Kosten-Nutzen-Verhältnis auf als herkömmliche Straßenbauprojekte. Diese Ergebnisse nahmen die Norweger als wichtigstes Argument für einen wegweisenden Fahrradplan. Zwischen 2006 und 2015 investierte die Regierung mehr als 300 Millionen Euro in die Fahrradinfrastruktur – nicht wenig für ein Land mit nur fünf Millionen Einwohnern.[317] Deutschland mit seinen gut 80 Millionen Einwohnern müsste demnach 12 Milliarden Euro für den Radverkehr aufwenden, um genauso fahrradfreundlich zu werden.

Wer das Fitnessprogramm des Alltags verfeinern möchte, nutzt das Rad womöglich zum Transport. Mit einem Anhänger, in dem auch Kinder mitfahren können, lässt sich leicht mehr transportieren als im Kofferraum eines Pkws der Miniklasse. Es gibt auch spezielle Transportfahrräder, die – es wird kaum verwundern – besonders in Holland und Dänemark verbreitet sind. Der Weg zum Arbeitsplatz kann zur täglichen Trainingsstrecke werden und nicht selten die Kosten für den Zweitwagen einsparen. Strecken bis sechs Kilometer sind kein Problem; wenn man es sportlich sieht, auch längere Wege. In bergigen Regionen oder bei weiteren Strecken kann das E-Bike oder Pedelec hilfreich sein. So wird vermieden, dass man durchgeschwitzt am Arbeitsplatz erscheint. Es gibt gleichwohl auch Arbeitgeber, die zur Förderung der zweirädrigen Anfahrt Duschen bereitstellen.

Stellplätze für Fahrräder

Ein weiterer Baustein für eine nachhaltige Verkehrspolitik ist die Bereitstellung von Stellflächen für Fahrräder. Zwar haben die Städte hier schon einiges getan, aber deutlich spürbar wird der Wandel erst, wenn die Planer Radstellplätze gegenüber Parkflächen bevorzugen. Bislang müssen für neue Wohnungen und Geschäfte lediglich ausreichende Pkw-Parkplätze bereitgestellt werden. Ihr Fahrrad hingegen müssen Großstadtbewohner in die Wohnung schleppen, um es sicher zu verwahren. Dabei wäre bei Radstellplätzen der Aufwand für Vermieter vergleichsweise gering: Auf einem Pkw-Stellplatz lassen sich fünf Räder unterbringen.

Baden-Württemberg kommt den Radlern inzwischen mit einer progressiven Bauordnung entgegen. Pro Wohnung müssen bei privaten Neubauten künftig zwei wettergeschützte Stellplätze für Fahrräder zur Verfügung stehen, die eine wirksame Diebstahlsicherung ermöglichen. Sie ersetzen teilweise die bislang notwendigen Pkw-Stellplätze. Die Stellplätze für Räder sollen möglichst ebenerdig zugänglich oder durch Rampen oder Aufzüge leicht erreichbar sein. Es können sowohl die traditionellen Fahrradständer gebaut als auch Flächen oder Räume eingerichtet werden, um Fahrräder, Kinderwagen oder Gehhilfen abzustellen.[318]

Eine harmlose Änderung, sollte man annehmen. Doch es hagelte Proteste: Die Landesvereinigung Bauwirtschaft warnte vor unerschwinglichen Kosten, vor allem für junge Familien. Der baden-württembergische Handwerkstag kritisierte die Regelungswut der Landesregierung und sah die Eigenverantwortung von Bauherren bedroht. Der Haus- und Grundbesitzerverband prognostizierte eine baldige Wohnungsknappheit im Ländle, weil Bauen nun allzu teuer werde. Der Mieterverein forderte staatliche Hilfen, um die mutmaßlichen Kostensteigerungen durch das neue Gesetz aufzufangen.[319]

Dabei übersehen die empörten Bewahrer des Status quo, dass die Neuregelung sogar eine Kostenersparnis mit sich bringt – schließlich müssen nun weniger Autostellplätze bereitgestellt werden. Deren Bau ist vier- bis fünfmal so teuer wie der Bau von Radstellplätzen. Müssen Tiefgaragen geschaffen werden, potenzieren sich die Kosten. Zudem verdrängen die Kritiker, dass die Bereitstellung von Pkw-Stellplätzen bis ins kleinste Detail geregelt ist. Warum beschweren sich die Verbände nicht darüber? Schließlich hat man jahrzehntelang Eigentümer und Mieter zu hohen Ausgaben für Parkplätze genötigt.

Ökoroutine bedeutet: Achtsame Lebensstile werden systematisch gefördert. In diesem Fall ist es dringend geboten, dass die Länder ihre Bauordnungen überarbeiten. Was zu tun ist, darüber müssen die Mandatsträger an vielen Stellen gar nicht mehr lange grübeln, ein Blick in die Gesetze der progressiven Nachbarländer genügt.

Belastend: Kraftwagen

Nachhaltige Mobilität ist das heikelste Thema in der deutschen Umweltpolitik. Über vieles lassen die Menschen mit sich reden, aber beim Auto hört der Spaß auf. Die allseits gepriesene Lösung ist Elektromobilität. Sie ist die Erlösungsmetaphorik einer Automobilismus-Gesellschaft. Die Vision: Irgendwann haben die Bundesbürger ihre Benziner und Diesel gegen ein E-Auto eingetauscht und reisen emissionsfrei. Damit geht das Heilsversprechen einher, dass niemand etwas an seinen Gewohnheiten ändern muss.

Kaum jemand traut sich, laut die unbequeme Wahrheit auszusprechen, dass die Zahl der Autos sich zu reduzieren hat. In welchem Ausmaß, darüber lässt sich trefflich streiten. Jüngste Schätzungen gehen davon aus, dass die erforderliche Reduktion der Klimagase um mindestens

90 Prozent bis 2050 nur zu schaffen sein wird, wenn nur noch halb so viele Kraftwagen unterwegs sind wie bislang.[320]

Das sieht die Automobilindustrie freilich anders. Sowenig wie die Energiewende im Einklang mit den großen Stromerzeugern auf den Weg gebracht werden konnte, so wenig wird sich eine Verkehrswende im Einvernehmen mit der Autobranche initiieren lassen, wenn es im Ergebnis zu einer absoluten Reduktion der Flotte kommen soll.

Limits und Standards für Kohlenstoff

Eine Million Elektrofahrzeuge sollen bis 2020 zugelassen sein, bis 2030 sogar sechs Millionen. Bisher ist Deutschland von dem Ziel, das die Bundesregierung vor fünf Jahren verkündet hat, noch meilenweit entfernt. Nach Zahlen des Kraftfahrt-Bundesamtes waren Anfang 2015 von 44,4 Millionen zugelassenen Pkw nicht einmal 20 000 Elektrofahrzeuge.[321]

Das Millionenziel lässt übrigens unbeachtet, dass sich die gesamte Fahrzeugflotte in der Bundesrepublik Jahr für Jahr vergrößert. Um die angestrebte Reduktion der Klimagase zu erreichen, wären in Zukunft folglich entsprechend auch noch mehr Elektroautos nötig.

Unabhängig davon stellt sich die Frage, wie der vollständige Wechsel vom Treibstoffauto zum Elektrowagen erfolgen soll. Die Hersteller verlangen Förderprogramme, etwa für die Entwicklung, oder rufen nach Steuervergünstigungen. Derzeit ist eine Kaufprämie von 5 000 Euro pro Wagen im Gespräch. Zwei Milliarden Euro würde das Anreizprogramm die Steuerzahler kosten, auch solche, die nur Bus und Bahn oder Fahrrad fahren.[322] Geht das vielleicht auch einfacher?

Wie kommen wir dahin, dass die Autos sparsamer werden? An sich ist das ganz einfach und billig zu haben. Ein Limit für den CO_2-Ausstoß der Fahrzeuge je Kilometer macht Öko zur Routine. Das klingt nach einer gewagten Forderung, ist jedoch längst Realität. Für die gesamte Flotte eines Herstellers gibt es seit 2012 eine Vorgabe der Europäischen Union. Sie liegt gegenwärtig bei 120 Gramm Kohlendioxidausstoß je Kilometer. Ab 2020 dürfen die jährlich neu zugelassenen Pkw eines Herstellers einen Durchschnittswert von 95 Gramm nicht überschreiten. Für leichte Nutzfahrzeuge liegt der Zielwert bei 175 Gramm pro Kilometer für das Jahr 2017, ab 2020 gelten 147 Gramm als Limit.[323]

Der Bundesregierung ist es zwar gelungen, die Vorgaben etwas abzuschwächen – in den ersten Jahren dürfen emissionsarme Fahrzeuge wie Elektroautos per sogenanntem Super-Credit mehrfach angerechnet werden und drücken so den Durchschnittswert der Gesamtflotte eines Herstellers. Doch insgesamt hat die EU einen Fahrplan ins Werk gesetzt, der den Vergleich mit der Effizienzvorgabe für den Neubau von Häusern nicht zu scheuen braucht. Dieser Fahrplan ist Ökoroutine in Reinform. Ihn fortzusetzen heißt, dafür zu sorgen, dass sich der Breiteneinsatz von klimafreundlichen Autos verselbstständigt. Für das Jahr 2018 wäre ein Durchschnittswert von 60 Gramm angemessen. Jetzt fehlt nur noch eine Kohlenstoffbegrenzung für schwere Lastwagen.

Weder die Produzenten noch die Konsumenten empfinden dieses Limit offenbar als besonders radikal. In vielen Punkten kommen die EU-Vorgaben der Autobranche entgegen: Hersteller können weiterhin Kraftwagen mit recht hohen Emissionen verkaufen, wenn sie zugleich besonders klimafreundliche Fahrzeuge vertreiben. Limousinenliebhaber müssen sich nicht plötzlich umstellen. Der EU-Fahrplan möchte einen

Abbildung 24 Ein Limit für den CO_2-Ausstoß der Fahrzeuge je Kilometer macht Öko zur Routine. Foto: Gabi Eder, pixelio.de

schleichenden Transformationsprozess einleiten. So soll es rasch zu grünen Innovationssprüngen in der Autobranche kommen. Die Möglichkeit, Spritfresser und Sparwagen miteinander zu verrechnen, erklärt zugleich, warum die Automobilindustrie so eindringlich ein Förderprogramm für Elektrowagen fordert. Je mehr sie davon verkauft, desto leichter kann sie weiter Schwergewichtsfahrzeuge absetzen. Einen Plan B hat die Branche bislang nicht vorzuweisen, um die 95-Gramm-Vorgabe einzuhalten.

Ein Förderprogramm für Elektrowagen ist daher schlichtweg nicht erforderlich. Die Branche hat sich selbst darum zu kümmern, dass genügend Kunden auf die E-Modelle umsatteln. Gelingt das nicht, ist die Produktpalette entsprechend anzupassen. Zum einen könnten die Anbieter die Produktion der besonders klimaschädlichen Vehikel einstellen oder diese extrem optimieren, um das Limit einzuhalten. Beides werden sie jedoch nicht freiwillig tun. Der VW-Abgasskandal zeigt, dass Hersteller dazu neigen können, strengere Normen durch Tricksereien zu umgehen. So wie VW in den USA wohl Milliarden an Strafen zahlen muss, so sollten auch in Deutschland empfindliche Bußgelder festgelegt werden, damit die Hersteller sich an die Zielvorgaben halten. Die Messung der Abgaswerte ist dabei auf den realen Betrieb umzustellen, denn gegenwärtig verbrauchen Neuwagen mittlerweile 42 Prozent mehr Sprit als von den Herstellern offiziell behauptet – und stoßen entsprechend mehr Treibhausgase aus.[324]

Eine andere Möglichkeit: Das Kraftfahrt-Bundesamt verweigert den schlimmsten Spritschluckern jener Hersteller die Zulassung, die das Flottenlimit zum Jahr 2022 nicht einhalten.

Limit & Gebühren für Neuzulassungen

Ökoroutine sucht nach Möglichkeiten, die Gegebenheiten so zu verändern, dass sich die Verkehrswende verselbstständigt. Das Kohlenstofflimit ist dafür ein Paradebeispiel – wenn es konsequent umgesetzt und kontrolliert wird.

Die Regelung hat allerdings eine Schwäche. Die Zahl der Kraftwagen könnte unaufhörlich zunehmen. Allein zwischen 2009 und 2015 wuchs die angemeldete Fahrzeugflotte in Deutschland um zweieinhalb

Millionen.[325] Um einen weiteren Anstieg zu verhindern, bedarf es einer Begrenzung der Neuzulassungen auf dem gegenwärtigen Niveau. Das Kraftfahrt-Bundesamt kann die Menge des bundesweiten Pkw-Zuwachses stabilisieren. Möglich wäre sogar eine schrittweise Reduktion.

Doch was geschieht, wenn mehr Anmeldungen vorliegen als Lizenzen? Dazu käme es zwangsläufig, wenn sich die Gesamtzahl der Wagen verringerte. Für diesen Fall ist ein faires Vergabeverfahren zu entwickeln. Möglich wäre eine Lotterie oder Auktion. Wer hier nicht zum Zuge kommt, würde im Folgejahr bevorzugt. Die Nutzungsdauer der Fahrzeuge verschafft den Interessenten beträchtlichen Spielraum.

Gegebenenfalls ließen sich auch gesonderte Auktionen für Dienstwagen und für Haushalte in ländlichen Regionen einrichten, denn Millionen Bürger könnten ihren Lebensalltag kaum ohne Auto bewerkstelligen. Denkbar wäre auch, dass für Elektrofahrzeuge und die besten Spritsparer vorläufig keine Limitierung erfolgt. Ein solches »Förderprogramm« kostete den Staat keinen Cent. Da das Zulassungsverfahren für Kraftwagen über den Fahrzeugschein personengebunden erfolgt, ist ein Handel mit Lizenzen nicht möglich.[326] Mit Abmeldung oder Verkauf des Wagens erlischt die Lizenz. Insofern besteht auch nicht die Gefahr, dass plötzlich zehn Millionen Bürgerinnen und Bürger eine Lizenz beantragen, um sie dann in einer Onlineauktion zu veräußern. Hat ein Bürger eine Lizenz erhalten, ergibt sich daraus die Verpflichtung, das angemeldete Fahrzeug tatsächlich zu erwerben und ein gegebenenfalls vorhandenes Fahrzeug abzumelden. In Kombination mit dem schon bestehenden Emissionsstandard für die gesamte Fahrzeugflotte der jeweiligen Hersteller realisierte sich so eine kontinuierliche Minderung der Klimagase.

Gebühren als zusätzlicher Treiber

Damit sich zugleich ein Impuls für den Wechsel vom Pkw zu Bussen und Bahnen ergibt, ist es angebracht, die Gebühren für die Zulassung anzuheben. Würde man für jede Neuzulassung fünf Euro je Gramm CO_2 pro Kilometer verlangen, stünden bei einem durchschnittlichen Emissionswert von 130 Gramm rund zwei Milliarden Investitionsmittel für den Umweltverbund zur Verfügung.[327] Für einen Golf wären dann 730 Euro zu berappen.[328] Das ist kein großer Betrag, wenn man bedenkt, dass jeder

Pkw rund 2 100 Euro im Jahr an Kosten verursacht, die von der Allgemeinheit getragen werden.[329]

Auch ergibt sich aus der Gebühr kein unmittelbarer finanzieller Anreiz, die Anschaffung eines Autos zu vermeiden. Denn nach dem Kauf ist die Gebühr innerlich abgehakt, und die anschließende Nutzung des Automobils bleibt unbeeinflusst. Aber in jedem Jahr macht die Gebühr die Ökoalternativen attraktiver. Steuern und Abgaben wie in Dänemark oder Singapur sind hierzulande zwar gegenwärtig undenkbar. Doch mit den fünf Euro je Gramm Kohlendioxidausstoß wäre ein Anfang gemacht, der noch Luft nach oben hat.

Schlaglicht: *Zur Anmeldung eines Fahrzeugs zahlt der Anmelder zwischen 23 und 26 Euro, je nach Aufwand der Anmeldung.*[330] *Hierfür müssen neben dem Nachweis einer Kfz-Haftpflichtversicherung auch der Personalausweis des Halters, die Autokennzeichen und die Zulassungsbescheinigung des Fahrzeugs vorgezeigt werden. Handelt es sich um ein Fahrzeug aus dem Ausland, wird das COC-Zertifikat*[331] *benötigt, bei einem Gebrauchtwagen die Bescheinigung über Abgasuntersuchung und Stilllegung des Vorbesitzers. Die Gesamtkosten für die Anmeldung belaufen sich dann insgesamt auf 60 bis 70 Euro. Im Vergleich zum durchschnittlichen Anschaffungspreis eines Fahrzeugs von rund 28 000 Euro*[332] *ist diese Steuer für Käufer nicht relevant.*

Mobile Ökoroutine ist in einigen Städten bereits Alltag, beispielsweise in Singapur. Dort haben sich ressourcensparende Mobilitätsgewohnheiten verselbstständigt und etabliert. Der Stadtstaat hat 5,5 Millionen Einwohner, doch nur jeder Achte besitzt ein Auto. In München ist die Autodichte annähernd dreimal so hoch. Auf den Straßen Singapurs kommen Busse, Lkw und Autos gut voran. Busse und Bahnen sind beliebt, werden massiv ausgebaut und kommen ohne Subventionen aus.

Was wie ein Märchen klingt, ist das Ergebnis von Ökoroutine in der Verkehrspolitik. Bereits Mitte der 1970er-Jahre hat Singapur Berechtigungszertifikate für die Neuzulassung eines Personenkraftwagens eingeführt. Das »Certificate of Entitlement« wird durch eine Art Auktion vergeben. Wer dabei erfolgreich war, darf mit dem Wagen zehn Jahre lang die Straßen nutzen. Anschließend ist der Wagen abzumelden oder das Zertifikat zu verlängern. Der Preis für die Berechtigung lag im ersten Halbjahr 2014 zwischen 37 000 Euro und 52 500 Euro. In manchen Jahren hat sie auch schon 68 000 Euro gekostet. Im Jahr 2014 begrenzte die Regierung den Autozuwachs durch die Zertifikate auf ein halbes Prozent. Zudem gibt es Gebühren je gefahrenem Straßenkilometer sowie für Parkplätze. U-Bahnen und Busse sind dank der hohen Auslastung hingegen extrem günstig.

Während in vielen anderen Metropolen Asiens chaotische Verhältnisse im Straßenverkehr der Normalfall sind, geht es in Singapur flüssig voran. Staus sind die Ausnahme. Freilich würden gerne mehr Bürger ein eigenes Auto nutzen wollen, doch insgesamt herrscht die Einsicht vor, dass Automobilität für alle den Verkehrsfluss massiv verschlechtern würde. Damit ist letztlich niemandem geholfen.[333]

In Dänemark gibt es, zusätzlich zur üblichen Mineralölsteuer und der jährlich zu zahlenden Fahrzeugsteuer, eine sogenannte einmalige Registrationssteuer. Sie wird bei der Neuzulassung eines Kraftwagens erhoben, jedoch nicht bei Eigentümerwechsel. Im Gegensatz zu Singapur gilt sie damit unbefristet. Diese Steuer ist recht hoch. Bei Kraftfahrzeugen, die über einem Kaufpreis von derzeit rund 11 000 Euro liegen, werden die darüber hinausgehenden Beträge des Kaufpreises mit 180 Prozent besteuert.[334] Ein Wagen für 15 000 Euro kostet dadurch ungefähr doppelt so viel. Das ist der Aufschlag für ein vergleichsweise günstiges Auto. Bei den teureren Fahrzeugen braucht man am Ende fast das Dreifache des eigentlichen Händlerpreises. Für sparsame Autos sind dabei weniger Steuern zu zahlen als für Verschwender. Als Kaufanreiz für Elektroautos hat Dänemark kein teures Förderprogramm aufgelegt, sondern lediglich für die Einführungsphase einen Steuernachlass gewährt. Das macht Öko zur Routine. Im europäischen Vergleich hat sich die Klimabilanz der dänischen Autoflotte deutlich verbessert. Noch bedeutsamer ist, dass die Dänen mit deutlich weniger Autos zurechtkommen. Je 1 000 Einwohner gibt es davon im Königreich 20 Prozent weniger als in Deutschland.[335]

Die Metropolen Chinas sind durch den Autoverkehr überlastet. Die Luftverschmutzung ist extrem: An manchen Tagen sind Städte wie Peking völlig vernebelt. In der Luft hängt ein giftiges Gemisch aus Stickoxiden, Kohlenmonoxid, Schwefeldioxid und Ruß. Die Behörden in zahlreichen großen Städten Chinas limitieren daher seit einigen Jahren die Zahl der Neuzulassungen. In Peking und Schanghai liegt das Limit bei 20 000 Personenwagen im Monat. Das ist wenig, wenn man bedenkt, dass Millionen Chinesen gerne ein Auto kaufen möchten.[336] Die Millionenstadt Tianjin im Nordosten des Landes vergibt pro Jahr maximal 100 000 neue Zulassungslizenzen. Davon werden 60 000 verlost und weitere 40 000 zu einem Mindestpreis von 10 000 Yuan (rund 1 200 Euro) versteigert.[337] Zunächst bremst diese Maßnahme nur das Wachstum und löst nicht unmittelbar die Schadstoff- und Stauprobleme. Doch Autos sind irgendwann nicht mehr fahrtauglich und landen in der Schrottpresse. Das erhöht die Wirkung des Limits. In Schanghai, Peking und der Industriestadt Guangzhou gibt es darüber hinaus seit Längerem bestimmte Tage, an denen nur Autos mit geraden oder ungeraden Kennzahlen auf dem Nummernschild fahren dürfen, um weniger Verkehr auf der Straße zu haben und so die Luftverschmutzung zu begrenzen.

Diese Form der Ökoroutine scheint hierzulande undenkbar. Und doch ist es beschämend, dass wir nicht selbst Vorbild sind – die hiesige Mobilitätsroutine ist in globaler Dimension ein klimapolitischer Albtraum. Die Pkw-Dichte in Deutschland ist zehnmal größer als in China.[338] Gerade die Autonation Deutschland sollte der Welt vorführen, wie sich mit zielsicheren Konzepten die Blechkistenflut und Kohlenstoffschwemme eindämmen lassen.

City-Maut

Um dem Verkehrskollaps etwas entgegenzusetzen, haben Städte wie London, Stockholm und Oslo eine City-Maut umgesetzt. Mit der Einfahrtsgebühr machten sie innerhalb von Monaten ein gemäßigtes Mobilitätsverhalten zur Routine und reduzierten die Schadstoffbelastung im Stadtgebiet. Schon ein halbes Jahr nach Einführung der »Congestion Charge« Anfang 2003 war das Verkehrsaufkommen in London um 17 Prozent gesunken, deutlich mehr als erwartet. Beim Pkw-Verkehr betrug der Rückgang sogar knapp 40 Prozent. Die durchschnittliche Geschwindigkeit des innerstädtischen Verkehrs stieg von 13 auf 17 Stundenkilometer, die Fahrzeiten der Busse wurden kürzer und verlässlicher. Ebenfalls ein Gewinn: Die Verkehrsunfälle gingen um 20 Prozent zurück. Über die Hälfte der unterlassenen Autofahrten verlagerte sich zudem auf den öffentlichen Personennahverkehr. Dieser wird mit den Einnahmen massiv ausgebaut. Die Feinstaubkonzentration in der britischen Hauptstadt verringerte sich um zwölf Prozent. Auch der Einzelhandel ist insgesamt zufrieden.[339] So schön kann Ökoroutine sein.

Im Sommer 2007 führte auch Schwedens Hauptstadt Stockholm die City-Maut ein. Dort bewirkte die Maßnahme ebenfalls einen drastischen Rückgang des Verkehrsaufkommens um ein Viertel. Die Feinstaubbelastung verringerte sich um 13 Prozent. Darüber hinaus optimierte die Gebühr den Verkehrsfluss: Die Stauzeiten halbierten sich im Nachmittagsverkehr. Wie auch in London stieg die Nutzung des Nahverkehrs deutlich.[340]

Norwegens Hauptstadt geht noch einen Schritt weiter. Schon seit 1990 erhebt Oslo eine City-Maut. Im Herbst 2015 verkündete die neue Stadtregierung, dass ab 2020 nur noch Autos ohne Schadstoffausstoß im Stadtzentrum zulässig sein werden. Durch solche und andere Maßnahmen soll der Autoverkehr in Oslo bis 2030 um 30 Prozent abnehmen.[341]

Bereits in 14 europäischen Städten gibt es Mautmodelle – außer im Autoland Deutschland. Hier erscheint eine solche Gebühr politisch kaum durchsetzbar. Weder in Hamburg, Berlin oder München noch in anderen Großstädten wird der Vorschlag ernsthaft diskutiert. Die Vorbehalte sind gravierend. Das war allerdings auch in jenen Städten so, die sich für eine Innenstadtmaut entschieden haben. Das Meinungsbild änderte sich jedoch rasch nach Einführung der Maut. Klare Ablehnung vor dem Start und mehrheitliche Akzeptanz spätestens nach einem Jahr sind der Normalfall. In London etwa stieg die Zustimmung auf knapp 60 Prozent.[342]

Einmal mehr zeigt sich: Ökoroutine ist auf mutige und entschlossene Politiker und besonnene Wählerinnen und Wähler angewiesen. Wer Bedenken und Sorgen vorab aus dem Weg geräumt haben will, für den kann eine modellhafte Erprobung der erste Schritt sein. Auch das hat bereits andernorts funktioniert. Enkeltaugliche Mobilität kommt nicht von allein in die Welt. Eine City-Maut hilft uns, das zu tun, was wir für richtig halten: für einen verbesserten Nahverkehr und mehr Lebensqualität in der Stadt.[343]

Limit & Gebühren für Parkplätze

Das Paragrafenwerk der Bauordnung in Bund und Ländern wirkt auf den Laien nicht gerade elektrisierend. Doch schon kleine Veränderungen können hier maßgebliche Impulse für die Verkehrswende bewirken. Geradezu symbolische Bedeutung hat die sogenannte Stellplatzsatzung. Sie schreibt Kommunen seit Jahrzehnten vor, für Wohngebäude genug Platz vorzuhalten, um die vorhandenen oder zu erwartenden Kraftfahrzeuge der Bewohner und Besucherinnen aufnehmen zu können. Über den Daumen gepeilt, ergibt sich daraus ein Stellplatz pro Wohnung. Auch für Geschäfte gibt es konkrete Vorgaben, die sich an der Ladenfläche orientieren und damit den Kunden das Parken ihrer Autos ermöglichen sollen. Im deutschen Durchschnitt entfällt auf 23 Quadratmeter Verkaufsfläche jeweils ein Stellplatz.[344] Das hat unsere Städte autogerecht gemacht, ist teuer und hässlich.

Blechverschmutzung per Dekret

Die heutige Parkraumorganisation ist auf die Reichsgaragenordnung aus dem Jahr 1939 zurückzuführen. An jedem Ort unserer Aktivitäten ordnen wir seither in unmittelbarer Nähe Parkplätze an. Diese benötigen Straßen. Der Staat betreibt seit damals die systematische Zerschneidung der Landschaft und hat per Dekret dafür gesorgt, dass jede neue Wohnsiedlung mit breiten Straßen versehen wird und sich vor jedem Haus ein Stellplatz befindet. Das hat die Wohnqualität erheblich beeinträchtigt. Erst seit jüngerer Zeit haben es wenige Kommunen gewagt, die Stellplätze zumindest gebündelt am Randbereich einer Siedlung einzurichten. In der Freiburger Vauban-Siedlung etwa ist zu beobachten, dass schon allein diese Maßnahme deutlich die Attraktivität anhebt.

Einmal mehr zeigt sich an diesem Beispiel, dass die Verkehrswelt, wie wir sie kennen, das Ergebnis politischer Steuerung ist. Wenn der Weg zum Auto nur eine Minute, hingegen zur nächsten Bushaltestelle fünf Minuten dauert, werden die Menschen von achtsamen Verhaltensweisen systematisch abgehalten. Ob Einkauf, Kinobesuch oder der Ausflug ins

Grüne: Wir nutzen in der Regel das bequemste, billigste und einfachste Verkehrsmittel. Das Auto wurde durch politische Steuerung zur Routine und hat sich in unsere Seelen eingenistet.

Das ist weder zeitgemäß noch zukunftsfähig. Der Hamburger Senat hat das verstanden und die unsägliche Satzung 2013 abgeschafft,[345] nicht nur um Gestank und Lärm zu vertreiben, sondern auch um die Kosten für den Wohnungsbau durch den Zwangsbau von Stellplätzen und Tiefgaragen nicht unnötig in die Höhe zu treiben. Ziel einer menschenfreundlichen und ressourcenschonenden Verkehrspolitik sollte es sein, dass der Weg vom und zum geparkten Auto mindestens genauso lang ist wie der Weg von der und zur nächsten Haltestelle des öffentlichen Verkehrs.[346]

Lange Zeit konnten sich die Stadtplaner in den Städten darauf berufen, man erfülle lediglich die gesetzlichen Anforderungen. Inzwischen haben sich die Vorgaben in einigen Ländern deutlich gewandelt. Niedersachsens Kommunen können in Neubaugebieten nun selbst darüber bestimmen, ob und wie viel Beton und Teer in Parkplätze versenkt werden muss. Doch geplant wird wie eh und je, hat man ja immer so gemacht. Dabei ist es in Niedersachsen inzwischen möglich, die Stellplatzsatzung komplett zu übergehen, ja sogar explizit die Schaffung von Parkplätzen zu unterbinden.[347]

In unseren Städten und Gemeinden haben die Planer längst genug Grünflächen für Autos versiegelt. Besonders in schrumpfenden Städten behindern Neubauten ohnehin den Weg zu Klimaschutz und Ressourcengerechtigkeit. Noch weniger zukunftsfähig ist es, Investoren zum Bau von Parkplätzen zu verpflichten. Wenn es überhaupt noch eine Verpflichtung geben sollte, dann, um solcherlei Verschwendung zu unterbinden. Progressiv wäre unterdessen ein verpflichtendes Carsharingangebot für Neubausiedlungen, wenn diese sich nicht vermeiden lassen.

Parkplatzrückbau

Es ist zwar schön, dass die Kommunen im Grunde selbst bestimmen können, wie viel Geld Bauherren in Stellflächen stecken müssen. Doch wer traut sich das in Anbetracht der Konkurrenz im Landkreis oder der Nachbarstadt? Es wäre wohl effektiver, würden die Landesparlamente den Nettozubau von Parkplätzen auf das gegenwärtige Niveau begrenzen. Es gibt ohnehin zu viele. Eine Deckelung ist ebenso radikal wie vernünftig. Im nächsten Schritt steht der Rückbau auf dem Plan. Wie etwa in Zürich und Kopenhagen: Die Dänen haben über 20 Jahre jeweils zwei bis drei Prozent der Parkplätze abgebaut und zugleich die Gebühren für die bestehenden Parkflächen erhöht.[348] In Tübingen haben die Planer das stillschweigend realisiert. Auch München prüft nun den vorsichtigen Rückbau.[349]

Die Erfahrungen in Vorreiterstädten zeigen, dass Verkehrspolitik achtsame Mobilitätsgewohnheiten zur Routine machen kann. Dafür braucht es einigen Mut. Wenn die Parkgebühren erhöht werden, hagelt es Proteste. Doch im Vergleich zu den Gebühren für die Neuzulassung von Fahrzeugen in Singapur – rund 40 000 Euro (siehe S. 199) – sind 200 Euro im Jahr für einen innerstädtischen Anwohnerparkausweis in Amsterdam geradezu lächerlich. In der Folge nahm dort die Zahl der Autobesitzer spürbar ab.[350] In Kassel zahlen Anwohner nur ein Zehntel davon, das Einflusspotenzial ist gleich null.

Würde in unseren Großstädten die Zahl der Autostellflächen Jahr für Jahr um nur zwei Prozent reduziert und das Rad-, Bus- und Bahnnetz zugleich ausgebaut, käme ein spürbarer Wandel in Gang. Das ist keine Mutmaßung, sondern in der Praxis erwiesen.[351] Der Rückbau von Parkplätzen schafft Platz für Cafés und Spielplätze sowie Raum für Fußgänger und Radfahrer. Für deren Errichtung stehen die Einnahmen aus den erhöhten Parkgebühren zur Verfügung. Das Zusammenspiel aus »Fördern und Fordern« setzt einen soziokulturellen Wandel in Gang. Der allmähliche physische Transformationsprozess gibt der Psyche genügend Zeit, sich darauf einzustellen. Im Ergebnis ändert sich auch unsere Selbstwahrnehmung, unsere Kultur.

Carsharing

Autos sind eigentlich mehr Stehzeuge als Fahrzeuge. Deutschlands Pkw werden durchschnittlich nur eine Stunde am Tag genutzt[352] und blockieren gerade in den Städten wertvolle Flächen. Betrachtete man die hohen Anschaffungs- und Unterhaltungskosten, wären längere Nutzungsphasen deutlich wirtschaftlicher. Was ist da naheliegender, als die Pkw-Nutzung mit den Nachbarn zu optimieren? Schon vor Jahrzehnten lag dieser Gedanke auf der Hand. Das überwiegend von Vereinen organisierte Carsharing fristete allerdings bis vor wenigen Jahren ein Nischendasein. Die ehrenamtlichen Betreiber hatten weder die Zeit noch die Mittel, um ihr Angebot umfassend zu bewerben und auszuweiten. Inzwischen haben sich die Angebote professionalisiert, weil vielerorts die Stadtwerke erkannt haben, dass Carsharing ihr Mobilitätsangebot optimal ergänzt. Sie werben um neue Kunden, indem beispielsweise die Monatskarte für den Nahverkehr bereits die Grundgebühr für das Carsharing beinhaltet.

Mittlerweile machen in Deutschland über eine Million Bürgerinnen und Bürger beim Autoteilen mit, eine Verdopplung innerhalb von vier Jahren.[353] Besonders Wenigfahrer sehen den Kostenvorteil. Sie müssen sich um die Unterhaltung des Wagens nicht kümmern: kein Ärger mit dem TÜV, mit Reparaturen, Wartung, Reifenwechsel, Waschen. Im Idealfall steht der Wagen in der Nähe der Wohnung, und die Parkplatzsuche entfällt. Durch die transparente Vollkostenrechnung nutzen Carsharer das Auto deutlich seltener als Eigentümer, weil die tatsächlichen Kosten unmittelbar erfahrbar werden. Daher wird sogleich deutlich, dass eine Bahnfahrt wesentlich günstiger ist. Auch Lieferdienste etwa für Getränke werden plötzlich wesentlich attraktiver. Zugleich gewinnen die Städte mit jedem ausrangierten Pkw an Attraktivität. Durch feste Stellplätze für Carsharingautos wird störender Parkplatzsuchverkehr vermieden, die freien Stellplätze könnten potenziell für Grünpflanzungen genutzt werden. So macht die Gemeinschaftsnutzung die Städte attraktiver.

In Bremen ersetzt ein Carsharingfahrzeug in der Innenstadt laut Umfragen mehr als acht private Autos. Das schafft Platz: 1600 private Autos sind seit Einrichtung der Carsharingstationen, die in Bremen »mobilpunkt« heißen, abgeschafft worden.[354] Eine Umfrage des Carsharingverbands hat ergeben, dass fast die Hälfte aller Neukunden sieben Monate nach Beginn ihrer Mitgliedschaft das eigene Auto abgeschafft hat oder schon vorher gar keines besaß. Der Anteil von Carsharinghaushalten mit einem eigenen Auto ist demnach von 43,4 Prozent auf 19 Prozent gesunken.[355]

Eine deutschlandweite Untersuchung des Wuppertal Instituts kam zu dem Ergebnis, dass ein Carsharingfahrzeug ungefähr sechs Privat-Pkw ersetzen kann.[356] Das ist zwar etwas weniger als in Bremen, bedeutet aber gleichwohl, dass man theoretisch die derzeit in Deutschland vorhandenen 44 Millionen Pkw auf gut sieben Millionen Kraftwagen reduzieren könnte.

Das ist freilich nicht realistisch, wenn man Situationen bedenkt, in denen ein eigenes Auto unbedingt notwendig ist, etwa bei Handlungsreisenden und Pendlern ohne Bahnanschluss. Um sich vorstellen zu können, wie groß das Potenzial von Carsharing trotzdem ist, um die Pkw-Flotte abzuschmelzen, lohnt ein Blick auf die deutschen Großstädte. Hier leben rund 25 Millionen Menschen mit sehr guter Bahnanbindung und gutem Nahverkehrssystem. Würde zumindest dieser Personenkreis auf ein Teilauto umsteigen, gäbe es in der Republik wohl um die zehn Millionen weniger Autos und dementsprechend mehr Platz für Grün.[357]

Nun stellt sich die Frage, wie sich dieser »Wenigereffekt« erschließen lässt. Offenbar sehen viele Menschen schon heute die Vorzüge von Gemeinschaftsfahrzeugen. Ökoroutine kann diese Entwicklung beschleunigen. Zum einen sind die beschriebenen Limits, Standards und Deckelungen ein enormer Anreiz für den Wechsel. Darüber hinaus ist es wichtig, dass der Gesetzgeber endlich die Straßenverkehrsordnung (StVO) um Teilautos erweitert. Denn die Anbieter suchen händeringend nach Stellflächen. Dieses Problem ist schon seit Ende der 1990er-Jahre offensichtlich und bekannt. Nach wie vor müssen die Anbieter ihre Fahrzeuge häufig abseits der Straße auf privatem Grund stationieren – auf Höfen, Großparkplätzen und in Tiefgaragen. Doch gerade in den Innenstädten, die besonders von der Entlastungswirkung des Carsharing profitieren, ist die Bereitstellung von Fahrzeugen häufig nur noch im öffentlichen Straßenraum möglich.[358]

Ökoroutine erkennt ein Sonderrecht für Carsharing an, wie es schon bei Taxen und für Anwohner und Schwerbehinderte der Fall ist – zumindest für an Stationen gebundene Wagen. Im Frühjahr 2007 war die Bundesregierung schon einmal fast so weit: Das Ministerium für Verkehr, Bau und Stadtentwicklung legte seinerzeit einen Gesetzentwurf[359] vor, der bundesweit einheitlich den Kommunen die Einrichtung von Carsharingstationen im öffentlichen Straßenraum gestattete. Bei den Verbänden traf der Vorschlag auf breite Zustimmung, doch das Bundes-

Abbildung 25 Von der autogerechten zur menschengerechten Stadt. Im Mai 2013 machte der Verein für verkehrspolitische Bewusstseinsbildung in Salzburg einen Parkplatz zur Grünlageanlage. Immer wieder zeigt der Verein mit solchen Aktionen: Mehr Grün kann zur Routine werden. Foto: www.fairkehr.net

wirtschaftsministerium blockierte den Beschluss. Man wolle die Mietwagenanbieter nicht benachteiligen, hieß es zur Begründung. Außerdem solle die ohnehin angespannte Parkraumsituation in Ballungsgebieten nicht durch weitere Privilegierungen verschärft werden.[360]

Ganz überraschend ist diese Reaktion freilich nicht. Seit Jahrzehnten stellt sich das Wirtschaftsministerium quasi bedingungslos hinter die Automobilindustrie, in aller Regel auch das Verkehrsministerium. Da gibt es nur ein Motto: Nicht aufgeben! Es hat niemand behauptet, dass Ökoroutine leicht zu haben ist.

Autofrei

In den 1970er-Jahren war er noch eine reine Krisenreaktion auf den Ölpreisschock: der autofreie Sonntag. Damals waren nicht einmal halb so viele Autos unterwegs wie heute. Die Zahl der zugelassenen Pkw lag bei rund 20 Millionen. Doch schon seinerzeit genossen viele Bundesbürger den drakonischen Einschnitt. Auf Autobahnen gingen Familien spazieren, Andere fuhren Rollschuh oder Fahrrad. Seit dem Jahr 2000 veranstaltet Belgiens Hauptstadt Brüssel mehrere autofreie Sonntage im Jahr. Am dritten Sonntag im September sperren die Stadtväter sogar die ganze Stadt für Autos. Inzwischen meinen fast 90 Prozent der Einwohner, der autofreie Sonntag sei eine gute oder gar exzellente Initiative. In Augsburg zeigte eine repräsentative Umfrage, dass 65 Prozent der Bürgerinnen und Bürger autofreie Sonntage für die Innenstadt befürworten. Knapp 60 Prozent können sich sechs autofreie Sonntage pro Jahr vorstellen. Nur ein Fünftel lehnt solche Aktionen ab.

Die Sperrung einer Autobahn galt lange als irres Projekt. Doch als im Juli 2010 ausgerechnet die stark befahrene Ruhrautobahn geschlossen wurde, gingen rund drei Millionen Menschen sprichwörtlich auf die Straße. Sie frühstückten zusammen an langen Tischen, machten Musik, Kunst und Sport.[361]

Einige Städte sorgen zumindest einmal im Jahr für einen autofreien Tag und sperren dafür Teile des Stadtgebietes für Pkw und Lkw. Die Stadt Hannover veranstaltet dazu jährlich ein Klimafest, an dem der Innenbereich der Stadt für den motorisierten Individualverkehr gesperrt ist und unterschiedlichste Aktionen zu den Themen Klimaschutz, erneuerbare Energien, innovative Mobilitätskonzepte und nachhaltige Lebensstile angeboten werden.[362]

Im Jahr 2012 belief sich die Zahl der autofreien Tage innerhalb des deutschsprachigen Raums auf 77. Auch in anderen Regionen Europas gehören autofreie Tage zum Alltag. So haben sich in vielen italienischen Städten autofreie Tage bereits etabliert.[363] Ein guter Tag für einen autofreien Sonntag in ganz Deutschland wäre der 22. September, der »World Carfree Day«. Das World Carfree Network ruft an diesem Tag die Menschen dazu auf, das Auto stehen zu lassen und sich mit öffentlichen Verkehrsmitteln, mit dem Rad oder auch zu Fuß fortzubewegen.[364]

Jetzt könnte man einwenden: Das ist doch nur ein einziger Tag, das bringt doch fast nichts! Das stimmt rein materiell betrachtet. Der Effekt für den Klimaschutz ist eher begrenzt. Doch psychologisch ist die Wirkung fundamental. Es ist quasi ein akustischer und ästhetischer Selbsterfahrungstrip, wenn die Bewohner einmal im Jahr zumindest in der Innenstadt auf den Straßen skaten, spazieren und flanieren können. Das zeigt den Menschen: So könnte es sein, wenn wir etwas verändern. Dieser Effekt würde sich ausweiten, wenn es gelänge, den autofreien Sonntag auf die gesamte Stadt auszuweiten, am besten gleich vier- bis sechsmal im Jahr und inklusive der Bundesstraßen. Dafür wäre ein entsprechender Ausnahmevermerk in der Straßenverkehrsordnung dienlich.

Tempo 30: Kommunen sollen selbst entscheiden

Im Sommer 2012 beantragten Union und FDP eine Aktuelle Stunde im Bundestag. Thema: das von verschiedenen SPD- und Grünenpolitikern vorgeschlagene Tempo-30-Limit in deutschen Innenstädten. Die wenigen Zuschauer, die sich an diesem Mittwoch im Bundestag eingefunden hatten, wurden Zeuge eines bizarren Schauspiels. Die damalige Regierungskoalition wollte mit der Debatte die Oppositionsparteien vorführen. Ein generelles Tempo-30-Limit sei mit Schwarz-Gelb nicht zu machen, erklärten Koalitionspolitiker, es stehe »für Schneckentempo und Staugefahr«. SPD und Grüne würden Mobilität verhindern und den Bürgern das Autofahren verleiden wollen. Arbeitnehmer hätten ein Recht darauf, ihren Arbeitsplatz »in schneller Zeit« zu erreichen. In der Bevölkerung gebe es ein »eindeutiges Votum« gegen Tempo 30 in den Städten. Entsprechende Regelungen seien ohnehin Bestandteil der »kommunalen Planungshoheit der Städte und Gemeinden«. Sie sollten vor Ort selbst entscheiden.

Dass Kommunalpolitiker selbst bestimmen können und sollen, wie sie es mit Tempolimits halten, hört sich sehr liberal an, ist aber falsch. Das Gegenteil ist der Fall: Am Verfahren zur Einrichtung einer Tempo-30-Zone sind viele Akteure beteiligt, die sich fortwährend absprechen müssen. Zunächst stellt die Gemeinde einen Antrag. Voraussetzung sind besondere Anliegen wie Sicherheit oder Lärmschutz. Das muss die Verwaltung der Gemeinde in einem verkehrstechnischen Konzept erklären. Antrag und Konzept gehen an die zuständige Straßenverkehrsbehörde. Diese prüft unter anderem den Verkehrsfluss oder misst die Lärmbelastung. Was dabei herauskommt, ist ungewiss. Denn es gibt keine klare Regelung, ab wann Lärm als störend und nicht mehr akzeptabel oder gar gesundheitsschädlich gilt. Bei einem positiven Bescheid übernimmt die Straßenverkehrsbehörde die Planung der Einrichtung und trifft die damit verbundenen Entscheidungen zur Beschilderung oder zu anderen baulichen Maßnahmen, die durch die Straßenbaubehörde ausgeführt werden. Allerdings gibt es grundsätzliche Beschränkungen. So dürfen Tempo-30-Zonen sich nicht auf überörtliche Straßen erstrecken, wie Bundes-, Landes- oder Kreisstraßen.[365]

Tempo 30 als Regelgeschwindigkeit möchte diese Entscheidungslogik umkehren. Die Kommunen sollen für sich bestimmen, auf welchen Straßen schneller gefahren werden darf, und zwar ohne Erlaubnis übergeordneter Behörden. Das ist ein wahrlich liberales Konzept. In der Konsequenz könnten die Gemeinden letztlich alles beim Alten belassen. Sie hätten aber die Freiheit, selbst zu entscheiden. In der Praxis würden sich die entschleunigten Zonen wohl deutlich ausweiten.

Während der Aktuellen Stunde im Sommer 2012 trug das Regierungslager viele Vorurteile vor, aber keine Fakten. Die Opposition hingegen konnte sogar auf den Wissenschaftlichen Beirat des Bundesverkehrsministers verweisen,[366] den CSU-Minister Peter Ramsauer selbst berufen hatte. Auch der Deutsche Verkehrssicherheitsrat sowie zahlreiche Polizeivertreter sprachen sich für Tempo 30 als Regelgeschwindigkeit in Innenstädten aus.[367]

Kein Wunder, denn die Argumente sind überwältigend: Erstens verringern sich mit der Geschwindigkeit auch der Treibstoffverbrauch und die Schadstoffemissionen. Das belegen verschiedene Untersuchungen.[368] Die Autofahrer wechseln seltener den Gang und müssen weniger bremsen. In Graz, wo mit Ausnahme der Hauptstraßen seit 1992 ein generelles Tempo-30-Limit gilt, gingen die gesundheitsschädigenden Stickoxidemissionen in den Wohngebieten um fast ein Viertel zurück.[369]

Zweitens verkürzt sich der Bremsweg um mehr als die Hälfte. Das sind lebensrettende Meter in einer Gefahrensituation. Das Limit führt so nicht nur zu weniger Unfällen, sondern auch zu weniger schweren Unfällen. Eine Studie aus Schweden kommt zu dem Ergebnis, dass durch die Temporeduzierung das Risiko der Verletzung um rund 65 Prozent sinkt, das Risiko, getötet zu werden, sogar um bis zu 85 Prozent.[370] In London verringerten sich die geschwindigkeitsbedingten Unfälle in Tempo-30-Zonen um mehr als 40 Prozent. Den stärksten Rückgang gab es bei Unfällen mit Kindern.[371] Fußgänger und Fahrradfahrer werden besser und vor allem früher wahrgenommen. In Bristol ließ das erhöhte Sicherheitsgefühl die Zahl der Radfahrer um zwölf Prozent ansteigen.[372]

Drittens vermindert die Absenkung der Höchstgeschwindigkeit den Straßenlärm um zwei bis drei Dezibel. Der verblüffende Effekt: Der empfundene Lärm reduziert sich fast um die Hälfte! Das Limit ist so wirksam, weil ab etwa 35 Stundenkilometern das Rollgeräusch lauter ist als der Motor.[373] Und da die Durchschnittsgeschwindigkeit etwa in Berlin ohnehin weit unter 24 Stundenkilometern liegt,[374] kommen die Städter fast genauso schnell ans Ziel.

Kann es wirklich so einfach sein? Die Lebensqualität in unseren Städten steht und fällt mit dem Ausmaß des Straßenlärms. An stark befahrenen Straßen leiden die Menschen physisch und psychisch. Deswegen hat die Europäische Union schon vor vielen Jahren die Erstellung von Lärmminderungsgutachten veranlasst. Im Ergebnis sind Pläne mit farbig markierten Straßen entstanden, um die unterschiedliche Lärmbelastung und den größten Handlungsbedarf zu dokumentieren. Konzepte, wie man den Lärm mindert, enthalten viele kostspielige Vorschläge wie Flüsterasphalt und Lärmschutzwände. Tempo 30 hingegen verursacht quasi keine Kosten und löst die schlimmsten Lärmprobleme von heute auf morgen.

Allerdings muss sich kein Stadtrat mit dem progressiven Konzept befassen, schließlich könnten sie gar nicht, selbst wenn sie wollten. Der Tabubruch wird also von oben kommen. Beispielsweise wäre es angebracht, dass sich einige Oberbürgermeister in nennenswerter Zahl dazu hinreißen lassen, das Geschwindigkeitspostulat in die bundespolitische Debatte zu hieven. Besonders liberale Politiker müssten davon angetan sein, weil sich gerade damit das Subsidiaritätsprinzip voll entfalten könnte. Organisierte Unterstützung gibt es bereits, etwa die Initiative »Tempo 30 für mehr Leben« vom Verkehrsclub Deutschland.

Limit für Autobahnen

Selbst vernünftige Mitbürger meinen, mit 160 Stundenkilometern über die Autobahn zu brettern sei eine angepasste Fahrweise. Drängler, notorische Linksfahrer, Lichthupe, Ausbremsen und Stinkefinger gehören zum alltäglichen bundesrepublikanischen automobilen Wahnsinn. Nicht nur in den Partnerländern der Europäischen Union, auch international staunen Menschen über die deutsche Leidenschaft zur Unvernunft. Es wird Zeit, das Kriegsbeil zu begraben. Ökoroutine auf der Autobahn mag ein Tabuthema sein. Doch machen wir uns nichts vor, kein klarer Gedanke führt daran vorbei. Die Transformation unserer Mobilitätskultur lässt sich kaum einfacher ins Werk setzen. Die Maßnahme kostet nichts, verbessert den Verkehrsfluss, sodass alle schneller ans Ziel kommen, es gibt weniger Tote und Verletzte, und es werden weniger Klimagase, Lärm und Schadstoffe emittiert. Unzählige Studien belegen das. In der Verkehrswissenschaft ist kaum eine Maßnahme besser erforscht als das Tempolimit.

Ökoroutine auf der Autobahn manifestiert sich in einer Maximalgeschwindigkeit von 130 Stundenkilometern. Die Wirkung auf die internationale Politik wäre vermutlich überwältigend, wenn man bedenkt, dass die Raserei auf unseren Schnellstraßen in aller Welt bekannt ist. Schließlich gelten deutsche Autobahnen als Touristenattraktion. Reisetrupps aus fernen und nahen Ländern besuchen die Republik, um einmal so richtig Gas zu geben. Die Website »autobahntourismus.de« wirbt: »Lust, mit Tempo 200 über die deutsche Autobahn zu fahren? Dann buchen Sie jetzt eine individuelle Autotour durch Deutschland in Ihrem Lieblingsauto.«

Ökoroutine überwindet diesen Kult. Weltweit wäre das Erstaunen über die Autonation und Mutter aller Raserei groß. Deutschland leitet die Verkehrswende ein.

Moderat motorisiert

Erfrischender Nebeneffekt des Tempolimits: Es gibt dann keinen Grund mehr, warum noch übermotorisierte Schwergewichtsfahrzeuge mit gewaltigen Antrieben gebaut werden sollten. Die Höchstleistung der Fahrzeuge könnte ab Werk drastisch sinken. Es würde genügen, eine entsprechende Änderung der Straßenverkehrszulassungsordnung beispielsweise für das Jahr 2022 anzukündigen. Fahrzeuge mit eingebautem Tempolimit würden über einen leichteren und extrem sparsamen Motor verfügen. Die moderat motorisierten Modelle wären deutlich leichter und somit viel effizienter als bisherige Fahrzeuge.

Abbildung 26 In vielen Städten gibt es inzwischen »Ghost Bikes«. Die weiß gestrichenen Räder gedenken an durch Lkw oder Pkw getötete Radfahrer. Sie sind zugleich Mahnmal für die systematische Beschränkung des Rechts auf körperliche Unversehrtheit. Foto: wikipedia.org

Es gibt kein Menschenrecht auf PS-Stärken und Raserei. Es ist teilweise hanebüchen, wie Juristen versuchen, ein Grundrecht auf schnelle Mobilität herbeizuargumentieren. Nichts davon findet sich in unserer Verfassung, wohl aber ein Recht auf körperliche Unversehrtheit.[375] Es ist mithin mehr als berechtigt, von der Verfassungswidrigkeit des Automobils zu sprechen. Ankläger wären Jahr für Jahr mehr als 64 000 Schwerverletzte und die Angehörigen von 3 400 getöteten Menschen. Das ist wohl die umfassendste Verletzung unserer Grundrechte, die man sich vorstellen kann. In Deutschland schütteln viele den Kopf, wenn vom Waffenbesitz in den USA die Rede ist. Genauso absurd erscheint den Amerikanern die Raserei auf unseren Autobahnen.

Rauchverbote hat der Gesetzgeber mit der Begründung verhängt, dass die Gesundheit unbeteiligter Dritter, etwa in einem Restaurant, beeinträchtigt würde. Mit der gleichen Argumentation ließen sich Limits für Kraftfahrzeuge allemal rechtfertigen. Der Schutz des Lebens ist ein hohes Gut. Eigentlich müsste der Staat alles Denkbare tun, um dieses Leben zu retten. Aus diesem Grund hat er beispielsweise mit großer Entschlossenheit die Brandschutzbestimmungen stetig verschärft. Im Vergleich dazu ist die Einführung des Tempolimits ein Klacks.

Straßenbau-Moratorium

Es ist nicht ungewöhnlich, dass Politiker – aber auch Unternehmen und Bürger – in einem Atemzug Klimaschutz und neue Straßen fordern. Dass die steigende Zahl an Fahrzeugen ein Problem darstellt, wird durchaus gesehen, der Zusammenhang zum Straßenausbau jedoch nicht. Im Gegenteil, Neubauprojekte werden vielfach begrüßt und unterstützt. Sie seien erforderlich zur »Entlastung«, heißt es zur Begründung, neue Straßen würden Lärm verhindern, Lücken schließen und seien gut für Wirtschaft und Wachstum und für die Pendler. Selbst in extrem verdichteten urbanen Räumen werden weitere Umgehungsstraßen geplant.

Berlin etwa verlängert die Autobahn A 100, auch gegen den massiven Widerstand der Anwohner. Ohne Bundesmittel wäre das überflüssige Projekt gar nicht möglich. Auch in kleineren Städten hängt der Bau vieler Straßen an der Finanzspritze des Bundes, beispielsweise in Osnabrück. In der laut Zensus stark geschrumpften Stadt stehen drei größere Bauvorhaben auf der Agenda: ein »Stückchen« Autobahn quer durch fast unberührte Landschaft und zwei Umfahrungsstraßen. Es ist wie beim süchtigen Raucher, der sich bei jeder neuen Zigarette sagt: Eine mehr ist jetzt auch egal. Ein Sträßchen mehr macht noch keinen Klimawandel.

Neue Straßen sollen der Entlastung dienen. Im Ergebnis steigt die Belastung. Schon vor Jahrzehnten haben Verkehrswissenschaftler darauf hingewiesen, dass durch neue Straßen zusätzlicher Verkehr entsteht. Doch nicht alle Experten waren davon überzeugt. Inzwischen haben laut Umweltbundesamt etliche Untersuchungen den Zusammenhang jedoch eindeutig belegt.[376]

Sind weiter entfernte Orte beispielsweise durch eine Umfahrungsstraße schneller erreichbar, erhöht sich der Radius für Pendelstrecken.

Der Job in Mühlenhausen kam womöglich vorher nicht infrage, nun kann man ja »pendeln«. Das gilt übrigens auch für beschleunigte Bahnverbindungen. Zwischen Köln und Frankfurt hat die Schnellstrecke die tägliche Rückkehr deutlich erleichtert und damit auch das Fahraufkommen erhöht.

Schlaglicht: *Eine kleine Beispielrechnung zum erhöhten Fahraufkommen. Eine Ortsdurchfahrt wird durch eine großzügig trassierte Umgehungsstraße entlastet, wodurch 20 000 Pkw pro Tag durchschnittlich sechs Minuten pro Fahrt sparen (der Güterverkehr sei hier ausgeklammert). Dadurch entsteht zunächst eine Zeiteinsparung von 2 000 Pkw-Stunden. Die Autofahrer »reinvestieren« die so gewonnene Zeit wieder in den Verkehr. Es entsteht zusätzlicher Verkehr. Wenn man für den induzierten Verkehr vereinfachend eine Geschwindigkeit von 50 Stundenkilometern und einen Treibstoffverbrauch von zehn Litern auf 100 Kilometer unterstellt, so ergibt sich als anschauliches Maß für den induzierten Verkehr ein Treibstoffverbrauch von 10 000 Litern pro Tag. Die Ortsdurchfahrt wird durch die Entlastung ebenfalls attraktiver. Das lässt den Verkehr zusätzlich zunehmen.*[377]

Zum gleichen Ergebnis kommt eine Studie der kanadischen Forscher Gilles Duranton und Matthew Turner. Die Untersuchung basiert auf umfangreichem Datenmaterial, erhoben in den Jahren 1983 bis 2003. Das Kernergebnis lautet: »Eine Verdoppelung der Straßen verdoppelt den Verkehr« – unabhängig vom Bevölkerungswachstum in der Region, von der wirtschaftlichen Entwicklung und von anderen sozioökonomischen Faktoren. Das Fahrverhalten der Menschen ändert sich. Sie fahren häufiger Auto, wenn das Straßennetz ausgebaut wird. Weniger Bedeutung hat, dass eine Region mit besserem Straßennetz mehr Menschen aus anderen Regionen anzieht oder dass sich der Verkehr verlagert.[378]

Dessen ungeachtet entstanden in Deutschland allein von 2001 bis 2013 rund 1 243 Kilometer neue Autobahnen für knapp 14 Milliarden Euro. Über eintausend Kilometer wurden auf sechs oder mehr Fahrstreifen erweitert. Dafür zahlte der Staat knapp neun Milliarden Euro. Und für zwölf Milliarden Euro entstanden neue oder ausgebaute Bun-

Abbildung 27 Die Asphaltpolitik hat Automobilismus zur Routine gemacht. Ein Straßenbaustopp beendet die Zerschneidung der Landschaften und leitet eine Verkehrswende ein. Foto: Paul Marx, pixelio.de

desstraßen über 1 863 Kilometer, darunter mehr als 300 Ortsumgehungen. Insgesamt haben die Steuerzahler ein Bedarfsplanmaßnahmenvolumen von rund 34 Milliarden Euro finanziert. Mit dem neuen Bundesverkehrswegeplan 2015 geht das munter so weiter.

Nicht alle sind von diesen Plänen und Baumaßnahmen begeistert. Seit Jahrzehnten wehren sich insbesondere die betroffenen Bürgerinnen und Bürger mit allen verfügbaren rechtlichen Mitteln. Bewirken konnten sie meist nur Verzögerungen. In den überregionalen Medien kommt dieser Protest kaum zur Sprache – über Selbstverständlichkeiten wird selten berichtet. Mit Eifer diskutieren Presse und Politiker hingegen über den Bau von Stromtrassen für die Energiewende. Da stellt sich schon die Frage, warum es beim Straßenbau so ganz anders läuft.

Gewiss, der Widerstand folgt dem Prinzip »nicht vor meiner Tür«. Doch offenbar messen die zuständigen Stellen mit zweierlei Maß. Neue Trassen für Strom werden als politisch heikel empfunden. Neue Trassen für Kraftfahrzeuge müssen aber einfach sein. Überflüssig zu erwähnen, dass eine Überlandleitung nicht annähernd mit der Eingriffstiefe einer neuen Straße zu vergleichen ist. Sie zerschneiden keine Landschaften, emittieren weder Schadstoffe noch Klimagase und sind geräuschlos.

Wird es nie genug sein? Die Asphaltpolitik vermittelt dem Bürger, Autofahren sei begrüßenswert und für ein schnelles Fortkommen werde gesorgt. Diese Politik hat das »immer mehr« zur Routine gemacht. Wenn es eng wird, werden Autobahnen halt sechs- oder gar achtspurig ausgebaut. Wohin das führt, lässt sich in einigen Städten der USA betrachten. Obgleich dort in Straßen investiert wurde wie nirgendwo sonst, sind sie zu den Stoßzeiten verstopft. Im Stau zu stehen gehört längst zur Lebensart der US-Bürger.

Doch was ist die Alternative? Schließlich ist der Stau real, und besonders der Güterverkehr hat enorm zugenommen. Sollten mehr und breitere Straßen da nicht helfen? Es ist allzu verständlich, wenn sich Laien mit dieser naiven Analyse zufriedengeben. Offenbar denken die Strategen des Straßenbaus nicht anders. Niemand kommt auf den Gedanken, dass eine systemische Lösung nicht darin bestehen kann, in einem Haus mit undichtem Dach immer weitere Gefäße für die tropfende Decke aufzustellen. Statt die Löcher zu flicken, heißt es, der Regen lasse sich nun mal nicht abschalten.

Weniger fatalistisch ist eine Betrachtung der Ursachen. Es gibt viele Gründe für die Zunahme des Verkehrs. Eine besteht darin, dass die Unternehmen ihre Lager auf die Straße verlegt haben – »Just in time« auf Kosten der Steuerzahler. Weil wir Kartoffeln aus Ägypten kaufen statt bei den Bauern aus der Region, weil an den Flug- und Seehäfen immer mehr Überflüssiges landet und ins Land gekarrt wird. Weil wir inzwischen zehnmal so viel Mineralwasser trinken wie 1970 und es teilweise über Tausende Kilometer herangeschafft wird. Weil selbst die Herstellung einer einfachen Lasagne auf ein Dutzend Nationen verteilt ist. Damit hat sich ein System der organisierten Verantwortungslosigkeit etabliert, in dem jeder die Schuld auf den anderen schiebt und man kaum noch herausfindet, wer das Pferdefleisch hineingemischt hat.

Es gibt viele Ursachen für ausuferenden Kraftfahrzeugmobilismus. Daraus leiten sich vielfältige Handlungskonzepte ab, die mitunter schon Teil der öffentlichen Debatte sind. Doch der einfachste Vorschlag kommt in Expertenkreisen nicht zur Sprache: ein Straßenbaustopp. Damit ist gemeint, dass wir uns vom Bau neuer Straßen und Fahrspuren verabschieden. Ökoroutine stellt den Straßenetat des Bundesverkehrswegeplans auf reine Erhaltungsmaßnahmen um und regelt den allmählichen Rückbau.

Erst wenn es auf der Straße langsamer vorangeht als mit Bus und Bahn, erwägen die Nutzer erwiesenermaßen einen Wechsel der Verkehrsmittel. Die Erfahrung lehrt, dass gute Verbindungen und Takte im Nahverkehr allein für Autofahrer keine ausreichende Motivation zum Wechsel sind. Erst restriktive Maßnahmen – oder in diesem Fall eine Begrenzung der Expansion – münden in konkrete Verhaltensveränderungen. Im Stau zu stehen ermöglicht Lerneffekte und initiiert die Suche nach Alternativen – auch bei Logistikunternehmen. Gewiss, der Stau ist eine Zumutung. Gleichwohl ist eine absolute Begrenzung des Straßenbaus alles andere als grüner Sarkasmus. Niemand will den Stau, am wenigsten Klimaschützer. Doch die Erfahrung der zurückliegenden Jahrzehnte lehrt: Ob Londoner City-Maut, das Parkplatzreduktionsprogramm in Kopenhagen oder die hohen Pkw-Neuzulassungsgebühren in Singapur, nur klare und unmissverständliche Konzepte ermöglichen einen Kurswechsel.

Das Straßenbau-Moratorium spart zugleich viel Geld. Mindestens 1,2 Milliarden Euro im Jahr stünden fortan für den Ausbau des Schienenverkehrs zur Verfügung.[379] Eine Bundestagspetition »für ein dauerhaft funktionsfähiges und bezahlbares Straßennetz« argumentierte schon vor fünf Jahren, mit jeder weiteren Straße stiegen die Unterhaltungskosten, und forderte eine Kosten-Nutzen-Überprüfung aller Neubauprojekte.[380] Ein Baustopp würde auch die Finanzhaushalte entlasten. Denn allen Klagen über klamme Kassen zum Trotz werden allerorts noch Gelder für Erweiterungs- und Umgehungsstraßen eingestellt. Und dies, obwohl die öffentlichen Haushalte schon jetzt kaum in der Lage sind, die Bestandsstraßen in einem verkehrssicheren Zustand zu erhalten.

Unterdessen stellt sich die Frage, wozu all die neuen Straßen einmal gut sein sollen, wenn sich die verkehrspolitischen Klimaschutzkonzepte Deutschlands eines Tages realisieren. Nicht wenige Studien gehen von einer drastischen Reduktion des Autoverkehrs aus, manche von einer

Halbierung der Pkw-Zahl. Der Straßengüterverkehr muss sich demnach zu knapp 40 Prozent auf die Bahn verlagern.[381]

Wer denkt, nur Wachstumsapologeten halten den weiteren Straßenbau für unausweichlich, muss sich eines Besseren – beziehungsweise Schlechteren – belehren lassen. Für »Entlastungsstraßen« setzen sich hier und da auch Umweltverbände ein. Anzutreffen sind zuweilen sogar progressive Verkehrsexperten mit Klimaschutzambitionen, die ein Straßenbau-Moratorium für unrealistisch halten. Das stimmt bedenklich und lässt dennoch nur einen Schluss zu: Gerade deswegen ist eine absolute Begrenzung der Landschaftszerschneidung und Flächenversiegelung geboten.

Das Moratorium steht symbolisch für eine Trendumkehr. Nicht zuletzt die Experten stehen vor der Herausforderung, alte Gewohnheiten abzulegen. Das fällt allen Menschen schwer. Ohne mentale Wende keine Verkehrswende. Nur so kann Deutschland Vorbild für eine nachhaltige Verkehrspolitik sein. Alles andere ist Heuchelei.

Menschengerecht

Nur wenige Entscheidungsträger trauen sich, über eine Welt mit weniger Autoverkehr zu sprechen. Kein Wunder: Das Automobil ist so stark in unserem Denken verankert, dass jede restriktive Maßnahme zumeist in Bausch und Bogen abgelehnt wird. Ist es vorstellbar, dass die Bewahrer der Gegenwart eines Tages ihren Enkeln stolz berichten: »Ich habe mein ganzes Leben für den Erhalt der autogerechten Stadt gekämpft«?

Autos sind praktisch, keine Frage. Aber sie haben das Leben an Hauptstraßen unerträglich gemacht und die Vorzüge urbanen Lebens aufgewogen. Wer es sich leisten kann, wechselt den Wohnort in ruhige Quartiere oder aufs Land. Auf der autofreien Nordseeinsel Spiekeroog etwa genießen die Urlauber nicht nur das Meer, sondern auch die Ruhe.

Unabhängig vom Klimaschutz gilt es daher, die Zahl der Autofahrten in unseren Städten zu verringern. Lärm, Gestank, Tote und Verletzte sind gewichtige Gründe. Eltern lassen ihre Kinder nicht mehr allein vor die Tür gehen. Und was vielen nicht klar ist: Die automobile Routine hat unsere ehemals vitalen und lebendigen Städte steril gemacht. Die Menschen sehen sich in den Fahrzeugen nicht, können sich allenfalls am Autotyp erkennen. Autos schaffen physische und psychische Distanz. Sie machen Städte anonym, herzlos und langweilig. Lebenswerte Städte, das zeigen die zurückliegenden Erfahrungen, sind nicht autogerecht, sondern menschengerecht.

Clever: Bahn & Bus

Seit Jahrzehnten heißt es in der verkehrspolitischen Diskussion, der Güter- und Personenverkehr solle schrittweise auf die Bahn verlagert werden. Wie soll das funktionieren, wenn wir das Straßennetz beständig erweitern, während das Schienennetz stagniert?

Der Straßenbaustopp ist das einfachste Förderkonzept für die Bahn. Mit anderen Worten: Etwas für den Schienenverkehr zu tun heißt zunächst einmal, etwas zu unterlassen. Das klingt naiv. Die Situation ist doch viel komplizierter, oder? Doch gerade solche schlichten Forderungen kennzeichnen Ökoroutine. Wenn wir tun wollen, was wir für richtig halten, bleibt uns gar keine andere Wahl. Ein Zuwachs des Straßengüterverkehrs um 30 Prozent ist eine ökologische Katastrophe. Und die lässt sich nicht durch weitere Straßen verhindern.

Gewiss, Personen- und Lastkraftwagen können effizienter werden. Doch es ist eine unerschütterliche Tatsache, dass Räder auf Schienen wesentlich effizienter und effektiver sind als Gummiräder auf Teerstraßen. Die Elektrifizierung des Schienenbetriebs ist weitgehend abgeschlossen. Der dafür erforderliche Strom wird schon heute zu über 40 Prozent naturverträglich bereitgestellt. Im Personenverkehr fährt die Deutsche Bahn schon heute mit 100 Prozent Ökostrom.

Ökoroutine heißt, dass sich der Wechsel vom Auto auf die Bahn verselbstständigt. Nicht weil die Menschen das Richtige tun wollen, sondern weil es besser ist. Vorbild ist das Bahn- und Nahverkehrssystem der Schweiz. Dort sitzen nicht nur Klimaschützer und Bürger ohne Pkw-Fahrerlaubnis in den Zügen. Die Schweizer nutzen den Umweltverbund, weil es komfortabel, zügig und günstig ist.

Auf den ersten Blick scheint Deutschland dem Schweizer Vorbild nachzueifern. Von 1994, dem Jahr der Bahnreform, bis 2012 ist die Verkehrsleistung im Eisenbahnpersonenverkehr um mehr als 35 Prozent gewachsen, im Eisenbahngüterverkehr sogar um mehr als 55 Prozent.

Doch trotz der steigenden Nachfrage schrumpfte zwischen 2000 und 2011 das deutsche Schienennetz um elf Prozent – das sind 6 600 Kilometer. Haltepunkte gingen um ein Viertel, Weichen um die Hälfte und die Privatgleisanschlüsse um drei Viertel zurück. Das Netz der Autobahn wuchs dagegen um neun Prozent. Auch die Schweizer erweiterten in dem Zeitraum zwar ihre Autobahnen, nämlich um elf Prozent. Doch im gleichen Maß verlegten die Eidgenossen neue Schienen.[382] Zwar nahm auch Deutschland neue Strecken in Betrieb und reaktivierte alte Strecken; den Rückbau glich das jedoch nicht annähernd aus.[383]

Auch das Bundesverkehrsministerium betont immer wieder, wie wichtig es sei, einen Großteil des Transportverkehrs vom Lkw auf die Bahn umzulegen.[384] Doch mit welch bescheidenem Engagement diese Strategie verfolgt wird, zeigt ein internationaler Vergleich der Investitionen in die Schieneninfrastruktur. Wie das Verkehrsbündnis Allianz pro Schiene und die Unternehmensberatung SCI Verkehr errechnet haben, erreicht Deutschland im Ranking mit ausgewählten europäischen Ländern nur einen hinteren Platz. Spitzenreiter Schweiz investierte 351 Euro pro Bürger. Auch die Österreicher sehen für ihre Schienennetze seit Jahren höhere Summen vor als für ihre Straßeninfrastruktur. Beschämend ist die Bilanz der Bundesrepublik: Mit 49 Euro pro Bundesbürger sind wir fast das Schlusslicht. Leider zeigt auch ein Mehrjahresvergleich, dass es sich nicht um einen einmaligen Ausrutscher, sondern um einen langfristigen Trend handelt.[385]

Zukunftsfähige Mobilität ist nur möglich, wenn der Schienenverkehr an Bedeutung gewinnt und damit Bahnfahren zur Routine wird. Viele Strecken sind zu erweitern und zu reaktivieren. Mit dem gegenwärtigen Investitionsvolumen ist das nicht zu haben. Vorbild für Bahnroutine ist die Schweiz. Dort wird jedes Dorf ab einhundert Einwohnern in den Nahverkehr eingebunden, auch in weniger dicht besiedelten Regionen. Alle Verkehrsmittel sind in den Takt eingebunden – bis hin zu Seilbahn, Postauto und Schiff.

Die Allianz pro Schiene hält eine Verdoppelung des Marktanteils der Schiene im Personenverkehr auf 15 Prozent und eine Steigerung im Güterverkehr auf 25 Prozent bis zum Jahr 2020 für machbar. Dafür müssten zu den jährlich 3,5 Milliarden Euro zum Unterhalt des Schienennetzes

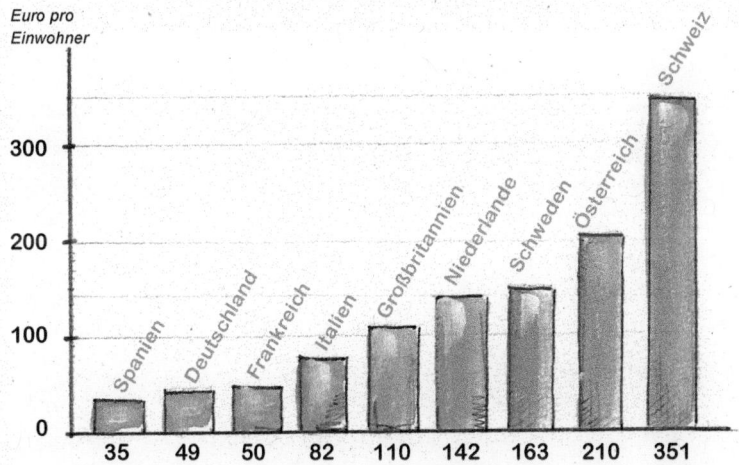

Abbildung 28 Allen Bekenntnissen zum Trotz: Deutschland investiert zu wenig in die Schieneninfrastruktur. Das offenbart der Vergleich.[386]

mindestens weitere drei Milliarden Euro vom Bund für den Ausbau der Eisenbahn-Infrastruktur bereitgestellt werden.[387] Das ist eine sehr zurückhaltende Forderung. Pro Einwohner läge das Investitionsvolumen dann bei rund 80 Euro.[388] Damit Öko zur Routine wird, sollten wir zumindest mit den Schweden gleichziehen. Dann stünden rund 160 Euro je Bundesbürger zur Verfügung. Damit sich die Investitionen lohnen, ist es zugleich zwingend erforderlich, den Straßenetat des Bundesverkehrswegeplans auf reine Erhaltungsmaßnahmen umzustellen.

Güter gehören auf die Bahn

Womöglich lassen sich Lastwagen eines fernen Tages auch klimaneutral betreiben. Doch aufgrund dieser ungewissen Perspektive hier und heute das System Straße zu erweitern bedeutet nichts anderes, als das Falsche zu verbessern. Selbstfahrende Lkw, Gigaliner, Batteriebetrieb oder gar Oberleitungen für Lastwagen optimieren Ineffizienz. Nicht mehr und nicht weniger. Die Vision vom Oberleitungslastwagen, die Lkws zu umweltfreundlichen Elektrofahrzeugen machen will, würde enorme Investitionen erfordern. Geld, das dann für das System Schiene fehlen würde. Zudem ist der Rollwiderstand von Stahl auf Stahl extrem gering und dem von Lastwagen um Potenzen überlegen. Die Kohlendioxidemissionen auf den Straßen sind für Güter locker viermal höher als via Bahn.[389]

Lkw werden zwar sparsamer, aber auch die Bahn kann noch weitere Effizienzpotenziale heben. Viel wichtiger noch: Mit dem Ausbau der Stromerzeugung aus Sonne und Wind werden auch die Bahngüter immer klimafreundlicher transportiert. Wohin das führt, kann man in Österreich bereits beobachten: Dort liegt der Wasserkraftanteil an der Stromerzeugung bei rund 60 Prozent. Der Güterverkehr auf der Schiene verursacht dort je Tonnenkilometer rund 18-mal weniger Kohlendioxid als ein Lastkraftwagen.[390]

An das Umweltbewusstsein der Spediteure und der produzierenden und verarbeitenden Betriebe zu appellieren ist ungefähr so wirksam wie der Aufruf, Spekulanten mögen sich mit weniger Renditen zufriedengeben. Jeder fragt sich: Warum ich? Ökoroutine verselbstständigt den Wandel zur nachhaltigen Mobilität. Wenn der Gütertransport weiter zunimmt, aber keine neuen Straßen gebaut werden, gewinnt die Bahn an Attraktivität. Wenn zugleich mehr Gelder als bisher in die Sanierung und Erweiterung der Schieneninfrastruktur fließen, dynamisiert das den Verlagerungsprozess.

Rund elf Milliarden Euro sind nötig, um das Schienennetz in Deutschland in den nächsten Jahren so auszubauen, dass die doppelte Gütermenge transportiert werden kann. Das zeigt eine für das Umweltbundesamt erstellte Studie. Die Gutachter identifizieren einen Neu- und Ausbaubedarf auf insgesamt 725 Streckenkilometern. 817 Streckenkilometer müssten elektrifiziert werden. Hinzu kommt eine Vielzahl kleinerer Maßnahmen wie der Bau von Überholgleisen und Verbindungskurven. Für den umstrittenen Umbau des Stuttgarter Bahnhofs und die Schnellstrecke nach Ulm gibt die Bahn momentan weit mehr aus.[391] Die in der Studie vorgestellten Maßnahmen würden locker genügen, um das Wachstum des Straßengüterverkehrs mit der Bahn abzufangen. Doch es ginge auch mehr. Schrittweise ließe sich die Zahl der Lastwagen auf den Straßen verringern. Dieser Prozess kommt in Gang, wenn man beispielsweise die Mautgebühren erhöht. Ein anderer Ansatz wäre, die Mautzulassung in der EU jährlich zu versteigern und die Zahl der Lizenzen schrittweise zu verringern.

Man muss sich vorstellen, dass die Kaufleute in den Betrieben ganz einfache Rechnungen aufmachen, bei denen die entstehenden Kosten durch Lärm, Schadstoffe und Klimaschutz keine Rolle spielen. Diese sogenannten externen Kosten übernimmt gegenwärtig die Allgemeinheit. So funktioniert Betriebswirtschaft. Diese kennt keine Moral. Beim konventionellen Einkauf geht es schlichtweg um das günstigste und beste Angebot (Ausnahmen bestätigen die Regel). Da die Transportkosten nur noch eine untergeordnete Rolle spielen, kann das Produkt irgendwo in Europa oder der Welt gefertigt, verarbeitet und verkauft werden.

Immerhin kommt dem Faktor Zeit eine gewisse Bedeutung zu. Schließlich befindet sich ruhendes Kapital in den Lastwagen. Es verliert mit der Zeit an Wert, besonders bei frischen Lebensmitteln. Wenn sich die Transportgeschwindigkeit durch einen Straßenbaustopp, Überhol- und Nachtfahrverboten für Lastwagen verringert oder der Transport durch Gebühren verteuert wird, gewinnt die Entfernung kalkulatorische Relevanz – und die Einkäufer der Betriebe interessieren sich tendenziell eher für die Alternative Bahn oder besser noch für naheliegende Produktions- und Verarbeitungsstandorte.

Ein Treiber für den Verlagerungsprozess zur Ökoroutine ist das generelle Überholverbot für Lastwagen. Bundesverkehrsminister Alexander Dobrindt zufolge behindert das ständige »Elefantenrennen über mehrere Kilometer« erheblich den fließenden Verkehr und muss ein Ende haben. Solche Überholvorgänge seien ohnehin nicht sinnvoll, weil die betreffenden Fahrzeuge generell nicht schneller als 80 Stundenkilometer fahren dürfen, so der Minister. Ein Überholverbot stelle deshalb auch keine Behinderung des Frachtverkehrs dar, sondern sei die logische Konsequenz aus der Geschwindigkeitsbeschränkung.[392] Fahrzeuge mit einem zulässigen Gesamtgewicht über 7,5 Tonnen bleiben auf der rechten Spur. Wenn sich dadurch die Attraktivität des Gütertransports auf Asphalt verringert, umso besser.

Noch sind Lastwagen mit Überlänge kein gewohnter Anblick. Sie sind in Deutschland bislang nicht für den Regelbetrieb zugelassen, werden aber seit 2012 in einem Feldversuch erprobt, der bis Ende 2016 andauert. Das Verkehrsministerium steht Gigalinern positiv gegenüber. Doch sie sind das Gegenteil von Ökoroutine. Zwar beschwören die Befürworter die ökologischen Vorzüge: Da zwei Lang-Lkw das Volumen von drei herkömmlichen Lastwagen fassen, sänken der Kraftstoffverbrauch und damit auch die Kohlendioxid-Emissionen, lautet das Argument. Eine Studie renommierter Verkehrswissenschaftler rechnet jedoch vor, dass durch die Zulassung von Gigalinern Transporte im Umfang von mehr als acht Millionen Tonnenkilometern von der Schiene auf die Straße verlagert würden. Das sind fast acht Prozent des Schienengüterverkehrs. Die Menge entspricht pro Tag 7 000 zusätzlichen Lkw-Fahrten auf Deutschlands Straßen. Die Hoffnung vieler Politiker, durch den Einsatz von längeren Riesenlastwagen die Zahl der Lkw auf den Straßen zu vermindern, werde sich nicht erfüllen, meint der Studienautor Herbert Sonntag.[393]

Genug! Für Häfen

Parallel zum Straßenbaustopp ist eine Limitierung der Überseehäfen angezeigt, ein weiterer Baustein der Ökoroutine. Am besten wäre es, wenn die Mitgliedsstaaten der Europäischen Union ein entsprechendes Abkommen treffen würden. Im Moment scheint das schwer vorstellbar. Die EU bewirkt durch ihre Freihandels- und Wettbewerbspolitik sogar das Gegenteil: Mit der Richtlinie namens »Port Package« verschärft sie den zerstörerischen Konkurrenzdruck zwischen Seehäfen wie Bremen, Hamburg, Antwerpen, Rotterdam, Wilhelmshaven, Rostock und Lübeck. Es ist höchste Zeit, ein klares Limit einzufordern.

Wenn durch die absolute Begrenzung der Hafenumschlagkapazitäten die Expansion des Transportwahns erst mal eingedämmt ist, begrenzt das auch den Zuwachs auf den Straßen. Dann können wir im nächsten Schritt beginnen, das Problem an der Wurzel zu packen. Die entsprechenden Strategien zielen auf Nahversorgung, Eigenproduktion und kürzere Wertschöpfungsketten. Weder Elbvertiefung noch Hafenerweiterung sind für unser Seelenheil von Bedeutung. Das Volumen der transportierten Güter, ob zu Lande, zu Wasser oder in der Luft, hat das maximal Erträgliche bereits überschritten. Kontinuierlich steigende Umschlagzahlen sind kein Selbstzweck.

Für den Start könnte der Hamburger Hafen den Anfang machen. Ihm kommt als Impulsgeber für ressourcenextensives Wirtschaften eine strategische Bedeutung zu. Wie es schon in der Studie »Zukunftsfähiges Hamburg« des Wuppertal Instituts heißt, sollten wir gerade hier erste Ansatzpunkte für ein sinnvolles Abbremsen ökologisch ruinöser Expansionstendenzen finden. Mindestens zwei zentrale Weichenstellungen seien notwendig: ein Stopp für weiteren Flächenfraß – also die Erweiterung des Hafengebiets – und der Verzicht auf künftige Elbvertiefungen.[394]

Der öffentliche Personenfernverkehr

Die Bahn hat im Frühjahr 2015 angekündigt, ihr Angebot im Fernverkehr deutlich auszubauen. Züge sollen nicht nur häufiger fahren als bislang, sondern auch mehr Städte anfahren. Bis 2030 soll die Gesamtzahl der gefahrenen Kilometer um 25 Prozent zunehmen. Damit möchte die Bahn 50 Millionen neue Fahrgäste pro Jahr für den Fernverkehr gewinnen. Derzeit sind es knapp 130 Millionen jährlich. Das könnte ein Anfang für mehr Ökoroutine sein. In den kommenden fünf Jahren will die Deutsche Bahn 28 Milliarden Euro in ihre Infrastruktur investieren. Von 2015 bis 2019 sollen unter anderem 17 000 Kilometer Schiene, 8 700 Weichen und mindestens 875 Brücken erneuert werden. Statt dabei in weitere Schnellstrecken für Tempo 300 zu investieren, ist es im Sinne der Ökoroutine effektiver, sämtliche Hauptstrecken auf Tempo 180 zu optimieren.

Die Pläne der Bahn sehen vor, dass alle Städte mit mehr als 100 000 Einwohnern mindestens alle zwei Stunden mit einem Fernzug angefahren werden, große Städte zweimal in der Stunde. Zudem will die Bahn einige Städte neu ans Fernnetz anbinden. Dadurch erhielten etwa fünf Millionen Menschen, die bislang keinen Zugang dazu hatten, eine Anbindung an den Fernverkehr.[395] Grundsätzlich wäre es denkbar, dabei sämtliche Gewinne der Bahntochter DB Netz aus Trassen und Stationseinnahmen ohne Erhöhung der Trassenpreise in das Netz zu reinvestieren, rechnen die Autoren der Studie »Klimafreundlicher Verkehr in Deutschland« vor.[396]

In der Tat ist das angekündigte Engagement der Bahn nur ein erster Schritt. Ökomobile Routine wird die Renaissance der Bahn durch mehr

Haltestellen, bessere Takte und neue Verbindungen systematisch vorantreiben.[397] Für die Bahn und ihre Wettbewerber wäre die Umstellung des Bundesverkehrswegeplans für Straßen auf reine Erhaltungsmaßnahmen ein entscheidendes Signal. Es gibt Planungssicherheit für Investitionen zur Erweiterung des Netzes und Optimierung von Takten. Ein weiterer Treiber wäre die Beseitigung der steuerlichen Privilegien für den motorisierten Individualverkehr.

Ist die Bahn zu teuer?

Es ist ein Kuriosum automobiler Gesellschaften, dass weite Teile der Bevölkerung meinen, die Bahn sei zu teuer. Diese Einschätzung ist mehr eine Frage der Einstellung als eine der Vernunft. Inzwischen ist den meisten Bürgerinnen und Bürgern zwar bewusst, dass der Wagen bei einer Vollkostenrechnung einen beträchtlichen Teil des Einkommens verschlingt. Doch im Alltag werden zumeist nur die reinen Benzinkosten dem Preis eines Bahntickets gegenübergestellt.

Statt nun verschiedene Beispielrechnungen anzuführen, ist es hilfreich, eine einfache Überlegung anzustellen. Die öffentliche Verwaltung zahlt ihren Mitarbeitern für Fahrten mit dem Privatwagen nur 30 Cent je Kilometer – nicht gerade ein honoriger Ausgleich. Zudem wird die Fahrt mit dem Auto in der Regel nur mit Begründung bewilligt. Der simple Grund: Die Bahnfahrt ist deutlich günstiger. Für eine Fahrt von Hannover nach München und zurück verlangt die Bahn 132 Euro bei vorhandener BahnCard 50. Nimmt der Mitarbeiter stattdessen den Wagen, müssten die Steuerzahler für rund 380 Euro aufkommen. Die Ersparnis für den Steuerzahler ist noch erheblicher, wenn man bedenkt, dass die Bediensteten während der Bahnfahrt den Termin vorbereiten können. Auf dem Heimweg ist Zeit, um beispielsweise ein Protokoll abzufassen. Ökoroutine ist kosteneffizient.

Faire Preise bei der Deutschen Bahn

Die Bahn ist also im Vergleich zum Auto nicht zu teuer. Gleichwohl ist die Frage berechtigt, ob Bahnfahren preislich nicht attraktiver sein könnte. Das gilt besonders für Gruppen. Sitzen vier oder fünf Reisende im Pkw, ist der Preis unschlagbar günstig. Aber auch hier könnte der

Umweltverbund mithalten. Das hat die Einführung des »Schönen Wochenendtickets« zum 1. Februar 1994 gezeigt. Am Samstag und Sonntag konnten bis zu fünf Personen für 15 Mark kreuz und quer durch Deutschland reisen. Verwaiste Regionalzüge waren plötzlich überfüllt. Der Nahverkehr platzte aus allen Nähten. Geduldige Menschen reisten mit Nahverkehrszügen von Hamburg nach München und nahmen dabei mehrfache Umstiege und lange Fahrzeiten in Kauf. Die Bahn traf der Erfolg vollkommen unerwartet. Bis Ende Mai 1995 verkaufte sie mehr als eine Million Wochenendtickets. 40 Prozent der Nutzer waren Neukunden.[398] Schnell erhöhte das Unternehmen in mehreren Schritten den Preis und verschlechterte die Konditionen so weit, dass das Ticket deutlich uninteressanter wurde.

Günstige Preise sind ganz offensichtlich ein wichtiger Faktor für die individuelle Abwägung, den Wagen stehen zu lassen. Vor diesem Hintergrund ist ein Vergleich des Preisgefüges mit der Österreichischen und der Schweizer Bahn interessant. In beiden Ländern bieten die Bahnen Rabattkarten an, die den regulären Fahrpreis um 50 Prozent ermäßigen. In der Schweiz wird aus umweltpolitischen Erwägungen die Bahncard 50 besonders preiswert angeboten. Lediglich 145 Euro kostet dort der Eintritt zum flexiblen und günstigen Bahnfahren. Um die Kunden dauerhaft zu binden, gibt es einen Staffelabschlag. Wer den Rabatt für drei Jahre erwirbt, zahlt nur 125 Euro jährlich.[399] Dieser Schritt hat einen beeindruckenden Schub ausgelöst. Fast jeder Schweizer, der unterwegs ist, hat heute eine Bahncard in der Tasche. In Österreich kostet die sogenannte Vorteilscard nur 99 Euro und gilt für 1. und 2. Klasse. In Deutschland werden dafür 255 beziehungsweise 515 Euro fällig. Das macht die Bahncard in der Bundesrepublik zu einem elitären Angebot. Nur noch Vielfahrer leisten sich die hälftige Rabattkarte. Das Resultat: Zwischen 2013 und 2007 verringerte sich die Zahl der Bahncard-50-Inhaber um mehr als 15 Prozent. Das erschwert ökomobile Routine.

Die Kunden werden so systematisch in das unflexible Frühbuchungssystem gedrängt. Wie bei den Fluggesellschaften bestimmen Angebot und Nachfrage den Preis. Dieser kann sich täglich oder gar stündlich ändern. Um einen Sparpreis bei der Bahn zu ergattern, müssen sich die »normalen« Kunden Monate im Voraus auf einen Zug und eine konkrete

Verbindung festlegen. Um an die Topschnäppchen zu kommen, muss man ein wahrer Pfiffikus sein. Spontanfahrten sind hingegen extrem teuer. Der Wille, das Auto stehen zu lassen, schmilzt dahin. Ökonomisch völlig absurd erscheint der Fahrpreis, wenn mehrere Personen zugleich reisen möchten.

Die Kunden sollen sich also nach dem Angebot richten und stark frequentierte Zeiten sowie beliebte Verbindungen meiden. Durch ihre Preisgestaltung will die Bahn einen Teil der Fahrgäste auf die Nebenzeiten lenken. Das leuchtet zwar zunächst einmal ein. Doch was rein betriebswirtschaftlich verständlich ist, bremst den Wechsel vom Wagen zum Waggon aus. Im Prinzip ließen sich gestaffelte Preise auch für Autobahnen einrichten, und zwar durch eine Mautgebühr für Pkw. Am Freitagnachmittag wäre die Fahrt dann zum Beispiel dreimal teurer als am Samstag. Kaum vorstellbar, dass ein solches Preissystem auf der Autobahn akzeptiert würde.

Wäre die Bahncard in Deutschland so günstig wie in der Schweiz, würden vermutlich wesentlich mehr Fahrgäste am Freitag und Sonntag fahren. Gerade an diesen Tagen sind die Züge jedoch schon gut gefüllt. Also müsste man weitere Züge einsetzen und später womöglich auch weitere Gleise verlegen. Ökoroutine ist nur möglich, wenn der Bahnverkehr auch neue Fahrgäste aufnehmen kann. Doch stattdessen stieg der Preis im Fernverkehr zwischen 2004 und 2009 um durchschnittlich drei Prozent pro Jahr, ohne dass das Schienennetz ausgebaut wurde. Das ist mehr als ein Prozent höher als die Inflationsrate.[400]

Auch der Vergleich des Flatrate-Tarifs zeigt deutlich, wie wenig Anreiz zum Bahnfahren in Deutschland im Vergleich zu Österreich und der Schweiz geschaffen wird. Für die Bahncard 100 verlangt die Deutsche Bahn einen geradezu abschreckend hohen Preis: Sie kostet 4 090 Euro in der zweiten Klasse. Das lohnt sich erst, wenn man als Vielfahrer mindestens 35 000 Kilometer im Jahr mit der Bahn unterwegs ist. Die Österreichische Bahn verlangt hingegen nur 2 400 Euro. Auch in der Schweiz kostet das sogenannte Generalabonnement rund 800 Euro weniger als die deutsche Bahncard 100 bei einem zugleich wesentlich dichteren Streckennetz.[401] Zudem gibt es dort vergünstigte Preise für verschiedene Kundengruppen wie Kinder, Senioren und Partner. Studierende zahlen beispielsweise nur 2 360 Euro. Die Kunden spricht das offenbar an. Rund 440 000 Schweizer besitzen das Generalabonnement, das sind ungefähr fünf Prozent der Einwohner. In Deutschland gibt es lediglich 42 000 Premiumkunden, das sind rund 0,05 Prozent der Bundesbürger.[402] Obwohl das Netz in der Schweiz viel kleiner ist, legen die Eidgenossen durch diese Anreize durchschnittlich zweieinhalbmal so viele Kilometer mit der Bahn zurück wie die Deutschen.[403]

Für die Kalkulation sind die Gesamtkosten je Fahrgast und je Einwohner relevant. Der Grund für den hohen Preis der Bahncard 100 liegt in der Auslastungspolitik der Bahn: Wer in den Spitzenzeiten fährt, soll auch Spitzenpreise zahlen. Die Inhaber einer Bahncard 50 oder Bahncard 100 müssen sich hingegen um ihre Reisezeit nicht kümmern. Für sie ist die Fahrt am Freitagnachmittag genauso teuer wie am Mittwoch. Diese Kunden sind bei der Bahn nicht sehr beliebt, daraus macht die Konzernführung keinen Hehl. Bei den passenden Gelegenheiten lässt das Unternehmen verlautbaren, man wolle die pauschale Ermäßigung am liebsten ganz abschaffen. Diese Strategie erschwert den Wechsel zur Bahn, gerade weil kurzfristig geplante Reisen enorm kostspielig sind. Das Konzept der Ökoroutine hofiert die potenziellen Neukunden nicht nur mit schönen Zügen und tollen Verbindungen, sondern auch durch attraktive Preise für Spontanreisende. Für die starke Nachfrage am Wochenende benötigen wir zusätzliche Züge statt gepfefferte Preise.

Semesterticket für alle

Wie sich Ökoroutine im Nahverkehr etablieren lässt, hat die belgische Stadt Hasselt vorgemacht. Wie auch in Deutschland standen die Stadtplaner der 70 000-Einwohner-Stadt dort vor dem Problem kollabierender Verkehrsströme. Lärm, Gestank, verstopfte Straßen, Parkplatzsuchverkehr und hohe Unfallzahlen verschlechterten spürbar die Lebensqualität. Als Problemlösung empfahlen die Stadtplaner einen dritten Straßenring um den alten Stadtkern. Solche Asphaltpolitik ist auch in Deutschland typisch.

Doch Hasselts Bürgermeister Steve Stevaert (er wurde später auch Steve Wonder genannt) etablierte stattdessen den kostenlosen Nahverkehr. Das Geld für den Bau und Unterhalt der neuen Ringstraße wurde gespart und stattdessen in das Bussystem gesteckt. Mitte der 1990er-Jahre fuhren dort acht Busse auf zwei Linien. Inzwischen sind hundert Busse auf knapp 50 Linien unterwegs. Die Zahl der Fahrgäste stieg von 360 000 auf 4,6 Millionen. Der innere Autoring wurde von vier auf zwei Spuren reduziert und in einen grünen Boulevard für Fuß- und Fahrradverkehr zurückverwandelt. Seitdem ist die Luft besser, der Lärm geringer und die Zahl der Unfälle zurückgegangen.

Wer den Bürgermeister zunächst für verrückt erklärt hat, muss zudem eingestehen, dass die Besucherströme in die Stadt mitnichten zurückgegangen sind. Ganz im Gegenteil, Hasselt wurde zur viertwichtigsten Einkaufsstadt Belgiens. Zuvor belegte sie nur Rang zehn. Heute arbeiten rund 3 000 Menschen in der Stadt – früher waren es 1 000. Die Stadt profitierte also von einer höheren Aufenthaltsqualität, was sich auch in einer Belebung des lokalen Einzelhandels äußerte.

Die unentgeltliche Nutzung des Nahverkehrs durch das sogenannte Bürgerticket hat die Mobilitätskultur in Hasselt komplett verändert. Die Menschen integrieren das – psychologisch betrachtet – »barrierefreie« Mobilitätsangebot in ihre Alltagspraxis. Ob es dabei bleibt, steht nun in den Sternen: Seit dem Frühjahr 2013 kostet eine Fahrkarte 60 Cent, um den Finanzhaushalt der Stadt zu entlasten. Eine gesonderte Abgabe zu erheben oder die Steuern zu erhöhen wagte man nicht.[404]

Nichtsdestotrotz inspirierte das Modell Hasselt die Verkehrspolitiker weltweit. Bürgermeister aus allen Ländern gaben sich in der belgischen Kleinstadt die Klinke in die Hand. Anfang 2013 beschlossen die 420 000 Einwohner der estnischen Hauptstadt Tallinn per Bürgerentscheid die Einführung des steuerfinanzierten Bürgertickets. 70 Prozent votierten mit »Ja«. Um den Busverkehr rasch zu fördern, wandelten die Stadtväter ohne großen Vorlauf einige Fahrstreifen in Busstreifen um. Ampelschaltungen wurden zugunsten des öffentlichen Personennahverkehrs umgestaltet.[405] Im ersten Jahr des Projekts verringerte sich die Zahl der Kraftwagen im Zentrum der Stadt um sechs Prozent. Flankiert wird das Bürgerticket in Tallinn durch den Rückbau von Parkplätzen und die Förderung von Radlern und Fußgängern.[406] Erste Ergebnisse zeigen, dass die lokale Wirtschaft profitiert, da ärmere Bevölkerungsschichten innerhalb der Stadt nun mobiler sind.[407]

Für die Finanzierung des lokalen Nahverkehrs bieten sich verschiedene Modelle an. Wie bei der Rundfunkgebühr könnte man eine Pauschale für jeden Haushalt erheben. Denkbar ist auch eine Teilfinanzierung über Grund- und Gewerbesteuern oder eine City-Maut für den Autoverkehr.

Auch in Deutschland wird nun mancherorts erwogen, das Bürgerticket auf alle zu übertragen. Vorbild kann die solidarische Umlagefinanzierung eines Semestertickets sein. Für Studierende ist das Semesterticket längst eine Selbstverständlichkeit. Zusammen mit den halbjährlichen Studiengebühren zahlen sie eine Pauschale für die Nutzung des Nahverkehrs im Umfeld. Genauso könnten alle Bewohner einer Stadt für einen verpflichtenden Beitrag eine Fahrtberechtigung erhalten – das Bürgerticket. In Tübingen macht sich der grüne Oberbürgermeister Boris Palmer dafür stark. Er hat schon viele Projekte umgesetzt, die zunächst für abwegig gehalten wurden. Tatsächlich belegen verschiedene Studien, dass es sich beim Bürgerticket um ein realisierbares Konzept handelt, das positive Effekte auf das Mobilitätsverhalten hat.[408]

Das Bürgerticket ist geeignet, um die Finanzierung des Nahverkehrs zu sichern und das Angebot systematisch zu erweitern. Gegenwärtig ist der Nahverkehr strukturell nicht kostendeckend und von Zuschüssen, Steuervergünstigungen und Quersubventionierungen abhängig. Das Nahverkehrsangebot konzentriert sich deshalb zunehmend auf Gebiete, in denen sich die finanziellen Verluste in Grenzen halten. In der Folge hat man viele Verbindungen besonders im ländlichen Raum auslaufen lassen. Das Bürgerticket kann einen maßgeblichen Beitrag zur Ökoroutine leisten. Der Wechsel vom Auto in die Bahn verselbstständigt sich, weil die Kunden nicht permanent den Preis abwägen und Tarife ausloten. Viele denken sich dann: Wenn ich das jetzt ohnehin bezahlen muss, dann nutze ich es auch. Die steigende Nachfrage macht den Ausbau des Nahverkehrs erforderlich, er gewinnt an Attraktivität, eine positive Aufwärtsspirale wird in Gang gesetzt.

Fernbusse

Seit 2013 etablieren sich Fernbusse als Alternative zur Bahn. Ausgangspunkt war der politische Beschluss, das Fernverkehrsmonopol der Bahn nach fast 80 Jahren zu beenden.[409] Eine gute Sache für die Bürgerinnen und Bürger, so scheint es auf den ersten Blick. Mehr als 5000 Verbindungen werden mittlerweile in der Woche angeboten,[410] doch freilich überwiegend auf den attraktiven Strecken zwischen den Ballungsräumen. Diese werden auch von mehreren Anbietern zugleich bedient. Die strukturschwachen Regionen bleiben außen vor. Während die Bahn und ihre Konkurrenten für jeden genutzten Schienenkilometer eine Gebühr entrichten müssen, nutzen Fernbusse die Infrastruktur Autobahn nahezu kostenlos. Das Fernbussystem in seiner gegenwärtigen Form gefährdet die Rentabilität der Bahn.

Durch die Billigangebote reisen augenscheinlich mehr Menschen als zuvor. Von den rund 20 Millionen Fernbuskunden im Jahr ist ein guter Teil Neufahrer.[411] Man kann sich leicht vorstellen, dass eine Fernreise für neun Euro zusätzliche Mobilität auslöst. Zu beobachten war dieser Effekt schon beim Preisverfall im Flugverkehr. So macht man Expansion und Mehrverbrauch zur Routine. Die Städte beklagen sich inzwischen über den zusätzlichen Bustransfer in ihren Zentren. Die Stadt Köln hat daher die Notbremse gezogen, den zentralen Omnibusbahnhof geschlossen und zum Flughafen außerhalb verlagert. Von dort sollen die Fernbuskunden mit den öffentlichen Linien in die Stadt fahren.

Ökoroutine ist mit Dumpingpreisen für Fernbusse kaum möglich. Enkeltauglich wäre der Fernbusverkehr nur, wenn er die Angebote des Schienennetzes ergänzen würde. Das wird jedoch nicht geschehen, weil ordentliche Gewinne nur auf den Hauptstrecken zu erwarten sind. Es mag für Schnäppchenjäger angenehm sein, ökologisch betrachtet, ist die Ausweitung der Reiseaktivität aber kontraproduktiv. Wirklich sinnvoll und mit Ökoroutine vereinbar ist der Fernbusbetrieb nur für solche Strecken, für die es keine guten Bahnverbindungen gibt.

Menschheitstraum: Fliegen

Über den Wolken scheint die Freiheit grenzenlos. Schon seit Jahrtausenden sind die Menschen fasziniert von der Möglichkeit des Fliegens. Ferne Länder sind in wenigen Stunden erreichbar. Noch in den 1980er-Jahren konnten sich das nur Gutverdiener leisten. Die Liberalisierung des Luftverkehrs, effizientere Flugzeuge und Konkurrenzdruck haben seitdem dazu geführt, dass sich auch Menschen aus den mittleren Einkommensgruppen leicht ein bis zwei Flüge im Jahr leisten können. Und wer zweimal im Jahr abhebt, hat es gern, wenn ein Flughafen in der Nähe ist. Um der eigenen Wirtschaftsregion einen Wettbewerbsvorteil zu verschaffen, haben zahlreiche Länder und Kommunen wie zum Beispiel Dortmund daher hohe Summen in Regionalflughäfen investiert.[412] Die meisten müssen jährlich mit Millionenbeträgen zulasten des Kommunalhaushalts bezuschusst werden.[413] An den Klimaschutz hat bei den Planungen offenbar niemand gedacht. Seit 1990 hat sich die Zahl der Flugpassagiere mit einem Reiseziel außerhalb Deutschlands mehr als verdreifacht.[414]

Abbildung 29 Ökoroutine begrenzt die Starts und Landungen auf Flughäfen auf das gegenwärtige Niveau. Das stoppt die Expansion und ermöglicht tatsächliche CO_2-Einsparungen durch weitere Effizienz. Foto: Lars Richter, pixelio.de

Mehr denn je treibt der Flugverkehr die Erderwärmung voran. Nach Schätzungen des Weltklimarats sind die Emissionen durch ihren Ausstoß in großer Höhe mindestens dreimal so klimaschädlich wie vergleichbare Emissionen am Erdboden. Der Beitrag des Flugverkehrs zum Treibhauseffekt liegt mittlerweile bei fünf Prozent.[415] Bis 2030 werden zu den 105 Millionen Passagieren in Deutschland weitere 70 Millionen hinzukommen, prognostiziert das Institut für Luftverkehr mit beeindruckendem Gleichmut.[416] Weltweit ist das Wachstum noch dramatischer und damit auch die Auswirkung auf die globale Erwärmung. Es handelt sich um ein Katastrophenszenario, das eigentlich radikale Gegenmaßnahmen auslösen müsste. Dennoch planen die Flughafenbetreiber weitere Startbahnen.

Das Konzept der Ökoroutine hat einen ganz einfachen Vorschlag: Wir limitieren die Starts und Landungen auf Flughäfen sowie die Passagierzahlen je Flughafen. Ziel wäre zunächst, den Flugverkehr auf das gegenwärtige Niveau zu begrenzen. Wenn die Flieger immer effizienter werden, gehen damit die extrem klimawirksamen Treibhausgase zurück. Rückblickend gesehen, hat sich gezeigt, dass die durchschnittliche Technologieverbesserungsrate bei neuen Flugzeugen den Treibstoffverbrauch um rund ein bis zwei Prozent pro Jahr verringern konnte.[417] Erst die Begrenzung der Expansion führt jedoch zu tatsächlichen Einsparungen. Besonders fragwürdige Inlandsflüge sind komplett zu unterbinden, so wie es bei den Flügen zwischen Köln und Frankfurt der Fall ist. Aber auch von Köln nach Berlin geht es schnell genug mit der Bahn. Letztlich sollten Flüge von München nach Berlin und Hamburg genügen.

Fliegen ist ein Menschheitstraum, aber kein Menschenrecht. Die Begrenzung auf den Ist-Zustand bedeutet noch keinen Verzicht. Dennoch ist schon die Begrenzung der Expansion sehr ambitioniert, vielleicht sogar utopisch. Die Umsetzung ist jedoch formal ganz einfach. Die Möglichkeiten dazu sind im Luftverkehrsgesetz gegeben, denn die Zahl der Starts und Landungen, man spricht auch von »Slots«, ist genehmigungspflichtig. Zudem gibt es bereits zeitliche und räumliche Flugverbote. Im Kern ist die Luftfahrt akribisch reguliert. Nichtstun ist das Gebot der Stunde, also keine zusätzlichen Flüge zu genehmigen. Wir müssen tun, was wir für richtig halten.

Ökoroutine für enkeltaugliche Mobilität

Was die Menschen für richtig halten, liegt auf der Hand: Rund 90 Prozent der Deutschen sprechen sich dafür aus, Straßengütertransporte auf die Schiene zu verlagern und den öffentlichen Personenverkehr auszubauen.[418] Eine große Mehrheit sieht in der Abkehr vom Autoverkehr einen positiven Beitrag zur Lebensqualität. Bei jungen Menschen zwischen 14 und 17 sind sogar mehr als 90 Prozent dafür, die Städte für Fußgänger, Radfahrer und den Nahverkehr umzugestalten. Eine auf das Auto zentrierte Stadt wird von vielen längst mehr als Belastung denn als Erleichterung des Alltagslebens erfahren.[419]

Doch das Richtige zu tun, also weniger Auto zu fahren und zu fliegen, fällt den meisten Menschen schwer. Das erklärt auch die Popularität des Elektroautos. Davon gibt es zwar noch keine 20 000, aber die öffentliche Diskussion darüber suggeriert, nachhaltige Automobilität sei möglich, ohne dass sich etwas ändert. Gefordert sind verkehrspolitische Rahmenbedingungen, die es schrittweise ermöglichen, sich die Vorzüge von mehr Grün und weniger Lärm als positiven Entwurf anzueignen. Drakonische Einschnitte sind politisch kaum durchsetzbar. Ändern sich die baulichen und verkehrstechnischen Bedingungen jedoch allmählich, lassen sich die Bürgerinnen und Bürger für eine Verkehrswende gewinnen.

Viele Vorschläge der Ökoroutine wirken radikal. Die Umstellung des Bundesverkehrswegeplans für Straßen auf reine Erhaltungsmaßnahmen wirkt ebenso utopisch wie ein Limit für Starts und Landungen auf Flughäfen. Den Hamburger Hafen nicht weiter auszubauen würden sich nicht mal die Grünen der Hansestadt trauen. Wohlgemerkt spricht sich keiner dieser Vorschläge für Verzicht aus, lediglich für die Begrenzung der Expansion. Das klingt eigentlich nicht sehr radikal. Überhaupt muss sich Ökoroutine nicht davor scheuen, einfache Wahrheiten auszusprechen: Wenn wir weitermachen wie gehabt, dann können sich die Lebensumstände nicht enkeltauglich entwickeln.

Kapitel 9

Arbeiten

Zur Ökoroutine gehört auch ein Wandel der Arbeitswelt. Sie prägt unsere Gesellschaft von Grund auf. Es ist kein Zufall, dass sich die meisten Zeitungsschlagzeilen im Kern um das Thema Erwerbsarbeit drehen: Aufstieg und Fall von Unternehmen, Innovationen, Kündigungen, Wirtschaftswachstum oder die Finanzmärkte.

Politische Entscheidungsträger schauen deshalb bei jedem Vorschlag auf die möglichen Auswirkungen für den Arbeitsmarkt. Viele vernünftige umweltpolitische Maßnahmen werden so ausgebremst. Ein Tempolimit war hierzulande bisher nicht durchsetzbar, weil Deutschland für seine freie Fahrt auf den Autobahnen weltberühmt ist. Ein Limit könnte diesen Status gefährden, die Verkaufszahlen der Automobilindustrie könnten sinken und Jobs verloren gehen. Das Arbeitsplatz-Argument hat auch dazu geführt, dass das Klimaschutzlabel besonders schwere Fahrzeuge begünstigt und es immer noch einen Steuerbonus für Dieselkraftstoff gibt, obwohl dessen Nutzen für den Umweltschutz schon lange widerlegt ist. In dieser Perspektive ist auch Carsharing bedrohlich für den Arbeitsmarkt, weil es den Kraftwagenabsatz deutlich verringern könnte. Schließlich ersetzt ein Teilauto leicht sechs Fahrzeuge.

Bislang scheitern Klimaschutzkonzepte immer dann, wenn sie die Arbeitslosigkeit eventuell erhöhen könnten. Nach der gleichen Logik gelten negative Auswirkungen auf das Wirtschaftswachstum als inakzeptabel. Mit anderen Worten: Ohne den Wandel der Arbeitswelt bleibt Ökoroutine ein kühner Traum.

Ökoroutine möchte daher kürzere Arbeitszeiten etablieren, um Jobverluste aufzufangen und den ressourcenintensiven Wachstumsdruck zu überwinden. Es wäre ökologisch gesehen günstig, wenn ein nennenswerter Teil der Gesellschaft seine wöchentliche Lohnarbeit zugunsten pflichtenfreier Zeit verringert, beispielweise von 40 auf rund 30 Stunden. Mit gerechter verteilten Arbeitszeiten lässt sich zudem sinnvoll auf die Herausforderungen der fortschreitenden Digitalisierung reagieren.

Das wird nicht von allein geschehen. Das Arbeitsethos, wonach lange Arbeitszeiten den gesellschaftlichen Status markieren, ist soziokulturell tief verwurzelt. Inzwischen werden jedoch kürzere Erwerbsarbeitszeiten populärer – nicht nur unter jungen Müttern oder Älteren. Dieser Trend lässt sich durch eine kluge Kombination von steuerlichen Anreizen, Arbeitszeitgesetzen und Kampagnen stärken, damit kürzere Arbeitszeiten allmählich zur Routine werden.

Mehr Arbeit, höherer Ressourcenverbrauch

Für eine ausgewogenere Balance zwischen Arbeit und Freizeit spricht nicht nur die Abkehr vom Wachstumsdogma. Kürzere Arbeitszeiten entschärfen das Problem der Arbeitslosigkeit und den Konflikt zwischen Arbeit und Umwelt.

Der Streit um Arbeitsplätze wird in Deutschlands Städten und Gemeinden täglich ausgefochten. Jeder fragwürdige Gewerbepark, jeder Ausbau von See- und Flughäfen, jeder Neu- und Ausbau von Straßen, jede Flussvertiefung – kein ökologisches Bedenken scheint schwerer zu wiegen als das Argument »Ja, aber das schafft Arbeitsplätze«. Durch die allseitige Standortprofilierung befinden sich die Kommunen in einer zerstörerischen Wettbewerbsspirale. Selbst für den klimapolitisch unvertretbaren Ausbau des Braunkohletagebaus sind sich Politiker nicht zu schade, auf das »enorme« Arbeitsplatzpotenzial hinzuweisen, obgleich das Gegenteil der Fall ist und durch erneuerbare, dezentrale Energien und Energieeinsparinvestitionen wesentlich mehr Jobs entstehen würden.

Dem Beschäftigungsargument stehen die politischen Entscheidungsträger derzeit immer noch ohnmächtig gegenüber. Eine gezielte Politik für kürzere Arbeitszeiten trägt maßgeblich dazu bei, den Konflikt »Umweltschutz versus Arbeitsplätze« zu entschärfen. Nur so lässt sich vermeiden, dass weitere Arbeitsplätze in Wirtschaftszweigen »geschaffen« werden, die den Raubbau am Planeten beschleunigen.

Weniger Lohn, weniger Verschwendung

Wenn Menschen weniger arbeiten und weniger verdienen, kaufen sie auch weniger überflüssige Produkte. Das verringert zudem den Energieverbrauch. Verschiedene Untersuchungen zeigen, dass Arbeitszeitverkürzungen das Konsumverhalten verändern und der Ressourcenverbrauch zurückgehen kann. Die Ökonomen Axel Schaffer und Carsten Stahmer kommen in ihrer Untersuchung »Halbtagsgesellschaft« zu dem Ergebnis, dass sich Klimagase und Schadstoffe im gleichen Maß verringern wie die Arbeitszeit. Wenn wir also im Schnitt neun Prozent weniger arbeiten, gehen auch die Emissionen um neun Prozent zurück. Bei einer geringeren Zahl von Fahrten zum Arbeitsplatz – wenn wir zum Beispiel vier statt fünf Tage pro Woche arbeiten – reduzieren sich auch die verkehrsbezogenen CO_2-Emissionen.[420]

In die gleiche Richtung weist eine Studie der US-amerikanischen Ökonomin Juliet Schor in verschiedenen OECD-Staaten. Ihr zufolge ist der ökologische Fußabdruck umso kleiner, je weniger Arbeitsstunden ein Erwerbstätiger leistet.[421] Auch die Wirtschaftswissenschaftler David Rosnick und Mark Weisbrot vom Center for Economic and Policy Research in Washington stellen fest: Mehr Arbeitsstunden schrauben in der Regel auch den Energieverbrauch in die Höhe.[422]

Entscheidend ist dabei das Einkommen. Menschen mit einer Teilzeitstelle verdienen weniger als mit einer vollen Stelle. Wer weniger verdient, kann weniger ausgeben. Und wer mehr Zeit hat, kann selbst frisches Gemüse verarbeiten und gar anbauen, statt es tiefkühlfertig zu kaufen. Sämtliche Fertiglebensmittel sind vergleichsweise energieaufwendig. Es würde Zeit kosten, selber zu kochen, die Wäsche aufzuhängen und zu radeln. Viele Konsumfelder existieren nur deshalb, weil sie Zeit »sparen«.[423]

Den Zusammenhang von Einkommen und Naturverbrauch untermauern die Daten der Einkommens- und Verbrauchsstichprobe des Statistischen Bundesamtes. Den Daten zufolge verbrauchen Armutshaushalte im Schnitt am wenigsten Energie. Mit dem Wohlstand hingegen wächst der Energieverbrauch. Spitzenverdiener verbrauchen im Vergleich zu den ärmsten Haushalten dreimal so viel Energie.[424]

Es ist ein verbreitetes Vorurteil, dass einkommensarme Haushalte vergleichsweise viel Energie verbrauchen, weil sie sich keine sparsamen

Mit dem Wohlstand wächst der Energieverbrauch

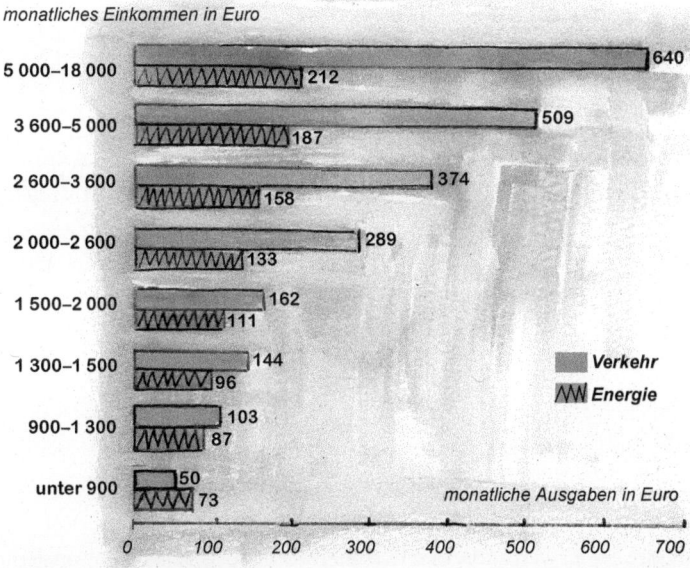

Abbildung 30 Mit dem Wohlstand wächst der Energieverbrauch. Die Spitzenverdiener verbrauchen im Vergleich zu den Ärmsten dreimal so viel Energie.[425]

Geräte leisten können und sich wenig Gedanken über ihren Energieverbrauch machen. Tatsächlich zeigen lokale Untersuchungen, dass Arme weniger Strom verbrauchen und in kleineren Wohnungen leben. Deshalb ist auch ihr Wärmebedarf geringer.[426] Interessant ist auch der Vergleich zwischen Ost- und Westdeutschland: Hier belegen die Zahlen ebenfalls, dass Menschen mit geringem Einkommen vergleichsweise wenig Strom konsumieren. Ein durchschnittlicher Haushalt in Ostdeutschland verbraucht zwischen 11 und 14 Prozent weniger Strom als in Westdeutschland.[427]

Dieselbe Logik ergibt sich für das Reisen mit Bus, Bahn, Auto und Flugzeug. Der CO_2-Rucksack vergrößert sich mit dem Einkommen. Betuchte Menschen unternehmen nicht selten jedes Jahr einen Interkontinentalflug, verfügen über Zweit- und Drittwagen und besitzen vergleichsweise häufig extrem schwere und verbrauchsintensive Fahrzeuge. Sie tun es, weil sie es können.

Die Kurze Vollzeit als Leitbild der Ökoroutine

Kurze Arbeitszeiten sind ein erprobtes Konzept, um Arbeitslosigkeit zu bekämpfen und den Wachstumsdruck zu lindern. Nur traut sich heute kaum jemand, das offen auszusprechen. Der Arbeitswissenschaftler Helmut Spitzley warb schon vor vielen Jahren für die »Die Kurze Vollzeit für alle«.[428] Demnach ließe sich die Arbeitslosigkeit zumindest rechnerisch abschaffen, wenn alle Arbeitnehmer in Deutschland und Umgebung im Schnitt 30 Stunden in der Woche arbeiteten. Die Kurze Vollzeit entspricht einer durchschnittlichen Jahresarbeitszeit von etwa 1300 Stunden. Reduzieren vier Menschen ihre Arbeitszeit um sieben Stunden, schaffen sie eine neue Stelle. Eine solche »Kurze Vollzeit für Alle« ist eine Perspektive für eine neue, realistische Form der Vollbeschäftigung.[429]

Natürlich gibt es Menschen mit so niedrigem Verdienst, dass weniger zu arbeiten für sie nicht infrage kommt. Auch viele Alleinlebende und Alleinerziehende haben geringe Spielräume, auf Geld zu verzichten, weil sie sich nicht auf einen zweiten Verdiener stützen können. Deshalb sollen kürzere Erwerbsarbeitszeiten auch nicht vorgeschrieben werden. Die »Kurze Vollzeit für alle« wäre keine starre Norm, sondern eine Art Durchschnittswert, der je nach persönlichen Wünschen, biografischer Situation und wirtschaftlichen Verhältnissen flexibel gewählt werden kann. Ziel sind kürzere Lebensarbeitszeiten in abhängiger Beschäftigung.

Das faire Teilen von Lohnarbeit ist keine Erfindung von heute. Schon vor 50 Jahren kämpften die Gewerkschaften mit dem Slogan »Am Samstag gehört Vati mir« um den freien Samstag. Die Forderung schien damals radikal. Noch bis zur Mitte der 1950er-Jahre lag die wöchentliche Arbeitszeit in Westdeutschland bei 49 Stunden und reduzierte sich dann Ende der 1960er schrittweise auf 40 Stunden – bei gleichzeitiger Einführung der Fünf-Tage-Woche. Bis dahin kreisten die großen Streiks meist um Lohnerhöhungen.[430]

Im Grundsatzprogramm der SPD hieß es in der Fassung von 1998 noch, kurze Arbeitszeiten seien erst recht nötig, wenn Erwerbsarbeit allen Frauen und Männern zugänglich werde. Solle die partnerschaftliche Teilung der häuslichen Arbeit gelingen, müsse die tägliche Arbeitszeit verringert werden. Daher sei der sechsstündige Arbeitstag in der 30-Stunden-Woche als Regel anzustreben.[431]

Arbeitsmarkt im Wachstumszwang

»Ohne Wachstum ist alles nichts«, behauptete die CDU im Jahr 2004.[432] Man darf getrost annehmen, dass sich diese Einschätzung bis heute nicht verändert hat. Eigentlich sind alle Parteien im Bundestag für Wachstum. Ganz einfach, weil sich niemand vorstellen kann, wie es ohne Wachstum gehen soll. Der wichtigste Grund liegt in der Befürchtung, dass die Arbeitslosigkeit andernfalls dramatisch zunimmt. Und damit würden zugleich die Einnahmen der Krankenkassen, Pflege-, Renten- und Arbeitslosenversicherung schrumpfen.

Unabhängig davon befindet sich der Arbeitsmarkt in einem permanenten Transformationsprozess. Drei Faktoren verändern die Arbeitswelt bereits seit Jahrzehnten: die Zahl der erwerbstätigen Menschen, die Produktivität und die Globalisierung.

In Deutschland ist das sogenannte Erwerbspersonenpotenzial nahezu permanent gestiegen. Erwerbspersonen sind sozialversicherungspflichtig Beschäftigte, Selbstständige, Beamte sowie geringfügig Beschäftigte

Erwerbspersonenpotenzial und Arbeitsvolumen im Vergleich

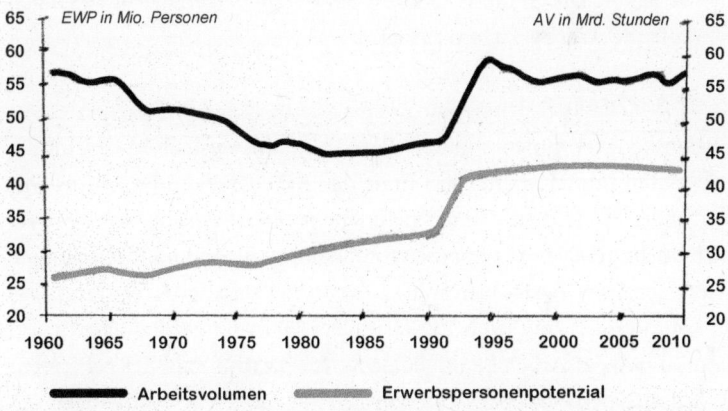

Abbildung 31 Deutschlands Erwerbspersonenpotenzial (EWP) nahm über Jahrzehnte beständig zu. Insbesondere Frauen wollten zunehmend einer Lohnarbeit nachgehen. Weil das Arbeitsvolumen – hier in Milliarden Stunden (schwarze Linie) dargestellt – nicht wuchs, sondern bis 1980 stark zurückging, nahm die Arbeitslosigkeit zu (ab 1991 inkl. Ostdeutschland).[433]

und Personen in Arbeitsgelegenheiten. In der Geschichte der Bundesrepublik bewarben sich immer mehr Personen um eine schrumpfende beziehungsweise gleichbleibende Menge an Erwerbsarbeit, in erster Linie Frauen. Statt ausschließlich unbezahlte Hausarbeit zu leisten, entschlossen sie sich zunehmend, selbst Geld zu verdienen. Damit wuchsen Selbstständigkeit und Haushaltseinkommen. Letzteres ist vor allem dann erforderlich, wenn die Einkünfte kaum ausreichen, um das zum Leben Notwendigste zu gewährleisten. Da die Männer ihre Arbeitszeit nicht reduzierten, stieg – trotz Wachstum – die Arbeitslosenquote.

Zugleich nimmt die Produktivität Jahr für Jahr zu. Mithilfe von Robotern, Informations- und Kommunikationstechnologien können Unternehmen dieselbe Menge Güter mit weniger Personal herstellen. Die Produkte werden günstiger. Das ist ein Wettbewerbsvorteil gegenüber der Konkurrenz. Zugleich nimmt die Arbeitslosigkeit zu, wenn parallel nicht mehr produziert wird. Steigende Produktivität hat also einen doppelten Effekt: Sie gefährdet Arbeitsplätze und kann sie zugleich erhalten.

Treiber der Produktivität ist nicht zuletzt die Globalisierung. Inzwischen konkurrieren deutsche Unternehmen mit Firmen aus Asien. Mithin haben viele Betriebe lange Zeit ihre Fertigung in Billiglohnländer verlagert. Durch diesen Prozess der »Standortverlagerung« gingen hierzulande Arbeitsplätze verloren.

Ende der Arbeit?

Zusammengenommen erklären diese Faktoren, weshalb in den Industriestaaten immer wieder das Ende der Arbeit verkündet wurde. Mit steigender Produktivität und zunehmender Globalisierung werde es bald nicht mehr genügend Lohnarbeit für die Bürgerinnen und Bürger geben, so die These.[434] Doch es kam anders als von vielen Experten erwartet. Das Arbeitsvolumen ging seit Mitte der 1970er-Jahre nur geringfügig zurück. Vom »Ende der Arbeit« kann keine Rede sein. Die Zahl der geleisteten Arbeitsstunden eines Jahres bewegt sich mit einigen Schwankungen seit Jahrzehnten auf stabilem Niveau (siehe Abbildung 31).

Im Wesentlichen haben Wachstum und Teilzeitarbeit das Ende der Arbeit verhindert. Wachstum kann die Arbeitsplatzverluste durch steigende Produktivität ausgleichen. Wenn jedoch mehr produziert wird, muss auch die Nachfrage zunehmen. Das hat bisher ganz gut geklappt. Den Unternehmen ist es zum einen gelungen, die Bürger zu mehr Konsum zu verleiten, etwa durch innovative Produkte, verlockende Werbung oder günstigere Preise (Letztere ließen aber auch die Löhne sinken). Zum anderen verkaufen viele Betriebe einen beträchtlichen Teil ihrer Erzeugnisse ins Ausland, was wiederum die Nachfrage ankurbelt.

Schwierig wird es, wenn die Wirtschaft nur noch sehr langsam oder gar nicht mehr wächst. Da ist es hilfreich, wenn sich viele Menschen mit einer Teilzeitstelle begnügen. So lässt sich ein gleichbleibendes Arbeitsvolumen gerechter verteilen. Fast 30 Prozent der Beschäftigten arbeiten inzwischen in Teilzeit – so viele wie noch nie. Die Teilzeitquote der Frauen hat sich seit 1991 fast verdoppelt, die der Männer sogar auf nunmehr 20 Prozent vervierfacht.[435]

Offen sprechen das nur wenige Experten aus, aber letztlich haben sich kürzere Arbeitszeiten schon längst als subkutane Strategie gegen die Auswirkungen der Produktivitätssteigerung und niedriger Wachstumsraten etabliert.

Trends

Wie sich die Teilhabe am Arbeitsmarkt zukünftig entwickeln wird, ist ungewiss. Längerfristige Prognosen sind kaum mehr als Kaffeesatzleserei. Doch ein paar Trends zeichnen sich ab. Erstens wird sich durch die neue Ära der Digitalisierung der Druck auf den Arbeitsmarkt weiter erhöhen. Erkennbar ist das unter anderem daran, dass ehemals sichere Jobs, etwa im Bankwesen, bereits seit Jahren abgebaut werden. Sogar die billigen Arbeitskräfte in China sind den Herstellern mitunter zu teuer. Auch dort übernehmen zunehmend Roboter die Arbeit. Ein Indiz für diese Entwicklung ist die Zahl verkaufter Roboter. In den USA und der EU stieg sie 2011 um 43 Prozent.[436] Auch in den Folgejahren berichteten die Hersteller von »rekordverdächtigen Verkaufszahlen in allen Regionen« mit zweistelligen Zuwachsraten.[437]

Zweitens steigt die relative Wirtschaftsleistung der Industriestaaten seit Jahrzehnten kaum noch. Das ist unumstritten. Mittlerweile sind wir schon mit Wachstumsraten von einem oder 1,5 Prozent zufrieden. Hält dieser Trend an, entstehen womöglich weniger Arbeitsplätze. Wenn man bedenkt, dass ein nennenswerter Teil des deutschen Wachstums auf Export basiert, sind gedämpfte Erwartungen an die zukünftige Ausweitung des Bruttoinlandsprodukts angebracht.

Dem steht nach Meinung einiger Experten ein dritter Trend entgegen: Die Digitalisierung von heute habe nicht annähernd die Wirkung, wie sie durch die industrielle Revolution mit ihren vollmechanischen Webstühlen, Dampfmaschinen, Eisenbahnen vor rund 200 Jahren ausgelöst wurde.[438] Die Produktivität werde sich rückläufig entwickeln. Insofern sei kein dramatischer Jobverlust durch die Digitalisierung zu erwarten.

Ebenfalls vorteilhaft wird sich viertens womöglich die demographische Entwicklung auswirken. Dem Arbeitsmarkt in Deutschland könnte es zum Vorteil gereichen, wenn die Bevölkerung und damit die Zahl der Arbeitssuchenden schrumpft. Ob es so kommt, hängt unter anderem von der Zuwanderung ab.

Bei aller Unsicherheit scheint doch eines gewiss: Auf wirtschaftlich schwierige Zeiten können wir mit angepassten Arbeitszeiten sehr effektiv reagieren. Das hat sich zuletzt bei der Kurzarbeit in den Jahren 2007 und 2008 in Deutschland und Österreich gezeigt. Letztlich ist eine effektive Arbeitszeitpolitik im Sinne von Fairteilung die Grundbedingung, um mit einer längeren Stagnationsphase fertigwerden zu können.[439] Mit anderen Worten: Kürzere Arbeitszeiten lassen Druck aus dem Wachstumskessel.

Offene Türen

Die mentalen Voraussetzungen, um die »Kurze Vollzeit für alle« einzuführen, sind längst gegeben. Sie wird bereits in erheblichem Umfang nachgefragt. Angebote zur Kombination von Elternzeit und Teilzeit werden von knapp 80 Prozent der Beschäftigten gewünscht, aber nur von annähernd 30 Prozent der Betriebe ermöglicht. Jeder dritte Akademiker fühlt sich im Zeitstress bei der Vereinbarkeit von Familie und Beruf.[440] Vollzeitbeschäftigte wollen kürzere, Teilzeitbeschäftigte längere Arbeitszeiten, ergab eine Studie des Deutschen Instituts für Wirtschaftsforschung. Die bisherige Arbeitszeitverteilung – Ganztagsmann und Halbtagsfrau – wird durch die gegenwärtige Entwicklung zunehmend relativiert.

Laut einer Auswertung des Sozio-Ökonomischen Panels – einer repräsentativen Stichprobe der deutschen Bevölkerung mit 20 000 Befragten, die vom Deutschen Institut für Wirtschaftsforschung durchgeführt wird – liegt die gewünschte Arbeitszeit der Erwerbstätigen im Schnitt bei rund 34,5 Stunden pro Woche. Diese Angabe gilt sowohl für jene, die ihre Arbeitszeit verkürzen möchten, wie auch für jene, die sie gerne etwas länger hätten.[441] Für das individuelle Wohlbefinden hat die Arbeitszeit eine ähnlich große Bedeutung wie das verfügbare Einkommen, erklären die Autoren. Wer anders arbeitet als gewünscht, muss eine erhebliche Einbuße an Lebensqualität hinnehmen. Fallen gewünschte und realisierte Arbeitszeit spürbar auseinander, verringert sich die Zufriedenheit signifikant. Das beobachteten die Wissenschaftler in allen erfragten Segmenten der Zufriedenheit – egal, ob es um die Zufriedenheit mit der Arbeit, Gesundheit oder der allgemeinen Lebenssituation geht.[442]

Arbeitszeitwünsche werden in der Arbeitsmarktpolitik bisher zu wenig beachtet. Sie sollte nicht allein Lohnhöhen und Qualifikationsmerkmale berücksichtigen. Würden auch die Arbeitszeitwünsche der Beschäftigten bedacht, käme es zu einer Arbeitszeitverkürzung von durchschnittlich 2,77 Stunden je Erwerbstätigem pro Woche. Daraus ergibt sich ein Potenzial von mehr als 2,4 Millionen neuen Vollzeitjobs. Um den vorhandenen Spielraum besser zu nutzen und gleichzeitig den Wünschen der Erwerbslosen nach Beschäftigung nachzukommen, ist eine gezielte Förderpolitik notwendig. Hilfreich könnte beispielsweise eine »Arbeitszeitagentur« sein.[443]

Schlaglicht: *Anekdote zur Senkung der Arbeitsmoral. Am 1. Mai 1963, dem »Tag der Arbeit«, strahlte der NDR Heinrich Bölls Geschichte über den Sinn des Lebens und Arbeitens aus. Es geht darin um einen ärmlich gekleideten Fischer, er döst in seinem Boot und wird von einem Touristen gestört. Genau genommen nervt ihn das Klicken des Fotoapparats. Schläfrig greift er nach einer Zigarette; der Tourist gibt ihm eilfertig Feuer. Um ein Gespräch zu beginnen, stellt er fest, das Wetter sei günstig für einen guten Fang. Das stimmt zwar, aber der Fischer meint, er sei von seinem letzten Fang schon heimgekehrt.*

So weit ist alles klar. Nur versteht der Tourist nicht, warum der Fischer nicht noch mal rausfährt. Ob er denn krank sei. Der antwortet, er fühle sich großartig, ja fantastisch. Er habe sich nie besser gefühlt. Umso mehr stelle sich doch dann die Frage, warum er sich nicht an einem weiteren Fang versuche, wundert sich der Tourist.

Nicht nötig, meint der Fischer, der Fang sei so gut gewesen, dass er nicht noch einmal hinauszufahren brauche, er habe vier Hummer in seinen Körben gehabt, fast zwei Dutzend Makrelen gefangen. Er habe sogar für den nächsten und übernächsten Tag genug. Der Tourist ist fassungslos. Der Fischer solle sich doch bitte einmal vorstellen, er führe an diesem Tag ein zweites, ein drittes, vielleicht sogar ein viertes Mal hinaus, und er würde drei, vier, fünf, vielleicht gar zehn Dutzend Makrelen fangen. Und das an jedem günstigen Tag.

Dann könne der Fischer spätestens in einem Jahr einen Motor kaufen, in zwei Jahren ein zweites Boot, in drei oder vier Jahren vielleicht einen kleinen Kutter haben, mit zwei Booten und dem Kutter könne er natürlich viel mehr fangen – eines Tages würde er zwei Kutter haben. Später könne er ein kleines Kühlhaus bauen, vielleicht eine Räucherei, später eine Marinadenfabrik, mit einem eigenen Hubschrauber rundfliegen, die Fischschwärme ausmachen und den Kuttern per Funk Anweisungen geben. Er könnte die Lachsrechte erwerben, ein Fischrestaurant eröffnen, den Hummer ohne Zwischenhändler direkt nach Paris exportieren und dann ...

Dann könne der Fischer beruhigt hier im Hafen sitzen, in der Sonne dösen – und auf das herrliche Meer blicken. Aber genau das tue er ja schon jetzt, sagt der Fischer. Er sitze beruhigt am Hafen und döse, nur das Klicken des Fotoapparates habe ihn dabei gestört. Der Tourist zieht nachdenklich von dannen, denn früher hat er auch einmal geglaubt, er arbeite, um eines Tages nicht mehr arbeiten zu müssen, und es bleibt keine Spur von Mitleid mit dem ärmlich gekleideten Fischer in ihm zurück, nur ein wenig Neid.[444]

Die Generation Y: Was wir wirklich wollen

Die Debatte über »Work-Life-Balance« ist mehr als eine Modeerscheinung. Zahlreiche aktuelle Studien und Veröffentlichungen weisen auf einen fortschreitenden Sinneswandel hin. So etwa das Buch »Glück schlägt Geld« der Hamburger Journalistin Kerstin Bund: Sie bezeichnet die zwischen 1980 und 1995 Geborenen als Y-Generation, ausgesprochen »why«, weil diese Generation alles hinterfragt – auch die Spielregeln der Arbeitswelt.

Die Vertreter der alten Berufswelt, erklärt Bund in ihrem Buch, sind tendenziell frustriert. Wie Umfragen seit Jahren regelmäßig zeigen, hat jeder vierte Beschäftigte innerlich gekündigt, mehr als 60 Prozent machen Dienst nach Vorschrift. Den Jüngeren aber sind gute Ergebnisse wichtiger als lange Präsenzzeiten. Die Generation Y arbeitet daran, dass Väter und Mütter nicht länger zwischen Karriere und Familie entscheiden müssen. Rückenwind erhält die Transformation der Arbeitswelt durch die demografische Entwicklung, schließlich fehlen der deutschen Wirtschaft bis 2030 rund fünf Millionen Arbeitskräfte in nahezu allen Branchen, betont die Autorin. In dieser neuen Arbeitswelt könnten die Beschäftigten wieder stärker Druck ausüben, um bessere Arbeitsbedingungen auszuhandeln. Die Interessen der Arbeitnehmer würden sich dann nicht mehr allein um Geld, aufwendige Dienstwagen und spektakuläre Reisen drehen, sondern primär um lebensfreundliche Arbeitsbedingungen: Elternzeit, Sabbaticals, flexible Arbeitszeiten, Homeoffice und Kitaplätze.

Bei aller Euphorie muss man allerdings festhalten, dass die Generation Y lediglich ein kleiner Ausschnitt der Arbeitswelt ist. Nur ein Teil der Beschäftigten verfügt über einen Hochschulabschluss und die im Buch umfänglich beschriebenen Privilegien. Doch – und das ist eine wichtige Feststellung von Kerstin Bund – auch die 68er machten nur einen Bruchteil ihrer Altersgruppe aus und prägten trotzdem das Bild einer ganzen Generation. Ebenso könnte die Y-Elite in der Berufswelt neue Standards etablieren, von denen später weniger privilegierte Arbeitnehmer profitieren.[445]

Leben und arbeiten in Balance

Drei Viertel der Erwerbstätigen in den Industrieländern sind nicht zufrieden mit ihrer »Work-Life-Balance«, fand die Organisation für wirtschaftliche Zusammenarbeit und Entwicklung (OECD) in einer Erhebung heraus. In Deutschland meinen immerhin noch 34 Prozent, dass sich ihre Zeit ideal über die Bereiche Lohnarbeit, Familie, Freunde, soziale Netzwerke und Hobbys verteilt. Doch es sind vor allem Kinderlose, die sich nicht beklagen. Sobald Kinder kommen, nimmt der Wunsch nach kürzeren Arbeitszeiten zu, und zwar mit jedem Kind zusätzlich.[446]

Zahlreiche Studien zum Stichwort »Work-Life-Balance« plädieren schon seit Jahren für eine gute Verzahnung von Arbeits- und Privatleben. Davon profitieren würden demnach alle Beteiligten: Unternehmen, Wirtschaft, Gesellschaft, Arbeitnehmer. Nach einer Modellrechnung des Beratungsunternehmens Prognos könnte das Bruttoinlandsprodukt in Deutschland um 250 Milliarden Euro steigen, und es könnten 220 000 zusätzliche Arbeitsplätze entstehen, wenn es gelänge, bis zum Jahr 2020 rund 30 Prozent der Beschäftigten in Work-Life-Balance-Konzepte einzubinden.[447] Zudem würden mehr Paare als bisher ihren Kinderwunsch realisieren. Prognos rechnet mit knapp einer Million zusätzlichen Geburten bis 2020. Darüber hinaus ließen sich viele Stresssituationen vermeiden, wenn Unternehmen für eine bessere Kinderbetreuung sorgen und flexible Arbeitszeiten anbieten. Auch die Firmen hätten davon Vorteile, denn Erkrankungen und Fehlzeiten würden zurückgehen. Zufriedene Mitarbeiter sind zudem freundlicher zu den Kunden, was sich wiederum positiv auf das Geschäftsergebnis auswirkt.[448]

Widerstände und Mythen

Einen Kulturwandel in der Arbeitswelt anzustoßen ist kein leichtes Unterfangen. Doch wer hätte gedacht, dass massive Arbeitszeitverkürzungen quasi über Nacht für Millionen Bürgerinnen und Bürger in Deutschland Realität werden? Mit der Kurzarbeit reagierten Unternehmen 2008 im großen Stil auf die Wirtschaftskrise. Statt mit Entlassungen antworteten sie mit einer solidarischen Verteilung der verringerten Arbeitszeiten. Andernfalls wäre die Zahl der Arbeitslosen um gut zwei, möglicherweise gar um knapp drei Millionen gestiegen.[449] Dieses »Beschäftigungswunder« belegt anschaulich das immense Lösungspotenzial der Kurzen Vollzeit. Sie ist allerdings viel mehr als ein kurzfristiger Reaktionsmechanismus auf Wirtschaftskrisen, sondern eine Strategie, um dauerhaft niedrige oder sinkende Wachstumsraten fair und ressourcenschonend auszugleichen.

Gewiss, die Kurze Vollzeit stellt persönliche Gewohnheiten und gesellschaftliche Konventionen infrage. Es wird viele Einwände geben. Was hilft es beispielsweise, wenn vier Bauingenieure ihre Arbeitszeit reduzieren und damit eine neue Stelle schaffen, die dann aber nicht qualifiziert besetzt werden kann? Deshalb muss die Kurze Vollzeit mit einem umfangreichen Qualifizierungsprogramm verbunden sein. Menschen sind lernfähig. Eine Bildungsoffensive gilt schon heute als Schlüssel zur Überwindung der Arbeitslosigkeit. Bisher fehlen für die Teilnehmer an solchen Qualifizierungsmaßnahmen aber die Arbeitsplätze, daher fühlen sie sich oftmals sinnlos »geparkt«. Erst wenn die vorhandene Arbeit durch die 30-Stunden-Woche auf alle verteilt wird, kann sich auch Qualifizierung für alle auszahlen.

Bund, Länder, Kommunen, Unternehmen und Gewerkschaften werden hier Zeichen setzen und die Möglichkeiten für »lebenslanges Lernen« verbessern müssen. Bei vielen sind der Wille und die Bereitschaft vorhanden, sich bei der eigenen Weiterbildung zu engagieren; oft fehlt es an den finanziellen Möglichkeiten. Eine zukunftsgerichtete Arbeitspolitik im Sinne der Kurzen Vollzeit wird sie schaffen.

Spricht Fachkräftemangel gegen kurze Arbeitszeiten?

Die Gegner von Arbeitszeitverkürzungen behaupten, schon heute gebe es in vielen Branchen einen Fachkräftemangel, Stellen könnten nicht besetzt werden. Demografisch bedingt, werde sich das Problem künftig sogar noch verschärfen. Seit Jahren werden die Wirtschaftsverbände nicht müde, vor diesem Szenario zu warnen.[450] Dem halten andere entgegen, zumindest kurzfristig sei kein Fachkräftemangel in Sicht,[451] es handele sich vielmehr um ein Märchen.[452] In Anbetracht des komplexen Arbeitsmarktgeschehens sind zuverlässige Aussagen kaum zu treffen. Insgesamt ist es unter Experten aber unumstritten, dass in Deutschland derzeit kein flächendeckender Fachkräftemangel herrscht und sich lediglich in einigen Berufen Engpässe abzeichnen. Gestritten wird jedoch, bei welchen Berufen Stellen zukünftig nicht ausreichend besetzt werden können.[453]

Die Differenzen begründen sich weitgehend aus den jeweiligen Eigeninteressen und den untersuchten Datensätzen. So wird etwa häufig auf die Zahl der nicht besetzten Stellen hingewiesen. Doch das ist nicht unbedingt ein belastbarer Indikator. Stellenanzeigen formulieren bei hoch qualifizierten Jobs häufig so spezifische Anforderungen, dass nur wenige Bewerber infrage kommen. Im Ergebnis werden solche Stellen schnell als nicht besetzt gemeldet. Alternativ ließe sich ein grundsätzlich geeigneter Bewerber im Unternehmen weiterqualifizieren. Doch das kostet Geld und Zeit.

Bei alldem muss man sich vor Augen halten, welches Interesse die Arbeitgeberverbände in der Debatte verfolgen. Je leichter sich Arbeitnehmer eine Stelle aussuchen können, desto mehr müssen die Unternehmen für ihre Angebote werben, etwa mit guten Gehältern und fairen Arbeitsbedingungen. An beiden Faktoren fehlt es besonders bei den Pflegeberufen. Und tatsächlich bestehen zumindest in dieser Branche Rekrutierungsprobleme, welche sich durch bessere Gehälter gewiss überwinden ließen.

Schulabgänger lassen bei der Berufswahl neben ihren persönlichen Interessen selbstredend die Faktoren Gehalt und Arbeitsbedingungen einfließen. Ebenso bedeutsam ist aber die Aussicht auf eine freie Stelle. Wenn die Medien kontinuierlich die Nachwuchslücken in den technisch-naturwissenschaftlichen Fächern thematisieren, hat das Einfluss auf die Wahl des Studiengangs. Manche befürchten vor diesem Hintergrund schon eine Fachkräfteschwemme.[454] Zumindest hat sich seit dem Jahr 2000 die Zahl der Studierenden in den Ingenieurs- und Naturwissenschaften, der Humanmedizin und Mathematik um rund ein Drittel erhöht. Nach Mangel sieht das nicht aus.

Gleichwohl ist es denkbar, dass der Alterungsprozess unserer Gesellschaft irgendwann zu Knappheitsphänomenen führt. Doch auch in dieser Situation werden kürzere – und damit generationengerechte – Arbeitszeiten ein Teil der Problemlösung sein. Denn angepasste und kürzere Arbeitszeiten erhöhen die Bereitschaft zur erwerblichen Tätigkeit etwa bei Menschen mit Kindern oder im höheren Alter.

Müssen Führungskräfte Vollzeit arbeiten?

Ein weiteres Gegenargument zum Konzept der Kurzen Vollzeit lautet: »Das geht aber nicht für Führungskräfte.« Dieser Einwand mag früher einmal seine Berechtigung gehabt haben. Heute wird jedoch in hocharbeitsteiligen Organisationen gearbeitet. Jede Stelle lässt sich prinzipiell an die Kurze Vollzeit anpassen. Deutsche Unternehmen wie auch die öffentliche Verwaltung belegen mit eindrucksvoller Regelmäßigkeit, dass Verantwortungsbereiche innerhalb von Wochen neu zugeschnitten werden können. Es wird outgesourct, eingesourct, Abteilungen werden zusammengelegt oder aufgelöst und aufgeteilt. Stets werden Führungskräfte mit neuen Verantwortlichkeiten und Herausforderungen konfrontiert. Auch die Repräsentationsaufgaben in Politik und Verwaltung sind arbeitsteilig organisiert. Der Oberbürgermeister muss nicht jeden Termin selber wahrnehmen, er kann sich auch von der 2. Bürgermeisterin vertreten lassen. Die Kurze Vollzeit hört nicht bei Führungskräften auf, sondern sollte dort ihren Anfang nehmen. Sie scheitert allenfalls an der kulturellen Borniertheit der von Männern dominierten Führungskräfteriege.

Dass die Kurze Vollzeit nicht nur eine Vision ist, sondern auch realisierbar, bewiesen ausgerechnet Unternehmensberater in einem mehrjährigen Modellprojekt. Gerade Berater sind Sklaven ihres Blackberrys. Sie schuften häufig 60 Stunden und mehr in der Woche und sind »24/7« erreichbar, also rund um die Uhr. Ein früher Feierabend oder freie Tage sind im Arbeitsethos von Unternehmensberatern, Wirtschaftsprüfern oder Investmentbankern nicht vorgesehen.

Vier Jahre lang experimentierte das Beratungsunternehmen Boston Consulting Group mit »geplanten Auszeiten«. Gemeint sind damit Zeitspannen, in denen sich die Berater freinehmen mussten – und zwar nicht in Phasen mit geringem Arbeitsanfall, sondern grundsätzlich. Zu Beginn von Projekten wurden die Auszeiten in Form freier Tage oder Abende festgelegt. Diese sollten sich die Mitarbeiter vollkommen arbeitsfrei halten. Sie durften weder ihre E-Mails abrufen noch ihren Anrufbeantworter abhören. Das Konzept war vielen Beratern so fremd, dass sie regelrecht zu den Auszeiten »gezwungen« werden mussten. Notwendig war dafür die volle Unterstützung des Unternehmenschefs.

Kaum war die kollektive Überzeugung, dass alle Mitarbeiter ständig verfügbar sein müssen, infrage gestellt, zeigte sich sehr rasch, dass regelmäßige Auszeiten nicht nur problemlos möglich sind, sondern auch der Arbeit der Berater zugutekommen. Das Experiment stieß einen offeneren Dialog unter den Teamkollegen an. Die verbesserte Kom-

Abbildung 32 Hektik und Stress im Arbeitsalltag ruinieren die körperliche und seelische Gesundheit. Kürzere Arbeitszeiten schaffen einen Gewinn an Lebensqualität. Auch Frusteinkäufe lassen sich so leichter vermeiden. Foto: Gernot Krautberger, fotolia.com

munikation setzte effizientere und effektivere Arbeitsprozesse in Gang. Die Qualität der Arbeit stieg.

Auch die Zufriedenheit nahm zu. Einmal im Monat wurden die Teilnehmer des Experiments »Geplante Auszeiten« gebeten, ihre Arbeitssituation zu bewerten. »Eins« bedeutete sehr negativ, »sieben« sehr positiv. Nach nur fünf Monaten bewerteten die Mitarbeiter in Teams mit Auszeiten ihre Arbeitssituation spürbar positiver als ihre Kollegen in konventionellen Teams. Statistisch signifikante Verbesserungen zeigten sich dabei in allen abgefragten Dimensionen – ein klares Zeichen dafür, dass die Mitarbeiter ihr anfängliches Misstrauen gegenüber dem Konzept abgelegt hatten. Sie begannen ihre geplanten Auszeiten zu genießen und freuten sich darauf – vor allem als sich herausstellte, dass davon auch die Qualität ihrer Arbeit profitiert. Ein Teilnehmer meinte später: »Uns einen ganzen freien Tag aufzuzwingen war so, als ob man jemandem die rechte Hand auf dem Rücken festbindet, damit er lernt, die linke zu gebrauchen. Das hat unserem Team wirklich geholfen, sich von der Vorstellung zu befreien, dass wir sieben Tage pro Woche 24 Stunden lang erreichbar sein müssen.«[455]

Wenn vereinbart wurde, dass jedes Teammitglied einer Projektgruppe einen Tag der Arbeitswoche freinimmt, verringerten sich die Präsenzzeiten beim Klienten auf 80 Prozent. Um das aufzufangen, erweiterte man die Beraterteams von vier auf fünf Personen. Grundsätzlich zeigte sich damit, dass Arbeitszeitverkürzungen selbst in Unternehmensberatungen keine ferne Utopie sind. Wenngleich – in Anbetracht extremer Überstunden in dieser Branche – tatsächliche Arbeitszeiten von 40 Stunden in der Woche bereits einer kleinen Revolution gleichkämen.

Vermeintliche Ineffizienz

Wenn durch Arbeitszeitreduzierung neue Stellen geschaffen werden, wächst der Abstimmungsbedarf. Indes birgt der erhöhte Kommunikationsaufwand keine Kostenfalle. Im Gegenteil, auch daraus entstehen Vorteile. Das Wissensmanagement in Betrieben und Behörden verbessert sich. Teilen sich zwei Kollegen eine Stelle, müssen sie sich zwangsläufig bei der Übergabe sehr gut abstimmen. Das verursacht zweifellos einen zusätzlichen Aufwand. Diese vermeintliche Ineffizienz wird jedoch durch Qualitätsverbesserungen kompensiert. Die Mitarbeiter müssen sich gegenseitig über Arbeitsabläufe, Fortschritte, Krankenstände, Problemfälle unterrichten. Das schafft Raum für Reflexion. Bei Unsicherheiten kann man sich mit seinem »Partner« abstimmen. Dabei entstehen zahlreiche Synergieeffekte. Das sind gute Bedingungen, um voneinander zu lernen.

Um Übergaben effizient zu organisieren, können sich zwei Mitarbeiter oder ganze Teams einen internen Blog einrichten. Darin verfassen sie am Ende des Arbeitstages einen Bericht. Sektorales Denken kann damit überwunden werden, die Mitarbeiter blicken über den eigenen Tellerrand hinaus und lernen sich gegenseitig besser kennen. Ein solcher Arbeitsstil bewirkt, dass Kollegen sich gegenseitig helfen, wenn das Arbeitspensum besonders groß ist, und füreinander einspringen, wenn sich unerwarteter Bedarf ergibt. Im Krankheitsfall kann die Kollegin möglicherweise ihre Präsenzzeiten über die Woche streuen und die Wochenarbeitszeit kurzfristig aufstocken. Verlässt ein Mitarbeiter das Unternehmen, um eine neue Stelle anzutreten, geht nicht gleich das ganze Wissen verloren. Vielmehr sind dem Nachfolger ideale Voraussetzungen für die Einarbeitung gegeben.

Schlaglicht: *Praxis in Skandinavien. Zwei Stunden weniger Arbeit am Tag bei vollem Lohnausgleich – das praktizieren Firmen in Schweden und Norwegen. Ein großer Autohändler in Göteborg verkürzte vor elf Jahren die Arbeitszeiten der Angestellten – von acht Stunden täglich auf nur noch sechs Stunden. Mangelnde Kundenzufriedenheit hatte das Unternehmen auf die Idee gebracht. Viele Mitarbeiter schienen von dem harten Job erschöpft, der Krankenstand war hoch. »Wir erhoffen uns von einem kürzeren Arbeitstag, dass unser Personal länger in seinem Beruf tätig bleiben kann – schwere körperliche Arbeit zehrt ja schließlich am Körper«, sagt der Händler. Und tatsächlich: Seit Einführung der neuen Arbeitszeitregeln läuft es besser. Die Kurzzeitkrankschreibungen sind merklich zurückgegangen.*

Auch die Großmolkerei Tine arbeitet so. Das Unternehmen liegt nicht weit von Göteborg, im norwegischen Heimdal. Hier haben Unternehmen und Gewerkschaften im Jahr 2007 gemeinsam ein Projekt für verkürzte Arbeitszeiten gestartet – bei gleichbleibendem Lohn. Die Hoffnung, die Meiereichef Henning Martinsen mit dem Projekt verband, klang zu Beginn naiv bis dreist: Die Angestellten sollten in sechs Stunden ebenso viel produzieren, wie sie bisher in siebeneinhalb Stunden geschafft hatten. Das Ergebnis, das Martinsen nach sechs Jahren präsentierte, überrascht jedoch: »Die Effektivität stieg nicht um die 20 Prozent, die zum Ausgleich nötig gewesen wären, sondern sogar um 50 Prozent.« Genau wie beim Göteborger Autogroßhändler sank der Krankenstand: »Im Ausgangsjahr 2007 lagen wir bei 11 Prozent, vier Jahre später bei 6,2 Prozent. Das ist äußerst niedrig für einen Arbeitsplatz wie unsere Kühllagerhalle.«[456]

»Weniger Lohn ist nicht verkraftbar«

Die »Kurze Vollzeit für alle« ist keine Arbeitszeitverkürzung bei gleichem Lohn. Doch werden die Arbeitnehmer auf Lohn verzichten, um zugleich mehr Zeit für sich zu haben? Selbst Menschen mit überdurchschnittlichen Gehältern sind häufig nicht bereit, beim Gehalt Abstriche zu machen. Objektiv begründen lässt sich das nicht. Im Gegenteil leben die Menschen heute in einer bisher einmalig reichen Epoche. Mit immer weniger Arbeitskraft und in immer kürzerer Zeit können immer mehr Güter hergestellt und Dienstleistungen erbracht werden. Musste

Weniger schuften für Konsum

So lange muss man arbeiten, um sich seinen Fernseher leisten zu können ...

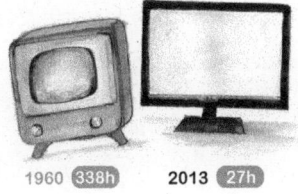
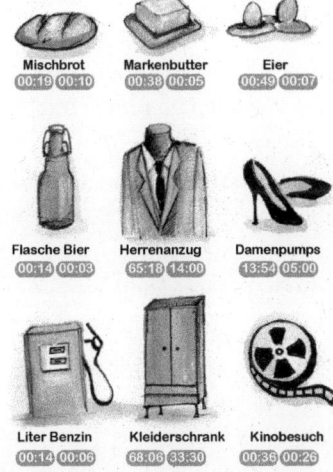

Abbildung 33 In immer kürzerer Zeit können immer mehr Güter hergestellt und Dienstleistungen erbracht werden. Diese Produktivitätssteigerung könnte fortan Zeitwohlstand statt weiteren Güterzuwachs schaffen.[457]

man 1960 im Durchschnitt noch 19 Minuten arbeiten, um vom durchschnittlichen Arbeitslohn ein Kilogramm Brot kaufen zu können, bedarf es heute dafür nur noch knapp der Hälfte der Arbeitszeit. Für einen Fernseher sank die Arbeitszeit von 338 auf 27 Stunden.

Ein Ende des Trends zeichnet sich nicht ab. Dennoch wird sich auch in den nächsten Jahren die Produktivität in den entwickelten Volkswirtschaften um jährlich etwa ein bis zwei Prozent erhöhen. Entsprechend kann man mit einem um ein bis zwei Prozent verminderten Zeitaufwand die gleiche Menge an Gütern herstellen oder bei unverändertem Zeitaufwand zwei Prozent mehr Güter erzeugen.

Ein großer Teil der Arbeitskraft wird heute indes darauf verwendet, Überflüssiges anzuschaffen. In jedem Haushalt gibt es Dutzende Gegenstände, deren Nutzung sich auf ein sporadisches Maß reduziert hat oder die im Keller auf ihre Entsorgung warten. Sie haben Geld gekostet. Wir haben uns daran gewöhnt, dass Textilien, Fernseher, Handys, ja sogar Möbel rasch ihren Gebrauchswert verlieren. Große Möbelhäuser haben es geschafft, dass wir sogar Schränke, Tische und Betten als Einmal-

Arbeiten

artikel verwenden. Während ein gut konzipierter Schrank mindestens 100 Jahre verwendet und bei Umzügen immer wieder auf- und abgebaut werden kann, überleben die Kleiderkästen heutzutage kaum einen Umzug. Wir schuften für die Müllhalde.

Schaufenster des Überflusses ist die Fernsehwerbung. Viele Produkte wären ohne Werbung unverkäuflich. Subtile Marketingtricks bringen die Bürgerinnen und Bürger dazu, für das Image eines Produkts nennenswerte Teile ihrer Arbeitszeit aufzuwenden. Würden Haushaltsgegenstände nur gekauft, wenn sie verschlissen sind, ließe sich bequem ein Einkommensverzicht verkraften. Allzu vieles ist allenfalls »praktisch«, aber keine echte Erleichterung. Oft verursacht es überdies permanente Zusatzkosten. Es ist schon einigermaßen bizarr, wenn man mit dem Auto ins Fitnesscenter fährt, um sich dort für teilweise horrende Monatsbeiträge auf ein »Trimm-dich-Fahrrad« zu schwingen. Würde in Deutschland nur jeder dritte Weg unter sechs Kilometern zu Fuß oder mit dem Rad zurückgelegt, ließen sich viele tausend Tonnen Kohlendioxid einsparen.

Und wer sich für 30 000 Euro oder mehr ein Auto kauft und hocherfreut ist, auf dem Weg von Hannover nach Magdeburg eine halbe Stunde eher als der bahnfahrende Kollege angekommen zu sein, sollte einmal gegenrechnen, wie viel seiner Arbeits- und Lebenszeit in dem Gefährt steckten. Die Menschen arbeiten, um das Gefährt zu erwerben und um das Benzin, die Reifen, Parkgebühren, Versicherung, Steuer, diverse Verschleißteile, Unfallschäden, Strafmandate und vieles mehr zu bezahlen. Hinzu kommt Zeit, die beim Pendeln vergeht, bei der Parkplatzsuche, im Stau und im Krankenhaus oder vor Gericht.[458] Durch rationale Erwägungen ist der Automobilismus der Gesellschaft kaum zu erklären. Schon seit Jahrzehnten verwenden viele Bürgerinnen und Bürger einen guten Teil ihres Einkommens kaum mehr für die eigentliche Fortbewegung. Vielmehr ist das Bestreben erkennbar, etwas ausdrücken zu wollen. Hier ruht des Pudels Kern: Die meisten Menschen schuften zu einem guten Teil für Statussymbole und die Anhäufung von Dingen, die man gar nicht braucht.

Materiell betrachtet, erscheinen verringerte Bruttoeinkommen für weite Teile der Bevölkerung durchaus vertretbar. Wer dafür im Gegenzug pflichtenfreie Zeit gewinnt, wird zudem erfreut sein, dass sich die Zurückhaltung nicht in einem gleichermaßen verminderten Nettoeinkommen niederschlägt. Die Steuertarife sorgen dafür, dass sich bei einer Reduzierung der Arbeitszeit um 25 Prozent das Nettoeinkommen nur um circa 17 Prozent schmälert.[459] Für Paare bleibt zudem das gemeinsame Stundenvolumen gleich, wenn die typische Konstellation »Vollzeitmann und Teilzeitfrau« gegeben ist: Aus ihnen werden zu gleichen Teilen Beschäftigte, die in Kurzer Vollzeit arbeiten. Frauen- und Männerarbeit muss dann »nur« gleich entlohnt werden. Aber das sollte ohnehin selbstverständlich sein.

Strategien und Maßnahmen für eine Arbeitswelt der Kurzen Vollzeit

Die Vision der Kurzen Vollzeit löst zunächst Verwunderung aus. Könnte die Lösung der allgegenwärtigen Arbeitslosenproblematik tatsächlich so einfach sein? Und warum ist davon nichts in der öffentlichen Debatte zu vernehmen, auch nicht von den Gewerkschaften, die doch eigentlich die Speerspitze der Bewegung sein müssten? Schließlich ist Arbeitszeitverkürzung schon seit Jahrzehnten eine etablierte Strategie zur Reduzierung von Erwerbslosigkeit. Doch stand sie stets in Verbindung mit der Forderung nach vollem Lohnausgleich. Gerade hier liegt der Knackpunkt, weil die Kurze Vollzeit der Ökoroutine auf Lohnausgleich verzichtet.

Gewiss, die Revolution der Arbeitswelt wird sich nicht von selbst realisieren. Auch reichen einige Arbeitskreise und Tagungen kaum aus, um eine gesellschaftliche Debatte zu entfachen. Dafür braucht es mehr, nämlich eine medial sichtbare Auseinandersetzung zwischen den politischen und gesellschaftlichen Entscheidungsträgern. Zunächst wäre viel gewonnen, würden Deutschlands Spitzenfunktionäre das Konzept erwähnen. Die Chefs der großen Gewerkschaften oder auch die Bundeskanzlerin könnten beispielsweise bekennen: »Wenn wir mal ganz ehrlich sind, kann eine allein auf Wachstum ausgerichtete, Wirtschafts- und Sozialpolitik weder das Problem der Arbeitslosigkeit noch das der planetarischen Grenzen lösen. Wir sollten fortan darüber nachdenken, wie die zur Verfügung stehende Lohnarbeit besser verteilt werden kann.« Würden sich dem auch noch die Arbeitsministerin und der Wirtschafts-

Abbildung 34 Großeltern mit Kind: Die Betreuung von Kindern bereitet nicht erst im Rentenalter Freude. Die Kurze Vollzeit schafft Freiraum für Lebensglück mit Kindern.
Foto: Detlev Beutler, pixelio.de

minister anschließen, ließe sich die Wirkung vermutlich schon nach wenigen Monaten in den ersten Betrieben feststellen. Der Wandel der Arbeitszeitkultur bekäme neuen Schwung. Arbeitnehmer, die für sich bereits seit Jahren eine kürzere Arbeitszeit in Erwägung gezogen haben, würden sich nun trauen, ihren Chef danach zu fragen. Einige Arbeitgeber würden womöglich erstmals nicht mehr über derartige Anfragen lachen.

Nach und nach würde sich die Erkenntnis durchsetzen: Ein »Verzicht« auf Arbeitszeit – und seien es auch nur Überstunden – schafft einen Gewinn an frei verfügbarer Zeit. Ein freier Freitag ist ein Gewinn an Lebensqualität. Doch Appelle von wichtigen Personen des öffentlichen Lebens werden nicht genügen. Entscheidend sind die Entwicklung von Konzepten und die Umsetzung von Maßnahmen. Auch hier gilt das Leitprinzip der Ökoroutine: Es geht um Rahmenbedingungen, die helfen, dass sich der Wandel der Arbeitswelt hin zur Kurzen Vollzeit verselbstständigt.

Tarifvereinbarungen und Wahlarbeitsgesetz

In Deutschland bestimmen im Wesentlichen Tarifverträge, beschlossen zwischen Arbeitgeberverbänden und Gewerkschaften, die Länge der Arbeitszeit. Dass sich Letztere kaum zu kürzeren Arbeitszeiten äußern, ist durchaus verständlich. Sie befürchten vor allem, dass sich die Mitglieder nach jahrelangen Reallohneinbußen kaum für eine Arbeitszeit von 30 Stunden gewinnen lassen. Wichtiger scheint es ihnen nach wie vor, Einkommenserhöhungen durchzusetzen. Es ist an der Zeit, diese Scheu zu überwinden und betriebs- und branchenübergreifende politische Forderungen zu entwickeln.

Eine Politik der Arbeitszeitverkürzung wird dann in Gewerkschaften, Unternehmen und der Politik selbst breite Unterstützung erfahren, wenn ihre positiven Wirkungen deutlich gemacht und konkret erfahren werden können. Dies ist dann der Fall, wenn durch die Absenkung von Arbeitszeiten der eigene Arbeitsplatz oder der von Kolleginnen gesichert werden kann und sich ansonsten drohende Entlassungen abwenden lassen.[460]

Um diese positiven Potenziale der Arbeitsumverteilung zu nutzen, kämen beispielsweise auch gesetzliche Arbeitszeitverkürzungen und Höchstarbeitszeiten (wie etwa die 35-Stunden-Woche in Frankreich) infrage. Eine wichtige Stellschraube kann hierbei das Teilzeitgesetz sein. Seit 2001 in Kraft, ermöglicht es, die Arbeitszeiten mit entsprechenden Einkommensminderungen in einem selbst gewählten Umfang abzusenken. Zum Beispiel erlaubt das Gesetz, die Arbeitszeit auf 32, 28 oder auch weniger Stunden pro Woche zu reduzieren oder eine entsprechende Jahresarbeitszeit festzulegen. Die Umsetzung dieses Gesetzes hat sich auf der einen Seite als praktikabel erwiesen.[461] Auf der anderen Seite stellte sich eine umfangreiche Nutzung dieser Wahlmöglichkeit nicht ein, denn die Regelung verhindert, dass die Mitarbeiter ohne Weiteres wieder länger arbeiten können.

Es ist möglich, das gegenwärtige Teilzeitgesetz zu einem wirkungsvollen Wahlarbeitszeitgesetz weiterzuentwickeln, indem wir die Entscheidungsmöglichkeiten jedes Einzelnen über die Dauer der Erwerbsarbeitszeit weiter stärken. Wenn es Unternehmen und betrieblichen Interessenvertretungen gelingt, negative Folgen des Teilzeitgesetzes für die Erwerbstätigen auszuschließen, wird das Gesetz auch an Attraktivität gewinnen und stärker genutzt werden.

Schlaglicht: *Für Eltern sind Teilzeitstellen ideal, um Familie und Beruf zu vereinen. Seit einigen Jahren ist es der Politik gelungen, die Rahmenbedingungen für Kinderbetreuung entscheidend zu verbessern. Anfang der 2000er-Jahre kam die Garantie für Kindergartenplätze ab dem dritten Lebensjahr. Bis dahin musste sich bereits viele Jahre vorher anmelden, wer sein Kind unterbringen wollte. Keine zehn Jahre später erweiterten Kommunen die Betreuung nach dem Schulunterricht massiv, und alsbald gab der Bund eine Garantie für Krippenplätze – also der Betreuung ab dem ersten Lebensjahr. All das war ebenso verdienstvoll wie hilfreich.*

Elterngeld

Ausgerechnet junge Väter haben nach der Geburt eines Kindes die längsten Arbeitszeiten aller Beschäftigungsgruppen. Mitnichten wollen sich Väter aber ihrer Erziehungsverantwortung entziehen: Eine wachsende Zahl von Männern, insbesondere jungen Vätern, würde gerne Teilzeit arbeiten, scheitert aber vielfach an der Langzeitarbeitskultur im Betrieb. Rund 60 Prozent aller Eltern wünschen sich eine gleichmäßige Berufs- und Haushaltstätigkeit beider Partner, was jedoch nur 14 Prozent der Eltern gelingt.[462]

Wie groß der Wunsch junger Väter ist, mehr Zeit mit ihren Kindern zu verbringen, hat die Einführung des Elterngeldes erwiesen. Bundesweit ist der Anteil von Männern in Elternzeit nach der Einführung des neuen Elterngelds innerhalb kürzester Zeit von zwei auf über zehn Prozent gestiegen. Im Jahr 2012 nahm ein Viertel aller Väter Elterngeld in Anspruch. Sie verbrachten im Durchschnitt 3,5 Monate in Elternzeit. Diese Zunahme hat einen positiven Einfluss auf die Gleichberechtigung in der Partnerschaft: Mütter haben zu 36 Prozent eine doppelt so hohe Erwerbsquote, wenn der Partner in Elternzeit ist.[463]

Womöglich hat das Elterngeld mental viel mehr bewirkt als die staatliche Betreuung. Es packt besonders die Männer bei ihrem Eigeninteresse: Mann wäre ja dumm, dieses Angebot nicht anzunehmen. Zwar ist das Elterngeld für den Steuerzahler eine kostspielige Angelegenheit, doch der Ansatzpunkt goldrichtig: die Rahmenbedingungen der Männer stärker in den Blick zu nehmen. Der Vollzeitmann ist soziokulturell tief verwurzelt. Das Elterngeld hat etwas in Bewegung gebracht, wenngleich sich die Geburtenrate – vier Jahre nach Einführung des Elterngeldes – dadurch nicht erhöht hat.[464] Manche sprechen von einer neuen Väterbewegung. Ursula von der Leyen meinte 2008: »Wir sind gerade Zeuge einer leisen Revolution.« Allem Anschein nach können sich Männer mit den beiden nicht übertragbaren Vätermonaten bei ihren Arbeitgebern durchsetzen. Kurze Arbeitszeiten etablieren sich allmählich.

Elterngeld Plus

Diesen Erfolg möchte das zum 1. Januar 2015 eingeführte »Elterngeld Plus« fortsetzen. Statt wie bisher 14 Monate kann man damit künftig 28 Monate Förderung erhalten. Es berechnet sich ebenso wie das Elterngeld nach dem Einkommen der vergangenen zwölf Monate und liegt zwischen 300 und 1 800 Euro. Besonders Väter werden dabei zur Arbeitszeitverkürzung ermuntert: Es gibt vier zusätzliche Bonusmonate, wenn die Partner für vier Monate gleichzeitig zwischen 25 und 30 Wochenstunden in Teilzeit tätig sind. Die Vorteile des neuen Elterngelds liegen in der verlängerten Dauer der Förderung. Selbst wenn im monatlichen Vergleich die Förderung geringer erscheint – über den gesamten Zeitraum hinweg kann eine junge Familie unter dem Strich von mehr Geld profitieren.

Zur Gleichberechtigung und zu kürzeren Arbeitszeiten für Mann und Frau ist es gleichwohl noch ein weiter Weg. Vor allem Frauen nutzen die Möglichkeiten der Teilzeit, denn klar ist in den meisten Fällen: Der Partner wird nicht zurückstecken. Daran haben auch die Milliardenausgaben für Kinderbetreuung kaum etwas geändert. Teilzeit ist in der Männerwelt immer noch vergleichsweise exotisch. Frauen müssen meist den Haushalt besorgen, das Kind unterbringen usw. Genau deswegen bekleiden Frauen seltener einen Führungsjob. Und wer es doch tut, meidet tendenziell die Schwangerschaft, denn der Geburt folgen Erwerbspausen, geringfügige Beschäftigung, niedrigere Einkommen und geringere Rentenansprüche. Den gesellschaftlichen Akteuren ist das durchaus bewusst. Das zeigt beispielsweise die Quote für DAX-Vorstände: Der

Gesetzgeber verlangt nun, dass Aufseher in bestimmten größeren Unternehmen künftig zu 30 Prozent Frauen sein sollen. Um diesen Frauen den Rücken frei zu halten, werden die Partner womöglich bei ihren Wochenstunden kürzen. Ein weiterer Schritt, damit sich Gleichberechtigung verselbstständigt.

Familienarbeitszeit

Der kulturelle Wandel der herrschenden Arbeitszeitmodelle ist im Gange. Ein weiterer Meilenstein wäre, Familien mit einem besonderen Teilzeitmodell zu fördern. Hierzu hat das Familienministerium mit dem Start der Großen Koalition einen Vorschlag unterbreitet. Geplant war ein Zuschuss über drei Jahre nach dem Elterngeld, wenn beide ihre Arbeitszeit auf 80 Prozent reduzieren. Er soll sich dabei am Nettoeinkommen der Eltern orientieren und für kleinere Einkommen prozentual größer ausfallen als für höhere. Diese Leistung gleicht für jeden Elternteil individuell einen Teil des Einkommensausfalls im Vergleich zu einer Vollzeiterwerbstätigkeit aus.

Zwar war der Vorschlag recht schnell wieder vom Tisch, doch gibt es viele Gründe, daran festzuhalten – das macht eine Untersuchung des Deutschen Instituts für Wirtschaftsforschung deutlich. Denn Mütter und Väter bekämen die Lohnersatzleistung nur dann, wenn sich beide gleichzeitig für diesen Arbeitszeitumfang entscheiden. Arbeitet einer von beiden mehr oder weniger, so kann keiner der beiden die Leistung beziehen. Damit werde ein finanzieller Anreiz für das »2 mal 0,8-Verdiener-Modell« geschaffen, das im Gegensatz zum klassischen »Einverdiener-Modell« oder »1,5-Verdiener-Modell« in Deutschland für viele Familien kurzfristig finanziell eher unattraktiv sei. Aufgrund von Ehegattensplitting, beitragsfreier Mitversicherung, Minijobs etc. sei die klassische Arbeitsaufteilung für viele Familien finanziell lohnender.[465] In ihren Berechnungen kommen die Autoren zu dem Ergebnis, dass die Zweitverdiener in dem 80-Prozent-Modell ihre Arbeitszeit ausdehnen, was die kürzere Arbeitszeit des Partners kompensiert. Die fiskalischen Kosten seien überschaubar. Zwei Varianten für die Berechnung des Zuschusses wurden durchgespielt. Danach würde die Familienarbeitszeit den Staat lediglich zwischen 67 und 138 Millionen Euro pro Jahr kosten, je nachdem, wie komfortabel die Lohnersatzleistung ausgestattet sei.[466] Das ist ein sehr kleiner Betrag im Vergleich zu den 4,5 Milliarden Euro, die wir für das Elterngeld ausgeben.

Das vom Wirtschaftsforschungsinstitut DIW präsentierte Modell der Familienarbeitszeit greift wesentlich tiefer in unsere Alltagsroutinen ein als das Elterngeld, das eher einem Seitensprung des mit der Firma verheirateten Familienvaters ähnelt. Die geförderte Arbeitszeitverkürzung ist – ganz im Sinne der Ökoroutine – ein systemischer Ansatz und viel mehr geeignet, das Selbstbild der Erwerbsmänner zu beeinflussen und letztlich einen soziokulturellen Wandel zur Kurzen Vollzeit anzuschieben. Die anvisierte Gleichberechtigung in der Erwerbsarbeit wird dazu führen, dass Frauen leichter Führungspositionen erlangen und dort verbleiben. Und wenn mit der Geburt nicht automatisch ein Karriereknick einhergeht, erhöht sich womöglich auch wieder die Geburtenrate.

Schlaglicht: *Heimarbeit begünstigt Teilzeit. Wenn Mitarbeiter ihre Arbeitszeit verkürzen, verursacht das für den Arbeitgeber zusätzliche Kosten, da er einen zusätzlichen Arbeitsplatz anbieten muss. Das lässt sich vermeiden, wenn sich zum Beispiel zwei Angestellte mit einer Arbeitszeit von je 30 Stunden einen Arbeitsplatz teilen und dabei jeweils zehn Stunden im Heimbüro arbeiten – Computer, Internet und Videokonferenz machen es möglich. Insbesondere junge Eltern mit Bürojobs nutzen die neuen Arbeitsformen gern für den Wiedereinstieg in das Berufsleben oder forthin zur Betreuung der Kinder. Gelegentlich ist das dann ein Türöffner für kürzere Arbeitszeiten. Jeder dritte Arbeitnehmer würde gerne von zu Hause aus arbeiten, aber nur gut jeder Zehnte tut es.*[467]

Lebensarbeitszeitkonten

»Kurze Vollzeit für alle« möchte das nicht beliebig erweiterbare Volumen an Erwerbsarbeit und Arbeitseinkommen möglichst gerecht verteilen.[468] Dabei kann diese Verteilung über eine Art Kontoführung sehr beweglich erfolgen. Läuft es im Betrieb richtig gut, schaffen die Mitarbeiter länger als gewöhnlich. Sie füllen in dieser Phase ein Zeitkonto und bauen es ab, wenn die Nachfrage zurückgeht. Im Unterschied zu heute fielen solche Überstunden bereits an, wenn die Kollegen länger als beispielsweise 30 Stunden arbeiten. Auch wird es möglich sein, individuelle Zeitwünsche besser als bislang zu berücksichtigen. Wenn Kinder klein oder Angehörige pflegebedürftig sind, kann zeitweilig weniger, in anderen Lebensphasen dafür mehr gearbeitet werden. Ist eine längere Auszeit gewünscht, um zu regenerieren, neue Orientierungen zu finden oder zeitintensive persönliche Projekte zu realisieren, ist es möglich, »Sabbatzeiten«[469] aus dem persönlichen Zeitkonto zu entnehmen. Die Entscheidung über die »Einzahlungen« und »Auszahlungen« vom Arbeitszeitkonto sollte allerdings beim Arbeitnehmer liegen. Sie hätten weniger von einem Arbeitszeitkonto, wenn allein der Chef über die Verwendung der angesparten Zeit verfügt. Zugleich sind die Zeitersparnisse durch einen Versicherungsverein zu garantieren. Der sorgt dafür, dass die Stunden auf dem Zeitkonto zumindest in Geld ausgezahlt werden, wenn ein Betrieb pleitegeht.

Zuschüsse und Mindestlohn

Nicht alle in Deutschland gegenwärtig gezahlten Löhne sind existenzsichernd. Denn selbst innerhalb tariflicher Vergütungsstrukturen gibt es Bereiche, in denen die Löhne so niedrig sind, dass sie zum Leben nicht ausreichen. In vielen Fällen müssen sogar Friseurinnen, Floristen, Arzthelferinnen, Wachmänner oder Verkäuferinnen, die 40 Stunden in der Woche arbeiten, Sozialbehörden um Unterstützung bitten. Um auch Beschäftigten im Niedriglohnsektor den Weg in die Kurze Vollzeit zu ermöglichen, sind daher verschiedene finanzielle Förderungen und Mindeststandards sinnvoll. Der erste Schritt ist bereits getan: die Einführung eines Mindestlohns für alle. Deutschland folgt damit zahlreichen EU-Mitgliedsstaaten, die seit Langem erfolgreich Mindestlöhne eingeführt haben. Wir haben schlichtweg die Standards angehoben. Die Schreckensszenarien über massive Arbeitsplatzverluste sind dabei nicht eingetreten. Stattdessen nahm die Zahl der Sozialversicherungspflichtigen deutlich zu.[470] Im Oktober 2015 hatten zusätzlich 400 000 Menschen eine Arbeit. Das Plus bei sozialversicherungspflichtigen Arbeitsplätzen lag sogar bei 700 000.[471]

So machen wir Fairness zur Routine

Die unteren Einkommensgruppen benötigen darüber hinaus einen Ausgleich für die Arbeitszeitverkürzung. Denkbar wäre eine negative Einkommenssteuer. Steuer muss also nur bezahlen, wer oberhalb eines festgelegten und für alle gleichen Mindesteinkommens liegt. Soweit die gesamten Einkünfte des Steuerpflichtigen darunterliegen, bleibt die Steuer negativ, das heißt, der Staat überweist den bis zur Höhe des Mindesteinkommens fehlenden Betrag in Form einer Gutschrift auf das Konto des Steuerpflichtigen. Die Kombination von Mindestlohn und Steuergutschrift fördert die Verkürzung der Arbeitszeit, weil sie bewirkt, dass sich auch Arbeit mit verringerter Wochenstundenzahl lohnt. Experimente in den USA – in Seattle und Denver – zeigen, dass am unteren Ende der Einkommenspyramide die Arbeitsanreize der Steuergutschrift positiv sind, sodass jene Personen ihren Arbeitsumfang erhöhen, die vorher nicht gearbeitet haben. Für Personen dagegen, die auch ohne Sozialtransfers schon einer Arbeit nachgehen, verursacht die Steuergutschrift eine Erhöhung des Einkommens, welche ihnen gestattet, den Arbeitsumfang zu reduzieren. Was nach einer sozialromantischen Idee klingt, findet auch bei liberalen Ökonomen Anhänger, und sogar Friedrich August von Hayek und Milton Friedman haben dafür geworben.

Die »Ganze Arbeit«

Viel zu kurz kommt bei alldem die Bedeutung der unbezahlten Arbeit. Mehr als die Hälfte aller in Deutschland geleisteten Arbeit ist nicht auf den Gelderwerb gerichtet und wird unbezahlt als Sorgearbeit, Eigenarbeit oder für das Gemeinwohl geleistet. Sie ist für die soziale Sicherheit, die Geborgenheit jedes Einzelnen und die regionale Wirtschaft von maßgeblicher Bedeutung. Die »Ganze Arbeit« ist zugleich ein wichtiger Faktor für die »Wirtschaftsförderung 4.0« (S. 281): Es ist an der Zeit, dass sich die Menschen von der Fokussierung auf vollzeitige Erwerbsarbeit lösen und erkennen, dass die Betreuung der Kinder, die Pflege von Angehörigen, die Hilfe für den Nachbarn oder das Engagement für den Sportverein ebenso wichtige Formen der Arbeit sind.

Bisher werden als Arbeit ausschließlich die erwerbswirtschaftlichen (mit Geld entlohnten beruflichen) Tätigkeiten wahrgenommen. Das war

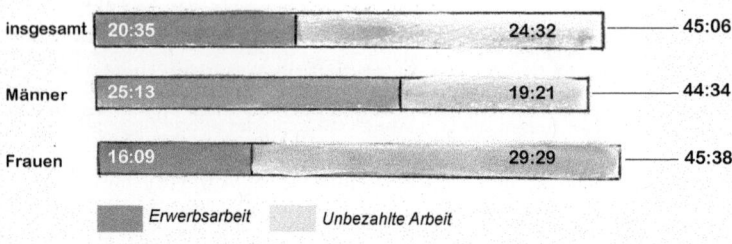

Abbildung 35 Die »Ganze Arbeit«, bezahlt und unbezahlt. Ein großer Teil der gesellschaftlich notwendigen und täglich geleisteten Arbeit wird unentgeltlich als Sorgearbeit, Eigenarbeit oder als Tätigkeit für das Gemeinwohl erbracht.[472]

mal anders: Früher wurden nicht nur Mühsal und körperliche Plackerei als Arbeit betrachtet, sondern auch kommunikative und geistige Tätigkeiten. Sie galten dann ebenso als Arbeit, wenn sie ohne Bezahlung ausgeübt wurden. Arbeit war damals auch das, was keine Gegenleistung verlangt, sondern frei gegeben wird. Wilhelm Schmid nennt Arbeit »all das, was ein Mensch in Bezug auf sich und sein Leben leistet, um ein schönes und bejahenswertes Leben führen zu können«.[473]

Die »Ganze Arbeit« ist Arbeit um der Sache oder Aufgabe willen, für das Wohl des anderen, der Familie, der Gruppe, der Allgemeinheit. Sie dient dem Leben, sie ist sinnstiftend und in ähnlicher Weise ein Gemeingut wie der Boden, die Luft und das Wasser, denn in einer funktionierenden Gesellschaft haben alle an ihr teil. Wenn aber die Erwerbsarbeit allein als Arbeit betrachtet wird, so lässt das die Menschen glauben, »Lebensarbeit sei bedeutungslos, während sie in Wahrheit die Grundlage der Erwerbsarbeit darstellt, denn wie wäre die zu bewältigen, wenn das ganze Umfeld nicht stimmte?«.[474] Tatsächlich wurden die Vorstellung von Arbeit, das Streben nach Arbeit und die Fähigkeit zur Arbeit im Laufe der Zeit allesamt auf die Erwerbsarbeit beschränkt.

Diesem verengten Blick lag im 20. Jahrhundert die Vision zugrunde, dass es eines Tages nur noch Erwerbsarbeit und Konsum geben könnte.

In dieser Welt kann man alles kaufen und ist nicht auf Gefälligkeiten angewiesen. Verdrängt wird dabei das, was auf das Geben der ethischen Ökonomie orientiert ist. Im Fokus stehen vielmehr Gewinn und Kapitalverwertung.[475] Dieser Vision ist unsere Gesellschaft ziemlich nahegekommen.

Die Ökoroutine betrachtet hingegen nicht nur die gegen Geld geleistete Arbeit, sondern die »Ganze Arbeit«. Sie fördert eine individuell und gesellschaftlich gute Mischung der Arbeitsformen.[476] Das ist für die Zukunftsfähigkeit unseres Gemeinwesens maßgeblich.

Ehrenamtliches Engagement fördern

Die freiwillige Arbeit für das Gemeinwohl ist schon heute ein zentraler Bestandteil unserer Lebenswelt. Es gibt mehr davon, als viele ahnen: Bürgervereine, freiwillige Feuerwehren, Sportvereine, Hilfsdienste, Tafeln, Spendenparlament, aktive Laienarbeit in den Kirchen, Elternräte, Telefonseelsorge, Betriebsräte, Gewerkschaften, Hochschulräte, Klubs, Genossenschaften und vieles mehr. Millionen Bundesbürger sind hier aktiv. Im Jahr 2009 lag die Engagementquote bei 36 Prozent.[477] Gleichzeitig erhöhte sich auch die Intensität des freiwilligen Engagements: Der Anteil derjenigen, die mehr als eine Aufgabe oder Funktion übernommen haben, stieg von 37 auf 42 Prozent. Jugendliche und Schülervertretungen sind besonders aktiv.[478]

Womöglich ist das Potenzial an verhinderten »Ehrenamtlern« so groß wie die Summe der heute bereits Aktiven. Wenn sich Tausende eine ehrenamtliche Tätigkeit für sich vorstellen können, dies jedoch nicht in die Tat umsetzen, braucht es Freiwilligenagenturen, die umso wichtiger werden, je mehr Bürger ihre Erwerbsarbeitszeit verringern und sich für Arbeiten im Dienste des Gemeinwohls engagieren wollen. Freiwilligenagenturen können helfen, dass Interessierte ein »passendes Ehrenamt« finden. Viele Kommunen haben solche Einrichtungen bereits geschaffen.[479]

Bundesfreiwilligendienst ist beliebt

Systematisch gefördert wird Engagement inzwischen durch den Bundesfreiwilligendienst. Dieser löst quasi das Freiwillige Soziale Jahr ab und konvertiert den Zivildienst. Dessen gesellschaftliche Anerkennung, positives Image und strukturelle Voraussetzungen machte sich die Bundesregierung zunutze, um eine breite Förderung zivilen Engagements zu etablieren. Mit dem Slogan »Nichts erfüllt mehr, als gebraucht zu werden« wirbt das Bundesfamilienministerium für den neuen Bundesfreiwilligendienst.[480] Die Resonanz übertrifft alle Erwartungen: Schon im Januar 2012 waren die gesamten 35 000 Bufdi-Plätze belegt, zwei Jahre später gab es knapp 40 000 freiwillige Helfer.[481] Die Nachfrage ist größer als das Angebot – in welchem Ausmaß, weiß niemand. Viele Interessenten stehen auf Listen und warten darauf, dass das Familienministerium das Budget erhöht.[482]

Das aus der Not geborene Konzept verdeutlich im Großformat, wie ehrenamtliches Engagement gefördert werden kann. Das Potenzial beispielsweise zur Betreuung von Flüchtlingen ist enorm. Einige plädieren gar für einen verpflichtenden Sozialdienst.[483] Es wäre ein Beitrag zur Entschleunigung, und junge Menschen hätte mehr Zeit, über ihre Zukunft nachzudenken.

Im Lebenslauf der »Bufdis« wird das Jahr positiv hervorstechen, eben weil es freiwillig war. Die Einstellungschancen bei der nächsten Bewerbung dürften sich verbessert haben. Zugleich pflegt die Förderung die zarten Pflänzchen des kulturellen Wandels. Denn viele Triebe sprießen fast ausschließlich auf ehrenamtlichem Boden. So ist es auch meist bei Konzepten, die das Teilen und Tauschen sowie ganz allgemein Formen der solidarischen Ökonomie fördern.

Stipendien für Gemeinwohlarbeit

Wegweisend wären Stipendien für Gemeinwohlarbeit. Für den Anfang könnten Bundesregierung und Bundesagentur für Arbeit junge Menschen mit jährlich 20 000 Stipendien unterstützen. Anders als beim Bundesfreiwilligendienst bewirbt man sich mit eigenen Ideen und Projekten und erhält eine bescheidene, aber hinreichend materielle Absicherung des ehrenamtlichen Engagements. Für ein Jahresstipendium müssten rund 15 000 Euro aufgebracht werden. Ein Schwerpunkt könnte die Förderung von nachhaltigkeitsrelevanten Tätigkeiten sein – etwa im Rahmen der »Wirtschaftsförderung 4.0« (S. 281). Gewiss wird einige Überzeugungsarbeit zu leisten sein, damit die finanzielle Förderung des ehrenamtlichen Engagements ausgeweitet oder die Stipendien eingeführt werden. Ein gutes Argument dürfte jedoch die Tatsache sein, dass jeder in Nichtregierungsorganisationen investierte Euro einen Multiplikatoreffekt hat.

Der Wohlfahrtsmultiplikator

Auf den ersten Blick scheint es verwunderlich, dass ehrenamtliches Engagement Geld kostet. Doch die meisten Einrichtungen sind auf ein Minimum an Koordination und Unterstützung durch bezahlte ständige Mitarbeiter angewiesen. Eine finanzierte Stelle zieht ein Vielfaches an ehrenamtlichem Engagement nach sich und macht Zuschüsse höchst rentabel. Erstens wird die direkt finanzierte Arbeitsleistung durch die ehrenamtliche ergänzt, und zweitens werden die hauptamtlichen Mitarbeiter im Durchschnitt nur zu zwei Dritteln durch öffentliche Zuschüsse finanziert, das letzte Drittel wird aus Eigenmitteln und privaten Spenden aufgebracht. Daher wirkt sich ein öffentlicher Zuschuss für eine bezahlte Arbeitsstunde multiplikativ auf die dadurch geförderte Arbeitsleistung aus. Im Durchschnitt ermöglicht ein Zuschuss zur Finanzierung einer hauptamtlichen Arbeitsstunde insgesamt drei Arbeitsstunden, wenn er für diejenigen Einrichtungen bestimmt ist, in denen Ehrenamtliche mindestens zehn Prozent aller Arbeitsstunden bestreiten. Liegt dieser Anteil bei über 50 Prozent, kommen auf jede finanzierte hauptamtliche Stunde sogar acht freiwillige Arbeitsstunden.[484]

Münchener Zeitbank: Pflegeversicherung für Ehrenamtliche

Ein außergewöhnliches Konzept zur Förderung zivilbürgerschaftlichen Engagements speziell im sozialen Bereich ist die Zeitbank. Entwickelt und realisiert in München, zielt die Zeitbank auf eine Art zusätzliche Pflegeversicherung für Ehrenamtliche ab. Für ehrenamtliche Arbeit werden auf einem Konto Stunden gutgeschrieben. Diese können angespart und später gegen die Hilfe anderer Ehrenamtlicher eingetauscht werden. Die Zeitbank ist keine einfache Nachbarschaftshilfe oder ein locker organisierter Tauschring. Sie führt über die geleisteten und in Anspruch genommenen Dienstleistungen ihrer Mitglieder mithilfe eines Onlinesystems sorgfältig Buch. Versprochen wird eine krisenfeste Form der Absicherung für das Alter. In Japan gibt es seit vielen Jahren ein ähnliches, gut funktionierendes System.

Jugendliche könnten sich die Unterstützung von pflegebedürftigen Nachbarn anrechnen lassen, und ein »freiwilliges soziales Jahr« würde deutlich attraktiver. Doch die angebotenen Dienste der Zeitbank ergeben sich aus den Fähigkeiten und Angeboten ihrer Mitglieder, gehen weit über die gesetzlichen Pflegeleistungen hinaus und sind auch generationenübergreifend von Interesse: Babysitten, Nachhilfeunterricht, geringfügige Handwerkerarbeiten, Vorlesen oder Tierpflege. Zeitbanken können der Solidarität zwischen den Generationen dienen: Jeder bietet das an, was er gut kann. Sie bilden somit ein Zusatzangebot zur Steigerung der Lebensqualität. Kommunale Zeitbanken könnten die unentgeltliche soziale Arbeit und das Engagement von Freiwilligenagenturen bereichern.[485]

Lebenskunst

»Wer liegt schon im Sterbebett und denkt sich:
›Ach, hätt' ich doch mehr Zeit im Büro verbracht.‹«[486]

Hektik und Stress sind Teil unserer Kultur geworden – aber die kann sich ändern. Ökoroutine strebt nach dem guten Leben, hier und anderswo. Sie möchte, dass die Menschen arbeiten, um zu leben, statt für die Arbeit zu leben. Wenn wir weniger für die Firma arbeiten und mehr Zeit für uns haben, ist wieder Raum, um über das Wesentliche nachzudenken. Zum Beispiel über die Frage, worauf es im Leben ankommt. Deren Beantwortung ist genauso einfach, wie sie klingt. Wenn man die Arbeitsgruppen eines Seminars bittet, einmal aufzuschreiben, was das Leben lebenswert macht, dann kommen innerhalb von zehn Minuten alle Gruppen zum gleichen Ergebnis: Freundschaften, Begegnung, Sport, Kultur, Gesundheit und Sicherheit. Als die amerikanische Künstlerin Candy Chang an einer Wand mehrmals den Satzanfang aufmalte »Bevor ich sterbe, will ich …«, machten sich die Passanten sogleich daran, die Zeilen weiterzuführen. Mit der bereitgelegten Kreide notierten sie: fünf Kinder haben, Marathon laufen, Klarinette spielen, Fallschirm springen, singen für Millionen, den Uniabschluss meiner Tochter erleben etc. Mehr als

400 Wände in mehr als 60 Ländern wurden inzwischen beschriftet, in den USA und in China, in Indien und in Neuseeland, in Israel und im Irak, in Deutschland und in Kasachstan. 400 Wände voller Wünsche. Niemand schreibt: »Bevor ich sterbe, möchte ich mir einen Tabletcomputer kaufen.«

Im Buchhandel finden sich Dutzende »Anleitungen zum Glücklichsein«. Ihnen gemeinsam ist der einfache Rat, mehr in Erlebnisse zu investieren statt in materielle Güter. Auch wer in Bildung investiert, neugierig und lernbereit ist, wird immer wieder Zufriedenheit über neue Erkenntnisse verspüren. Und der wichtigste Glücksfaktor: Sinnhaftigkeit. Menschen sind glücklich, wenn sie das Gefühl haben, etwas zu einem sinnvollen Projekt beitragen zu können. Dutzende repräsentative Befragungen erbringen dasselbe Resultat.[487]

Auch dem sozioökonomischen Panel[488] kann man ein Plädoyer für immaterielle Güter entnehmen: Menschen, die ihre Priorität auf Freundschaften, gesellschaftliches Engagement oder Ähnliches gelegt hatten, waren überdurchschnittlich zufrieden mit ihrem Leben. Wer vor allem Geld und Karriere optimieren wollte, wurde mit den Jahren unzufriedener.[489]

Glück ist nicht unbegrenzt steigerungsfähig

Schon seit Jahrzehnten zeichnet sich ab, dass das materielle Wohlstandswachstum nicht glücklicher macht, wenn erst einmal ein recht hohes Niveau erreicht ist. In den Nachkriegsjahren sehnten sich die Menschen nach Sicherheit und Freiheit. Als Luxus galt zum Beispiel die Waschmaschine. Das Leben der Hausfrau änderte sich mit der standardmäßigen Einführung des Geräts dramatisch. Plötzlich wurden viele Stunden in der Woche frei, etwa um den Kindern aus Büchern vorzulesen. Ungeheuer wohlhabend war auch, wer sich in den 1960er-Jahren ein Auto leisten konnte. Lange Zeit stieg das Lebensglück der Menschen mit dem Sozialprodukt.

Doch in den 1980er-Jahren hatten viele Menschen schon ein Auto, einen Fernseher usw. Ab dann ersetzten sie ihre Geräte nur noch durch neue, »bessere«. Unzählige weitere Produkte kamen hinzu, haben aber das Leben kaum mehr bereichert. Glück ist nicht unbegrenzt steigerungsfähig. Die seit Jahrzenten international gestellte Frage »Wie glücklich sind Sie auf einer Skala von eins bis zehn?« wird mit leichten Schwankungen auf gleichem Niveau beantwortet. Und das, obgleich sich in Deutschland der Wohlstand verdreifacht hat. Das gleiche Bild ergibt sich in den anderen wohlhabenden Nationen. Glück ist nicht beliebig steigerungsfähig.

Wachstum ist längst zum Selbstzweck verkommen. Die Menschen stellen sich mit ihrer Arbeit in den Dienst eines Dogmas: Längere Arbeitszeiten, zunehmender Stress am Arbeitsplatz, unauskömmliche Löhne und vieles mehr werden in Kauf genommen, damit die Wirtschaft wächst. Doch ab einem bestimmten Wohlstandsniveau sind die Menschen, materiell betrachtet, »satt«. Das neueste Fotohandy und das neue Auto machen nicht glücklicher.

Wer aber nur wenig verdient oder auf staatliche Transferleistungen angewiesen ist, wird bei der Glücksfrage womöglich nur zwei oder drei Punkte vergeben, wenn zehn das Maximum sind. Einige Hundert Euro mehr, und bei der nächsten Befragung wird vermutlich ein Punkt mehr vergeben. Bis zu einem bestimmten Einkommen verlaufen Geld und Glück parallel. Doch wann ist es genug? Eine Studie von der Princeton University kommt zu dem Ergebnis: Es sind rund 75 000 Dollar im Jahr. Danach entkoppeln sich Einkommensentwicklung und Wohlbefinden, so die Autoren Daniel Kahneman und Angus Deaton. Irgendwann könne auch alles Geld der Welt über die Widrigkeiten des Alltags nicht hinweghelfen: Krankheit, Einsamkeit, Konflikte in der Familie, Scheidung etc.[490]

Jeder zehnte Erwerbstätige arbeitet gewöhnlich mehr als 48 Stunden pro Woche.[491] Zweieinhalb Milliarden Überstunden im Jahr sind kaum noch Zeugnis von Strebsamkeit und Fleiß.[492] Sie schaden der physischen und psychischen Gesundheit. Wie zahlreiche Studien belegen, nehmen die gesundheitlichen Belastungen mit längeren Arbeitszeiten zu. Die repräsentative Arbeitszeituntersuchung des Kölner ISO-Instituts von 2004 weist zum Beispiel für Deutschland nach, dass Beschäftigte, die über 40 Stunden in der Woche arbeiten, deutlich häufiger unter Kopf-, Magen- und Rückenschmerzen, Nervosität, Schlafstörungen, psychischer Erschöpfung und Herz-Kreislauf-Problemen leiden als weniger arbeitende Menschen. Zudem ist klar zu erkennen, dass die Häufigkeit aller Beschwerden bereits ab der 15. Wochenstunde zunimmt.[493] Auch aus gesundheitspolitischen Gründen sind daher kürzere Arbeitszeiten sinnvoll. Da wäre es nicht verkehrt, wenn sich die Landes- und Bundesminister für Arbeit und Gesundheit über eine engere Zusammenarbeit ins Benehmen setzten. Als Vorbild können beispielsweise unsere Nachbarn dienen: Die Zahl der Überstunden hat sich in Dänemark mehr als halbiert. Auch in den Niederlanden arbeiten nur sehr wenige Angestellte über 50 Stunden. Es geht auch anders.[494]

Vom Glück des Nichtstuns

Wenn die Menschen arbeiten, um zu leben, dann haben sie mehr Zeit für Müßiggang. Pflichtenfreie Zeiten sind eine wichtige Essenz für unser Seelenheil. Die Momente des Nichtstuns fördern die Regeneration und stärken Gedächtnis, Einfallsreichtum und Kreativität. Ulrich Schnabel hat der Muße ein ganzes Buch gewidmet.[495] Es liefert haufenweise Inspirationen für den Zusammenhang zwischen Arbeit, Glück und Nachhaltigkeit.

Abbildung 36 Müßiggang ist eine wichtige Essenz für unser Seelenheil. Die Momente des Nichtstuns fördern die Regeneration und stärken Gedächtnis, Einfallsreichtum und Kreativität. Foto: Bernd Kasper, pixelio.de

Wenn man die Menschen fragt, was sie an ihrem Charakter am liebsten verändern würden, wünscht sich die Mehrheit, »viel ruhiger« zu werden.[496] Und zu Silvester ist einer der wichtigsten Vorsätze: »Mehr Zeit für die Familie und Freunde zu haben« und »Stress zu vermeiden«. Solcherlei scheint schwerer denn je zu sein. Denn nicht nur die Taktfrequenz des Arbeitslebens hat sich verdichtet, auch die freie Zeit wird zunehmend ruhelos. Fernsehen, Radio und Zeitungen werden inzwischen ergänzt durch E-Mails, Podcasts, Newsletter, Computerspiele, Facebook, Handyverfügbarkeit und Ähnliches. Das mobile Telefon mutiert nunmehr zum »Smartphone«, das ähnliche Eigenschaften wie der Computer mitbringt. So ist man unterwegs nicht nur erreichbar, sondern kann sich auch fortgesetzter Zerstreuung durch Spiele, SMS, Mails, E-Paper und viele weitere »Apps« hingeben. Im öffentlichen Raum werden Menschen, die nicht mehr nach rechts und links gucken und ihre Umgebung kaum wahrnehmen, immer selbstverständlicher.[497]

Den Stecker ziehen

Manche Firmen ziehen inzwischen die Notbremse, denn sie haben festgestellt, dass die Konzentrationsfähigkeit ihrer Angestellten mit der E-Mail-Flut abgenommen hat. Ein genialer Gedanke, eine kreative Phase oder einige wichtige Schlussfolgerungen kommen mitunter nicht zustande, weil im selben Moment ein »Ping« den Eingang einer neuen, möglicherweise wichtigen Nachricht verkündet. Nach jeder Ablenkung, die eine E-Mail auslöst, braucht der Mensch bis zu einer Viertelstunde, um wieder an den Punkt zu gelangen, an dem er vor dem Eingang der Mail war.[498] Wer seinen Arbeitstag am Computer verbringt und phasenweise den Stecker zieht, ist nicht nur produktiver, sondern fördert auch noch das Wohlbefinden. Beim Chiphersteller Intel gibt es deshalb einmal in der Woche kein Internet: Mehrere Monate lang gab es in einer Testphase an einigen Intel-Standorten dienstagsmorgens für vier Stunden keine E-Mails und kein Internet. Gespräche wurden auf den Anrufbeantworter geleitet. Mehr als zwei Drittel der Mitarbeiter waren so begeistert, dass sie den Versuch fortsetzten. Da liegt die Vermutung nahe, dass ein solches Experiment auch für die Freizeitgestaltung dienlich sein könnte.

Zeitanker

Doch nicht nur die Medienkultur zerhackt unseren Alltag und vermittelt den Eindruck, kaum Zeit für sich selbst und Freunde zu haben. Regelmäßige Arbeitszeiten am Wochenende, bis in den späten Abend oder gar nachts und auch die permanente Verfügbarkeit für den Arbeitgeber machen tendenziell unzufrieden. Symptomatisch sind die späten Ladenschlusszeiten und verkaufsoffenen Sonntage. Ein guter Teil der knapp drei Millionen Beschäftigten im Einzelhandel leidet unter dem Freiheitszuwachs für die Konsumenten. Ein hoher Preis, den die Gesellschaft für das Moonlight- und Sonntagsshopping zahlt, welches wohl kaum jemanden glücklicher macht, aber Hunderttausende unglücklich.

Es ist daher Gegenstand der Ökoroutine, sogenannte Zeitanker, also beispielsweise Sonn- und Feiertage, zu bewahren. Der gesellschaftliche Konsens über Arbeits- und Ruhezeiten entkoppelt die Alltagshast, ermöglicht gemeinsame Feste, Zusammenkünfte mit Freunden, Familie und Bekannten und stärkt gesellschaftlichen Zusammenhalt, Demokratie und Kultur.[499] Fatal ist daher die Tendenz zur 24/7-Gesellschaft, in der also die Geschäfte 24 Stunden und sieben Tage in der Woche geöffnet haben und sämtliche Dienstleistungen rund um die Uhr angeboten werden.

Fit durch Muße

Es scheint paradox: Ruhephasen und Leistungsfähigkeit sind zwei Seiten derselben Medaille. Das Mittagsschläfchen oder ein Spaziergang im Grünen erhöhen Gedächtnisleistung, Kreativität und Aufmerksamkeit, stärken die motorische Koordination, Wahrnehmungsfähigkeit und Entscheidungsfreude.[500] Damit erhalten die Einschätzungen der zuvor erwähnten Prognos-Studie über die Balance zwischen Arbeit und Freizeit von überraschender Seite Unterstützung: Psychologen und Neurologen haben festgestellt, dass gerade beim Nichtstun manche Gehirnareale stärker aktiv sind als beim zielgerichteten Denken. Das Gehirn nutzt Ruhephasen, um Netzwerke aus Nervenzellen neu zu ordnen, Gelerntes zu rekapitulieren, Erlebnisse zu verarbeiten und neue Verbindungen zwischen den gespeicherten Wissensschätzen aufzubauen. Und so ist es kein Zufall, dass so mancher Geistesblitz berühmter Wissenschaftler sich gerade dann ereignete, wenn sie damit am wenigsten gerechnet haben. So betrachtet, sind überzeugende Resultate einer intensiven Arbeitsbesprechung am ehesten zu ermöglichen, wenn man mit den Teilnehmern anschließend einen Spaziergang im Grünen unternimmt.

Zeit für Gemeinschaft, Zeit für Glück

James Coan ist nur einer von vielen Forschern, die ein altbekanntes Phänomen neu erforschen: die heilsame Kraft der sozialen Beziehungen. Mediziner, Hirnforscher und Statistiker finden immer neue Belege dafür, wie Menschen vom Zusammenleben mit anderen profitieren. Den aktuellen Kenntnisstand fasst Coan so zusammen: »Bei Menschen in einer engen Beziehung heilen Wunden schneller, sie werden seltener krank, sind weniger anfällig für Depressionen und Ängste und leben sogar länger.« Demografische Untersuchungen zeigen schon lange, dass Verheiratete im Schnitt gesünder sind und länger leben als Singles. Das Fehlen sozialer Beziehungen, so stellte der Soziologe James House bereits 1988 fest, ist ein ebenso hohes Gesundheitsrisiko wie Zigarettenkonsum, hoher Blutdruck, Übergewicht und Bewegungsmangel. Der Harvard Soziologe Robert Putnam empfahl in seinem Buch »Bowling Alone«, statt abzunehmen, regelmäßig zu trainieren oder das Rauchen aufzugeben, solle man lieber einem Verein beitreten.

»Glück ist ansteckend« – diese Schlagzeile ging vor einiger Zeit um die Welt. Sie bringt das Ergebnis einer Studie auf den Punkt, die den Wert sozialer Netzwerke untersuchte. Der Politikwissenschaftler James Fowler und der Sozialmediziner Nicholas Christakis hatten dazu in einer Langzeitanalyse das Befinden von knapp 5 000 Probanden über 20 Jahre verfolgt. Sie entdeckten, dass sich Gesundheitsverhalten und allgemeines Wohlbefinden wie ansteckende Viren in Netzwerken verbreiten und dabei manchmal überraschende Fernwirkungen entfalten. So heben glückliche Partner, frohgemute Geschwister und glückliche Nachbarn die Wahrscheinlichkeit, selbst glücklich zu sein, um bis zu 34 Prozent.[501]

Die Kurze Vollzeit befördert den ökologischen Wandel

Kurze Arbeitszeiten sind Teil der Ökoroutine. Klimaschutz und Ressourcengerechtigkeit lassen sich leichter auf den Weg bringen, wenn die Menschen nicht vom Stigma der Arbeitslosigkeit betroffen sind oder sich auch nur davor fürchten. Zugleich profitieren auch die Gutverdiener vom arbeitszeitlichen Kulturwandel. Die Kurze Vollzeit mindert Hektik und Stress der Beschäftigten. Sie schafft Raum für Familie und Freunde. Das ist es, worauf es im Leben ankommt, wenn die materiellen Grundbedürfnisse befriedigt sind. Gefordert sind dabei vor allem die Männer. Sie werden lernen, dass man auch mit kürzeren Arbeitszeiten ein vollwertiges Mitglied der Gesellschaft sein kann. Eine Mischung aus finanziellen Anreizen, gesetzlichen Verpflichtungen, Kampagnen und Bildungsinitiativen wird sie dazu ermutigen.

Kurze Arbeitszeiten schaffen mehr Raum für Sorge- und Bürgerarbeit. Die Menschen haben mehr Zeiten für das Teilen, Tauschen, Reparieren und Kooperieren. Ein verringertes Einkommen können sie durch Engagement in der Gemeingüterwirtschaft ausgleichen, weil der Leistungsaustausch häufig jenseits der Geldwirtschaft stattfindet. Mit dem Aufschwung der Gemeingüterwirtschaft verringert sich die Bedeutung des Wachstums, wie wir es kennen (s. »Collaborative Commons und die Null-Grenzkosten-Gesellschaft«, S. 288).[502]

Unabhängig davon ist das Konzept der Kurzen Vollzeit eine Antwort auf die fortschreitende Digitalisierung. Mehr denn je werden Computer Arbeitsplätze überflüssig machen. Das zumindest prognostiziert eine Studie vom World Economic Forum. Demnach werden in den nächsten fünf Jahren rund fünf Millionen Stellen gestrichen.[503] Nicht jeder muss deswegen seinen Job verlieren, wenn die Menschen weniger Stunden pro Woche arbeiten.

Gutverdiener werden erwidern, sie könnten nicht auf einen Teil ihres Gehalts verzichten. Doch wer ehrlich mit sich selbst ist, wird erkennen, dass der ganze Fleiß sich überwiegend in überflüssige Technikspielereien und Luxus ergießt. Ob das neueste Handy, Tablet, 3-D-Fernseher oder iWatch: Allzu vieles ist allenfalls »praktisch«, aber keine nennenswerte Erleichterung, und überdies verursacht es permanente Zusatzkosten. Der legendäre Ökonom John Maynard Keynes sah das schon Anfang der

1940er kommen: Bereits im 20. Jahrhundert könne nach ihm eine Phase eintreten, in der Investitionsbedarf so gesättigt sei, dass auch dem Staat die sinnvollen Projekte ausgingen und damit nur noch mit verschwenderischen Projekten die Vollbeschäftigung aufrechtzuerhalten wäre. In dieser Phase sei es wichtig, durch kürzere Arbeitszeiten Vollbeschäftigung zu ermöglichen.[504] Offenbar war es damals schwer vorstellbar, dass selbst die wohlhabendsten Menschen in den reichsten Ländern noch immer mehr haben wollen.

Auch Ludwig Erhard schien diese Vorstellung unbegreiflich zu sein. »Ich glaube nicht«, schrieb er bereits 1957, »dass es sich bei der wirtschaftspolitischen Zielsetzung der Gegenwart gleichsam um ewige Gesetze handelt. Wir werden sogar mit Sicherheit dahin gelangen, dass zu Recht die Frage gestellt wird, ob es noch immer richtig und nützlich ist, mehr Güter, mehr materiellen Wohlstand zu erzeugen, oder ob es nicht sinnvoller ist, unter Verzichtleistung auf diesen Fortschritt, mehr Freizeit, mehr Besinnung, mehr Muße und mehr Erholung zu gewinnen.«[505]

Wenn die Menschen weniger Geld für ressourcenvergeudende Produkte ausgeben können, ist das für die zukünftigen Generationen der reinste Segen. Kürzere Arbeitszeiten können den Wachstumszwang entschärfen und den Konflikt zwischen Arbeitsplätzen und Umweltverbrauch entkoppeln. Deswegen ist die Kurze Vollzeit so wichtig für die Ökoroutine. Es ist höchste Zeit, dass sich besonders die wohlhabenden Menschen endlich auf das konzentrieren, worauf es im Leben ankommt.

Kapitel 10

Wirtschaftsförderung 4.0

Dieses Buch macht Öko zur Routine, auch in der kommunalen Wirtschaftsförderung. Ökoroutine und Wirtschaftsförderung, das klingt zunächst wie ein Widerspruch. Schließlich ist Wachstum eines der zentralen Ziele der Wirtschaftspolitiker in den Städten und Gemeinden. Doch die Abhängigkeit von Wachstum und Export kann sich zu einem bedeutenden gesellschaftlichen und ökologischen Problem entwickeln. Ob sich die Ziele des Klimaschutzes bei weiterem Wirtschaftswachstum erreichen lassen, ist bislang eine offene Frage (s. Kapitel »Wachstum«, S. 40).

Wie sieht eine Wirtschaft aus, die nicht oder nur noch bedingt am Wachstum hängt? Das weiß niemand so genau. Die Wirtschaftsförderung 4.0, die hier vorgeschlagen wird, fördert regionale und kooperative Wirtschaftsformen sowie besonders Unternehmen, die der Daseinsvorsorge und dem Gemeinwesen vor Ort dienlich sind. Diese Strategie mindert die Wachstumsabhängigkeit.

Die klassische etablierte Wirtschaftsförderung fokussiert sich zumeist auf gewerbliche Unternehmen. Sie soll gewerbesteuerliche Einnahmen und Arbeitsplätze sichern und möchte daher Wettbewerbsfähigkeit, Innovationskraft und Wachstum begünstigen. Zuweilen bemüht sie sich auch um die sogenannte Kreativwirtschaft. Daraus ergibt sich eine direkte Überleitung zur Wirtschaftsförderung 4.0 – kurz: WF 4.0. Es handelt sich um einen Kunstbegriff in Anlehnung an das »Zukunftsprojekt Industrie 4.0«, mit dem die Bundesregierung die Digitalisierung der Industrie fördern will.

Wirtschaftsförderung 4.0 ist ebenfalls ein Zukunftsprojekt. Es versteht sich als eine Ergänzung der bestehenden Wirtschaftsförderung und entwickelt Gegenstrategien zu den in den ersten Kapiteln beschriebenen

Bremsfaktoren. Sie möchte den Wachstumszwang und die Exportabhängigkeit einer Region lindern. Sie fördert die Nachfrage, verstärkt die Wertschöpfung vor Ort Schritt für Schritt und verkürzt damit die Transportwege. Firmen und Arbeitsplätze bleiben erhalten oder werden neu geschaffen. Die WF 4.0 richtet sich gegen Wettbewerbsdruck, niedrige Löhne, Stress am Arbeitsplatz und verschwenderischen Umgang mit Ressourcen. Sie stärkt die Nahversorgung statt den Export.

Die Wirtschaftsförderung 4.0 ist Treiber für soziale Innovationen, zivilgesellschaftliche Eigeninitiative und Partizipation. Sie stärkt die soziale Stabilität, gemeinsame Werte und den sozialen Zusammenhalt. Das ist gut für die Widerstands- und Anpassungsfähigkeit von Individuen und Gruppen[506] und für eine zukunftsfähige Wirtschaft.

Überblick

Moderne Ansätze kooperativen Wirtschaftens gibt es schon seit Jahren. Viele Menschen suchen nach Tätigkeiten, die vor Ort wirksam sind und einen unmittelbaren Bezug zur eigenen Lebenswelt haben. Regionalgeld, Tauschringe, Repaircafés, Tauschläden, Soziale Kaufhäuser, Leihsysteme, Stadtgärten, Solidarische Landwirtschaft, das alles hat Konjunktur und basiert zumeist auf ehrenamtlichem Engagement. Systematische kommunale Förderkonzepte – etwa im Rahmen der Wirtschaftsförderung – fehlen bislang jedoch.

Die politischen Entscheidungsträger nehmen die Entwicklung zwar mit Interesse und Wohlwollen zur Kenntnis, sehen aber noch nicht so recht ihre Verantwortung und ihre Rolle beim kooperativen Wirtschaften. Dabei liegen hier erhebliche gesellschaftliche Potenziale. Neue ökonomische Strukturen entstehen, die dem allseits geforderten Leitbild der Nachhaltigkeit entsprechen. Doch selbst wenn sich kommunale Wirtschaftspolitiker die Stärkung von regionalen Wertschöpfungsketten, Gemeinwohlwirtschaft und zukunftsfähigen Unternehmen zum Ziel setzen, erschöpft sich ihr Vorgehen oft nur in Einzelmaßnahmen, statt eine konsistente Strategie zu verfolgen.

Die Zeit ist reif, ein Handlungskonzept zur systematischen Förderung von kooperativen Wirtschaftsformen und von regionalen Wertschöpfungsketten in Kommunen zu entwickeln. Erste Vorüberlegungen finden sich in diesem Kapitel. Der Kern ist eine soziokulturelle »Hightechstrategie«; ihr Ziel sind die systematische Ausweitung von kooperativen Wirtschaftsformen und die methodische Stärkung der Regionalwirtschaft. Pointiert ausgedrückt: Das WF 4.0-Konzept sorgt dafür, dass eine Lasagne in Zukunft so weit wie möglich in der Region hergestellt werden kann.

Die Grundlagen

Die Wirtschaftsförderung 4.0 greift Ansätze der neueren Forschung und wissenschaftliche Analysen auf und verweist auf Praxisbeispiele aus dem Bereich sozialer Bewegungen. Die folgenden Kapitel erörtern die wesentlichen Anknüpfungspunkte.

Resilienzforschung

Die Welt, wie wir sie kennen, ändert sich permanent. Manche Veränderungen geschehen langsam, wie etwa der Klimawandel oder das Bevölkerungswachstum, andere vollziehen sich rasch. Preise für Nahrungsmittel oder Öl können plötzlich zulegen und eine Krise auslösen. Mit solchen spontanen Änderungen können wir recht gut umgehen. Der Mensch ist flexibel. Doch viele Krisen kommen schleichend, ihre Vorzeichen werden selten erkannt. Der Mensch ist nicht weitsichtig. »Resilienz« bemüht sich um diese Weitsicht.

Der Begriff leitet sich aus dem lateinischen *resilire* ab, was sich als »zurückspringen« oder »abprallen« übersetzen lässt. Gemeint ist damit am ehesten »Widerstandsfähigkeit«. Eine andere Übersetzung könnte lauten: »Fehlerfreundlichkeit«. Im Kern beschreibt der Begriff die Toleranz eines Systems gegenüber Störungen.

Was mit Resilienz gemeint ist, hängt, wie so oft in der Wissenschaft, vom Zusammenhang ab. Die Ökologen befassen sich beispielsweise mit der Anpassungsfähigkeit von Lebewesen an die Erderwärmung. Der Weltstädteverband ICLEI[507] spricht von »Resilient Cities«, wenn eine Stadt gut auf den Klimawandel vorbereitet ist, also über Anpassungsstrategien für Extremwetterereignisse, Trockenperioden oder Hitzewellen verfügt. Auch die Stadt- und Raumplaner überlegen, wie sie ihre Stadt auf Hitzewellen oder Starkregen vorbereiten können. Die Psychologen betrachten unter anderem die physische und psychische Gesundheit der Mitarbeiter eines Unternehmens. Damit kann auch die innere Haltung gemeint sein, also Vertrauen auf die eigenen Stärken, um auch einen Rückschlag wegstecken zu können. Ingenieure sorgen dafür, dass eine Waschmaschine keinen Totalschaden erleidet oder ein Atomkraftwerk nicht explodiert, bloß weil jemand versehentlich den falschen Knopf drückt.

Auch die Wirtschaftswissenschaft verwendet den Resilienz-Begriff, häufig in Verbindung mit dem Wachstumsparadigma. Demnach beschreibt Resilienz die Fähigkeit einer Regionalwirtschaft, eines Unternehmens oder eines Landes, sich von Schocks zu erholen und danach zu einem »nachhaltigen« Wachstumspfad zurückzukehren.[508] In dieser Perspektive steht das Bruttoinlandsprodukt im Fokus. Krisenfest ist, wer möglichst unbeschadet und möglichst schnell die Depressionsphase verlassen kann. Eine breite Produktpalette, viele Innovationen, neue Märkte und eine kräftige Inlandsnachfrage können demgemäß die Resilienz eines Unternehmens stärken.

Die Resilienzforschung der Mainstreamökonomie stellt das Wachstumsparadigma jedoch nicht infrage. Dass eine Abhängigkeit von möglichst hohen Wachstumsraten existiert und Abhängigkeit an sich ein problematisches Konzept darstellt, wird ausgeblendet. Statt zu untersuchen, welche Konzepte die fatale Abhängigkeit lindern können, sollen noch mehr Produkte für neue Märkte, noch mehr Konsum, Innovationen und Investitionen die Wirtschaftsregion stabilisieren. Statt die Strategie zu ändern, gibt es mehr vom Gleichen, mehr von dem, was die Wachstumsabhängigkeit noch weiter steigert. Dementsprechend sind die Instrumente der kommunalen Wirtschaftsförderung bislang in erster Linie auf Wachstum ausgerichtet.

Man kann aber auch genau das Gegenteil annehmen: Je geringer die Abhängigkeit der Wirtschaft vom Wachstum ist, desto widerstandsfähiger ist sie. Besonders krisenfest sind Unternehmen demnach, wenn sie nicht wachsen müssen, etwa weil die Eigentümer nicht nach weiteren Gewinnsteigerungen streben. Stabilisierend wirkt sich zudem eine breite Streuung von Produkten und Dienstleistungen über verschiedene Branchen aus.

Der oft zitierte Satz, dass »jede Krise auch eine Chance birgt«, ist in der Resilienzforschung nicht banal. Krisen eröffnen Möglichkeiten für Veränderung, Erneuerung und Transformation. Das gilt vor allem, wenn die politischen und administrativen Strukturen und Abläufe besonders festgefahren sind. Wenn die Veränderungsbereitschaft einer Stadt oder Region gering ist und das System inflexibel, kann die Krise ein Treiber auch für drastische Veränderungen sein, die zuvor nicht durchsetzbar gewesen wären.[509]

In der Umweltpolitik spricht man schon seit Jahrzehnten von »Gelegenheitsfenstern«. Ein solches »Window of Opportunity« öffnete sich vor einigen Jahren durch den BSE-Skandal und ermöglichte Reformen in der Landwirtschaftspolitik, die zuvor auf breiten Widerstand gestoßen waren. Die Verfütterung von Tiermehl an Rinder wurde europaweit verboten.

Oft löst erst eine breite mediale Diskussion über ein Krisenphänomen Handlungsbereitschaft aus, mitunter auch Aktionismus. Die Entscheidungsträger vor Ort wären besser beraten, wenn sie ihre Kommune auf den Krisenzustand vorbereiten, statt nur spontan reaktiv vorzugehen. Das wird »evolutionäre Resilienz« genannt. Sie setzt auf einen vorausschauenden Umgang mit möglichen Krisen, Problemen, Widrigkeiten und kann so im Vorfeld schon viele kritische Situationen entschärfen.

Seit der Finanzkrise 2008 beschäftigt sich die Wissenschaft verstärkt mit kommunaler ökonomischer Resilienzforschung. Die Frage, wie und wodurch Regionen eine Krise am besten überstehen, hat an Bedeutung gewonnen. In der Fachliteratur lassen sich im Wesentlichen zwei Grundströmungen unterscheiden: Auf der einen Seite steht die Krisenfestigkeit gegenüber Schocks im Fokus. Resilienz wird wortwörtlich als »zurückspringen« verstanden. Das Streben ist darauf gerichtet, nach der Krise den vorherigen Zustand möglichst rasch wieder zu erreichen und den Gleichgewichtszustand des Ursprungsniveaus wiederherzustellen.

Auf der anderen Seite steht Anpassungsfähigkeit im Zentrum. Man geht davon aus, dass sich die Natur- und Gesellschaftsverhältnisse plötzlich ändern und radikal neu ausformen können. In diesem Sinne strebt Resilienz nicht nach Bewahrung eines bestehenden Zustands. Vielmehr ist sie eine dynamische, evolutionäre Fähigkeit, auf Stress und

Spannungen zu reagieren – und sich mit den Rahmenbedingungen zu verändern.[510] Der bisherige Istzustand soll nach der Krise nicht nur wiederhergestellt werden. Der Schwerpunkt liegt auf dem Widerstehen, auf der Widerstandsfähigkeit vor einer Krise. Es geht darum, wie robust eine regionale Wirtschaft als System ist und ob es gelingt, durch Neuorientierung und Erneuerung auf einen wirtschaftlichen Schock zu reagieren und die Funktionsfähigkeit zu erhalten.[511]

Das Konzept der Wirtschaftsförderung 4.0 folgt dem zweiten Ansatz. Ihrem Verständnis nach sorgt eine fehlerfreundliche und anpassungsfähige Region – und somit auch deren Ökonomie – dafür, dass das Leben auch in turbulenten Zeiten funktioniert und die Lebensqualität der Bürger nicht beeinträchtigt wird. Dabei kommt es darauf an, dass sich die Region bis zu einem bestimmten Grad selbst versorgen kann. Möglich ist beispielsweise die teilweise Eigenproduktion von Lebensmitteln, Möbeln oder Textilien. Dabei gewinnen Ehrenamt und informelle Arbeit genau wie handwerkliche Berufe wieder an Bedeutung.[512]

Die Gemeinschaft und ihr Sozialkapital sind die entscheidenden Kriterien für die Widerstands- und Anpassungsfähigkeit von Individuen und Gruppen. Sie werden in der Resilienzforschung auch als »Shared Values« bezeichnet – gemeinsame Wertorientierungen. Demnach ergeben sich gute Voraussetzungen zur Krisenbewältigung durch sozialen Zusammenhalt und gemeinsame Werte.[513]

Zu den förderlichen Rahmenbedingungen zählen funktionierende soziale Netzwerke, Nachbarschaften, Wohngemeinschaften und ehrenamtliches Engagement. Besonders die Vernetzung von Akteuren aus unterschiedlichen Bereichen steigert die dezentralen Selbststeuerungspotenziale und erhöht die Handlungs- und Anpassungsfähigkeit einer Region.[514]

Um die Resilienz von Regionen einzuschätzen, hat die Forschung inzwischen 18 Indikatoren aus den Bereichen Soziales, Wohnen, Verkehr, Flächennutzung, Energie und Wirtschaft zusammengetragen. Mit ihrer Hilfe lässt sich zeigen, wie gut auch im Krisenfall die Handlungsfähigkeit einer Region oder Stadt durch Flexibilität, Ressourcenausstattung und Sozialkapital erhalten bleibt. Internationale Wettbewerbsfähigkeit und die Durchökonomisierung aller Lebensbereiche sind demnach kein

Garant für eine sichere Zukunft. Eine dezentrale Energieerzeugung, soziale Stabilität, Verfügbarkeit von land- und forstwirtschaftlichen Flächen sowie Arbeitsplätze vor Ort können bei der Krisenbewältigung weit mehr helfen.[515]

Für die Wirtschaftsförderung 4.0 sind noch weitere Indikatoren relevant, etwa der Umfang der Nahversorgung oder die Zahl der Unternehmen, die eine Gemeinwohlbilanz erstellen. Vor allem aber sind die Bürgerinnen und Bürger ein wichtiger Faktor für die Resilienz einer Region. Sie reagieren spontan und oft unvorhersehbar auf Krisenzustände. Wie in den EU-Krisenländern in jüngster Zeit zu beobachten war, organisieren sie sich selbst und schaffen Netzwerke für das Teilen, Tauschen, Leihen. Die Resilienzforschung befasst sich daher nicht nur mit statischen Faktoren, sondern orientiert sich daran, was Menschen konkret tun.[516]

Informelle Ökonomie und soziale Innovationen

Weit über 13 Millionen Bundesbürger sind ehrenamtlich tätig.[517] Ihr Engagement zu unterstützen und zu fördern betrachtet die Wirtschaftsförderung 4.0 als wichtiges Handlungsfeld. Die Bedeutung des »Dritten Sektors« – auch »Informelle Ökonomie« beziehungsweise »Informelle Arbeit« genannt – hat auch die Politik bereits erkannt. Im Jahr 2000 setzte der Deutsche Bundestag eine Enquetekommission zur »Zukunft des bürgerschaftlichen Engagements« ein. Das Gremium erarbeitete einen Katalog von Empfehlungen, wie sich die Bundesrepublik auf den »Weg in eine zukunftsfähige Bürgergesellschaft« machen kann. Umgesetzt wurde davon allerdings nur die Verbesserung des Unfallversicherungsschutzrechts von ehrenamtlich Tätigen. Die Wirtschaftsförderung 4.0 sieht dagegen eine systematische Förderung des Engagements vor, zumal die Informelle Ökonomie an Bedarfsorientierung, Selbstbestimmung und Selbstverwaltung orientiert ist.[518]

Wie »soziale Innovationen« entstehen und wie sie sich durchsetzen können, haben in den vergangenen Jahren zahlreiche Forschungsarbeiten – insbesondere in der Sozial- und Umweltpsychologie und in den Sozialwissenschaften – untersucht. Gemeint sind neue soziale Praktiken, also auch die Entwicklungen, die von der Wirtschaftsförderung 4.0 angestoßen werden sollen. Maßgeblich ist demnach die gesellschaftliche

Kommunikation über neue Denkweisen und Verhaltensmuster, beispielsweise innerhalb von sozialen Netzwerken.

Auch die Einstellungen und Ansichten der Adressaten sind entscheidend, also derjenigen, die ihre Gewohnheiten verändern sollen. Nur wer potenziell bereit ist, sich zu verändern, und die Möglichkeiten dafür als gegeben sieht, wird offen sein für mögliche Neuerungen.[519] Diejenigen, die etwas ausprobieren, sind die Innovatoren. Wenn es gut läuft, lassen sich weitere Menschen davon anstecken, und in der Folge gibt es noch mehr Nachahmer. Die WF 4.0 kann sowohl ganz zu Beginn eine Innovation in die Welt bringen als auch dazu beitragen, dass neue Verhaltensmuster weitere Bereiche durchdringen.

Gemeinwohlökonomie

Das Konzept der Gemeinwohlökonomie – einer der Vordenker ist der Autor und Mitgründer von Attac Österreich, Christian Felber – bemisst den Erfolg einer Firma nicht nur an Börsenwert, Gewinn- und Wachstumszahlen. Als mindestens genauso wichtig gelten Werte wie Vertrauensbildung, Wertschätzung, Kooperation, Solidarität und Teilen. Das Konzept geht nicht davon aus, dass viele Unternehmen freiwillig ihr Wirtschaftsmodell umstellen. Sie sollen vielmehr durch Gesetze und steuerliche Anreize dazu bewogen werden.

Eine Möglichkeit wäre, dass Unternehmen, die sich weiterhin an maximalen Profiten orientieren, die höchsten Steuern zahlen müssen. Kommunen könnten sich per Ratsbeschluss zur Gemeinwohl-Gemeinde erklären. In der Folge hätte die Kommune unter anderem die Aufgabe, Firmen vor Ort von der Erstellung einer Gemeinwohl-Bilanz zu überzeugen.[520] Das ist gewiss kein leichtes Unterfangen. Gleichwohl sind die Vorarbeiten von Felber zur Entwicklung eines alternativen Wirtschaftsmodells höchst relevant für das Gestaltungsfeld »Förderung von krisenfesten und nachhaltigen Unternehmen« der WF 4.0.

Collaborative Commons und die Null-Grenzkosten-Gesellschaft

Teilen, Tauschen und Kooperieren werden nach Ansicht vieler Experten künftig eine größere Rolle in unserer Gesellschaft spielen. Wie das aussehen könnte, hat der US-Ökonom Jeremy Rifkin in seinem jüngsten Buch »Die Null-Grenzkosten-Gesellschaft« umrissen.[521] Demnach werden Gemeingüter – Rifkin nennt sie »collaborative commons« – das Wirtschaftssystem der Zukunft prägen. In dieser Perspektive wäre die Wirtschaftsförderung 4.0 als Treiber einer Entwicklung anzusehen, die ohnehin bereits in vollem Gange ist.

Der Begriff der Grenzkosten stammt aus der Betriebswirtschaftslehre. Er bezeichnet die Kosten, die jede weitere Einheit einer produzierten Ware oder Dienstleistung kostet, nachdem die Fixkosten bezahlt sind. Zu beobachten ist das etwa beim E-Book, wenn es tatsächlich nur elektronisch erscheint. Veröffentlichung, Vertrieb und Verbreitung eines Buches sind heute letztlich ohne Verlage, Redakteure und Händler möglich. Lediglich die Fixkosten etwa für den Unterhalt des Internets müssen noch geleistet werden. Die maximale Effizienz und Effektivität reduziert den Ressourcenverbrauch auf ein Minimum.

Die Ausdehnung der Gemeingüterwirtschaft wird nach Rifkins Analyse durch verschiedene Faktoren begünstigt: Eine davon ist ihre allgemeine Offenheit. Da Geld nicht die entscheidende Rolle spielt, hat potenziell jeder Zugang zu dem neuen Modell. Das erhöht seine Attraktivität, die Zahl der Akteure wird schrittweise steigen. Auch Wirtschaftskrisen können demnach einen Anstoß geben, damit mehr Menschen sich etwa der Sharing Economy zuwenden. Wenn andere Optionen wegfallen, steigt die Bereitschaft, Neues auszuprobieren.

Wie Rifkin betont, haben Teilen und Tauschen nicht nur etwas mit Idealismus und altruistischer Ambition zu tun. Wer sich beteiligt, will und kann davon profitieren. Die Gemeingüterwirtschaft dient auch der individuellen Nutzenmaximierung – auch das fördert ihre Verbreitung. Dabei wird laut Rifkin nicht nur die Wirtschaft verändert, sondern auch eine soziokulturelle Transformation herbeigeführt, also ein Wandel der Gewohnheiten, Routinen und alltäglichen Lebensführung. Auf diese Weise entsteht, so der Autor, das erste neue Wirtschaftssystem seit dem Aufkommen von Kapitalismus und Sozialismus.

Weitere Treiber für die Entwicklung zur Wirtschaft der Collaborative Commons sieht Rifkin im 3-D-Drucker und dem Internet der Dinge. Dabei entsteht aus dem Kommunikations-, Energie- und Logistikinternet eine integrierte Betriebsplattform. Gegenstände oder Fahrzeuge kommunizieren mittels Sensoren selbstständig miteinander oder mit Dritten. Dadurch sinken die Produktionskosten. So wie das Internet das Teilen und Tauschen von Produkten und Dienstleistungen schon heute begünstigt, wird der 3-D-Drucker darüber hinaus die Heimarbeit und die Do-it-yourself-Bewegung in eine neue Ära versetzen. Viele Gegenstände des Alltags, aber auch spezielle Maschinen- und Ersatzteile lassen sich so dezentral zu minimalen Kosten herstellen. Die notwendige Software ist bislang weitgehend quelloffen und jedermann zum Kopieren eingeladen.[522]

Nach Rifkins Verständnis führen diese Trends zu einem Zustand optimaler Effizienz. Die Grenzkosten gehen demnach gegen null. Mit der »Null-Grenzkosten-Gesellschaft« geht auch ein tief greifender kultureller Wandel einher. Schon Kinder erlernen, so die Idee, ein neues Verhältnis zum Eigentum, wenn Teilen, Tauschen und Kooperieren zum Normalfall wird. Bisher ist ein Spielzeug meist Eigentum eines Kindes. Auf diese Weise lernen Kinder schon von klein auf, was Privateigentum ist. Besitz wird für sie bedeutsam, sie entwickeln Statusbewusstsein. Spielzeugtauschbörsen entkoppeln diese Logik. Die Kinder lernen, dass ein Spielzeug kein Eigentum ist, das man vor anderen beschützt, sondern etwas, mit dem man sorgfältig umgeht, damit andere es weiter benutzen können. Es dient allein der Spielfreude. So entwickeln junge Menschen, die mit der Sharing Economy aufwachsen, ein verändertes Verantwortungsgefühl und einen neuen Gemeinsinn.[523]

Ob sich die für alle offene Zugangsgesellschaft, die Jeremy Rifkin beschreibt, tatsächlich durchsetzen wird, sei dahingestellt. Seine Analyse liefert jedoch wichtige Denkanstöße. Wenn sich die Gemeingüterwirtschaft nur ansatzweise so entwickelt, wie es dem international anerkannten Autor – der auch als Berater der EU-Kommission tätig ist – vorschwebt, hätte die Wirtschaftsförderung 4.0 alle Hände voll zu tun.

Die Transition-Town-Bewegung

Die Unzufriedenheit mit dem bestehenden Wirtschaftskonzept hat 2006 zur Gründung der Transition-Town-Bewegung geführt, einem Zusammenschluss von Umwelt- und Nachhaltigkeitsinitiativen. Die Bewegung hat in Hunderten Städten und Gemeinden weltweit Anhänger gefunden.

Ziel ist es, die Abhängigkeit von Wachstum und den Verbrauch endlicher Ressourcen zu beenden. Der Anstoß soll von unten, also von der lokalen Ebene, kommen. Ähnlich wie beim Prozess der »Lokalen Agenda 21«[524] initiiert die Bewegung Konsultationsverfahren mit der Bevölkerung, bei denen über den geeigneten Weg zu einer krisenfesten Wirtschaftsweise beraten wird. In Gruppen diskutieren die Bürgerinnen und Bürger ihre Ideen und Konzepte. Von besonderem Interesse sind Maßnahmen zur Verbrauchsreduktion von fossilen Energieträgern sowie zur Stärkung der Regional- und Lokalwirtschaft. Eine wichtige Rolle spielen auch die Ideen der Permakultur, die auf eine möglichst weitgehende landwirtschaftliche Selbstversorgung zielen.

»Transition« – übersetzt: Übergang oder Wandel – ist in diesem Sinne ein Dach für viele kleine Initiativen, wie sie in den folgenden Kapiteln skizziert werden und Gegenstand der Wirtschaftsförderung 4.0 sind. Sie stärken die lokale Wirtschaft. Jede dieser Maßnahmen intensiviert die sozialen Beziehungen und Kontakte der Menschen, die sich mit ihren vielfältigen Erfahrungen und Qualifikationen gegenseitig stützen. Kommt der Wandel ein gutes Stück voran, sind die Transition Towns auf den Krisenfall besser vorbereitet. Sie sehen sich indes mitnichten als Verzichtsapostel. Mehr Radfahren, weniger Lärm, mehr Gemeinschaft, gesundes Essen: All das trägt dazu bei, dass Menschen sich wohlfühlen. In vielen Ländern gibt es mittlerweile Transition Towns. Gut vernetzt, soll aus regionaler Kleinteiligkeit eine globale Bewegung werden.[525]

Man könnte nun entgegnen, das Ganze sei im Grunde nur ein Neuaufguss der Lokalen-Agenda-21-Bewegung aus den 1990er-Jahren. Das wäre jedoch ein Trugschluss. Während bei der Lokalen Agenda die Entwicklung von kommunalen Zielen und Strategien für eine nachhaltige Entwicklung im Mittelpunkt stand, ist die Transition-Town-Bewegung handlungsorientiert.[526] Nach dem Motto »Es wurde schon alles gesagt, aber viel zu wenig getan« sollen nun konkrete Maßnahmen umgesetzt werden. Somit ist die Transition-Town-Bewegung eher eine konsequente Weiterführung der Agenda-21-Bewegung denn ein Neuaufguss.

WBGU: Große Transformation

Die Städte, die sich an der Transition-Town-Bewegung beteiligen, fungieren als Laboratorien der »Großen Transformation«. Einen solchen umfassenden Strukturwandel hat der Wissenschaftliche Beirat der Bundesregierung Globale Umweltveränderungen (WBGU) in seinem Hauptgutachten 2011 ausdrücklich angemahnt. Das derzeitige kohlenstoffbasierte Weltwirtschaftsmodell bezeichnet der Beirat als »unhaltbaren Zustand«, da es die Stabilität des Klimasystems und damit die Existenzgrundlagen künftiger Generationen gefährdet. Notwendig ist demnach ein Wandel in Richtung Langfristigkeit und Zukunftsfähigkeit, um Nachhaltigkeit auf allen Ebenen zum Leitbild zu machen.[527]

Doch wie groß ist die Wahrscheinlichkeit, dass weitere Kommunen bei der Transition mitmachen? Darauf nur zu warten wäre mit großer Ungewissheit verbunden, möglicherweise naiv. Die »Große Transformation« wird eher gelingen, wenn die Menschen an der Basis, die sich bereits auf den Weg gemacht haben, Unterstützung von oben erhalten. Die Transition-Town-Bewegung steht exemplarisch für das vorhandene zivilgesellschaftliche Engagement. Es kann sich besonders gut entfalten, wenn die Regierenden in Bund und Ländern förderliche Rahmenbedingungen schaffen. Genau das schlägt die Wirtschaftsförderung 4.0 vor.

Die WF4.0 versteht sich als Bestandteil der »Großen Transformation«. Um die aus Sicht des WBGU erforderliche Wende zur Nachhaltigkeit zu beschleunigen, fordert der Beirat, Pioniere des Wandels zu fördern und zu ermutigen. Neben den schon etablierten Initiativen soll die Politik auch spontane gesellschaftliche Netzwerke ausfindig machen und sie als Partner gewinnen. Parteien und Verbände sollten sich verstärkt für die neuen Akteure öffnen und ihnen Entfaltungsräume und Experimentierfelder bieten, schlagen die Wissenschaftler vor, da deren Anliegen in der herkömmlichen Willensbildung bislang zu wenig Berücksichtigung finden.[528]

Es geht also nicht um die Frage, ob top-down oder bottom-up der bessere Ansatz wäre. Angezeigt ist vielmehr ein Gegenstromverfahren. Die WF4.0 kommt zwar von oben, sie hat jedoch lediglich die Aufgabe, die Initiative von unten zu stärken.

Die Wirtschaftsförderung 4.0 hat ihre Grundlagen in verschiedenen Forschungsrichtungen und Konzepten. Ihre Ziele und Absichten liegen im Trend der Zeit. Allenthalben ist die Rede von Gemeingütern, solidarischen und kooperativen Wirtschaftsformen. Es gibt bereits vielfältige Initiativen, Unternehmungen und Gruppen, die sich aus innerer Motivation für eine nachhaltige Lebenspraxis entschieden haben. Doch statt diese Entwicklung nur zu beobachten, ist es an der Zeit, sie gezielt zu unterstützen und anzuregen.

Gestaltungsfelder der WF4.0

Die nächsten Kapitel befassen sich mit den möglichen Gestaltungsfeldern einer innovativen Wirtschaftsförderung, die alle Akteure einer Region in den Blick nimmt. Indes soll nicht der Eindruck geweckt werden, die verschiedenen Initiativen seien eine Neuentdeckung. Vielmehr finden sich in jeder Gemeinde zahlreiche Gruppen, die den sozialen Zusammenhalt, die wirtschaftliche Stabilität und einen achtsamen Umgang mit Energie und Rohstoffen begünstigen.

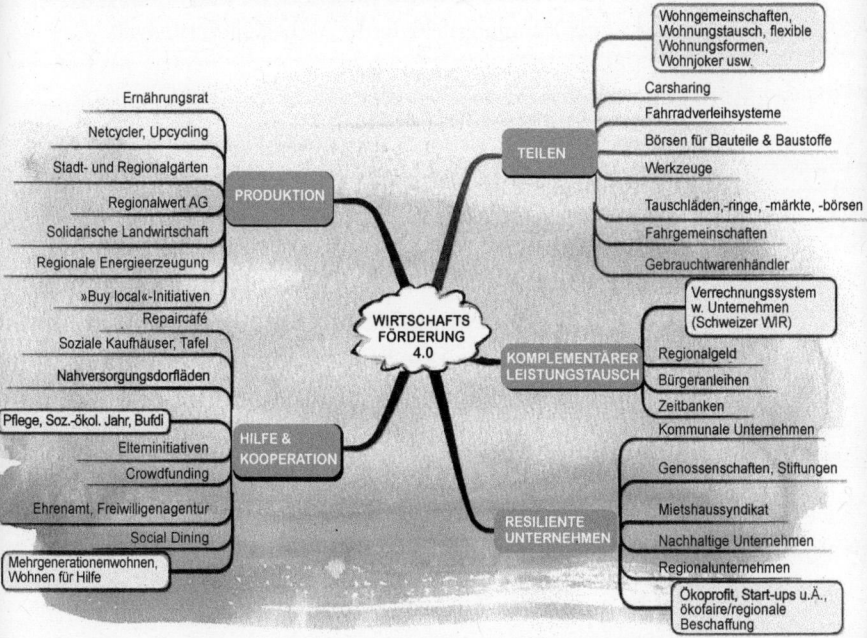

Abbildung 37 Die nächste Generation der kommunalen Wirtschaftsförderung beinhaltet eine systematische Stärkung von regionaler Wertschöpfung und kooperativen Wirtschaftsformen.

Neu ist jedoch die strategische Unterstützung solcher Initiativen im Rahmen der »Wirtschaftsförderung 4.0«. Die nachfolgenden Beispiele – es ist nur eine kleine Auswahl – sind so gesehen als Anregung zu verstehen.

Produktion

In den modernen Industrieländern können die Menschen mehr oder weniger alles kaufen, was zum Überleben nötig ist. Kleidung gibt es in allen denkbaren Variationen und Preisen. Wer Hunger hat, kann in die nächste Imbissbude gehen oder sich ein Fertiggericht aus dem Supermarkt aufwärmen. Man gibt Geld und bekommt sofort, was man will. Das ist einfach, bequem und angenehm.

Und doch gibt es Millionen Bürgerinnen und Bürger, die gerne etwas selbst herstellen. Das eigenständige Erzeugen und Gestalten von Dingen ist offenbar ein natürliches Verlangen. Trotz der fortschreitenden Industrialisierung boomt die Do-it-yourself-Bewegung. Im Wissenschaftsbetrieb spricht man unter anderem von »Prosumenten«, eine Begriffsbildung aus den Wörtern »Konsument« und »Produzent«. Produktion in diesem Sinne ist ein Handlungsfeld der Wirtschaftsförderung 4.0.

Stadtgärtnern

Viele Stadtmenschen möchten nicht immer nur von Beton, Asphalt und einem hektischen Autoverkehr umgeben sein. Sie sehnen sich nach einem Stück Natur und haben Lust, selber zu gärtnern. Traditionell gibt es dafür in den meisten Städten Kleingärten. Inzwischen sind als modernere Variante auch zahlreiche Urban- oder Community-Gardening-Projekte entstanden, die dem Lebensgefühl jüngerer Leute entgegenkommen. Auch auf Brachflächen oder in Baulücken pflanzen die Menschen immer häufiger Gemüse und Blumen. Teilweise wird in Gitterkisten angebaut, um im Zweifelsfall mitsamt der Habe umsiedeln zu können.

Hauptstadt der Urban-Gardening-Bewegung ist New York. Dort gibt es mittlerweile mehr als 700 solcher Stadtgärten. Sie fördern eine gesunde Ernährung, verbessern die Stadtökologie, sorgen für Kühlung in der Sommerhitze und tragen zum Klimaschutz bei. Zudem sind Gemeinschaftsgärten Orte der Begegnung, der Integration und fördern den sozialen Zusammenhalt. Viele Gärten sind ausdrücklich als interkulturelle Projekte angelegt.

In Deutschland ist die Zahl solcher Projekte noch sehr überschaubar, der wirtschaftliche Stellenwert geht gegen null. Zwar gibt es hier Ausbaupotenzial, denkt man beispielsweise an vertikale Farmen und den hydroponischen Anbau ohne Erde – doch das ist vorläufig noch Zukunftsmusik.

Interessant wird es für die Wirtschaftsförderung 4.0 bei Projekten wie etwa »Meine Ernte«: Hier mieten Interessenten einen schon bepflanzten Acker. Werkzeug und Wasser werden bereitgestellt. Ratschlag gibt es beim Landwirt. Zu den Erträgen zählen Kürbisse, Spinat, Kartoffeln, Bohnen oder Rote Bete.[529] Besonders für Kinder ist das Pflanzen und Pflegen eine prägende Erfahrung. Die WF 4.0 arbeitet darauf hin, dass Projekte wie »Meine Ernte« bedeutsam werden, sich verbreiten oder überhaupt entstehen können.

Solidarische Landwirtschaft, Regionalwert AG

Einen anderen Weg geht die Solidarische Landwirtschaft. Bauern und Kunden teilen sich hier die Verantwortung: Die Teilhaber legen zu Beginn des Jahres ihre Beiträge fest, welche die jährlichen Kosten vorab decken. Die Kunden zahlen also im Voraus für einen bestimmten Teil der Ernte oder auch ein Ferkel. Wird beispielsweise durch ein Unwetter ein Teil der Ernte zerstört, tragen die Kunden den Verlust. Sie erhalten weniger Produkte und müssen umgekehrt phasenweise Überschüsse »verarbeiten«. So kann es durchaus vorkommen, dass fünf Weißkohl in der Kiste für eine vierköpfige Familie liegen. Da sind dann Einkochen, Einfrieren, Einlegen und Verschenken angesagt. Die Betriebe sind vom herkömmlichen Markt finanziell unabhängig. Der Preis- und Konkurrenzdruck verringert sich so auf ein erträgliches Maß.

Die Solidarische Landwirtschaft hat ihren Ursprung in den USA. Für die regionale Wertschöpfung stellt sie ein beträchtliches Potenzial dar. Sehr verbreitet sind dabei auch ökologische Standards. Im Sinne der Wirtschaftsförderung 4.0 ist das zumindest für den Anfang jedoch nicht zwingend, schließlich geht es zunächst um den Einstieg in neue Strukturen und Verhaltensweisen.

Durch den systematischen Aufbau von solidarischen Formen der Landwirtschaft verstärkt die WF 4.0 einen Trend. Seit einigen Jahren nimmt die Zahl der Solidarhöfe auch in Deutschland kräftig zu, knapp 90 waren es im Herbst 2015, 91 weitere Gruppen wollten kurz darauf starten.[530] In den USA gibt es inzwischen 12 000 solcher Höfe. In Frankreich haben sich 2 500 Nachahmer gefunden.[531]

Die Wirtschaftsförderung 4.0 muss hier nur einen Anfangsimpuls setzen. Sobald sich die Kooperation gefestigt hat, läuft alles Weitere von selbst. Das ist nicht nur gut für die Wertschöpfung in der Region und zur Sicherung von Arbeitsplätzen. Die direkte Kommunikation zwischen Landwirt und Verbraucher und die Gewissheit der Herkunft der Lebensmittel schaffen Vertrauen und fördern die Vernetzung. Es ergeben sich deutlich mehr kommunikative Schnittstellen als etwa im Supermarkt. Der unmittelbare Bezug bringt zudem eine höhere Wertschätzung der Produkte mit sich. Manchmal bringen sich die Abnehmer auch in Form von Arbeitszeit ein. Nicht unwichtig ist auch der Preisvorteil: Durch geringe administrative Kosten und den Direktvertrieb sind Fleisch und Gemüse vergleichsweise günstig. Vorteilhaft ist auch, dass kaum Verpackungen anfallen und die Transportwege kurz sind, etwa durch die gebündelte Übergabe an Sammelstellen oder die gebündelte Auslieferung.

In dieselbe Richtung wirkt das Konzept der »Regionalwert AG«. Auch darauf könnte die Wirtschaftsförderung 4.0 abzielen. Im Fokus steht die Finanzierung von regionalen Biolandwirten und Ökohändlern. Mit dem Kauf von Regionalwert-Aktien übernehmen die Bürger Verantwortung für ihre Region. Die AG strebt nach »wirtschaftlich profitabler Ernährungssouveränität der Bevölkerung in überschaubaren regionalen Wirtschaftsräumen«.[532]

Das Konzept nahm mit Christian Hiß in Freiburg seinen Anfang. Andere Regionen – wie etwa Hamburg – haben es inzwischen übernommen. Die AG investiert ausschließlich in Unternehmen, die nach europäischen Biostandards produzieren, also auf Pestizide und künstliche Düngemittel verzichten und keine Monokulturen anbauen, die Böden zerstören. Auch faire Löhne sind Voraussetzung. Von der Regionalwert AG erhalten auch Betriebe einen Kredit, die bei einer Bank keine Chance gehabt hätten. Gleichzeitig sollen die Aktionäre eine Dividende erhalten.[533]

Mehrwert schöpfen am Schuh. Regional versus global

Die zurückliegenden Jahrzehnte der Globalisierung haben uns zu der unhinterfragten Überzeugung verleitet, dass sich einfache Produkte wie Schuhe oder Hosen kaum noch in Deutschland herstellen lassen. Die Löhne hierzulande gelten dafür als viel zu hoch. Schuhproduzenten und Textilindustrie waren mit die ersten Branchen, die ihre Standorte ins Ausland verlagerten. Der Umkehrschluss: Ein Paar in der Region gefertigte Schuhe wäre die reinste Luxusware.

Richtig ist, dass die Billigimporte aus Asien fantastische Gewinnspannen ermöglichen. Die Lohnkosten machen nicht einmal ein halbes Prozent der Gesamtkosten aus.[534] Darüber hinaus stecken in der Markenware die Entwicklungskosten für sich rasch abwechselnde Modelle. Die Ware veraltet psychologisch sehr schnell, sodass Schuhe aus der Vorsaison nur noch mit kräftigen Rabatten verkäuflich sind. Der Kunde bezahlt mit dem Schuh auch die Werbung und weite Transportwege. Alles in allem legt die markenaffine Kundschaft leicht 130 bis 160 Euro für ein durchschnittliches Schuhwerk auf den Tisch, das sich kaum reparieren lässt und relativ rasch abnutzt, wird es häufig getragen.

Dass man auch in einem europäischen Hochlohnland erfolgreich Schuhe produzieren und vertreiben kann, zeigt die Marke »Waldviertler«. Schon ab hundert Euro gibt es die umweltfreundlich hergestellten Schuhe aus Niederösterreich. Die Mitarbeiter der Firma sind sehr

Abbildung 38 »Waldviertler« zeigt, dass man auch in einem europäischen Hochlohnland erfolgreich Schuhe produzieren und vertreiben kann. Schon ab hundert Euro gibt es die umweltfreundlich hergestellten Schuhe aus Niederösterreich.

zufrieden und erhalten auskömmliche Löhne, die Zulieferbetriebe sind aus der Region, die Schuhe extrem haltbar. Ein Reparaturservice erneuert unter anderem die Sohlen. Inzwischen zählen zum Vertrieb 46 Schuhgeschäfte in Österreich, Deutschland und der Schweiz. Fast 300 Beschäftigte arbeiten dort; sie erwirtschafteten zuletzt einen Umsatz von knapp 30 Millionen Euro. Dem Unternehmen genügen moderate Gewinne.[535]

Was geht noch? -

Über die menschenunwürdigen Lohn- und Arbeitsverhältnisse in den asiatischen Sweatshops ist in den vergangenen Jahren viel diskutiert worden. Vorschläge für Labels, die fair produzierte Textilien und Schuhe auszeichnen, machten die Runde. Eine Lösung für die Wegwerfkultur gerade im Modebereich ist nicht in Sicht. Die Wirtschaftsförderung 4.0 verfolgt einen anderen Ansatz: Sie stellt die Frage, welche Faktoren es ermöglichen, dass Schuhe, Hosen und dergleichen wieder vermehrt vor Ort hergestellt werden.

Das Schuhbeispiel illustriert, was konkret mit kollaborativer Subsidiarität (S. 344) gemeint ist: Güter werden in der Region hergestellt – wann immer dies praktisch möglich und ökonomisch sinnvoll ist. Einen ersten Anhaltspunkt, wo und wie dieses Konzept ausgeweitet werden könnte, liefert der Warenkorb des Statistischen Bundesamtes zur Ermittlung der Inflation. Das Amt zieht dafür eine repräsentative Auswahl der in Deutschland konsumierten Güter heran. Der Warenkorb zeigt somit, wofür die Bundesbürger ihr Einkommen ausgeben. Diese Ausgaben sind nun systematisch zu betrachten. So kann ermittelt werden, wie ein möglichst großer Teil der Wertschöpfung in der Region gebunden wird. Das ist das erklärte Ziel der Wirtschaftsförderung 4.0.

Die Herstellung von Lebensmitteln und Kleidung beispielsweise ist nicht besonders komplex. Dennoch wird Brot heutzutage kaum noch vor Ort hergestellt, sondern zunehmend importiert. Backfabriken, die Tiefkühlware im Laden aufbacken, breiten sich mehr und mehr aus und machen selbst den überregionalen industriellen Bäckern die Marktanteile streitig. Kleinbäcker mit nur ein bis zwei Ladengeschäften sind eine Seltenheit geworden. Doch keine Kommune muss sich diesem

Trend ohnmächtig hingeben. Im Rahmen der WF 4.0 kann sie eine Strategie entwickeln, mit der die Einwohner bewogen werden, einen höheren Teil ihres Einkommens bei lokalen, inhabergeführten Bäckereien auszugeben.

Die Stadtväter stehen vor der Aufgabe, die vorhandenen Perlen lokaler Produktion konsequent zu unterstützen, nicht zuletzt im Rahmen der öffentlichen Beschaffung. Sie haben es in der Hand, ihre Einwohner für lokal hergestellte Güter und Dienstleistungen zu begeistern. Ob Brötchen, Marmelade oder Gemüse, mit jedem Kauf sichern die Menschen Arbeitsplätze in ihrem Umfeld. Dafür zu werben ist die vornehme Aufgabe der Handelskammern, Wirtschaftsförderer und des Stadtmarketings.

Ein Blick auf Internetseiten wie »Dawanda«, einen Onlinemarktplatz für Selbstgemachtes, zeigt schnell, dass in den Städten und Gemeinden enorme Potenziale schlummern. Taschen, Hosen und vieles mehr werden bereits in Kleinmanufakturen hergestellt. Eine in Würzburg genähte Jeans ist schon für 60 Euro zu haben. Koppelt man dies mit »Buy Local«-Kampagnen, lokalen Verkaufsplattformen und einer eigenen Währung, lassen sich diese Ansätze stärken.

Seit 2012 wirbt die Initiative »Buy Local« für regionales Einkaufen. Der bundesweite Zusammenschluss unabhängiger Einzelhändler und Handwerker will der Marktmacht großer Filialunternehmen etwas entgegensetzen und die Kaufkraft vor Ort erhalten. Doch wer sich umschaut, wird nur selten das Logo der Initiative an einer Ladentür entdecken – der Verein hat lediglich 200 Mitglieder. Im Rahmen der Wirtschaftsförderung 4.0 wäre es Aufgabe des Stadtmarketings, die Händler zu einer umfangreichen Mitwirkung bei Kampagnen wie der »Buy Local«-Initiative zu bewegen und sie zumindest auf kleiner Flamme kontinuierlich weiterzuführen.

Im Sinne der WF 4.0 ist es das erklärte Ziel der Kommunalpolitik, lokalen Wirtschaftspatriotismus zu wecken. Im besten Fall würden die Bürgerinnen und Bürger dann auch wieder einen Händler vor Ort in Betracht ziehen, statt nur im Internet zu kaufen.

Hilfe und Kooperation

Ein großer Teil des sozialen Lebens funktioniert nur, weil Millionen Menschen sich unbezahlt engagieren (siehe Abbildung 37, S. 293). Auch umgekehrt gilt: Hilfe und Kooperation sind das Ergebnis eines funktionierenden Gemeinwesens. Das kommt nicht von allein. Daher ist die Förderung des bürgerschaftlichen Engagements ein ausgewiesenes Handlungsfeld in der Kommunalpolitik. In vielen Städten gibt es eine Freiwilligenagentur. Sie berät Menschen, die sich engagieren möchten, und vermittelt sie an passende Vereine und Einrichtungen. Flankiert werden solche Maßnahmen durch den Bundesfreiwilligendienst (S. 296).

Wie wichtig ehrenamtliche Arbeit für Wirtschaft und Gesellschaft ist, hat der US-amerikanische Soziologe und Politikwissenschaftler Robert Putnam in zahlreichen Studien untersucht. Je höher das Potenzial bürgerschaftlichen Engagements in einer Region ist, so das Fazit, desto erfolgreicher vermag diese auf neue wirtschaftliche Chancen zu reagieren, und umso zufriedener sind die Bürger mit »ihrer« Verwaltung, die sich dann auch objektiv stärker an ihren Wünschen orientiert.[536]

Die Förderung des bürgerschaftlichen Engagements ist deshalb von herausragender Bedeutung für die WF 4.0. Ihr Fokus liegt allerdings nicht auf der Förderung etablierter Bereiche wie etwa Sportvereinen. Relevant sind vielmehr Initiativen mit Bezug zum nachhaltigen Umgang mit Ressourcen, wie soziale Kaufhäuser oder Selbsthilfewerkstätten für Möbelbau und zum Reparieren.

Direkt oder indirekt begünstigt die Wirtschaftsförderung 4.0 soziale Netzwerke, Gemeinsinn und Vertrauen. Viele Initiativen können dazu beitragen. Beim »Social Dining« etwa verabreden sich Menschen online in einem Restaurant oder einer privaten Wohnung zum gemeinsamen Kochen. Der Initiator schlägt ein Gesprächsthema vor, gegebenenfalls bringen die Teilnehmer ihr Essen selber mit. Neue Kontakte entstehen, die sozialen Netzwerke erweitern sich. Das stärkt wiederum die Bereitschaft zur gegenseitigen Hilfe und Kooperation. Auch der nachbarschaftliche Werkzeugverleih ist eine Form der gegenseitigen Hilfe. So etwas funktioniert nur auf Basis von Vertrauen. Das Handlungsfeld »Hilfe und Kooperation« ist somit die Basis der WF 4.0.

Um diese Basis zu verbreitern und kontinuierlich zu pflegen, analysiert die WF 4.0, welche Initiativen vorhanden und zu stärken sind, wo sich Lücken auftun und wo etwas Neues geschaffen werden könnte. Handlungsbedarf ergibt sich nicht zuletzt bei den Themen Selbsthilfe, Reparieren, Nahversorgung und bei der Entwicklung von kooperativen Wohnformen.

Schon auf den ersten Blick der Unterstützung wert ist das Crowdfunding. Es ist eine besondere Form gegenseitiger Hilfe, manchmal auch »Schwarmfinanzierung« genannt. Heinrich Staudinger etwa finanzierte den Aufbau seiner »Waldviertler«-Schuhproduktion zunächst mit geliehenem Geld von Freunden und privaten Unterstützern – Crowdfunding gibt solchen Finanzierungsmöglichkeiten eine Plattform. Wie bei der Gründung von Genossenschaften geht es beim Crowdfunding darum, viele Menschen zur Investition von relativ kleinen Beträgen zu bewegen. Oft sind es Projekte, für die konventionelle Banken keinen Kredit vergeben.

Auch Kommunen können sich das Instrument zunutze machen und von seinen Vorteilen profitieren. Sie müssen nicht selbst in Vorleistung treten und haben nur ihre Kontakte im Netzwerk einzubringen, um die Schwarmfinanzierung von besonders aussichtsreichen Vorhaben zu forcieren. In größeren Städten ist auch die Gründung einer eigenen Plattform denkbar.

Das ist doch noch gut: Secondhand

Um gegenseitige Hilfe und Nachhaltigkeit geht es auch bei den Sozialkaufhäusern. Sie binden Wertschöpfung in der Region. Ein Beispiel ist das Tochterunternehmen der Stadtreinigung Hamburg, »Stilbruch«. Das »Kaufhaus für Modernes von gestern« mit zwei Standorten in der Hansestadt rettet täglich fünf bis sechs Lkw-Ladungen gebrauchter Waren vor dem Sperrmüll. Viele Menschen bringen ihre Sachen auch direkt. So wird der eine überflüssigen Ballast los, der andere freut sich über ein Schnäppchen. Was nicht entsorgt wird, sondern wieder in den regionalen Wertschöpfungsprozess gelangt, verringert den Ressourcenverbrauch.

Beeindruckend sind auch die Aktivitäten des Arbeitskreises Recycling e.V. im nordrhein-westfälischen Herford. Seit 30 Jahren aktiv, ist die »RecyclingBörse!« inzwischen eine weithin bekannte Institution mit sieben Standorten, unter anderem in Bielefeld und Bünde. Über hundert Mitarbeiter, davon rund die Hälfte in geförderten Maßnahmen, kümmern sich um die Sortierung und Aufbereitung der Waren oder betätigen sich im Verkauf. Rund 20 000 Bürgerinnen und Bürger suchen monatlich die Secondhand-Kaufhäuser des Vereins auf. Mit seinem jährlich ausgelobten RecyclingDesignpreis regt der Arbeitskreis dazu an, gebrauchte Gegenstände durch Upcycling in neue Produkte umzuwandeln und damit aufzuwerten.

Vorbildprojekte wie die Herforder Recyclingbörse sind immer noch selten. Wenn die kommunale Wirtschaftsförderung Ähnliches nicht auf die Beine stellen kann, sollte sie zumindest dafür sorgen, dass funktionsfähige Geräte, die auf den Recyclinghöfen abgegeben werden, nicht in Afrika landen, solange eine Nutzung vor Ort möglich ist. Nicht selten geraten funktionsfähige Computer und Notebooks in den Schrottsammelbehälter. Unter offenem Himmel vergammeln sie schnell. Ein Gerät mitzunehmen und zu Hause zu prüfen, ob es noch zum Surfen im Internet ausreichend ist, gestatten die Aufsichtskräfte meist nicht. Der Schrott ist ja schließlich Eigentum der Stadt. Besser wäre es, das Mitnehmen, Reparieren und Weiternutzen wenigstens für Privatpersonen zu erlauben.

Selbsthilfe und Reparieren

»Es gibt sie noch, die guten Dinge.« Mit diesem Motto hat das Manufactum-Versandhaus vor knapp 30 Jahren einen Gegenentwurf zur Wegwerfgesellschaft etabliert. Die angebotenen Produkte sind besonders haltbar, geprägt durch zeitloses Design und reparabel. Der inzwischen von der Otto-Gruppe aufgekaufte Edelversandhändler ist allerdings nur etwas für betuchte Bürger. Bleibt den anderen nur die Ex-und-hopp-Ware?

Waschmaschine, Mikrowelle, Geschirrspüler warten am Straßenrand auf den Sperrmüll, dabei ist der Defekt oftmals durch den Tausch einer einfachen Sicherung binnen Minuten behebbar. Doch wer traut sich das schon zu? Wer den Hersteller um Hilfe bittet, wird nach Ablauf der Garantiezeit meist mit dem Hinweis abgewiesen, eine Reparatur würde sich nicht lohnen. Dabei kostet eine neue Glassicherung, etwa für das Netzteil, nur wenige Cent.

Das Reparaturnetzwerk Wien widersetzt sich seit vielen Jahren der Wegwerfkultur. Unter dem Motto »Wir machen's wieder gut« leistet das Netzwerk seit 1999 einen Beitrag zur Abfallvermeidung und Ressourcenschonung. Bürgerinnen und Bürger können sich über eine Hotline an die Berater wenden und bekommen rasch und unkompliziert einen qualifizierten Reparaturbetrieb vermittelt. Zu Beginn arbeitete das Netzwerk mit 23 Fachbetrieben zusammen, mittlerweile sind es rund 70. Regelmäßige Treffen der Betriebe schaffen einen Rahmen für Weiterbildung und Erfahrungsaustausch. All das wäre ohne die finanzielle Unterstützung der Stadt Wien nicht möglich.[537]

In stark abgespeckter Form existiert ein ähnliches Konzept auch in Deutschland. Hier gründete ein Koblenzer Geschäftsmann die Internetinitiative www.deutschland-repariert.de. Statt über eine Hotline kann man hier über eine Postleitzahlsuche Werkstätten in der Nähe finden, die Reparaturarbeiten anbieten.[538]

Kostenlose Reparaturen ermöglichen die sogenannten Repaircafés. Die Idee stammt von einer niederländischen Umweltjournalistin. Seit dem Start ihrer Initiative 2009 haben die Selbsthilfewerkstätten zahlreiche Nachahmer gefunden und sind inzwischen auch in Deutschland immer häufiger anzutreffen – wenn man gezielt danach sucht. Bisher werden sie hierzulande ausschließlich ehrenamtlich betrieben. Wer selber ein Repaircafé eröffnen möchte, bekommt Unterstützung von der niederländischen Stiftung »Stichting Repaircafé«. Die Initiative betreibt auch eine deutschsprachige Internetseite. Dort hält sie Informationsmaterialien, Poster und Flyer für kleines Geld bereit, vermittelt Kontakte zu anderen Interessenten und macht das neu gegründete Angebot online und in ihrem Netzwerk publik. Nicht nur elektrische Geräte, auch Kleidung, Möbel oder Fahrräder werden instandgesetzt.

Mitunter gibt es bei Kaffee und Tee auch professionelle Hilfe. So ist es beispielsweise im Repaircafé in Berlin-Kreuzberg möglich, defekte Smartphones selbstständig unter Aufsicht von Technikern zu reparieren. Das unterstützende Unternehmen iDoc stellt Schritt-für-Schritt-Reparaturanleitungen kostenlos zur Verfügung und bietet Ersatzteile und Spezialwerkzeug zum Verkauf an, um auf diesem Weg vielen Interessierten

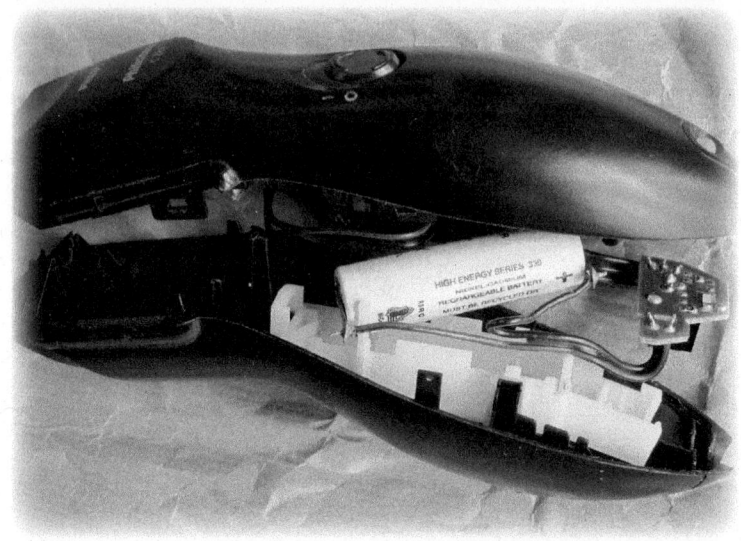

Abbildung 39 Manches lässt sich ganz einfach reparieren. Bei diesem Rasierer musste im Repaircafé nur der neue Akku verlötet werden. Mit dem gesparten Geld kann der Besitzer die lokale Wirtschaft ankurbeln. Den Anreiz dazu schafft das Regionalgeld (S. 315).
Foto: Michael Kopatz

eine selbstständige Reparatur zu ermöglichen, statt defekte Geräte einfach wegzuwerfen. Auf den Repaircafé-Veranstaltungen bietet iDoc die notwendigen Ersatzteile sehr günstig an.[539]

Ob Reparaturnetzwerk oder Repaircafé, beide Initiativen sind aus Sicht der WF 4.0 förderungswürdig. Die Ausgangslage wird in jeder Kommune anders sein. Gibt es beispielsweise schon ein Café, wäre mit den Initiatoren zu erörtern, welche Unterstützung wünschenswert ist. Hat das Café beispielsweise nur einmal im Monat geöffnet, ist zu klären, welche Rahmenbedingungen eine wöchentliche oder gar tägliche Öffnung ermöglichen. In jedem Fall ist Hilfe bei der Öffentlichkeitsarbeit sinnvoll. Eine Erweiterungsperspektive liegt in der Gründung eines Reparaturnetzwerks. In manchen Städten fehlt beides. In diesem Fall gilt es auszuloten, mit welchen Akteuren sich ein Reparaturdienst aufbauen lässt.

Die Renaissance des Reparierens verlängert die Nutzungsdauer von Produkten und spart damit Ressourcen und Geld. Das Potenzial ist erstaunlich. Ganz entfalten wird es sich indes erst durch verlängerte Garantien seitens der Hersteller, wenn es also gelingt, die Wertigkeit von Produkten und Gewährleistung zu erhöhen (vgl. Kapitel »Murks: Vorzeitiger Produktzerfall«, S. 162).

Tante Emma – denn das Gute liegt so nah

Der Deutsche gilt als Schnäppchenjäger. Fatal daran ist, dass er sich in seiner Doppelrolle als Arbeitskraft und Konsument das Leben selber schwermacht: Je niedriger die Preise, die wir als Konsumenten zu zahlen bereit sind, desto geringer wird potenziell die Entlohnung ausfallen.[540] Bedacht hat das niemand, als Anfang der 1970er-Jahre die ersten großen Supermärkte auf der grünen Wiese eröffnet wurden. Das neue Angebot wurde als modern und fortschrittlich angesehen. Preise und Auswahl sprachen für sich. Mit dem Auto schnell erreichbar, zogen die Megamärkte immer größere Teile der Kundschaft an. Die bis in die 1980er-Jahre verbreiteten kleinen Märkte mussten in den Stadtteilen und Dörfern nach und nach schließen. Ihnen folgten Bäcker, Metzger und Elektrohändler. Die Konsumenten unterstützten und beschleunigten diese Entwicklung, indem sie den Tante-Emma-Laden um die Ecke nur noch für eine Tüte Milch oder anderen Kleinkram aufsuchten. Wer kein Auto hat oder nicht die Kraft für den weiten Weg zum Discounter am Ortsrand, ist auf Hilfe angewiesen. Einsame sind noch einsamer, weil der Dorfladen immer auch ein Treffpunkt war. Die Wirtschaftsförderung 4.0 sucht nach Wegen zur Trendumkehr.

Ziel wäre nicht zuletzt ein Comeback für Tante Emma, etwa in Form von Minisupermärkten in den Stadtteilen. Ein Vorbild sind die »Dorv-Läden«. Das Kürzel steht für »Dienstleistungen und Ortsnahe RundumVersorgung«. Hier kann man Geld abheben, Reisen buchen, Post aufgeben, Pakete versenden, Kaffee trinken, Medikamente bestellen und Lebensmittel des täglichen Bedarfs einkaufen. Mitunter kommen Fleisch, Brot und Gemüse unmittelbar aus der Region.[541] Das Konzept existiert seit rund zehn Jahren. Inzwischen gibt es bundesweit mehr als 200 solcher Läden.

Die Wiedergeburt der Nahversorgung bringt viele Vorteile mit sich. Sie verkürzt Wege, schafft Begegnungsmöglichkeiten, wertet Stadtteile auf. Und sie bietet eine Alternative zum Einkauf in fußballfeldgroßen Supermärkten. Hier hat der Kunde die Qual der Wahl. Und diese macht nachweislich unzufrieden.

Schlaglicht: *Demotivierende Auswahl. Bei einem amerikanischen Experiment, das im Delikatessgeschäft eines Nobelvororts durchgeführt wurde, boten Forscher im ersten Versuch sechs und im zweiten 24 Marmeladen zum Probieren an. Kunden, die eine Marmelade kauften, erhielten einen Gutschein über einen Dollar. Die große Auswahl lockte mehr Kunden an den Tisch als die kleine Auswahl. Doch bei beiden Versuchsanordnungen wurde im Durchschnitt etwa die gleiche Anzahl von Konfitüren getestet. In den Kaufzahlen zeigte sich ein gewaltiger Unterschied: 30 Prozent der Kunden, denen die kleine Marmeladenauswahl zur Verfügung stand, kauften ein Glas, dagegen nur drei Prozent der Kunden, die sich der großen Auswahl gegenübersahen. Bei der großen Auswahl wird man das Gefühl nicht los, die beste vielleicht nicht erwischt zu haben.*[542]

Haus der Eigenarbeit

In den eigenen vier Wänden sind die Menschen produktiver, als ihnen bewusst ist. Vieles läuft einfach zu unspektakulär ab: Kochen, Backen, Nähen, Malern, Fahrrad reparieren. Manchmal ist die Eigenarbeit ein Hobby, wie das Gärtnern oder Basteln, häufig gehört sie zur alltäglichen Lebensführung. Viele Formen der Eigenarbeit kosten wenig Geld, aber vor allem Zeit. Überhaupt ist nicht alles käuflich. Den in die Dachschräge ideal eingebauten Bücherschrank gibt es nicht im Möbelhaus. Selbst geschaffene und unverwechselbare Güter und Dienstleistungen vermitteln mehr Zufriedenheit als der Konsum von Massenprodukten. Etwas selbst oder mit anderen herzustellen, instand zu setzen oder zu verbessern schafft Erfahrungen besonderer Art und entwickelt Fähigkeiten, die in fremdbestimmter Erwerbsarbeit verborgen bleiben oder verkümmern. Do-it-yourself ermöglicht es, stolz auf das Geschaffene zu sein. Doch wer fühlt sich schon ohne Hilfe zur individuellen Lösung befähigt? Schließlich soll das »Hab ich selbst gemacht« nicht hingepfuscht aussehen.

Hier könnte die WF 4.0 weiterhelfen und Einrichtungen und Treffpunkte wie das Münchner »Haus der Eigenarbeit« einrichten, beispielsweise in Verbindung mit einem Repairladen. Solche Konzepte müssen nicht neu erfunden werden. Es genügt, sie gut zu kopieren.

Häuser der Eigenarbeit richten sich an alle, die Spaß am Selbermachen haben. In Laienwerkstätten wird individuelle fachliche Beratung geboten. Professionelle Werkzeuge sind vorhanden. Materialien können zum Selbstkostenpreis erworben werden. Für jede Werkstatt gibt es ein besonderes Kursangebot. Persönliche Berater kommen auch zu den Interessenten nach Hause und geben Tipps, etwa beim Verlegen oder Schleifen eines Dielenbodens. Dazu passend gibt es einen Werkzeugverleih zu Mietpreisen. »Das Haus der Eigenarbeit ersetzt das, was in den Städten verloren geht, den Platz am Brunnen, wo unkomplizierte Gespräche möglich sind«, meint eine Besucherin in München.

Auch in der Literatur findet die Eigenarbeit zunehmend Beachtung. Schuhe, Geschenke, Brot, Seife oder Gemüse werden mitunter im Selbstversuch geschaffen. Der amerikanische Kultursoziologe Richard Sennett erklärt das Selbermachen zu einem ewigen menschlichen Impuls. Jeder hat demnach Freude daran, eine Arbeit um ihrer selbst willen gut zu machen.[543]

Verkaufsplattformen wie »Dawanda« bieten Do-it-yourself-Produzenten die Möglichkeit, ihre Fertigkeiten gewinnbringend einzusetzen. Ob Kunst, Schmuck, Möbel, Mützen oder Taschen, hier gibt es alles, was es sonst nicht gibt. Wer ein tolles Designerstück zum fairen Preis sucht, kann hier fündig werden. Verkaufsplattformen für handgefertigte Produkte bedienen die Konsumentensehnsucht nach Individualität und verbinden sie mit der Lust am Selbermachen des privaten Erzeugers. Die Suche nach einer schicken Schürze für Kinder, um beim nächsten Backabenteuer die Kleider zu schonen, kann in den etablierten Geschäften enttäuschend ausfallen. Die handgenähte Schürze aus Deutschland überzeugt durch hübsches Stoffmuster, direkten Vertrieb, Hochwertigkeit und fairen Preis. Das stärkt die Eigenarbeit und ist zugleich eine »kommunale« Wirtschaftsförderung.

Teilen und Tauschen

Seit Jahrtausenden betreiben Menschen Tauschhandel, um ihre Bedürfnisse zu befriedigen. Doch mit wachsendem Wohlstand und dem Preisverfall von Haushaltsgeräten, Garten- und Heimwerkzeugen zerfielen gemeinschaftliche Nutzungsformen. Billige Produkte und mehr Einkommen haben den Luxus des Besitzens ermöglicht, häufig zu dem Preis, dass ein minderwertiges Produkt angeschafft wurde mit hohem Energieverbrauch und kurzer Lebensdauer. Reparieren lohnt sich bei Ramsch nicht.

Heute ist es selbstverständlich, dass für zehn nebeneinanderliegende Reihenhausgärten ebenso viele Rasenmäher, Freischneider und Heckenscheren vorhanden sind. Jeder besitzt sein eigenes Gerät, statt eine gemeinsame Nutzung mit den Nachbarn zu vereinbaren. Lässt sich diese Entwicklung umkehren? Oder kann im Zuge eines kulturellen Wandels die Gemeinschaftswaschmaschine ein Comeback erfahren? Möglicherweise, wenn sich das Lebensumfeld ändert. Vorstellbar ist, dass Wohnungsgesellschaften wieder stärker Waschräume mit hochwertigen Maschinen bereitstellen. Die Überzeugungsarbeit dafür könnte die WF 4.0 leisten, ebenso wie für Initiativen, die Bohrmaschinen, Handkreissägen und Akkuschrauber stadtteilorientiert und günstig verleihen.

Tauschen im Ring

Gute Beispiele gibt es zur Genüge, etwa Tauschringe für Produkte und Dienstleistungen. Ein Computer kann Hobby oder Ärgernis sein, je nach Talent und Interesse. Wenn Lust und Wille für die Fehlerbehebung fehlen, aber zugleich eine Leidenschaft fürs Gärtnern besteht, ist die gegenseitige Hilfe naheliegend. Tauschringe bieten den Vorteil, dass man nicht nur auf seinen eigenen Bekanntenkreis angewiesen ist. Vielmehr zählen die gesamten Mitglieder eines Tauschrings zum »Dienstleistungspool«. Der Name des Tauschrings in Dresden formuliert das Motto dabei: »Ohne Moos geht's los.«

Beim Tauschring können nicht nur Dienstleistungen, sondern auch Gegenstände getauscht werden. In Kellern, Schuppen, Abstellkammern und auf Dachböden liegen die Ausscheidungen der Konsumgesellschaft. Je nach Haushalt haben sie einen durchschnittlichen Wert von mehr als

Abbildung 40 Zu schade für die Tonne. Unzählige Produkte lassen sich weiternutzen, wenn sich die Kommune dafür einsetzt. Die Tauschwirtschaft optimiert die Nutzungsdauer von Produkten, spart Geld, stärkt die Gemeinschaft und die Widerstandskraft der regionalen Ökonomie. Foto: Michael Kopatz

1 000 Euro, ergab eine Studie aus dem Jahr 2008. Insgesamt waren das 35 Milliarden Euro.[544] Mittlerweile dürfte die Summe noch höher sein.

Aufräumen und entrümpeln heißt meistens wegwerfen. Wer braucht noch den alten Schlitten, wem könnte man die kaum getragenen Sportschuhe geben? Die nur einmal benutzte Bettwäsche mag in den Augen des Partners ein Fehlkauf gewesen sein – für andere ist sie womöglich schön. Jeder Tausch, der dazu führt, dass ein Produkt weiter genutzt wird, statt im Müll zu enden, ist ein Beitrag zur Nachhaltigkeit. Die Auseinandersetzung mit diesen Fragen kostet Zeit und bringt häufig keinen finanziellen Gewinn. Gleichwohl wird der Schenkende belohnt durch die Freude des Beschenkten.

Eine überregionale Ergänzung von Tauschringen war bis vor Kurzem die Internetseite www.netcycler.de. In der Hochzeit waren dort mehr als 110 000 Nutzer registriert. Eine spezielle Software machte es möglich, mehrere Angebote miteinander zu kombinieren. Wer einen Toaster anzubieten hatte, musste also nicht warten, bis sich ein Tauschpartner findet, der beispielsweise die gewünschte Bohrmaschine wechseln möchte. In dem Tauschring konnten bis zu fünf Nutzer handeln. Dadurch potenzierte sich die Wahrscheinlichkeit für einen guten Tausch. Leider haben die Anbieter ihre Geschäftsinteressen verlagert. Zu spärlich waren wohl die Gewinnaussichten. Eine Stiftung oder Genossenschaft könnte das Angebot weiterführen, Treiber und Träger dieser Initiative könnte eine Art Dachverband der WF 4.0 sein.

Wohngemeinschaften

Joachim Löw hat den Gemeinschaftssinn seiner Elf bei der Fußballweltmeisterschaft in Brasilien durch eine ganz einfache Maßnahme befördert: Der Bundestrainer teilte die Mannschaft in Wohngemeinschaften auf, die ihr Zusammenleben selbst organisierten. Löw erkannte, dass der soziale Zusammenhalt in der Mannschaft ein wichtiger Erfolgsfaktor ist. Allein mit guten Einzelspielern gewinnt heutzutage keine Mannschaft den Titel. Vertrauen, Verlässlichkeit, Sorge, Rücksichtnahme und Hilfsbereitschaft gedeihen vor allem in gemeinschaftlichen Lebenszusammenhängen.

Ein Beispiel sind Wohngemeinschaften. In Deutschland sind sie seit der 68er-Bewegung etabliert. Fast ein Drittel aller Unistudenten teilt sich inzwischen Dusche und Küchentisch, 1997 waren es erst 20 Prozent. Ein Grund – neben stark gestiegenen Mieten – ist womöglich, dass die niedrige Geburtenrate letztlich auch kleinere Familien und familiäre Netzwerke mit sich bringt.[545] Die WF 4.0 möchte Wohngemeinschaften auch für Singles und Ältere attraktiv machen.

Einen besonderen Weg geht Südkoreas Hauptstadt Seoul. Sie nennt sich »Sharing City« und möchte durch Teilen und Tauschen menschlicher und nachhaltiger werden. Wohngemeinschaften werden von der Verwaltung initiiert – auch um gegen die hohe Selbstmordrate unter Jugendlichen anzugehen. Im Rahmen des Projekts »Woo-Zoo« renoviert die Stadt alte Häuser und lässt Wohngemeinschaften dort einziehen. Das Motto lautet: »Happy Together«. Studenten haben so erstmals die Gelegenheit, außerhalb von Wohnheimen zu leben. Das ermöglicht nicht nur günstiges Wohnen. Es wirkt auch der Einsamkeit entgegen, die als größter

Grund für die Suizide angesehen wird. Jedes Wohnprojekt hat ein Leitthema, damit die Interessenten wissen, was auf sie zukommt, beispielsweise Spaß am Kochen, Filme sehen, eine Firma gründen. Es treffen sich unterschiedliche Menschen mit ähnlichen Lebensvorstellungen und vergleichbaren Zielen. Sie teilen nicht nur den Wohnraum, sondern auch ihren Alltag, diskutieren verschiedene Probleme und kooperieren miteinander.

Auch Witwen und Witwer hat Seouls Stadtverwaltung angeschrieben und ihnen vorgeschlagen, Studenten bei sich wohnen zu lassen.[546] Eine ähnliche Kampagne namens »Wohnen für Hilfe« gibt es auch in Deutschland. Solche und andere Co-Housing-Projekte ermöglichen Sorgeleistungen, die über die öffentliche Pflegefinanzierung nicht bezahlbar wären (man stelle sich nur vor, alle Wikipedia-Autoren etwa erzielten ein angemessenes Honorar – die Plattform würde wohl unerschwinglich).[547]

Das Internet als Motor

Das Internet macht Teilen und Tauschen noch einfacher. Angebote und Anfragen erreichen in sekündlicher Aktualisierung die Interessenten. Verbunden mit Standortangaben, lässt sich mit wenigen Klicks ermitteln, wer in der Nähe ein Skateboard verkauft oder verleiht. Nutzer und Anbieter können leicht miteinander in Kontakt treten. Je erfolgreicher die Suche verläuft, desto häufiger werden sie erneut den Dienst nutzen und ihrerseits etwas anbieten.

Ein weiterer Vorzug des Internets: Die Mitwirkenden hinterlassen eine »Reputationsspur«.[548] eBay war auch deshalb so erfolgreich, weil das Bewertungssystem Vertrauen schafft. Viele gut verlaufene Transaktionen mit positiver Bewertung erhöhen die weiteren Verkaufsaussichten. Im Ergebnis fassen einander unbekannte Geschäftspartner Vertrauen. Beim Leihen und Tauschen ist das ähnlich. Man verleiht sein Zweitrad eher, wenn klar ist, dass der Interessent vertrauenswürdig ist.

Pumpipumpe

Ganz einfach geht das mit dem Schweizer Konzept »Pumpipumpe«, einem Sharing-Projekt, das das Verleihen von Geräten an Nachbarn erleichtert. Es kommt ganz ohne Internet aus. Gewiss, Webplattformen

Abbildung 41
Das Schweizer Konzept »Pumpipumpe« erleichtert das Verleihen von Geräten an Nachbarn. Die Wirtschaftsförderung 4.0 kann dazu den Anfangsimpuls geben. Womöglich können Schulklassen dafür gewonnen werden, die Bewohner in der Nachbarschaft auf die Aktion hinzuweisen. Foto: Michael Kopatz

haben dem Teilen und Tauschen zu neuer Popularität verholfen. Doch auch mit herkömmlichen Methoden lassen sich ganz überraschende Resultate erzielen. »Pumpipumpe« setzt Piktogramme ein. Kleine Aufkleber auf dem Briefkasten teilen den Nachbarn mit, welche Dinge man verleihen würde. Das typische Beispiel für gegenseitiges Leihen sind die Bohrmaschine sowie diverse Werkzeuge. Tatsächlich werden solche Geräte manchmal nur einige Minuten im Jahr genutzt. Das gilt auch für zahlreiche andere Gegenstände des Alltags: Zelte, Isomatten, Spiele, Inlineskater, Schlittschuhe, Waffeleisen, Wok, Getreidemühle. All diese Dinge spenden nur Freude, wenn sie genutzt werden. Der Besitz verschafft ohnehin nur kurzfristig Vergnügen.

Besonders in Mehrfamilienhäusern funktioniert das hervorragend. Beispielsweise finden sich in den Hofbauten Berlins leicht ein Dutzend Briefkästen nebeneinander. Profitieren können etwa junge Haushalte. Sie haben sich noch nicht so viel angeschafft und verfügen über ein vergleichsweise geringes Einkommen. Ungern möchte man von Tür zu Tür gehen und zum Beispiel nach einem Racletteofen fragen. Die Aufkleber helfen, diese Hemmschwelle zu überwinden, und bringen die verfügbaren Dinge in den Überblick. Die Anwohner trauen sich eher zu fragen, weil der potenzielle Verleiher seine Bereitschaft bereits signalisiert hat.

Gerade die unmittelbare Nähe der Nachbarschaft ist ein maßgeblicher Vorzug von »Pumpipumpe«. Bohrhammer oder Stichsäge lassen sich zwar oft auch im Baumarkt ausleihen, doch die Geschäfte befinden sich meist nicht um die Ecke. So wird das Leihen umständlich, Fahrkosten können entstehen. Ein weiterer Vorteil ist der Preis, denn ganz billig sind die Angebote der Baumärkte auch nicht. Schließlich handelt es sich um Profigeräte, es fallen Kosten für Personal und Versicherung an, und ein Gewinn soll bei einem kommerziellen Verleiher auch noch herausspringen.

Die »Pumpipumpe«-Erfinder aus der Schweiz bieten 46 handgestaltete Piktogramme als Set im Versand an. Der Preis liegt bei fünf Euro pro Bestellung. Was zunächst als kleines Designprojekt in Bern seinen Anfang nahm, findet nun weithin Beachtung. Mehr als 6 000 Sets haben Interessenten bereits geordert, unter anderem aus Deutschland, Frankreich, Russland, Japan und Brasilien. Spenden und Sponsoren finanzieren das Angebot.[549]

Doch wer gibt den Impuls dazu? Interessierte Bürger und – warum nicht? – die Wirtschaftsförderung 4.0. Schulen oder einzelne Schulklassen könnten dafür gewonnen werden, die Bewohner in der Nachbarschaft auf die Aktion hinzuweisen. Im Rahmen einer Projektwoche beispielsweise gehen die Schüler von Tür zu Tür und fragen direkt, welche Geräte verliehen werden können. So gewöhnen sich die Bürger schrittweise an das neue Miteinander. Teilen wird zur Routine, gefördert von der Stadt. Als Vorbild kann Seoul dienen. Dort wird die Kultur des Teilens bereits öffentlich gefördert. Entsprechende Initiativen und Start-ups erhalten finanzielle Unterstützung.

Hip oder Hype?

Bei aller Euphorie gibt es auch jetzt schon Niederlagen. Die 2012 gestartete Smartphone-App »Why own it« scheiterte, weil die Nachfrage zu gering war – trotz fantastischer Resonanz in den Medien. Die meisten Nutzer wollten nur etwas ausleihen, die Zahl der Anbieter blieb dagegen gering. Nach drei Jahren stellten die Hamburger Entwickler ihre App wieder ein.[550] Die 2013 gegründete Plattform www.fairleihen.de aus Berlin ist zwar noch aktiv, das Angebot gleichwohl überschaubar.

Geprägt hat den Begriff der »Sharing Economy« der Harvard-Ökonom Martin Weitzman. Bereits in den 1980er-Jahren vertrat er in seinem gleichnamigen Buch die Auffassung, dass sich der Wohlstand für alle erhöht, je mehr die Marktteilnehmer miteinander teilen. Mitte der 1990er formulierte das Wuppertal Institut in der Studie »Zukunftsfähiges Deutschland« das Motto »Nutzen statt Besitzen«. Es wird bis heute regelmäßig zitiert. Noch grundsätzlicher argumentierte einige Jahre später Jeremy Rifkin, als er vom »Verschwinden des Eigentums« sprach. Durch die Digitalisierung, so Rifkin, wird Besitz künftig weniger bedeutsam sein als Zugang und Teilhabe.[551] Ein sichtbarer Wandel hin zu einer Sharing Economy, die den Namen verdient hätte, ist jedoch auch nach 30 Jahren Debatte noch nicht erkennbar.

Wer nach der Wende beispielsweise in Magdeburg die gemeinsame Nutzung von Waschmaschinen anpries, wurde nicht selten mit dem Hinweis ausgelacht, das habe man doch jetzt die letzten 40 Jahre gehabt und sei froh, dass es vorbei ist. So ist die eigene Waschmaschine ein Sinnbild der Individualisierung. Selbst in kleinste Badezimmer oder Küchen werden heute Waschmaschinen gestopft. Trockenböden und Waschräume haben die Planer zu Wohnungen umgebaut. Jahrzehnt für Jahrzehnt gingen Gemeinschaftsnutzungen zurück. Die Fehlentwicklung wurde sogar noch als Wohlstandsgewinn empfunden.

Wird es diesmal anders kommen? Die Erfolge beim Carsharing, von AirBnB und Uber haben dem Sharing zu einer neuen Popularität verholfen. Allerdings handelt es sich hier um kommerzielle Geschäftsmodelle, die aus dem Teilen und Tauschen renditeorientierte Unternehmungen machen. Nachhaltigkeit und Partizipation sind in dieser Variante der Sharing Economy allenfalls Nebenerscheinungen, nicht die Hauptsache.

Dass es auch anders geht, betonen zahlreiche neue Buchveröffentlichungen. Rifkin wirbt für ein gemeinwohlorientiertes Wirtschaftsmodell.[552] Viel Beachtung fanden Botsman und Rogers mit ihrem Buch »What's Mine is Yours«.[553] Die heutige Jugend ist mit den sozialen Netzwerken wie Facebook und Instagram groß geworden. Für sie ist das Teilen von Videos, Bilder oder Kontakten selbstverständlich. Gut möglich, dass die webaffinen Generationen ein entscheidender Faktor für die Entwicklung einer echten Sharing Economy sind.

Es wird sich zeigen, ob das Teilen und Tauschen im großen Stil, auch bei relativ günstigen Produkten, ins Laufen kommt. Es spricht viel dafür, mit der WF 4.0 das Tauschkonzept zu fördern. Hier kann mit kleinen Förderbeträgen für Werbeaktionen, Anschubfinanzierungen für Gründungsprojekte, Netzwerkarbeit oder die Bereitstellung von Räumlichkeiten viel bewirkt werden. Manchmal bremsen sich verschiedene Anbieter gegenseitig aus, insbesondere wenn sie sich auf die gleiche Region beziehen. Die WF 4.0 kann die Gründung einer gemeinsamen Plattform anregen.

Die Tauschwirtschaft optimiert die Nutzungsdauer von Produkten, spart Geld, stärkt die Gemeinschaft und die Widerstandskraft der regionalen Ökonomie. Zudem können sich die Teilnehmer von Tauschringen darüber freuen, sich Dinge leisten zu können, für die das Geld nicht reichen würde.

Geld

Geld ist eine tolle Erfindung, über die sich schon Aristoteles Gedanken machte. In seiner Theorie des Geldes stehen die natürlichen Bedürfnisse des Menschen im Fokus. Um den eigenen Bedarf zu decken, hält Aristoteles den Tauschhandel für angemessen, insofern er der Versorgung mit lebensnotwendigen Gütern dient. Gewinnsüchtige Erwerbskunst hält Aristoteles dagegen für unnatürlich, weil sie die Gefahr in sich birgt, Reichtum um seiner selbst willen anzuhäufen. Gelderwerb ist demnach nur ein Mittel zum Zweck. Das Ziel des Menschen soll nicht Reichtum sein, sondern ein gelungenes Leben. Wer genug Geld hat, um ein solches Leben zu führen, der hat genug.[554]

Um die nützliche Eigenschaft des Geldes zu erhalten und die negativen zu begrenzen, hat der Finanztheoretiker Silvio Gesell schon vor mehr als 100 Jahren das Konzept des Freigeldes entwickelt. Dem entsprechen die heutigen Regionalwährungen, auch Komplementär- oder Parallelwährung genannt. Ortsgebundene Währungen sind Triebfedern für das Teilen, Tauschen, Kooperieren, Helfen und bringen damit viele ökologische Vorzüge mit sich. Sie stärken kurze Wertschöpfungsketten und verkürzen die Wegstrecken der Versorgung mit einfachen Produkten. Die klare Zuordnung von Produkt und Hersteller befördert das Verantwortungsbewusstsein der Unternehmen und damit auch deren Anstrengungen im Nachhaltigkeitsmanagement.

Mit Regiogeld lassen sich keine Zinsen erwirtschaften. Es stärkt schon allein durch seinen Namen – Chiemgauer, Berliner, Lausitzer oder Thaler – die regionale Identität. Nach Angaben des Regiogeld-Verbandes existieren in Deutschland rund 30 aktive Regionalwährungen. Die tägliche Verwendung des Geldes weckt Heimatgefühle und Lokalpatriotismus. Dieser Effekt verstärkt sich durch die Reflexion über die Möglichkeiten, das Geld auszugeben. Zugleich lernen die Menschen, wie Geld funktioniert.

Wohin auch immer Geld fließt, hat es einen Effekt. Lokales Geld fließt nicht ab, in andere Regionen oder Länder. Es wirkt in einer Region und verbindet die Kommune mit der Wirtschaft. Beispielsweise verbleibt vom Supermarktkauf beim Discounter nur ein sehr kleiner Teil des Geldes in der Stadt, rund 80 Prozent wandern ab.[555] Ähnlich verhält es sich bei den meisten Ketten für Bücher, Handys, Kleidung. Hingegen verbleiben die Umsätze größtenteils in der Region, wenn die Bürger regional hergestellte Produkte kaufen oder sich auf inhabergeführte Läden fokussieren.

Beim Euro muss die Wachstumsrate der Realwirtschaft mindestens so hoch sein wie der Zinszuwachs im Geldmarkt. Da beim Regiogeld kein Zins erwirtschaftet werden muss, nehmen tendenziell die Wachstumsabhängigkeit der Region und der damit verbundene Naturverbrauch ab. Zugleich lassen sich wirtschaftliche Krisenzeiten umso besser überwinden, je bedeutungsvoller das Regionalgeld ist. Der Subsidiaritätsgedanke kann sich kommunal auch ökonomisch entfalten. Güter sind demnach im Nahraum herzustellen, wann immer dies praktisch möglich und ökonomisch sinnvoll ist.

All diesen Vorzügen zum Trotz scheint das Regionalgeld bei den kommunalwirtschaftlichen Akteuren relativ unbekannt zu sein oder wird gar kritisch gesehen, als eine Initiative von Idealisten.[556] Die WF 4.0 wird daher viel Überzeugungsarbeit zu leisten haben, indem sie die Potenziale einer eigenen Währung verdeutlicht. Gleichwohl ist die Etablierung oder Stärkung einer eigenen Währung die erste Strategie der Wirtschaftsförderung 4.0.

Der Umlauf des Geldes

> Es ist Januar in einer kleinen Stadt an der Küste Griechenlands. Es regnet in Strömen, die ganze Stadt scheint verwaist zu sein. Die Krise ist mittlerweile Alltag auch an diesem Ort, alle haben Schulden und leben auf Pump. Da erscheint ein Tourist und betritt das einzige kleine Hotel am Ort. Er hätte gerne ein Zimmer. Er legt einen 100-Euro-Schein auf den Tresen der Rezeption und lässt sich die Zimmer zeigen, bevor er sich die Gegend anschaut. Der Chef des Hotels greift nach dem Schein, läuft zum Schlachter und kauft mit den 100 Euro Vorräte für die nächsten Tage ein. Der Schlachter beschafft sich Nachschub bei dem Bauer, von dem er immer die Schweine bekommt. Der Bauer wiederum eilt zur Mühle, kauft dort Getreide. Der Müller gibt die Banknote an seine Tochter weiter, die sich sogleich ein Paar neue Schuhe kauft. Der Inhaber des Geschäfts ist mit einem Freund zum Mittagessen in besagtem Hotel verabredet. Er zahlt mit der 100-Euro-Note, mit der der Hotelier erst kurz zuvor das Haus verließ. Da kommt der Tourist von seinem Gang zurück. Er kann nicht bleiben. Er nimmt den Geldschein und geht.

Dieses Beispiel verdeutlicht, wozu Geld eigentlich da ist – nämlich für den Tausch von Waren und Dienstleistungen. Die Umlaufgeschwindigkeit des Geldes bestimmt dessen Funktion als Tauschmittel. Sobald die Marktteilnehmer beginnen, das Geld aufzubewahren, etwa für Anschaffungen in der Zukunft oder in der Hoffnung auf Zinsen, steht es in der Gegenwart nicht mehr als Tauschmittel zur Verfügung; es kommt zu Engpässen. Auch beim Euro geraten Unternehmen in Schwierigkeiten, wenn die Konsumenten ihr Geld überwiegend sparen und nur noch das Nötigste einkaufen.

Um einen zügigen Umlauf des Geldes zu ermöglichen, sind beim Regiogeld keine Zinsen vorgesehen. Im Gegenteil, es verliert quartalsweise an Wert. So soll verhindert werden, dass die Teilnehmer das Geld horten und für zukünftige Ausgaben aufbewahren. Dies führt dazu, dass die Nutzer darauf bedacht sind, ihre Wertgutscheine möglichst schnell auszugeben, wodurch sie die regionale Wirtschaft automatisch stärken. Die Zahlungsmoral der Kunden gegenüber Unternehmen erhöht sich. Wird die Ausgabe des Gutscheins vor »Ablauf« jedoch vergessen, wird der Negativzins etwa für die Verwaltung des Geldes oder als Spende eingesetzt. Beispielsweise mit Marken kann das Geld wieder aufgewertet werden.

Es gibt allerdings eine Möglichkeit, der Entwertung beziehungsweise den Gebühren zu entgehen: Wer Regiogeld übrig hat, kann einen Kredit vergeben. Davon profitieren beide Seiten: Der Kreditgeber spart die Haltegebühren, der Kreditnehmer erhält ein zinsfreies oder zumindest zinsgünstiges Darlehen. Leiht sich beispielsweise ein Unternehmen Regiogeld ohne Zinsverpflichtung, muss es seine Produktion nicht ausweiten, um die Zinsen zu erwirtschaften.[557]

Wie das Regiogeld in die Welt kommt – und die Rolle der Stadt

Hierzulande entstehen Regionalwährungen fast ausschließlich auf Initiative von Bürgerinnen und Bürgern. Sie müssen viel Zeit investieren, denn es gibt kein Patentrezept für Einführung und Konzept von Regiowährungen. Grundsätzliche Hinweise sind zwar leicht zu finden: Wie die Internetseite aufgebaut sein sollte, zeigt das Beispiel der englischen Stadt Bristol. Aber bevor es richtig losgehen kann, ist viel Überzeugungsarbeit zu leisten, zahlreiche Einzelgespräche sind zu führen. Doch selbst beim besten Willen genügt zeitliches Engagement allein nicht. Notwendig ist auch Geld, etwa um Informationsmaterialien zu konzipieren und sie im Rahmen von öffentlichkeitswirksamen Veranstaltungen zu verteilen.

Ein Regionalgeld funktioniert nur, wenn viele Unternehmen mitmachen. Gelingt das nicht, haben Kunden und Betriebe zu wenig Anlaufstellen, dem Geld stehen also nicht ausreichend Leistungen gegenüber. Es kommt zum Stau, weil die Leute nicht wissen, wohin mit dem Geld. So flacht das Interesse ab, und das Vorhaben kommt zum Erliegen.

Vor dem Start ist es also von entscheidender Bedeutung, dass genügend Unternehmen verbindlich zusagen. Die wichtigsten Branchen für alltägliche Güter und Dienstleistungen wie etwa Lebensmittel, Energie, Wohnraum und Transport sollten repräsentiert sein.

Aus diesem Grund empfehlen Experten eine aktive Rolle der Stadtverwaltung.[558] Wie für die WF 4.0 insgesamt gilt auch für Regiogeld, dass Politik und Verwaltung mitziehen müssen, etwa im Rahmen von Wirtschaftsförderung, Stadtmarketing und Regionalmanagement. Besonders hilfreich ist zugleich die flankierende Unterstützung von Handwerks- und Handelskammern, was meist mit dem Engagement der Wirtschaftsförderung einhergeht.

Wie viele Aktive sieht auch Frank Jansky, der Gründer des sächsischen »Urstromtalers«, die Politik als maßgeblichen Faktor für den Erfolg oder Misserfolg einer Regionalwährung. Die Akzeptanz der Bürger kommt, so Jansky, mit dem Segen von oben. Es wäre von enormer Bedeutung, wenn man zum Beispiel Steuern in der Regionalwährung zahlen könnte.[559] Beim »Bristol Pound« war die Stadt schon beim Start der Initiative dabei. Das Ergebnis kann sich sehen lassen (S. 335).

Der »Chiemgauer« etablierte sich zwar, obwohl ihn zunächst nur eine Schülergruppe und deren Lehrer in die Welt brachten. Aber auch hier zeigen die Erfahrungen, dass die ehrenamtlichen Möglichkeiten zumindest dann an Grenzen stoßen, wenn die Währung erfolgreich ist. Seit 2007 obliegt der Genossenschaft namens Regio e. G. die Verwaltung des Chiemgauer. Hilfreich ist zudem die professionelle Unterstützung der GLS Gemeinschaftsbank und der VR-Bank Rosenheim-Chiemsee.

Der Reiz

Wenn Unternehmen eine Regionalwährung, etwa namens »Thaler«, akzeptieren, werden sie nach Möglichkeiten suchen, diesen auszugeben, etwa bei ihren Lieferanten. Andere Unternehmen, mit dieser Anfrage konfrontiert, werden ihrerseits die Verwendung des Thalers in Erwägung ziehen. So stimuliert er bestehende Geschäftsbeziehungen und lässt neue entstehen. Weitet sich das regionale Wirtschaftsnetzwerk aus, haben es zum Beispiel Gaststätten leichter, Lieferanten vor Ort zu finden. Das verlagert Wertschöpfung in die Region.[560] Zudem kann es Existenzgründern reizvoll erscheinen, bestimmte Produkte weiterzuverarbeiten oder herzustellen, also beispielsweise Kaffee zu rösten oder Bier zu brauen.

Lokale Währungen fördern Regionalwirtschaft

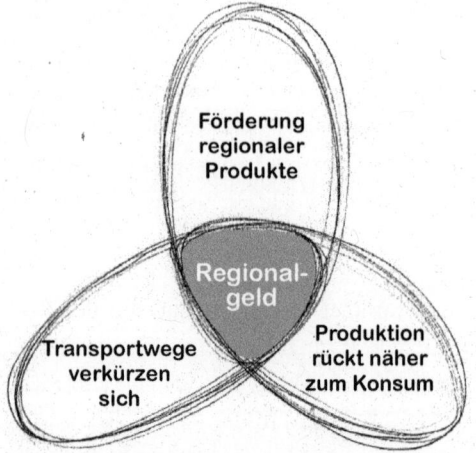

Abbildung 42 Lokale Währungen fördern die Regionalwirtschaft. Wenn Unternehmen eine Regionalwährung akzeptieren, werden sie nach Möglichkeiten suchen, diese in der Nähe auszugeben, etwa bei ihren Lieferanten. Es entstehen neue Geschäftsbeziehungen in der Region.[561]

Unternehmen mit verhältnismäßig großen Umsätzen, komplexen Vorprodukten und entfernten Zulieferbetrieben verfügen rasch über mehr Thaler, als sie ausgeben können. Zum Beispiel würde es bei Apotheken oder Elektrofachmärkten zu einem Stau kommen. Diese suchen nun nach Wegen, ihre Thaler auszugeben. Möglich ist das etwa, indem die Gehälter der Mitarbeiter teilweise in Thalern ausgezahlt werden. Wenn nichts mehr geht, bleibt nur der Rücktausch in Euro. Der Verlust von drei bis fünf Prozent, je nachdem, wie das Geld konzipiert ist, finanziert die Verwaltung des Thalers oder wird als Spende für soziale Einrichtungen verwendet. Insbesondere inhabergeführte Unternehmen werden diesen Verlust eher hinnehmen als Filialen großer Ketten, weil sie sich persönlich der Region verbunden fühlen.

Besonders reizvoll ist für Unternehmen der Marketingeffekt des Thalers, dessen Rückseite mit einer Anzeige versehen werden kann. Das Regiogeld ist also ein Reklameträger, den die Kunden aus eigenem Antrieb verbreiten und auch nicht wegwerfen, wie es sonst etwa bei Postwurfsendungen der Fall ist. Thaler sind wie Gutscheine, nur ohne die lästige Bindung an ein bestimmtes Geschäft. Das klare Signal: »Wir machen uns stark für unsere Region«.[562]

Um die Bewohner für den Thaler zu begeistern, hat der Londoner Stadtteil Brixton in der Startphase einen Bonus von zehn Prozent eingeräumt. Für 100 Pfund Sterling erhielten sie 110 Brixton Pfund (B£). Die Kaufkraft des B£ verblieb jedoch bei eins zu eins gegenüber dem Sterling. Wer sein Brixton Pfund zurücktauschen wollte, musste einen Verlust von zehn Prozent hinnehmen. Das war ein Ansporn, lokale Anbieter zu finden, bei denen man das Brixton Pfund ausgeben konnte.[563]

Überhaupt haben die Bürgerinnen und Bürger beim Thaler die Gewissheit, dass ihre Ausgaben nicht der Spekulation auf dem Finanzmarkt dienen. Einmal angenommen, ein Toaster kostet beim billigsten Versandhändler 40 Euro und beim Fachgeschäft vor Ort 60 Euro. Da kommt schon mal der Gedanke auf, wem es denn helfen soll, dem inhabergeführten Fachgeschäft die Euros hinterherzuwerfen. Womöglich verdient der Händler überdurchschnittlich viel und investiert einen Teil der Gewinne in einen Aktienfonds. Der Thaler schließt das aus. Er dient nur dem Leistungsaustausch und verbleibt zu hundert Prozent in der Region. Niemand kann sich daran bereichern, weil er quartalsweise an Wert verliert. Das wissen die Kunden und sind daher eher bereit, einen höheren Preis zu akzeptieren.

Die großen Einzelhandelsketten werden den Thaler zunächst nicht akzeptieren. Die Filialen sollen schließlich Gewinne an die Zentrale abführen. Die kann mit dem Regiogeld nichts anfangen. Es sei denn, sie akzeptiert den Verlust, der durch den Rücktausch in Euro entsteht. Dann wandert das Geld zwar ab, aber immerhin bleibt eine Spende in Form der Umtauschgebühr zurück. Andere Möglichkeit: Die Mitarbeiter einer Filiale lassen sich einen Teil des Gehalts in Thalern auszahlen und suchen ihrerseits nach Einkaufsmöglichkeiten für das neue Geld. Es bleibt dann in der Region.

Wörgl

Um das Potenzial ortsgebundenen Geldes zu belegen, verweisen Befürworter meist auf das Beispiel der österreichischen Gemeinde Wörgl. In der Weltwirtschaftskrise 1932 war die finanzielle Lage der Kleinstadt desolat. Die Gemeinde hatte einerseits beträchtliche Steuerausfälle, andererseits hohe Lasten durch Unterstützungsleistungen an Arbeitslose.

Die Regierung in Wien empfahl zu sparen, etwa durch Personalabbau in der Verwaltung. Doch stattdessen gab der Bürgermeister Michael Unterguggenberger ein selbstgedrucktes Notgeld heraus. Nach und nach akzeptierten die Geschäfte und Handwerksbetriebe das Geld. Brücken und Straßen wurden gebaut, ein Schwimmbad entstand. Innerhalb kurzer Zeit belebte das sogenannte Schwundgeld Wirtschaft und Arbeitsmarkt, während das übrige Land tief in der Wirtschaftskrise steckte. Die Bürger spürten das und waren begeistert von dem Erfolg. Die Presse pries das »Wunder von Wörgl«. Später beendete die Nationalbank das Experiment, welches nicht nur in den Nachbarländern, sondern zum Beispiel auch in den USA wahrgenommen und zur Nachahmung empfohlen wurde. Nach dem Ende des Notgeldes ging es auch in Wörgl wieder bergab, und die Nazis gewannen an Boden.[564]

Chiemgauer

Deutschlands Paradebeispiel funktionierender Regionalwährungen ist der Chiemgauer. Bemerkenswert ist, dass zu Beginn eine Schülergruppe und ihr Lehrer Christian Gelleri die Regiowährung in Umlauf brachten. Zunächst nutzten ihn nur die Eltern der Schüler, der Umsatz lag bei 70 000 Euro. Zehn Jahre später waren es bereits sieben Millionen Euro. Knapp 630 Unternehmen in den Landkreisen Rosenheim und Traunstein akzeptieren die Noten. Zu bekommen sind sie an verschiedenen Ausgabestellen. Nach kurzer Anmeldung wird das Konto der Mitglieder entsprechend in Euro belastet. Der Wert des Chiemgauers entspricht eins zu eins dem Euro und ist über diesen gedeckt. Geschäftsinhaber können also jederzeit die Chiemgauer in Euro zurücktauschen. Dafür fällt allerdings eine Gebühr von fünf Prozent an. Drei Prozent gehen als Spende an ein regionales Förderprojekt, und zwei Prozent finanzieren den Verwaltungsaufwand. Um Chiemgauer-Zahler zu werden, ist eine kostenfreie Anmeldung nötig.

Inzwischen können die Kunden sogar bargeldlos zahlen. Auch das Sparen ist möglich, wodurch zinsfreie Kredite an Unternehmen vergeben werden können. Ebenso vergibt die »Bank« Kleinkredite von bis zu 20 000 Chiemgauern. Unterstützung erfährt dieser Aufbau vor allem durch das Bundesarbeitsministerium.[565] Mittlerweile ist der Chiemgauer durch die Aufwertmarken bis zu zwei Jahre verlängerbar. Dadurch sanken die Druckkosten und der Aufwand bei den Chiemgauer-Verteilern.[566]

WIR

Ähnlich wie das Regionalgeld funktioniert der WIR. Die WIR-Bank ist eine Wirtschaftsringgenossenschaft für Unternehmen in der Schweiz. Diese bezahlen sich gegenseitig bargeldlos in WIR. Für Kredite fallen keine Zinsen an. Ein Fünftel und damit rund 60 000 Unternehmen machen mit. Der Gesamtumsatz liegt bei vier Milliarden Franken. Wie beim Wörgler Notgeld war die Weltwirtschaftskrise in den 1930er-Jahren der Auslöser. Die Betriebe horteten ihr Geld, statt es zu investieren. Der WIR als Selbsthilfe-Initiative gab den Unternehmen Sicherheit zurück. WIR-Guthaben verfügen über keine Deckung durch Schweizer Franken. Kredite werden unter anderem durch Grundpfandrechte, Bankgarantien oder Lebensversicherungen abgesichert. Die Bank bietet unter anderem Bau-, Hypothekar-, Kontokorrent- und Investitionskredite sowie einen ÖKO-Kredit an.

Als ein Anreiz, das Geld schnell wieder auszugeben und unter den Teilnehmern – kleinen und mittleren Unternehmen (KMU) in der Schweiz – für Umsatz zu sorgen, werden die Guthaben auf den Konten nicht verzinst. Jeder WIR-Teilnehmer legt fest, zu welchem Prozentsatz er Zahlungen in WIR entgegennehmen will, es müssen mindestens 30 Prozent auf die ersten 3 000 Franken eines Geschäfts sein. Dabei wird ein WIR-Franken einem Schweizer Franken gleichgesetzt.[567]

Die WIR-Bank sorgt dafür, dass Firmen und Arbeitsplätze in der Region bleiben. Mit ihren besonders günstigen Darlehen sind sie nicht zuletzt für Existenzgründer und für Unternehmen mit Absatzproblemen hilfreich. In beiden Fällen sehen Privatbanker meist ein erhöhtes Ausfallrisiko. Es werden vergleichsweise hohe Zinsen festgelegt. Ein Unternehmen in der Krise erhält womöglich gar kein Geld mehr, wenn beispielsweise ein bestehender Kredit ausläuft. Zwar mag es sein, dass die Zinsen immer bedient wurden und dass die Bank insgesamt schon einen guten Gewinn erwirtschaftet hat, doch Ethik und Moral haben in der konventionellen Geldwirtschaft keinen besonders hohen Stellenwert.

Hier bekommen die großen Konzerne die günstigsten Zinsen, weil das Ausfallrisiko besonders gering erscheint.

Die WIR-Bank gibt auch kleinen Unternehmen einen günstigen Kredit. Der fällige Zins deckt lediglich die Verwaltungskosten. Wenn ein Unternehmen weniger Zinsen zahlen muss, verringert das im gleichen Maß den Wachstumszwang. Zugleich bleiben Firmen und Arbeitsplätze in der Region.

Die Erfahrungen der Eidgenossen machen sehr deutlich: Komplementärwährungen können mehr als eine Spielwiese von altruistischen Bürgerinnen und Bürgern sein. Sie taugen womöglich sogar für einen ganzen Staat, so er in Bedrängnis geraten ist wie etwa Griechenland. Verschiedene Experten, darunter der Chefvolkswirt der Deutschen Bank, haben für das Land eine Parallelwährung vorgeschlagen.[568] Das WIR-Geld hätte Griechenland gerettet, meint der Bankchef Germann Wiggli.[569]

Das Potenzial von Parallelwährungen ist riesig. Das belegen nicht zuletzt die Ergebnisse des Projekts »Community Currencies in Action«, das vom Europäischen Fonds für regionale Entwicklung unterstützt wird. Die EU möchte die Einführung von komplementären Währungen in den Städten und Gemeinden unterstützen.[570] Der bargeldlose Euro wäre übrigens ein Kickstarter für das Regiogeld. Innerhalb von wenigen Jahren würden lokale Währungen zu einer relevanten Größe heranwachsen. Schon allein, um das Bedürfnis nach einem Bargeld zu befriedigen und den Austausch von Waren und Dienstleistungen auch jenseits der Steuer nutzen zu können. Wie auch immer: Eine Regionalwährung bindet die Kaufkraft an die Region, fördert die Unternehmen vor Ort und stimuliert regionale Wirtschaftskreisläufe. Sie erweitert die unternehmerischen Handlungsmöglichkeiten für den regionalen Markt und ist als Werkzeug zur Regionalentwicklung einsetzbar. Die Parallelwährung befördert den Absatz regionaler Produkte und sichert Arbeitsplätze. Außerdem verkürzt regionales Wirtschaften die Transportwege und mildert die Abhängigkeit vom Wachstum. Kurzum: Regiowährungen machen Öko zur Routine. Sie sind Triebfeder für die WF 4.0.

Unternehmen

Spezialisierung, Arbeitsteilung und Massenfertigung haben dazu geführt, dass nur noch wenige Unternehmen ihre Produkte vorwiegend in ihrer eigenen Region vertreiben. Doch insbesondere die dadurch entstehende hohe Abhängigkeit vom Export macht die Firmen krisenanfällig. Wenn die Konjunktur in Asien schwächelt, macht sich das auch in unseren Städten und Gemeinden bemerkbar. Die Unternehmen fahren ihre Produktion zurück, bauen Arbeitsplätze ab, die Gewerbesteuereinnahmen schrumpfen. Manche Branchen sind hauptsächlich auf den Export ihrer Waren angewiesen, weil die heimischen Märkte gesättigt sind. Sie reagieren umso empfindlicher auf internationale Krisenfaktoren. Eng kann es werden, wenn eine Kommune auf den Erfolg einiger weniger Firmen angewiesen ist. Ein extremes Beispiel dafür ist Wolfsburg.

Eine weitere Herausforderung liegt im Wachstumsdrang von Unternehmen. Es gibt eine ganze Reihe von Gründen, warum ein Unternehmen wachsen will, wachsen sollte oder sogar wachsen muss, heißt es im »mittelstandswiki.de«. Wachstum gilt als Indiz für die Wettbewerbsfähigkeit von Unternehmen. Wenn sie wachsen, ist das auch nicht grundsätzlich schlecht; weitet sich etwa die Produktion eines Windkraftherstellers aus, kann das durchaus erfreulich sein. Dehnt sich hingegen die Produktion von SUVs und Kohlestrom aus, ergeben sich Nachteile für die Umwelt (S. 40, »Wachstum«).

Im Fokus der Wirtschaftsförderung 4.0 stehen deshalb Unternehmen, die verhältnismäßig wenig vom Export abhängen, deren Produktion eher im Interesse einer zukunftsfähigen, sozial tragfähigen Entwicklung ist und die nicht auf Wachstum ausgerichtet sind. Die relevanten Förderkonzepte lassen sich aus der Initiative »Ökoprofit« übertragen, die Kommunen und örtliche Wirtschaft zusammenbringt. Im Rahmen von Workshops besprechen die teilnehmenden Firmen, wie sich der Energie- und Ressourcenverbrauch und damit zugleich die Betriebskosten senken lassen. Das Konzept ist geeignet, um den Austausch zwischen Unternehmen zu unterstützen, die nicht weiterwachsen wollen. Ist man einmal mit den Unternehmen im Gespräch, ist es sinnvoll, auch auf die Vorzüge flexibler Arbeitszeiten hinzuweisen. Damit förderten die Unternehmen indirekt Freiwilligenarbeit und kooperatives Wirtschaften, denn die Mitarbeiter haben durch flexible Arbeitszeiten mehr Spielraum, um sich außerhalb der Lohnarbeit einzubringen. Zugleich können Unternehmen mit variablen Arbeitszeiten besser auf Nachfrageschwankungen reagieren.

Es ist auch für Unternehmen möglich, sich krisenfester auszurichten und von den üblichen Erfolgsindikatoren zu lösen. Unternehmen, die auf Stabilität statt Expansion setzen, lehnen externes Kapital ab, sind stark in der lokalen Gemeinde verwurzelt, haben eine enge Beziehung mit Lieferanten und Kunden, schaffen eine besondere Arbeitsatmosphäre und verfügen über innovative Managementstrukturen, hat der amerikanische Journalist Bo Burlingham recherchiert.[571] Gerade Genossenschaften, Stiftungen und kommunale Unternehmen bieten ideale Voraussetzungen für Stabilität.

Schlaglicht: *Der Schweizer Wirtschaftswissenschaftler Hans Christoph Binswanger hat in zahlreichen Studien herausgearbeitet, dass besonders Aktiengesellschaften ein Wachstumstreiber sind. Binswanger, der die Idee einer ökologischen Steuerreform entwickelt hat, ist einer der profiliertesten Wachstumsexperten. Problematisch ist aus seiner Sicht, dass das Aktienrecht den Unternehmen die Möglichkeit gibt, sich zunehmend der Haftung zu entziehen. Und ganz offensichtlich schaden spekulative Auswüchse dem Gemeinwesen. Nicht tragfähig ist es, wenn Aktienkäufe mit Krediten finanziert werden: Steigen die Zinsen, droht der Kollaps. Binswanger plädiert daher für eine Reform der Aktiengesellschaft. Künftig sollen wieder zwei Kategorien von Aktien vorgesehen sein: Namensaktien und Inhaberaktien. Die auf den Besitzer ausgestellten Namensaktien sollten auch künftig eine unendliche Laufzeit haben, aber nicht mehr an der Börse gehandelt werden dürfen. Der außerbörsliche Handel wird durch eine Sperrfrist von drei Jahren für den Wiederverkauf eingeschränkt, mit Rückzahlung des Nennbetrags nach Ende der Laufzeit. Der Effekt wäre ein deutlich geringeres Schwanken der Aktienkurse.*[572]

Citizen-Value statt Shareholder-Value: Kommunale Unternehmen

Freier Markt und Aktiengesellschaften bringen viele Vorzüge mit sich. Doch bei der kommunalen Daseinsvorsorge haben die zurückliegenden Jahre gezeigt, dass die Gewinninteressen der Anleger nicht immer gewinnbringend für die Bürgerinnen und Bürger sein müssen (S. 32 »Shareholder-Value versus Public-Value«). Die Erwartung, dass Wasser, Strom oder Gas nach einer Privatisierung günstiger werden, hat sich oftmals nicht erfüllt. »Citizen-Value« steht im Kontrast zum Shareholder Value, der nur die Anteilseigner begünstigt. Citizen-Value bindet die Wertschöpfung an die Region, Gewinne wandern nicht nur in die Taschen einiger weniger Aktionäre. Stattdessen profitieren die Bürgerinnen und Bürger. Es ist ein Kernanliegen der WF 4.0, dass die zentralen Komponenten der Daseinsvorsorge wie Energieversorgung, Nahverkehr, Wasser- oder Abfallwirtschaft in kommunaler Hoheit sind.

In vielen Städten und Gemeinden haben sich die Stadträte – oft angestoßen von Bürgerinitiativen – für eine Trendumkehr entschieden und besonders im Energiesektor die verkauften Unternehmen in den Verantwortungsbereich der Kommunen zurückgeführt. Zahlreiche auslaufende Konzessionsverträge für die Stromnetze bieten kommunalen Stadtwerken ein günstiges Zeitfenster, um die Wegenutzungsrechte für Strom- und Gasnetze (wieder) selbst zu erwerben. Zugleich betätigen sie sich zunehmend als Energieerzeuger.[573]

Beispielhaft repräsentiert diese Entwicklung die Gründung der Hamburg Energie GmbH. Zehn Jahre zuvor hatte die Hansestadt ihre Elektrizitätswerke privatisiert. Wenig später folgte die Ernüchterung: Der Verkauf der landeseigenen Energieversorgung hatte nicht die Hoffnungen erfüllt, die damit verbunden waren. Lokalpolitiker bemängelten, dass lediglich ein staatliches Monopol durch ein Quasimonopol auf privater Seite ersetzt worden war, ohne dass die Bürgerinnen und Bürger davon etwas hatten. Seit September 2009 beliefert nun die neu gegründete Hamburg Energie Kunden in der Stadt und den umliegenden Gemeinden mit Ökoenergie. Das Unternehmen startete seine Geschäfte mit der Verkündung eines »Hamburger Energie-Manifests«. Es beinhaltet zehn zentrale Forderungen für die Energiewende in Hamburg. Kernanliegen ist es, klimafreundliche Energie zu erzeugen, frei von Kohle- und Atomstrom.[574] Im September 2013 sprachen sich die Hamburger Bürger und Bürgerinnen bei einem Volksentscheid für den Rückkauf der Energienetze in der Hansestadt aus, die gesamte Energieversorgung liegt nun wieder in kommunaler Hand.

Abbildung 43 Citizen-Value bindet die Wertschöpfung an die Region, Gewinne wandern nicht nur in die Taschen einiger weniger Aktionäre. Stattdessen profitieren die Bürgerinnen und Bürger. Foto: Michael Kopatz

Eigene Stadtwerke eröffnen den kommunalpolitischen Akteuren eine Chance, die örtlichen Energieeffizienzpotenziale im Strom- und Wärmebereich besser auszuschöpfen: Erneuerbare Energien können im Gemeindegebiet forcierter genutzt, der Ausbau der dezentralen Kraft-Wärme-Kopplung schneller vorangetrieben werden. Auch die damit verbundenen wirtschaftlichen und fiskalischen Ziele sind für die Kommunen wichtige Entscheidungskriterien, denn Stadtwerke können nennenswerte Deckungsbeiträge für die kommunalen Haushaltskassen liefern. Erfahrungsgemäß zahlen sie in der Regel die höchstmöglichen Konzessionsabgaben an die Eigentümergemeinden, verbessern das Gewerbesteueraufkommen und führen Gewinnausschüttungen an die

Kommunen ab. Insgesamt erzielen solche Unternehmen in Bürgerhand positive Bilanzergebnisse. Kommunen, die eigene Stadtwerke besitzen, können Verluste etwa im Nahverkehr oder von Schwimmbädern durch Gewinne im Vertrieb von Strom ausgleichen.[575]

Kommunale Energiedienstleister, die ihre Tätigkeit am Wohl der Bürger und der örtlichen Gemeinschaft orientieren, stärken die Wirtschaftskraft der Kommunen und schaffen damit verbundene direkte und indirekte Einkommens- und Arbeitsplatzeffekte. Es entsteht ein konkreter Mehrwert für die Regionen und kommunalen Gebietskörperschaften. Die Wirtschaftsförderung 4.0 spricht sich daher klar für »Citizen-Value statt Shareholder-Value« aus.

Genossenschaften, Stiftungen, Vereine

Das Wesen einer Genossenschaft ist per Gesetz definiert. Ihr Zweck ist es demnach, »den Erwerb oder die Wirtschaft ihrer Mitglieder oder deren soziale oder kulturelle Belange durch gemeinschaftlichen Geschäftsbetrieb zu fördern«.[576] Genossenschaften sind demokratisch und solidarisch organisiert. Jedes Mitglied ist zugleich Miteigentümer und an etwaigen Gewinnen beteiligt. Der zumeist starke lokale Bezug sorgt dafür, dass die Gewinne in der Region verbleiben. Genossenschaften sind sehr stabil, es kommt nur selten zur Insolvenz.[577] Dafür sorgen sowohl die Stimmrechte der Mitglieder wie auch deren Kapitaleinlagen.

Das wirtschaftliche und gesellschaftliche Potenzial von Genossenschaften für eine Kommune ist enorm und daher besonders relevant für die Wirtschaftsförderung 4.0. Sehr verbreitet und etabliert sind Genossenschaften etwa in der Wohnungswirtschaft. Mehr als 2 000 Genossenschaften mit etwa drei Millionen Mitgliedern verwalten in Deutschland über zwei Millionen Wohnungen.[578] Die Mieten sind in der Regel moderat und die Liegenschaften gut gepflegt. Jedes Mitglied hat mit seinem Dauernutzungsvertrag ein lebenslanges Wohnrecht in seiner Genossenschaft, Eigenbedarfskündigungen gibt es nicht. Das besondere Verantwortungsbewusstsein gegenüber den Mietern und in Hinblick auf gesellschaftliche Interessen ist nicht selten am Vorgehen bei einer energetischen Gebäudesanierung zu beobachten.[579] Wo immer angebracht und möglich, wird die WF 4.0 daher das Genossenschaftswesen fördern.

Fast wie eine Genossenschaft konzipiert ist das beliebteste Kaufhaus Großbritanniens, »John Lewis«. Jeder Mitarbeiter wird seit den 1930er-Jahren automatisch Partner und erhält einen kleinen, nicht handelbaren Anteil am Unternehmen. Mit der Partnerschaft geht eine jährliche Gewinnausschüttung einher. Die Vertretung läuft über das gewählte Eigentümergremium. Über 40 Kaufhäuser gibt es im Königreich, dazu mehr als 300 »Waitrose«-Supermärkte. Insgesamt arbeiten dort rund 90 000 Menschen.[580] Derweil sind in Deutschland Konsumgenossenschaften im Kommen. Sie beteiligen die Konsumenten am Gewinn und gewähren ihren Mitgliedern Rabatte. Inzwischen gibt es 360 Konsumgenossenschaften.[581]

Stiftungen sind ebenfalls eine interessante Rechtsform für kooperatives Wirtschaften. Stiftungszweck kann etwa die Förderung des Tauschwesens sein. Denkbar wäre auch, dass eine Stiftung konkrete Projekte anschiebt oder betreut, beispielsweise eine Regionalwährung. Ob Repaircafé, Dorfladen, Kindergarten, Tauschladen, Werkzeugbörse oder Zeitbank, die Gründung einer Genossenschaft oder Stiftung kann in jedem Gestaltungsfeld der WF 4.0 von Interesse sein. Im Regelfall entstehen sie aus dem Eigeninteresse der potenziellen Mitglieder. Unter Umständen wird es hilfreich sein, wenn die Stadt den Neugründungen beratend zur Seite steht oder diese mitinitiiert.

Schlaglicht: *Eine Genossenschaft darf ideelle sowie wirtschaftliche Zwecke verfolgen, ein Verein nur ideelle. Eine Ausnahme ist der Versicherungsverein auf Gegenseitigkeit (VVaG). Die Vorzüge dieser Rechtsform für den Kunden beschreibt Karsten Eichmann, Vorstand der Gothaer Versicherung: »Wir haben einen Vorteil, wir müssen keine Aktionäre bedienen. Als Verein behalten wir unsere Gewinne, sie kommen entweder direkt oder indirekt den Versicherungsnehmern und damit unseren Mitgliedern zugute. Direkt über unsere Produkte oder indirekt über eine Wertsteigerung der Unternehmen. Das erweist sich mittel- und langfristig als überlegene Form für eine Versicherungsgesellschaft. Wir müssen keine Quartalsberichte abliefern.« Speziell in der Versicherungswirtschaft ist es laut Eichmann hilfreich, wenn man das, was unter dem Strich übrig bleibt, den Versicherungsnehmern zugutekommen lässt. Mit der Abkehr von Marktwirtschaft und erfolgsorientierten Prinzipien habe das aber nichts zu tun.*[582]

Unternehmen ohne Wachstumszwang

Nicht nur Stiftungen und Genossenschaften sind für die Wirtschaftsförderung 4.0 von Interesse. Besondere Aufmerksamkeit verdienen Unternehmen, die explizit nicht weiterwachsen wollen. Das klingt exotisch, doch inzwischen finden sich immer häufiger Betriebe, die ihre Unternehmensgröße für genau richtig halten. Eine Befragung von 700 kleinen und mittelständischen Unternehmen mit bis zu 499 Beschäftigten ergab kürzlich, dass jedes Dritte die derzeitig erreichte Unternehmensgröße weitestgehend beibehalten und, zumeist bezogen auf Beschäftigte und Umsatz, nicht weiterwachsen möchte.[583] Jedes vierte Unternehmen schließt Wachstum nicht aus, hat aber kein strategisches Wachstumsziel. Nur zwei Prozent wollen kräftig wachsen.

Es wird also in jeder Kommune Betriebe geben, die nicht wachsen und dennoch stabil und auskömmlich wirtschaften. Die WF 4.0 sucht nach Wegen, solche Unternehmen zu unterstützen.

Schlaglicht: *Die Gemeinwohlwirtschaft bewährt sich vor allem in Krisenzeiten, das erweisen Beobachtungen in den EU-Krisenländern. Den Nachweis bringen gerade die Troikaländer der Europäischen Währungsunion. Mancherorts liegt die Jugendarbeitslosigkeit bei über 50 Prozent, Suizide aus wirtschaftlichen Gründen sind keine Seltenheit. Viele Menschen sind verzweifelt. Wie in Spanien leben sie seit 2008 in der Krise. Und suchen nach Auswegen. Es ist die Zeit von Selbsthilfeinitiativen wie der »Cooperativa Integral Catalana«: In dem Wirtschaftsverbund tauschen die Mitwirkenden Dienstleistungen und Güter des alltäglichen Bedarfs: Haarschnitt, Grafiken, Rechtsberatung, Obst, Gemüse, Marmeladen. Abgerechnet wird nach außen in Euro, intern gibt es die Digitalwährung Ecos, für die jedes Mitglied ein für alle einsehbares Konto hat. Die Kooperative möchte möglichst viele Produkte und Dienstleistungen selbst anbieten. Weil die Organisation als gemeinnützig gilt, fallen auf die Produkte kaum Steuern an. Im Juni 2015 lag der Jahresumsatz bei fast einer halben Million Euro, die gegenseitigen Leistungen der inzwischen über 2 000 Mitglieder nicht eingerechnet.*[584]

Zuständigkeiten, Aufgaben und Akteure

Die Wirtschaftsförderung 4.0 setzt an vielen Gestaltungsfeldern an (siehe Abbildung 37, S. 293). Grundsätzlich ist zu klären, welche Initiativen es in der Stadt bereits gibt oder zu initiieren sind und welche Unterstützung sie benötigen könnten. Manchmal wird es genügen, eine Bürofläche bereitzustellen oder bestimmte Initiativen bekannter zu machen. Die professionelle Hilfe etwa aus dem Stadtmarketing kann ebenfalls ein wichtiger Schubfaktor sein: Nicht aufwendig, aber sehr hilfreich sind unter anderem Verlinkungen von der städtischen Website zu kooperativen Angeboten. Denkbar wäre auch, suchenden Initiativen die Zwischennutzung kommunaler Liegenschaften zu ermöglichen.

Häufig werden auch Finanzierungsmodelle zu entwickeln sein. Die Wirtschaftsförderer können bei der Beantragung von EU-Mitteln behilflich sein, die Gründung einer Genossenschaft begleiten oder selbst mit Finanzspritzen aushelfen. An manchen Stellen ist es womöglich angebracht, eigene Angebote zu schaffen oder auszuweiten, etwa indem die Stadtbibliothek E-Book-Reader verleiht, um Neuanschaffungen zu vermeiden. Diese werden häufig nur in Urlaubszeiten benötigt, um das Reisegepäck zu erleichtern.

Die Wirtschaftsförderung 4.0 möchte Wege aufzeigen, wie sich kooperative Wirtschaftsformen in Kommunen gezielt zugunsten von Klimaschutz, sparsamem Umgang mit Ressourcen und gesteigerter lokaler Wertschöpfung unterstützen lassen. Für jedes der fünf Gestaltungsfelder sind die Förderbedarfe zu klären sowie Zielgruppen, Finanzierungspläne und andere wichtige Bestandteile von tatsächlichen Geschäftsmodellen zu erörtern.

Wie starten?

Zunächst steht die Entwicklung eines Grundsatzkonzeptes auf dem Plan. Es kann an die hundert Maßnahmenvorschläge enthalten. Im Regelfall wird die Verwaltung dafür nicht genügend eigene Kapazitäten haben, die Ausarbeitung muss extern vergeben werden. Dafür sind Mittel im Finanzhaushalt einzustellen oder Fördermittel einzuwerben. Wenn erst einmal das Grundgerüst steht, können die Kommunen auf dieser Basis für ihre jeweiligen Gegebenheiten ein maßgeschneidertes Konzept entwickeln.

Für die konkrete Umsetzung der ausgewählten Maßnahmen sind personelle Ressourcen bereitzustellen. Den Anstoß könnte ein Bundesförderprogramm geben: So wie das Bundesumweltministerium kommunale Klimaschutzprojekte fördert, könnte das Bundeswirtschaftsministerium die Planung und Umsetzung der Wirtschaftsförderung 4.0 unterstützen.

Wenn später die ersten Resultate erkennbar sind, ist es denkbar, dass sich auch die klassische Förderstrategie stärker der WF 4.0 zuwendet. Das klingt zugegebenermaßen sehr visionär. Doch kooperatives Wirtschaften ist nicht nur eine Ökomasche, sondern von elementarer Bedeutung für eine zukunftsfähige Wirtschaftspolitik.

Akteure: Wer ist zuständig?

Die Federführung könnte bei der kommunalen Wirtschaftsförderung liegen, die ihr Tätigkeitsfeld ausweitet. Derzeit adressiert sie vor allem etablierte gewerbliche Wirtschaftsformen. Den gängigen Orientierungsrahmen bildet dabei bis heute der sogenannte Clusteransatz, der auf die regionale Ballung von Unternehmen, Hochschulen sowie Kompetenz- und Technologiezentren setzt, die ein gemeinsames Tätigkeitsfeld verbindet. Durch die Bündelung entsteht, so die Idee, ein »Wachstumspool«, der Wettbewerbsvorteile für alle Beteiligten mit sich bringt.

Im Fokus steht meist die Angebotsseite und damit der Export; nicht selten hängt die gesamtwirtschaftliche Entwicklung einer Region davon ab. Sie ist den weltweiten konjunkturellen Schwankungen unterworfen und damit besonders verwundbar.[585] Die klassische Wirtschaftsförderung möchte Wachstum begünstigen, sie bemüht sich um mehr Wettbewerbsfähigkeit und Innovationskraft und um die Gründung neuer Unternehmen. Dafür weisen die Städte regelmäßig neue Gewerbegebiete aus. Zumindest für Boomstädte wie München ist diese Strategie überholt.[586]

Die WF 4.0 betrachtet hingegen besonders die Nachfrage. Wächst ihre Bedeutung, erhöht sich die Stabilität der lokalen Wirtschaft.[587] Letztlich ist die systematische Förderung kooperativer Wirtschaftsformen ein völlig neues Aktivitätsfeld für die Wirtschaftsförderung, auch wenn der konzeptionelle Zugang vergleichbar sein kann. Das in der Wirtschaftsförderung verbreitete Konzept der Clusterförderung ist auch für die

WF 4.0 relevant, denn es zielt darauf ab, homogene Unternehmen besser zu vernetzen und zugleich die ortsansässigen Forschungseinrichtungen zu integrieren.[588] Eine solche Förderung könnte sich unter anderem in einer »Regionalwert AG« manifestieren, wie der Freiburger Christian Hiß sie vorgemacht hat. Dort kam der Impuls von Biolandwirten, doch nichts spricht dagegen, dass die Stadt die gegenseitige Unterstützung und Vernetzung in Gang bringt.

Eine bedeutsame Rolle hat auch das kommunale Stadtmarketing. Ganz im Sinne der WF 4.0 soll es dazu beitragen, dass sich die Bürgerinnen und Bürger mit ihrer Stadt identifizieren, sich dort wohlfühlen und nicht in andere Gemeinden oder Bundesländer abwandern. Konventionell zielen die städtischen Werbeagenturen darauf ab, die Attraktivität der Stadt zu stärken – als Wirtschaftsstandort, Wohn- und Einkaufsort sowie für Touristen. Hinzu kommt nun die Agenda der WF 4.0. Teilweise geht das Hand in Hand, wenn es etwa um »Buy Local«-Kampagnen geht. Aber auch das Regionalgeld, die Solidarische Landwirtschaft oder Repaircafés kann das Stadtmarketing nach Kräften unterstützen.

Darüber hinaus gibt es zahlreiche weitere Akteure, die sich die Wirtschaftsförderung 4.0 zur Aufgabe machen können. In der Kommunalverwaltung haben alle Ressorts Überschneidungen mit dem Anliegen der WF 4.0. Beispielsweise kann das Jobcenter mit seinen Beschäftigungs- und Qualifizierungsmaßnahmen mitwirken. Einen herausgehobenen Stellenwert haben auch die Handwerks- und Handelskammern. Nur mit ihrem Rückhalt kann eine neue Wirtschaftsförderpolitik in Gang kommen. Nicht zuletzt sind es die Gewerkschaften, Kirchen, Verbände, Vereine, Unternehmen und Schulen, die als Treiber und Träger der WF 4.0 agieren können.

Warum soll der Staat sich einmischen?

Kooperative Wirtschaftsformen fußen oft auf ehrenamtlichem Engagement und stoßen deshalb schnell an Kapazitätsgrenzen. Kommunale Unterstützung kann kleinen und wenig bekannten Initiativen zu einer beachtlichen Popularität verhelfen. Das hat sich beispielsweise bei den Carsharing-Angeboten in Wuppertal und Osnabrück gezeigt. In beiden Städten gab es anfangs Vereine mit 80 bis 120 Mitgliedern. Zu- und Abgänge hielten sich über zehn bis 15 Jahre die Waage. Als die Stadtwerke begannen, das Carsharing systematisch zu fördern, stieg die Zahl der Nutzerinnen und Nutzer sprunghaft. In Wuppertal nutzten schon nach wenigen Jahren mehr als 3 000 Bürgerinnen und Bürger das Angebot. In Osnabrück hat sich die Zahl der Mitglieder innerhalb von zwei Jahren verzehnfacht. Die Stadt kann also helfen, dass kleine Initiativen bedeutsam werden.

Auch viele weitere Beispiele belegen die Relevanz gezielter Förderstrategie. Regionalwährungen beispielsweise dümpeln in den meisten Kommunen vor sich hin. Sie sind unbekannt, meist auch bei den Wirtschaftsförderern. Was passieren kann, wenn die Politik das Thema Lokalwährung aufgreift, hat sich im Chiemgau (s. S. 322) und in Bristol gezeigt.

Das Bristol Pound ist inzwischen als stadtweites elektronisches Zahlungssystem etabliert. Die Bürgerinnen und Bürger der englischen Stadt können sogar Gebührenbescheide in der Regionalwährung bezahlen, Unternehmen ihre Steuern. Die Stadtverwaltung bietet ihren 17 000 Angestellten an, einen Teil ihres Gehalts in Bristol Pound auszuzahlen. Das Engagement der Stadt hat der erst vor gut zwei Jahren aus der Taufe gehobenen Lokalwährung eine erstaunliche Karriere ermöglicht. Inzwischen beteiligen sich schon mehr als 800 Unternehmen. Die Kernziele der WF 4.0 verfolgen viele Städte außerdem schon seit einigen Jahren beim Aufbau einer eigenständigen Energieversorgung: Dezentrale Erzeugungsmöglichkeiten mindern den Kapitalabfluss aus der Region und damit zugleich die Anfälligkeit gegenüber Lieferengpässen von außen. Der Einsatz erneuerbarer Energien macht eine Stadt oder Gemeinde zudem unabhängiger von importierten Ressourcen und den damit verbundenen Preisschwankungen (s. »Citizen-Value statt Shareholder-Value: Kommunale Unternehmen«, S. 327). Von entscheidender Bedeutung war dabei jedes Mal, dass Politik und Zivilgesellschaft sich eingemischt haben. So viel Staat muss sein.

Stolpersteine

Indes macht der Kapitalmarkt auch vor gemeinwohlorientierten Konzepten nicht halt. Viele Unternehmen haben daraus mittlerweile ein lukratives Geschäftsmodell entwickelt. Das Paradebeispiel ist der US-Konzern »Uber«. Der 2009 gegründete Onlinefahrvermittlungsdienst stellt letztlich nur eine Smartphone-App zur Verfügung. Der Wert des rasant wachsenden Unternehmens wird derzeit auf mindestens 50 bis 60 Milliarden Dollar geschätzt. Nach Angaben der Gründer verdoppelt sich Ubers Umsatz alle sechs Monate. Demnächst wird mit einem Börsengang der Taxi-App-Firma gerechnet. Rendite und Profit dürften für Uber dann noch mehr im Vordergrund stehen.[589]

Apps wie die von Uber machen das Teilen und Tauschen so einfach wie nie. Die Frage stellt sich, was solche Geschäftsmodelle noch mit der Gemeinwohlorientierung der Sharing Economy zu tun haben. Vereinnahmt der Smartphone-Kapitalismus die Bewegung?

Uber ist sehr umstritten. Taxifahrer und Taxiverbände wehren sich gegen die aus ihrer Sicht unzulässige Konkurrenz und erwirkten mehrere Gerichtsurteile gegen die Firma. Anders als von Uber behauptet, handle es sich nicht um ein Sharingangebot, sondern um taxiähnliche Fahrten ohne Lizenz, lautet die Argumentation der Uber-Gegner. Tatsächlich ist kaum zu erkennen, wie Ubers Modell zum Konzept des Teilens und Tauschens passen soll. In erster Linie gewinnt die Firma, die Vorteile für Fahrer und Kunden sind allenfalls bescheiden.

Unterm Strich verdienen Uber-Fahrer noch weniger als ihre professionellen Kollegen. Die Vehemenz, mit der sich die Taxibranche gegen die Einführung des Mindestlohns gesträubt hat, lässt vermuten, dass ein Verdienst von 8,50 Euro je Stunde für ihre Mitarbeiter zuvor keineswegs garantiert war. Mit der Vermittlung via Uber oder dem Konkurrenzunternehmen Wundercar lässt sich eine angemessene Entlohnung leicht umgehen. Obgleich durch die Vermittlung nur Kosten im Zehntel-Cent-Bereich entstehen, verlangt Uber für jede vermittelte Fahrt 20 Prozent vom Fahrpreis. Das ist nicht günstiger als die Gebühr einer konventionellen Taxizentrale.

Internet und Smartphone haben die Kommerzialisierung des Teilens und Tauschens dynamisiert. Kritiker sprechen von moderner Sklaverei, Steuerbetrug und Schattenwirtschaft. Solchen Vorwürfen sind zum Beispiel Vereine nicht ausgesetzt.

Professionalisierung ohne Kommerzialisierung

Unzählige Smartphone-Apps bieten Kleindienstleistungen an. Den Einkauf erledigen, Bügeln, Fahrradreparatur oder den Hund ausführen, all das wird per Angebot und Nachfrage in Tauschbeziehung gesetzt. Doch die Kleindienstleister sind in der Regel Arbeitslose, Rentner, Studenten und Hausfrauen, die ihr schmales Einkommen mit mager entlohnten Gelegenheitsjobs aufbessern wollen. Zahlreiche Beobachter der Entwicklung halten es für keinen Zufall, dass die Service-Geschäftsmodelle seit Beginn der Finanzkrise 2008 regelrecht boomen. Prekäre Arbeitsverhältnisse breiten sich aus, die idealistischen Ideen der Sharing Economy sind da nur noch hübsche Dekoration.

Von seinem ursprünglichen Sinn her liegt der Gewinn des Teilens und Tauschens jedoch darin, zwischenmenschliche Beziehungen zu intensivieren und zu erweitern. In einem Stadtteil laufen die Bewohner meist anonym aneinander vorbei. Wenn man sich über den Austausch von Hilfeleistungen kennengelernt hat, erkennt man sich wieder – das schafft Vertrauen und Zuversicht. Liegen die Orte des Tauschverhältnisses eher weit voneinander entfernt, etwa in verschiedenen Stadtteilen, verringert sich die Wiederbegegnungswahrscheinlichkeit auf ein Minimum, und der soziale Aspekt des Tausches bleibt auf der Strecke.

Wohngemeinschaften, Büchereien, Mitfahrgelegenheiten oder Schwarze Bretter in Supermärkten gibt es schon seit Jahrzehnten. Einen finanziellen Profit hat daraus im Regelfall niemand geschlagen. Das ändert sich, wenn private Unternehmen mit Gewinnabsichten einsteigen. Wird von den Investoren dann noch viel Geld in Kampagnen und Kampfpreise gesteckt, verdrängen sie leicht die bürgerschaftlichen Initiativen. Aus der gemeinwohlorientierten Idee wird ein profitorientiertes Geschäftsmodell.

Das Portal »couchsurfing.org« etwa startete als Plattform für nichtkommerzielles Tauschen. Das Konzept galt als vorbildlich. Über die Website konnte man sich einen Schlafplatz in aller Welt organisieren, wenn man im Gegenzug bereit war, Leute auch bei sich aufzunehmen. Ehrenamtliches Engagement war das Fundament der Initiative. Die Unterstützer halfen kostenfrei bei der Programmierung des Portals. 2011 wandelten die Gründer das Projekt in ein gewinnorientiertes Unternehmen um, um den Einstieg finanzkräftiger Investoren zu ermöglichen. Private Geldgeber profitieren nun von dem Werk ehrenamtlicher Softwareexperten.[590]

Solchen Entwicklungen gilt es etwas entgegenzusetzen. Andernfalls besteht die Gefahr, dass der Kapitalismus die Mikroökonomie vereinnahmt und ihr Potenzial zur Gemeinwohlförderung verwässert. Wer seine Kinder mit Euro und Cent entlohnt, wenn sie die Treppe fegen oder die Wäsche aufhängen, untergräbt die natürlich vorhandene Bereitschaft zu freiwilligem Engagement schon von klein auf. Hilfsbereitschaft wird so zu einer Dienstleistung, die ohne Gegenleistung kaum noch denkbar ist. Es wäre fatal, wenn die Tauschwirtschaft die Kommerzialisierung selbst kleinster Dienstleistungen betreiben würde. Die Intention des Tauschens würde so in ihr Gegenteil verkehrt werden. Die Wirtschaftsförderung 4.0 will den Bürgerinnen und Bürgern mehr Handlungsspielräume und Optionen eröffnen, statt die Abhängigkeit vom Geld zu vertiefen und menschliche Beziehungen zu einer Ware zu machen, aus der auch noch Profit geschlagen wird.[591]

Werden die richtigen Akzente gesetzt, kann die Professionalisierung von Sharing-Initiativen durchaus förderlich sein. Ein Carsharing-Verein beispielsweise kam erst zur Blüte, nachdem die örtlichen Stadtwerke eingestiegen waren. Doch die Gewinne bleiben in der Gemeinschaft, wenn die Aktien der Stadtwerke noch den Bürgern gehören. Und die Bürger erwarten keine maximale Rendite, sondern ein gutes Angebot.

Eine andere Möglichkeit, die Kommerzialisierung der Sharing-Initiativen zu vermeiden, bieten alternative Währungen. Zeitbank (S. 193) oder Regiogeld (s. Kapitel »Geld«, S. 224) stellen sicher, dass erwirtschaftete Vermögen lokal gebunden bleiben.

Vorbehalte an der Graswurzel

Misstrauen gegenüber Politik und Verwaltung ist auch an der Basis von ehrenamtlichen Initiativen sehr verbreitet. Viele Bürgerinnen und Bürger haben den Eindruck, »die da oben« wüssten gar nicht, was die Menschen in der Praxis wirklich brauchen, sie seien realitätsfern und gesteuert von mächtigen Interessengruppen. So berechtigt und verständlich solche Annahmen im Einzelfall auch sein mögen, so können sie aber auch zu einem wenig hilfreichen Schwarz-Weiß-Denken verleiten: hier die guten Selbsthilfeinitiativen vor Ort, dort die korrupten Politiker und Bürokraten.

Das Ziel der Ökoroutine und der von ihr vorgeschlagenen Wirtschaftsförderung 4.0 ist es nicht, ein Paralleluniversum aus Regionalwirtschaften aufzubauen. Schließlich greifen wir alle auf die Dienste des Gemeinwesens zurück. Wir nutzen Straßen, Bahnen, Kommunikationstechnologien, Schwimmbäder und nicht zuletzt das Gesundheitssystem. Wir leben in Frieden. All diese Dinge dienen dem Gemeinwohl und werden über Steuern finanziert.

Die WF 4.0 wird die Vorbehalte an der Basis ernst nehmen. Sie möchte sich nicht einmischen oder etwas wegnehmen, sondern durch Geld, Räumlichkeiten und Marketing das Engagement vor Ort fördern. Ganz ähnlich wie es die Freiwilligenagenturen heute schon tun. In den zurückliegenden Jahrzehnten kamen Nahversorgung und Gemeinwohlwirtschaft ziemlich unter die Räder. Wenn nun Genossenschaften und Urban-Gardening-Projekte wieder beliebter werden, ist das eine äußerst begrüßenswerte Entwicklung.

WF4.0 statt TTIP

Seit Jahrzehnten ist es selbstverständlich, dass die Produktion selbst einfachster Lebensmittel über viele Nationen verteilt ist. Transparent gemacht hat das die »Joghurtgeschichte« des Wuppertal Instituts. Die Mitarbeiterin Stefanie Böge wies Anfang der 1990er-Jahre nach, dass Transporte über Tausende von Kilometern nötig sind, um in Stuttgart ein Glas Joghurt herzustellen – Erdbeeren aus Polen, Joghurtkulturen aus Norddeutschland, Leim aus Holland. In der Summe verursachte ein kleines Glas Joghurt 9 115 Transportkilometer.

Ursache dafür ist die extreme Verteilung der Produktion auf verschiedene Hersteller. Dieser Prozess hat sich in den vergangenen Jahren kontinuierlich verschärft. Entstanden ist ein System der organisierten Verantwortungslosigkeit, in dem jeder die Schuld auf den anderen schiebt und man kaum noch herausfinden kann, wer das Pferdefleisch in die Lasagne gemischt hat. Je mehr Unternehmen an Herstellung und Vertrieb eines Produkts beteiligt sind, desto stärker ist auch der Wachstumsdrang für die Wirtschaft insgesamt, denn jedes Unternehmen in der Kette strebt danach, Gewinne zu erwirtschaften.

Die WF 4.0 lindert den Wachstumszwang und -drang einer regionalen Wirtschaft. Sie wird zum Experimentierfeld für einen Alternativentwurf zur etablierten Expansionsökonomie. Wie unsere Wirtschaft ohne oder zumindest mit viel weniger Wachstum existieren kann, das ist die große Frage, zu deren Beantwortung es nach wie vor kein konsistentes Konzept gibt. In unseren Städten und Gemeinden haben wir die Möglichkeit, im Kleinen potenzielle Exit-Strategien zu entwickeln. Die Belastungsprobe einer wirtschaftlichen Stagnation sollte uns nicht unvorbereitet treffen. Wohlgemerkt: Wachstum an sich muss nicht problematisch sein, etwa bei solaren Energien. Was jedoch nicht mit Klimaschutz und Ressourcengerechtigkeit vereinbar ist, hat zu schrumpfen.

Neustart der Regionalwirtschaft

Mit der Tendenz zur Verlagerung und Aufteilung der Produktion sind auch die Gewinne aus der Region abgewandert – auf die Konten von Investoren in anderen Regionen, Ländern und Kontinenten. Beim Verkauf einer Lasagne erzielt nur noch der Supermarkt einige Cent Gewinn. Doch auch dieser bleibt selten ortsgebunden, sondern realisiert sich in den Konzernzentralen. Schlimmstenfalls wird er dem Finanzamt weitgehend vorenthalten, wie die legalen Steuertricks von Google, Apple und Co. offenbaren.[592]

Die Ausweitung des Freihandels wird diese Entwicklung noch forcieren. Sie sabotiert die regionale Produktion auf Kosten eines radikalen Wettbewerbs. Zwar wird allenthalben betont, wie wichtig regional erzeugte Lebensmittel für Umwelt, Vielfalt, Tiere und Arbeitsplätze sind. Doch TTIP wird genau das Gegenteil bewirken. Das geplante Freihandelsabkommen zwischen den USA und der EU wird lange Transportwege, Einheitsprodukte und noch mehr Megaställe begünstigen sowie Arbeitsplätze gefährden. Die WF 4.0 strebt nach möglichst kurzen Wertschöpfungsketten. Ihr ist die Nahversorgung wichtiger als der Export. In diese Richtung wirken beispielsweise Regionalgeld oder Solidarische Landwirtschaft. Je kürzer die Wertschöpfungsketten, desto größer ist der regional realisierte Gewinnanteil. Idealtypisch geschieht das etwa bei der

Direktvermarktung von Lebensmitteln. Auch der Tisch vom Schreiner ist eine Form des Direktvertriebs.

Die Wirtschaftsförderung 4.0 hilft, nachhaltige Wirtschafts- und Lebensformen aufzubauen – durch das Teilen von Ressourcen, Produkten oder Räumen, die Förderung von Kooperation, Eigeninitiative und Selbsthilfe sowie die Bindung von Warenverkehr und Dienstleistungen. Die Stärkung der Nahversorgung, verlängerte Nutzungsdauer von Produkten, verstärkte Nutzung von erneuerbaren Energien, platzsparende Wohnformen und vieles mehr begünstigen den achtsamen Umgang mit Ressourcen. So wird Öko zur Routine.

Vom Ich zum Wir

Mit wachsendem Wohlstand sind die Gesellschaften der Industrienationen nicht nur reicher geworden; auch die Einsamkeit nimmt zu. Die Zahl derjenigen, die sich in schwierigen Zeiten auf nahestehende Personen verlassen können, geht zurück. Robert Putnam, Politikwissenschaftler in Harvard, hat das Phänomen in zahlreichen Studien untersucht. In seinem viel beachteten Buch »Bowling Alone« beschreibt er am Beispiel von Freizeitbeschäftigungen, wie Gemeinsinn und Engagement erodieren. Zwar wurde Bowling in den USA zunehmend beliebter, aber die Menschen spielten immer weniger in Teams – der Rückgang lag bei 40 Prozent. Putnam spricht von einer sozialen Umweltkatastrophe.[593] Diskussionen, gegenseitiger Austausch von Gedanken und Sorgen, kritische Reflexion, all das findet nach seiner Beobachtung immer weniger statt. Die Individualisierung der Gesellschaft, die zu den wichtigsten Errungenschaften der Moderne zählt, lässt auf der anderen Seite das Gemeinwesen verarmen.

Vereinzelung und schwindender Zusammenhalt setzen nicht nur die Grundlagen der Demokratie unter Druck. Sie schmälern auch die Lebensqualität und die Chance auf ein würdevolles Leben. Immer wieder kommt es vor, dass Menschen in ihrer Wohnung sterben und erst Wochen später aufgefunden werden. Solche Ereignisse zeigen: Wenn eine Gesellschaft gegenseitiges Helfen und Kooperieren nach und nach verlernt hat, macht sich das in Krisensituationen dramatisch bemerkbar. Viele Menschen haben in Notlagen nur noch die Behörden als Ansprechpartner.

Die WF 4.0 legt besonderen Wert darauf, Menschen aus verschiedenen Bereichen ins Gespräch zu bringen und zur gemeinsamen Aktivität zu veranlassen. Das hat, wie Putnam betont, wichtige positive Rückwirkungen auf eine vertrauensbildende und kooperationsfördernde Kultur in der Region. Funktionierende Gemeinschaften sind demnach der entscheidende Wohlfühlfaktor und auch ein Mittel der Gesundheitsförderung. Ohnehin sind die Gemeinschaft und ihr Sozialkapital eines der wichtigsten Attribute der WF 4.0.

Der Trend zum Teilen, Tauschen und Kooperieren könnte einen gesellschaftlichen Wandel zu mehr Gemeinsinn in Bewegung setzen, eine Transformation vom »Ich« zum »Wir«.[594] Ob es sich nun um Ressourcen, Produkte oder Räume handelt: Wenn wir diese Dinge teilen, können wir eine nachhaltige Wirtschaftsform aufbauen und das Teilen zu einer neuen Lebensform machen. Dabei kommen die Menschen miteinander in Kontakt – näher und anders als gewöhnlich, denn es ergeben sich neue Schnittstellen. Sie locken den Einzelnen aus seiner Kapsel. So wächst zugleich das Zugehörigkeitsgefühl, man fühlt sich als Mitglied einer Gemeinschaft. Das schafft Hilfsbereitschaft, Sorge, Rücksichtnahme.

Die WF 4.0 erkennt, dass Kooperationsprobleme nicht zuletzt Kommunikationsprobleme sind. Sie fördert soziale Netzwerke und Informationsaustausch und stärkt damit die Vertrauenswürdigkeit und Berechenbarkeit möglicher Partner. Die Menschen wollen das Gefühl haben, dass ihr guter Wille nicht ausgenutzt wird. Hierfür bieten Vereine, Verbände, Bürgerinitiativen und Kirchengemeinden schon heute die Voraussetzungen. Je besser es der WF 4.0 gelingt, das Gemeinschaftsgefühl zu stärken, desto erfolgreicher vermag eine Region auf neue wirtschaftliche Chancen zu reagieren. Auch der Informationsaustausch mit lokalen Behörden ist essenziell: Die Bürgerinnen und Bürger sind zufriedener, wenn die Behörden sich objektiv stärker an ihren Wünschen orientieren.

Die WF 4.0 fördert Freiwilligenarbeit, soziale Netzwerke und Gemeinschaften und ist damit Treiber für gesellschaftlichen Zusammenhalt und gemeinsame Werte (mehr dazu im Kapitel »Lebenskunst«, S. 272). Umgekehrt dienen diese Faktoren den kooperativen Wirtschaftsformen und der regionalen Wertschöpfung. Die strukturelle und

Abbildung 44 Die Wirtschaftsförderung 4.0 stärkt den sozialen Zusammenhalt. Beim Teilen und Kooperieren kommen sich die Menschen näher als gewöhnlich, es entstehen neue Kontakte und Netzwerke. Fast schon legendär geschieht das im Waschsaloncafé »Brainwash«.
Foto: © cleanicum, pixelio.de

finanzielle Förderung von Engagement etwa durch eine »Zeitbank« oder Tauschringe wirkt zugleich als Wohlfahrtsmultiplikator. Eine hauptamtlich finanzierte Arbeitsstunde löst ein Vielfaches an freiwilligen Arbeitsstunden aus.[595] Im Interesse der WF 4.0 sind daher auch kürzere Arbeitszeiten, sie schaffen Raum für Gemeinwohlarbeit (s. Kapitel »Arbeiten«, S. 238).

Von der Ohnmacht zur Aktion

Die WF 4.0 weist einen Weg aus der weitverbreiteten Ohnmacht des Individuums. Denn gerade durch die Globalität der Auswirkungen industriestaatlichen Handelns und die damit verbundenen schleichenden Katastrophen fällt es den Bürgerinnen und Bürgern schwer, einen direkten Bezug zwischen ihrem Handeln und den langfristigen weltweiten Auswirkungen herzustellen. Klimawandel, ansteigender Meeresspiegel, Artensterben und Ressourcenknappheit scheinen für den Einzelnen ebenso wenig beeinflussbar wie Hungerkatastrophen in Afrika. Angesichts solcher Herausforderungen macht sich schnell ein Ohnmachtsgefühl breit, gefolgt von einem weitgehenden Gleichmut. Mit ihrem lokalen Bezugsrahmen vermittelt die WF 4.0 Handlungskompetenz. Ohnmachtsgefühle gegenüber globalen Problemen können sich in Selbstverwirklichung und Zufriedenheit wandeln, wenn es gelingt, Einflussmöglichkeiten auf kommunale Entscheidungen und konkrete Handlungsmöglichkeiten zu gewährleisten.[596]

Kollaborative Subsidiarität

Es mag wohl sein, dass sich der Mensch als Individuum in der Masse tendenziell egoistisch verhält. Wie uns die Ökonomen Smith und Hayek gelehrt haben, ist das auch gar nicht schlimm, denn vom selbstbezogenen Streben des Einzelnen profitiert die ganze Gesellschaft. Inwiefern das wirtschaftliche Engagement staatlich reglementiert und gelenkt werden sollte, diese Frage ist politisch umstritten und wird es immer bleiben. Eine unbestrittene Tatsache ist hingegen, dass die Menschen in überschaubaren Gruppen, gegenüber Nachbarn und Bekannten, mitfühlend und hilfsbereit sein können. Hilfsbereit sind sie sogar gegenüber fremden Personen; mitunter riskieren Menschen ihr Leben, um einem Unbekannten zu helfen.

Eben weil Menschen bereit sind, einander zu vertrauen, und auf das Gemeinwohl achten, wenn auch in einem abgesteckten Rahmen, funktionieren die verschiedenen Handlungsfelder der WF 4.0 schon heute. Bei der kooperativen Landwirtschaft akzeptieren die Mitglieder Missernten und tragen die Verluste. Menschen investieren in genossenschaftliche Unternehmungen, selbst wenn die Rendite marginal ist. Auch das Regionalgeld funktioniert nur, weil die Beteiligten den wirtschaftlichen Nutzen für die Region erkennen und nicht allein auf den persönlichen Vorteil bedacht sind. Manches würde ohne diese Motivation unerschwinglich, beispielsweise Wikipedia. Bekämen die Jugendtrainer von Fußballmannschaften einen angemessenen Stundensatz, könnten sich vermutlich nur noch wohlhabende Bürger eine Mitgliedschaft leisten.

Doch die WF 4.0 basiert gleichwohl nicht allein auf Selbstlosigkeit. Ebenso ist der Nutzenmaximierer Träger der regionalen Renaissance.

Das offenbart sich nicht zuletzt beim Carsharing: Leitmotiv der Mitglieder ist meist die Kostenersparnis.

Letztlich wirkt die WF 4.0 auf eine Re-Regionalisierung der Produktions- und Konsumtionsstrukturen hin. Ziel ist jedoch nicht die möglichst vollständige Selbstversorgung, auch »Subsistenz« genannt. Als Leitbild taugt eher die »Subsidiarität«. Sie zielt auf Selbstbestimmung, Eigenverantwortung und Hilfe zur Selbsthilfe. Ihr Grundsatz lautet: Eine Regelung auf höherer Ebene ist nicht erforderlich, wann immer etwas auf unterer Ebene besser oder gleich gut geregelt werden kann. Im Ökonomischen gilt entsprechend, dass Güter im Nahraum hergestellt werden, wann immer dies praktisch möglich und ökonomisch sinnvoll ist.[597]

Schon Keynes vertrat diese Einsicht. Der freie Waren- und Kapitalverkehr ist demnach nicht automatisch zum Wohle aller; besser sollten Produzenten und Endverbraucher, wann immer dies sinnvoll und möglich ist, ein und demselben Wirtschaftsraum angehören. Keynes bezweifelte nicht, dass der Handel mit Gewürzen, Bananen, Öl, Zink und dergleichen sinnvoll ist. Die überwiegende Anzahl der Produkte können die Länder allerdings selbst herstellen. Beeindruckend ist, dass Keynes bereits 1933 von Suffizienz sprach. Nationale Suffizienz hat aus seiner Sicht gegenüber der Arbeitsteilung den Vorteil, dass sie größere gesellschaftspolitische Handlungsspielräume ermöglicht. Länder und letztlich auch Kommunen und Regionen sind politisch selbstständiger, wenn sie nicht ständig die Abwanderung von Kapital und Arbeitsplätzen ins Ausland befürchten müssen.[598] Und nicht nur das: Die Ausweitung von kooperativen Wirtschaftsformen, die regional bezogene Wirtschaft und die Neuerfindung der Commons sind die Voraussetzung für den »Bau einer wachstumsbefriedeten Wirtschaftsordnung«.[599]

Kapitel 11

Ökoroutine als politisches Konzept

Die Voraussetzungen für Ökoroutine sind günstig. Der Rückhalt in der Bevölkerung ist enorm. Fast zwei Drittel der Bundesbürger halten Umwelt- und Klimaschutz für eine grundlegende Bedingung zur Bewältigung von Zukunftsaufgaben. Knapp die Hälfte meint, nur so lassen sich Wohlstand, Wettbewerbsfähigkeit und Arbeitsplätze sichern. Fast drei Viertel zeigen sich beunruhigt, wenn sie daran denken, in welchen Umweltverhältnissen unsere Kinder und Enkelkinder wahrscheinlich leben müssen.[600] Nicht anders auf europäischer Ebene: Rund 95 Prozent der EU-Bürger sagen, dass ihnen der Schutz der Umwelt wichtig ist. Drei Viertel sind der Meinung, dass Umweltbelange ähnliche Auswirkungen auf die Lebensqualität haben wie Wirtschaftsbelange. Fast drei von fünf glauben, dass Umweltfaktoren genauso bedeutsam sein sollten wie die Entwicklung des Bruttoinlandsprodukts. Und 85 Prozent der Europäer können sich vorstellen, eine wichtige Rolle im Umweltschutz zu übernehmen.[601]

Dennoch tun wir nicht, was wir für richtig halten. Die widersprüchliche Kombination aus sehr hohem Umweltbewusstsein und verschwenderischem Lebensstil erlaubt nur einen Schluss: Der Einzelne ist mit der Bewältigung von derart komplexen Problemlagen wie etwa dem Klimawandel überfordert. Die persönlichen Handlungspotenziale scheinen zu geringfügig, um etwas bewirken zu können. Ohnehin weisen die kulturellen Normen, Symbole, Werte und Traditionen, die uns umgeben, bislang nur in Richtung Wachstum, nicht aber Mäßigung. Der Appell zur Einschränkung oder zur bloßen Änderung von Gewohnheiten kommt in einer Konsumkultur der Aufforderung gleich, mit dem Atmen aufzuhören. Für einen kurzen Moment lang ist das möglich, aber dann werden wir japsend wieder Luft holen – und weiter Fleisch essen, Auto fahren, fliegen oder in überdimensionierten Häusern wohnen. Das sind keine dekadenten Entscheidungen, es entspricht einfach nur der Art unseres Lebensstils.[602] Der verschwenderische Umgang mit Ressourcen ist und bleibt Routine in unserer Kultur. Doch Routinen können sich ändern.

Ökoroutine nimmt das hohe Umweltbewusstsein der Bürgerinnen und Bürger ernst und möchte auf dieser Basis Standards verbessern, Limits festlegen und Anreize schaffen. Das ist der Ausgangspunkt für das Konzept der Ökoroutine.

Als Routine bezeichnen wir das, worüber man nicht mehr nachdenkt, nicht mehr nachdenken muss. Das macht Routinen so nützlich. Sie entlasten uns und ermöglichen es, dass wir uns auf das konzentrieren, was eine bewusste Entscheidung verlangt. Anders wäre der Alltag gar nicht zu bewältigen. Jeder Autofahrer lenkt seinen Wagen, ohne die einzelnen Handlungsabläufe zu planen. Schon ein simpler Fahrstreifenwechsel bringt einen beträchtlichen Koordinierungsaufwand mit sich: Kuppeln, schalten, blinken, Schulterblick, lenken, Geschwindigkeit kontrollieren, all das sind zur Routine gewordene Handlungen, die gleichsam automatisch ablaufen – und somit Raum geben, um sich mit dem Beifahrer zu unterhalten oder ein Hörspiel zu verfolgen. Zugleich sind diese Routinen in Strukturen wie der Straßenverkehrsordnung verankert, an die sich alle Verkehrsteilnehmer halten müssen.

Für den britischen Soziologen Anthony Giddens sind Routinen eine Schlüsselkategorie, um gesellschaftliche Entwicklungen zu erklären.[603] Alles um uns herum wird demnach durch unsere Alltagshandlungen, Gewohnheiten und Routinen bestimmt. Routinen geben Sicherheit. Krisenzustände schaffen Unsicherheit und stellen Routinen infrage. Wenn gefährliche Keime im Rindfleisch entdeckt werden, ändern die Menschen rasch ihr Einkaufsverhalten – zumindest vorübergehend. Die Politik reagiert oftmals mit gesetzlichen Maßnahmen, also strukturellen Veränderungen. Es entwickeln sich neue Routinen.

Doch es muss nicht erst zu Krisenzuständen und Katastrophen kommen, damit Routinen sich wandeln können. Es genügt, wenn die Strukturen sich allmählich ändern. Das beeinflusst dann auch unsere

Alltagshandlungen. Wenn die Waren im Lebensmittelmarkt durch Standards Jahr für Jahr weniger Schadstoffe enthalten, dann kaufen wir alle im Ergebnis gesündere und bessere Produkte. Damit wandeln sich auch die Routinen, ohne dass den Kunden eine bewusste Entscheidung abverlangt wurde. So wird es möglich, dass sich ökologische Produktions- und Konsummuster quasi verselbstständigen.

Ökoroutine hat das Ziel, dass wir umweltfreundlicher leben – indem die Strukturen unseres Lebens und Wirtschaftens insgesamt umweltfreundlicher gestaltet werden. Das vereinfacht und verbessert den Alltag für uns alle. Wenn wir keine weiteren Startbahnen und Straßen bauen, lässt sich die Expansion der Luftfahrt und des Lkw-Verkehrs begrenzen, ohne dass jeder Spediteur, Tourist oder Pilot darüber nachdenken muss, wie er sich jetzt und in Zukunft verhalten soll. Mit Standards lässt sich der Höchstverbrauch der gesamten Automobilflotte festlegen und schrittweise mindern. Durch Geschwindigkeitsbegrenzungen, Rückbau von Parkplätzen, Stellplatzgebühren und attraktive Radwege können wir den Umstieg aufs Fahrrad begünstigen, sodass Radfahren zur Routine wird. In Kopenhagen ist das bereits gelungen, viele besitzen dort längst kein eigenes Auto mehr. Öko ist dann Routine.

Gleichwohl macht Ökoroutine verantwortungsvolle Entscheidungen nicht überflüssig. Ob wir unser Auto abschaffen, welchen Fahrstil wir pflegen und wie viele Kilometer wir im Jahr zurücklegen, all das bleibt weiterhin eine persönliche Ermessensentscheidung. Wir können Ökolandbau zum Standard machen, aber wie viel Fleisch wir essen und wie viele Lebensmittel in den Müll kommen, dass bestimmt jeder auch bei 100 Prozent Öko selbst. Nach wie vor braucht es daher über die Standards und Limits hinaus finanzielle Anreize, Bildungsarbeit und Kampagnen.

Wie sich die Richtung des Wandels beeinflussen lässt

Um den gesellschaftlichen Veränderungsprozess anzustoßen, stehen uns verschiedene Strategien und Maßnahmen wie Gesetze, Steuern oder Informationen zur Verfügung. Werden sie miteinander kombiniert, wirken sie am effektivsten. Das lässt sich gut am Beispiel Tabakkonsum belegen: Seit mindestens einem halben Jahrhundert sind Rauchern die zu erwartenden Gesundheitsschädigungen bekannt. Tabakrauch enthält einige tausend Stoffe, viele davon sind krebserregend. Das persönliche Risiko wurde – und wird noch immer – extrem irrational eingeschätzt: »Mein Opa hat auch geraucht und ist über 80 geworden.« Der Mensch ist ein Verdrängungskünstler (S. 62).

Allen Aufklärungskampagnen zum Trotz verringerten nur wenige Raucher ihren Tabakkonsum. Rauchen war in fast allen Situationen selbstverständlich. Noch Ende der 1980er-Jahre war kaum jemand verwundert, wenn Eltern während der Autofahrt im Beisein von Kindern rauchten. Heute gilt solches Verhalten fast als Körperverletzung, manche Politiker fordern dafür bereits Strafen. Ein Wandel hat sich vollzogen. Doch er kam nicht von allein. Er wurde durch eine Kombination finanzieller und ordnungsrechtlicher Steuerungsmechanismen möglich, mit denen die politischen Entscheidungsträger die Konsumgewohnheiten ihrer Wählerinnen und Wähler beeinflusst haben.

Zunächst machte die Tabaksteuer das Rauchen Schritt für Schritt kostspieliger. Auf den Tabakschachteln mussten die Konzerne zudem in kleinster Schrift über die Gesundheitsgefahren aufklären. Nach und nach wurde Werbung für Zigaretten unterbunden, zunächst im Fernsehen, später in Zeitschriften. Bald dürfen sie auch nicht mehr mit Plakaten beworben werden. Selbst das Sponsoring etwa von Formel-1-Rennen wird nicht mehr gestattet. Die Warnhinweise auf den Schachteln sind inzwischen übergroß und drastisch. Zuletzt kamen abschreckende Bilder hinzu.

Abgerundet wurden die politischen Wirkmechanismen durch Rauchverbote in Firmen, Zügen, Bahnhöfen, diversen anderen öffentlichen Gebäuden und schließlich sogar in Gaststätten. Inzwischen haben sich die Selbstverständlichkeiten umgekehrt: Das Schmöken in der Wohnung ist heutzutage selbst unter Rauchern verpönt. Die Zahl der besteuerten Zigaretten sank seit 1991 um mehr als vierzig Prozent.[604]

Gesetzliche Vorgaben und strukturelle Veränderungen beeinflussen unser Verhalten und unser Bewusstsein. Auch theoretische Überlegungen zeigen, dass wir über Gesetze erzwungene Verhaltensweisen so verinnerlichen, dass sie als selbstbestimmte Handlungen empfunden

Abbildung 45 Ende der 1980er-Jahre war es noch ganz normal, während der Autofahrt im Beisein von Kindern zu rauchen. Heute gilt solches Verhalten fast als Körperverletzung. Ein kultureller Wandel hat sich vollzogen, weil sich die Rahmenbedingungen geändert haben.
Foto: Dagmar Zechel, pixelio.de

werden.[605] Wie das Beispiel des Tabakkonsums zeigt, haben die schrittweise veränderten Rahmenbedingungen unsere Selbstwahrnehmung gewandelt, ja einen soziokulturellen Wandel bewirkt. Routinen haben sich verändert.

Ökoroutine statt Ökodiktatur

Forderungen nach höheren ökologischen Standards sehen sich schnell dem Vorwurf übertriebener Regelungswut ausgesetzt. Man bevormunde den Verbraucher, heißt es, man beschneide die Freiheit und Eigenverantwortung der Bürgerinnen und Bürger, man wolle ein »Bürokratiemonster« schaffen. Strengere Vorgaben seien zudem nicht gut für die Wirtschaft, Arbeitsplätze würden in Gefahr gebracht. Oft fällt das Schlagwort »Ökodiktatur«. An sich vernünftige Vorschläge wie die Einführung eines Veggiedays in öffentlichen Kantinen oder die Erhöhung der Benzinsteuer haben den Grünen den Ruf einer Verbotspartei eingebracht. Die EU-Kommission wird von vielen als tendenziell weltfremde Behörde wahrgenommen, die für jeden Aspekt des Lebens Vorschriften ausheckt, bis hin zum Krümmungsgrad von Gurken.

Die Polemik mag verständlich sein, fair ist sie nicht. Es gehört zum politischen Alltag, neue Gesetze zu beschließen und vorhandene Gesetze zu überarbeiten: Nummernschildmitnahme beim Umzug, Elterngeld, Pflegeversicherung, Energiewende, Zusatzbeiträge der Krankenkassen, schärfere Sicherheitskontrollen am Flughafen. Das ist schlichtweg der Job von Politikern, wenn sie an der Regierung sind. Häufig plädieren selbst Gegner staatlicher Regulierung für mehr Sicherheit und Überwachung. Verbote und Vorgaben sind Alltag.

Dasselbe gilt für die zahllosen Normierungen, mit denen wir leben. Jeder weiß, was ein DIN-A4-Blatt ist, und profitiert davon, dass solche Standards existieren. Freiwillig einigen sich Unternehmen auf einheitliche Vorgaben, die bisweilen auch zum Gesetz werden – weil das für alle Vorteile bringt. Das bestehende Normenwerk verändert sich ständig. Pro Jahr erscheinen über 2 000 DIN-Normen neu.[606] Standards zu definieren und anzuheben ist in Politik und Wirtschaft ganz alltäglich. Die Argumente der Ökoroutine sind mithin alles andere als weltfremd oder diktatorisch.

Standards und Konsumsteuerung

Wenn es uns gelingt, die vorhandenen Standards ökofair zu gestalten, etwa für den Energiebedarf von Häusern, die Haltbarkeit von Geräten und die Produktionsbedingungen von Kleidung, gewinnen alle. Ökoroutine argumentiert viel mit Standards und ist damit nicht allein. In Großbritannien hat sich längst die Einsicht durchgesetzt, dass der entscheidende Motor für grüne Innovationen nicht die »grünen« Verbraucher sind – sondern staatliche und wirtschaftliche Eingriffe. Hersteller, Handel und staatliche Regulatoren haben mit ihrer Entscheidung, die weniger nachhaltigen Produkte aus den Regalen zu verbannen, »den Standard für alle angehoben«.[607]

Standards sind eine Form von Konsumsteuerung. Sie existieren in allen Bereichen, sind in der Regel akzeptiert und erleichtern das Leben für alle. Die Warenwelt ist ohne Sicherheits- und Leistungsstandards undenkbar. Halten Lebensmittel die europäischen Standards nicht ein, dürfen sie nicht verkauft werden. Es gibt Steuern, Zölle und Subventionen, die bestimmte Produkte attraktiver, andere dagegen teurer oder unzugänglich machen. Jedwede Infrastrukturentscheidung beeinflusst unser Verhalten, gleich, ob eine Schule gebaut oder nicht gebaut wird, eine Straße, Radwege oder Parkanlagen. Ebenso hat die Forschungsförderung der Politik einen enormen Einfluss auf die zukünftige Entwicklung.[608]

Machen wir uns nichts vor: Die zurückliegende Politik hat Naturzerstörung und Ressourcenverschwendung zum Standard gemacht. Durch Pendlerpauschale und Eigenheimzulage hat sie die Zersiedelung systematisch vorangetrieben. Der Bau immer neuer Straßenkilometer und Flughäfen, die Zerschneidung der Landschaften, der Rückbau von Schienen, Bahnhöfen und Buslinien, die Genehmigung weiterer Wohnsiedlungen und Gewerbegebiete, die Agrarsubventionen und die Aufgabe der Flächenbindung für Tiere, welche Massentierhaltung und Preisdumping begünstigen: All das hat unseren Konsum, unser Verhalten und die Produktion beeinflusst. Auch Atomkraft gibt es in Deutschland nur, weil der Staat sich dafür eingesetzt hat.

Laut Umweltbundesamt sind die umweltschädlichen Subventionen in den letzten Jahren weiter gestiegen. Sie liegen nun bei über 50 Milliarden Euro pro Jahr. Der Report der Behörde ist ein Register staatlicher Fehlsteuerung. Im Ergebnis haben gesetzliche Vorgaben und Anreize die Entstehung einer nicht zukunftsfähigen Konsumkultur befördert. Ökoroutine etabliert keinesfalls ein staatliches Regulierungsmonster. Ökoeffektive Standards basieren auf einem vorhandenen System und lenken Konsum und Produktion sanft in Richtung Nachhaltigkeit.

Gute Bürokratie – die Verwaltung als Rückgrat des modernen Staates

Jeder kennt Geschichten von bürokratischer Drangsal. Franz Kafka widmete sich in verschiedenen Werken diesem Thema.[609] Die Hauptfiguren bewegen sich in labyrinthischen Strukturen, sehen sich beständig mit absurden Regeln und Gesetzmäßigkeiten konfrontiert, die weder zu durchschauen noch zu verstehen sind. Gleichwohl werden sie als völlig selbstverständlich hingenommen und von den anderen Romanfiguren verteidigt, ohne dass ein Sinn erkennbar würde. Kafkas Warnungen vor einer übermächtigen Staatsgewalt und Bürokratie sind durchaus berechtigt – sie kann jede Kreativität ersticken.

Gleichwohl ist die Bürokratie das Rückgrat des modernen Staates. Nach Max Webers Idealvorstellungen ist die öffentliche Verwaltung neutral und verlässlich. Regeln und Ordnung ermöglichen Sicherheit, Freiheit und Daseinsvorsorge. Der Staat trägt entscheidend dazu bei, die Interessen all jener zu bewahren und zu schützen, die sich nur schlecht behaupten können, etwa Einkommensarme und zukünftige Generationen.

Gewiss, die bestehenden Verhältnisse sind nicht perfekt, weder Wohlfahrts- noch Umweltverbände sind zufrieden. Doch insgesamt und im internationalen Vergleich ist die öffentliche Verwaltung in Deutschland enorm effizient. Sie ist auch effektiv. Und sie sieht sich zunehmend im Dienst der Bürgerinnen und Bürger. Zu erkennen ist das beispielsweise an der moderierenden Rolle, die Behörden mittlerweile einnehmen: In vielen Kommunalverwaltungen haben Mitarbeiter Fortbildungen absolviert, um bei Konflikten rasch schlichten zu können. Auch im Kleinen wird nicht stumpf auf die Verordnungen verwiesen. So geben die Mitarbeiter des Bauamtes nicht allein rechtliche Hinweise bei Nachbarschaftsstreitigkeiten, sondern versuchen oftmals, zwischen den Streithähnen zu vermitteln, damit die Sache gar nicht erst vor Gericht landen muss.

Auch Bürokratiekritiker wollen Sonderregelungen. Außerdem kann sich unsere Haltung zur Bürokratie je nach Situation verändern. Als Häuslebauer ärgert sich Herr Maurer über die unzähligen Bauvorschriften, an die er sich zu halten hat. Aus seiner Sicht macht der Staat ihm damit das Leben schwer. Doch als sein Nachbar einen hässlichen Schuppen direkt an der Grundstücksgrenze aufbaut, fragt Herr Maurer umgehend beim Bauamt nach, ob das denn »mit rechten Dingen zugeht«, und beruft sich auf ebenjene Vorschriften, über die er sich zuvor noch beschwert hatte. Was er in der einen Situation als Gängelung erlebt, soll ihm in der anderen Situation Sicherheit geben.

Nicht von ungefähr haben viele Kämpfer für »Bürokratieabbau« eine Rechtsschutzversicherung, und die für sie angenehmen Sonderregelungen im Steuerrecht wollen sie nicht missen. Hoteliers etwa beklagen sich über die vielen Vorschriften, nach denen sie sich zu richten haben, schon allein für die Hygiene in der Küche. Gleichzeitig haben sie auf eine Sonderreglung bei der Umsatzsteuer gepocht, die als weitere Ausnahmeregelung die Zeit der Steuerbeamten beansprucht. Alle, die über die Vorschriften klagen, profitieren zugleich davon. Viele fordern sogar neue Vorschriften. Die Menge der Detailregelungen wächst, weil einzelne Gruppen nach Ausnahmen und Erleichterungen für sich rufen, sodass es schließlich für alle komplizierter wird.

Überkomplexe Regelwerke, die selbst Fachleute kaum noch durchschauen, sind meist das Ergebnis eines politischen Aushandlungsprozesses. Der Mindestlohn an sich ist beispielsweise eine einfache Vorgabe. Erst die Ausnahmen, erstritten von Interessenverbänden, erschweren die Umsetzung. Doch man kann nicht jede schöne Idee zum Gesetz machen. Das Konzept »Branded Appartment« zum Beispiel sieht vor, beim Mieterwechsel in einer Wohnung mit Stickern, Hinweisschildern und Aufstellern auf Energieverbräuche hinzuweisen. Auf dem Fenster könnte dann etwa ein Aufkleber ermuntern: »Stoßlüften«![610] Das Konzept hat vieles für sich. Es in Gesetzestext zu gießen liefe aber auf die Schaffung eines unkontrollierbaren Paragrafenmonsters hinaus.

Regeln müssen einfach sein: Das Konzept der Ökoroutine verlangt nach möglichst einfachen Regeln. Seine Handlungsvorschläge basieren vielfach auf bestehendem Regelwerk, beispielsweise muss bei den Regelungen für die Landwirtschaft häufig nur eine Zahl getauscht werden, um einen Standard anzuheben. Das gilt ebenso für Tempo 30 als innerörtliche Regelgeschwindigkeit. Klipp und klar ist auch die Vorgabe, dass Heizungen, die älter als 30 Jahre sind, ausgetauscht werden müssen. In vielen Fällen geht es zudem nicht darum, etwas zu tun, sondern etwas zu unterlassen: ein Neubaugebiet *nicht* auszuweisen, die zusätzliche Startbahn *nicht* zu bauen und die Umgehungsstraße *nicht* zu planen.

Lobbyismus eindämmen

Jede einzelne politische Entscheidung, um die Menschen vom Rauchen abzubringen, hat die Lobby der Tabakindustrie erbittert bekämpft. Sie tut es bis heute mit Erfolg. Nur in Deutschland und Bulgarien wird noch Außenwerbung für Tabakprodukte gestattet, auch bei den abschreckenden Fotos sind wir Nachzügler. Ein weiteres Beispiel, wie effektiv die Manipulation der Mächtigen organisiert ist: Ohne die Katastrophe von Fukushima hätte die Atomlobby die Verlängerung der Laufzeiten feiern können. Ähnlich geht es auch bei der Neuzulassung des umstrittenen Pflanzenschutzmittels Glyphosat zu.

Für die Umsetzung der Ökoroutine ist Lobbyismus eines der größten Hindernisse. Er verhindert, dass geschieht, was geschehen muss (S. 46 »Macht & Lobbyismus«). Politiker und Verbände sprechen gern von Informationsaustausch. Der Rat von Experten ist ohne Zweifel wertvoll. Doch es besteht ein beträchtliches Machtungleichgewicht. Die Gleichung lautet: Je mehr Geld, desto mehr Einfluss.

In der breiten Öffentlichkeit ist die Meinung sehr verbreitet, dass Konzernbosse in der Politik das Sagen haben und die Anliegen von Unternehmen stärker beachtet werden als die Interessen der Wählerinnen und Wähler. Ganz so einfach ist es zwar nicht, gleichwohl sind klare Regeln notwendig, um den Lobbyismus einzudämmen. Eine Maßnahme wäre beispielsweise, Parteispenden grundsätzlich abzustellen. Mehr Transparenz, wie es etwa die Initiative Lobbycontrol fordert, macht ja allenfalls die Einflussnahme sichtbar. Wenn Unternehmen spenden wollen, können sie das gern weiterhin tun. Die Gelder ließen sich an zentraler Stelle sammeln und nach Proporz verteilen.

Nebeneinkünfte für einzelne Abgeordnete sind ebenfalls nicht hinnehmbar. Zukünftig könnten die Honorare in einen parlamentarischen Fonds fließen und gemeinnützigen Anliegen zugutekommen. Statt sich durch Nebeneinkünfte manipulieren zu lassen, wäre es klarer, wenn die Mandatsträger ihr Gehalt erhöhen. Sinnvoll erscheint auch eine Verpflichtung, die Einflussnahme zu dokumentieren, etwa in der Begründung zu Gesetzentwürfen. Hier wäre klar darzulegen, welche »Experten« bei der Vorbereitung des Gesetzentwurfs beteiligt waren.

Darüber hinaus machen Lobbycontrol und Transparency International noch zahlreiche weitere konkrete Vorschläge, um die Manipulation der Mächtigen zu bekämpfen.[611] Sie umzusetzen ist schon allein zur Demokratiepflege dringend geboten. Nur so werden die Wählerinnen und Wähler wieder Vertrauen zurückgewinnen, und nur so lässt sich das Konzept der Ökoroutine effektiv ins Werk setzen.

Der Schubser zur Ökoroutine

Ökoroutine verändert die Verhältnisse so, dass sich nachhaltiger Konsum verselbstständigt. Dabei geht es nicht um Zwang, es geht um Ermöglichung. Die Adressaten sind wir alle – auf der einen Seite die Produzenten, die aufgefordert sind, die höheren Standards einzuhalten, auf der anderen Seite die Konsumenten. Auch sie können nicht völlig aus der Verantwortung entlassen werden – das wäre weder möglich noch wünschenswert. Wir alle wollen selber entscheiden können. Doch je nachdem, wie Entscheidungen gestaltet sind, kommt es zu unterschiedlichen Ergebnissen.

Beispielsweise wären die Menschen empört, wenn sie per Gesetz zur Organspende verpflichtet würden. Diese Entscheidung sollte jedem selbst überlassen werden. In Spanien dagegen sind Organspenden viel häufiger als in Deutschland: Dort gilt jeder Bürger automatisch als Spender, es sei denn, er lehnt das ausdrücklich ab. Hierzulande ist es umgekehrt – allen Reformbemühungen zum Trotz.

Verantwortlich ist das, was die Ökonomie als »Nudge« bezeichnet. Durch einen »Schubser« oder Anstoß soll das Verhalten von Menschen so beeinflusst werden, dass kluge oder wünschenswerte Entscheidungen entstehen. Ein Schubser kann ein Hinweis, eine Erinnerung, Warnung oder auch die Veränderung einer formalen Rahmenbedingung sein. In vielen Bereichen wird dieses Konzept längst eingesetzt, beispielsweise wird ein Abonnement wesentlich häufiger verlängert, wenn dies stillschweigend geschieht. Ruinös wäre es für viele Verlage wohl, müsste der Kunde die Verlängerung jährlich neu in Auftrag geben.

In der gleichen Form lassen sich umweltfreundliche Verhaltensweisen und Entscheidungen initiieren. Das geschieht etwa beim Zeitschalter für das Treppenhauslicht. Nach einigen Minuten erlischt die Lampe, die Bewohner müssen es bewusst einschalten. Wäre es umgekehrt, wäre das Treppenhaus immer dann stundenlang erleuchtet, falls ein Bewohner das Ausschalten vergisst. Ebenso förderlich wäre es, wenn beispielsweise Drucker werksseitig beidseitig drucken und Kühlschränke bereits auf sechs Grad voreingestellt sind.

Etwas weiter ginge es, wenn beispielsweise die Neukunden eines Stromversorgers automatisch erneuerbaren Strom beziehen. Sie müssten dann bewusst zu Kohle- und Atomstrom wechseln. Bei Flugreisen wäre es denkbar, automatisch eine CO_2-Ausgleichsleistung auszuweisen und einzupreisen. Die Vorauswahl müsste bewusst weggeklickt werden, und neben dem Button stünde:»Klimaschutz ist mir gleichgültig. Ich möchte meine Flugreise nicht kompensieren.«

In der Verkehrspolitik ist das Nudge-Konzept vielerorts bereits etabliert. Komfortable Radwege und gute Bus- und Bahnverbindungen schaffen förderliche Gelegenheitsstrukturen, die umweltfreundliche Mobilität begünstigen. Zugleich ist es aber ebenso wichtig, das Autofahren und Parken zu erschweren. Wenn der Weg zum geparkten Auto weiter ist als zur nächsten Bus- oder Bahnhaltestelle, entscheiden sich die Menschen nachweislich häufiger für die umweltfreundliche Variante.[612] Diese Politik des Förderns und Forderns hilft ihnen dabei, das zu tun, was sie für richtig halten.

Bildung. Was man darüber wissen sollte

Bildungsarbeit, Informationsmaterialien und Kampagnen zielen auf die innere Einsicht der Bürgerinnen und Bürger. Bildung ist der Nährboden einer gelingenden Transformation. Bliebe es allerdings dabei, würde sich wenig ändern. Erst durch Ökoroutine kann die Bildung ihr Potenzial voll entfalten.

Heute ist es an Schulen selbstverständlich, dass sich die Schülerinnen und Schüler zumindest in einigen Unterrichtsstunden mit Umwelt- und Naturschutz auseinandersetzen. Es gibt Exkursionen, um die Tier- und Pflanzenwelt kennenzulernen und einen respektvollen Umgang mit der Natur einzuüben. Viele Schulen machen mit beim Energiesparprojekt »fifty-fifty«. Dabei dürfen Schulen die Hälfte der eingesparten Energiekosten behalten. Um die Einsparziele zu erreichen, wählen die Schulklassen Energiemanager. Nicht selten befassen sich ganze Projektwochen mit Umweltschutz in allen denkbaren Richtungen: Es gibt Baumpflanzaktionen, Antitütenkampagnen, Erntedankfeste mit regionalen und handgefertigten Produkten, Kooperationen mit Stadtgärten und vieles mehr.

Zu Hause, so ein Grundgedanke der Umweltpädagogik, erklären dann die Schüler ihren Eltern, worauf sie achten müssen, und fordern einen achtsamen Umgang mit elektrischen Geräten oder den Kauf von Sparlampen ein. Doch die Realität sieht nicht selten so aus: Nach der Klimaschutzaktion in der Schule steigen die Schüler ins »Taxi Mama« – immer häufiger in einen geländetauglichen Wagen. Später werden sie zum Sport oder Musikunterricht chauffiert. Zu Hause verkriechen sich die Pubertierenden in ihr Zimmer, das auch mal gut und gern 20 bis 30 Quadratmeter groß sein kann. Man vertreibt sich die Zeit mit Computer, Tablet und Smartphone. Andere füttern die Fische und gehen mit dem Hund Gassi. Am Abend gibt es die Wurst vom Discounter, und man plant den nächsten Urlaub in Spanien oder, wenn die Kasse stimmt, in Neuseeland oder in den USA. Kurz vorm Schlafen holt Vati die frische Wäsche aus dem Trockner. Eine solche Familie emittiert locker 60 bis 80 Tonnen Kohlendioxid pro Jahr; das ist doppelt so viel wie im Durchschnitt und viermal so viel wie bei umweltpolitisch bedachten Haushalten.[613] Dabei dürften laut Weltklimarat die Pro-Kopf-Emissionen jedes Erdenbürgers höchstens bei zwei Tonnen jährlich liegen.

In der Gesamtschau stellt sich die Frage, ob Schulabsolventen heutzutage sensibilisiert oder desillusioniert werden. Vermutlich ist nur wenigen bewusst, dass sich die Geschehnisse am Schulvormittag und am Nachmittag daheim diametral widersprechen. Wenn man einmal ganz ehrlich ist, hat die Umweltbildung in den letzten drei Jahrzehnten vor allem bewirkt, dass mehr Menschen als früher mit schlechtem Gewissen ins Flugzeug steigen und mit schlechtem Gewissen Auto fahren. Nicht selten anzutreffen sind Ohnmachtsgefühle, Gleichgültigkeit und Fatalismus. Wer mag sich schon beschränken, wenn alle weitermachen wie bisher?

Gleichwohl war all das Engagement der Erzieher, Lehrerinnen und Gelehrten nicht vergebens. Es schafft vielmehr die Basis für das Konzept der Ökoroutine. Denn bei aller Dynamik, die viele der hier diskutierten Steuerungsinstrumente auslösen können: Sie lassen sich nur ins Werk setzen, wenn sich die Einsicht in deren Notwendigkeit durchsetzt. Gezielte Informationen und Hinweise etwa bei biografischen Wendepunkten wie Umzug, Nachwuchs oder Arbeitgeberwechsel bleiben von immenser Bedeutung. Denn der Weg zum Weniger lässt sich nicht allein durch formale Rahmenbedingungen ebnen; kleinere Wohnungen, Autos und Kühlschränke oder der Verzicht auf größere, bequemere oder neue Maschinen basieren auf freiwilligen Entscheidungen.

Die elementare Aufgabe von Bildung in Schulen und Universitäten, Kampagnen und Beratungen ändert sich allerdings: Es gilt zu vermeiden, die Handlungsoptionen auf das Individuum zu reduzieren. Zwar soll klar sein, dass jeder Mensch persönlich Verantwortung trägt, aber mindestens ebenso wichtig ist es, junge Menschen auf die alltäglichen Widersprüche zwischen Bewusstsein und Verhalten vorzubereiten und zu vermitteln, wie sich diese Diskrepanz konkret überwinden lässt. Bildungsarbeit im Sinne der Ökoroutine wirbt zudem für die Akzeptanz von Standards, Limits und Caps.

Es ist wichtig, die ökologischen Vorzüge von Sparlampen und Biofleisch herauszustellen. Noch bedeutsamer ist es jedoch, die Tragweite der Sparlampenverordnung oder gesetzlicher Tierwohlstandards zu vermitteln – und zwar so, dass junge Menschen nicht nur gelangweilt abwinken. Hier liegt die neue Herausforderung eines auf kulturelle Transformation ausgerichteten Bildungswesens. Es wirbt für Limits und verdeutlicht, dass ein genussvolles und verantwortungsbewusstes Leben gerade innerhalb definierter Grenzen möglich ist. Limits befreien von der Schizophrenie zwischen Wissen und Handeln und ermöglichen ein Leben im Einklang mit der persönlichen Verantwortung gegenüber Kindern und zukünftigen Generationen.

Persönliche Ansprache

Es gibt unübersehbar viele Broschüren, Poster, Ausstellungen, Sticker und Kurse zum Thema »Bildung für Nachhaltigkeit«. All das hat, wie gesagt, seine Berechtigung, auch im Konzept der Ökoroutine. Über die Effektivität mag man streiten, doch eines ist gewiss: Flyer und Broschüren können die persönliche Ansprache nicht ersetzen. Das weiß jedes Unternehmen, nicht zuletzt die Pharmaindustrie. Deren Referenten besuchen die Ärzte monatlich, um sie von ihren Produkten einzunehmen.

Es ist ganz einfach so, dass allgemeine Informationen nur bedingt eine Reaktion auslösen, auf ein persönliches Gespräch jedoch muss man reagieren. Wer einmal ein Schulfest organisiert hat, weiß vermutlich, wovon die Rede ist. Eine Rundmail an hundert Eltern, die um Kuchenspenden bittet, hat im Ergebnis meist nur wenige Rückmeldungen. Zehn Anrufe hingegen führen meist zu zehn Kuchenspenden. Beim Klimaschutz ist das nicht viel anders. Vermieter und Eigenheimbesitzer befassen sich eher mit Fenstertausch und anderen Sparmaßnahmen, wenn sie in ein Gespräch verwickelt werden. Mitunter geht es dabei nur um die Einhaltung gesetzlicher Vorgaben, die sich über die Jahre geändert haben. Das schafft den Rahmen, damit die Vertreter des Klimaschutzes ernst genommen werden.

Standards kommunizieren

Die Umsetzung der Energiesparverordnung zeigt, dass gesetzliche Vorgaben allein ihre Wirkung verfehlen können, wenn sich niemand darum kümmert, dass sie eingehalten werden. Beim Neubau etwa sind inzwischen recht hohe Standards einzuhalten, kontrolliert wird jedoch nur in Stichproben. Das mag reichen, weil Bauherren und Architekten im Nachgang keinen Ärger mit dem Bauamt haben wollen. Im Bestand sieht das schon anders aus. Seit 2011 müssen beispielsweise die obersten Geschossdecken von Mehrfamilienhäusern gedämmt sein, doch wer sich nicht daran hält, hat nichts zu befürchten. Es fragt in der Regel keiner nach. Das gilt auch für andere Regelungen, etwa die, dass die Fassade gedämmt werden muss, wenn der Eigentümer mehr als zehn Prozent der Fläche saniert.[614]

Die Vorgabe kann bewirken, dass sich die Energieeffizienz auch der vorhandenen Häuser allmählich verbessert. Vermieter auf diese Standards hinzuweisen, verbunden mit persönlicher Ansprache und einer Beratung etwa zu Förderprogrammen, kostet Zeit und damit Geld. Für eine Stadt mit mehr als 150 000 Einwohnern ist womöglich ein eigener Mitarbeiter erforderlich, um dieser Aufgabe nachzukommen. Es ist gut und gern vorstellbar, dass dieser Mitarbeiter für den Klimaschutz in kurzer Zeit effektiv mehr Einsparungen zu verbuchen hat als so mancher Klimaschutzbeauftragter.

Ökonomie der Menschlichkeit

Ökoroutine rückt den Menschen in den Mittelpunkt. Die Wirtschaft hat den Bürgerinnen und Bürgern zu dienen. Das Ziel ist ein gleichermaßen verantwortungsvolles und glückliches Leben. Inwiefern das gelingt, lässt sich allerdings nicht mit dem Bruttoinlandsprodukt messen. Notwendig dafür sind neue Kennzahlen, etwa der Nationale Wohlfahrtsindex, der in Deutschland seit einiger Zeit diskutiert wird. Darüber hinaus sind Finanzmärkte und Freihandel so zu bändigen, dass sie eine sorgsame Verwendung der Ressourcen fördern und mit Klimaschutzzielen vereinbar sind.

Hyperventilierende Finanzmärkte beruhigen

Es besteht kein Zweifel, dass hyperventilierende Finanzmärkte Wirtschaftskrisen auslösen können und den Wachstumsdrang dynamisieren. Zahlreiche Bewegungen wie Attac und Occupy sowie unzählige Experten raten dazu, den Kapitalmarkt stärker als bisher zu regulieren.[615] Und in der Tat hat die Europäische Union bereits viele Beschlüsse gefasst, um die Geldwirtschaft zu zähmen. Für den Laien ist kaum nachvollziehbar, wie effektiv und weitreichend diese Reformen sind. Beispielsweise müssen die Banken mehr Eigenkapital vorhalten als bisher: Für die großen Geldhäuser liegt die Vorgabe bei zehn Prozent ab dem Jahr 2019. Manche Experten meinen, es sollten mindestens 20 bis 30 Prozent sein.[616] In der Tendenz bleibt der Eindruck zurück, dass sich die Staatschefs der EU nicht sehr weit vorgewagt haben. Schließlich möchte man das Wachstum nicht bremsen.

    Der Kapitalmarkt ist inzwischen unfassbar kompliziert. Nur noch Experten kennen sich mit den verschiedenen Produkten aus. Die Unübersichtlichkeit macht Krisen wahrscheinlicher und erschwert die politische Steuerung. Auch die Anleger sind verunsichert. Die Leitzinsen der Amerikanischen und Europäischen Zentralbanken liegen schon seit vielen Jahren bei beinahe null Prozent. Dennoch investieren die Unternehmen wenig, das Wachstum kommt nicht so recht in Schwung. Zugleich können die Renten-, Bauspar- und Lebensversicherungen kaum noch die garantierten Zinsen aufrechterhalten. Und so sind auch Normalbürger verunsichert, selbst wenn sie keine Aktien besitzen.

Zahlreiche Reformvorschläge liegen auf dem Tisch, die geeignet wären, den Geldmarkt so zu gestalten, dass die reale Wirtschaft wieder in den Fokus rückt: Vollgeld, Schuldenbremse für Banken, hohe Eigenkapitalquote, Begrenzung der Bankengröße und des Kredithebels, bankenfinanzierter Abwicklungsfonds und vieles mehr. Viele Bücher befassen sich mit dieser Thematik. Klar erkennbar ist bei aller Komplexität: Die Intention der Ökoroutine ist auch Gegenstand der gegenwärtigen und angestrebten politischen Interventionen. Es geht im Kern um Standards und Limits.

In dieser Gemengelage möchte Ökoroutine nicht den Eindruck wecken, die komplexen Wirkmechanismen der Geldwirtschaft ließen sich mit ein paar simplen Maßnahmen steuern. Doch einfache Fragen sind gleichwohl zulässig, zum Beispiel: Wem nutzt das Treiben der Investoren eigentlich? Das ärmste Drittel der Bevölkerung profitiert offenbar nicht, umso mehr das reichste Zehntel, das eigentlich nicht noch mehr Geld braucht. Eine Ökonomie der Menschlichkeit sucht nach Möglichkeiten, schwere Wirtschaftskrisen zu vermeiden, denn die Leidtragenden sind die Einkommensarmen.

Es geht schlichtweg darum, dass das Geld dem Menschen dient, auch den zukünftigen Generationen. Notwendig sind dafür mehr Transparenz, wenige, übersichtliche Finanzprodukte und klare Regeln. Als Maßstab können die gesetzlichen Bestimmungen dienen, wie sie in den 1980er-Jahren üblich waren. Einen Großteil der Finanzprodukte gäbe es dann wohl nicht mehr. Vielleicht würden die Banken sich wieder auf ihr Kerngeschäft konzentrieren und Geld an Unternehmen verleihen, die reale Werte schaffen. Ziel ist also nicht ein fiktives Regulierungskonzept, sondern eine Rückbesinnung auf alte Werte und Regeln.

Eine simple Botschaft hat etwa die »Robin-Hood-Steuer«: Sie ist eine Art Umsatzsteuer für Transaktionen am Finanzmarkt, deren Einnahmen für Klimaschutz oder für bedürftige Menschen verwendet werden könnten. Zudem soll die Minibesteuerung Finanzmarktspekulationen unattraktiver machen und damit Investitionen wieder vermehrt in die Realwirtschaft lenken. Die Robin-Hood-Steuer könnte Deutschland, je nach Ausgestaltung, 19 bis 45 Milliarden Euro im Jahr einbringen. Zu diesem Ergebnis kommt eine Studie des Deutschen Instituts für Wirtschaftsforschung (DIW). Die Berechnung basiert auf dem Modell der EU-Kommission. Es sieht vor, den Anbieter wie den Erwerber einer Aktie oder Anleihe mit einem Steuersatz von je 0,1 Prozent des Kaufpreises zu belegen. Bei Derivaten beträgt der Satz 0,01 Prozent.[617] Das klingt nicht nach viel für den Normalbürger, doch der Effekt wäre womöglich beträchtlich. Der Hochfrequenzhandel würde sich kaum noch lohnen. Schon allein das spricht für die Robin-Hood-Steuer. Dass es hierzu nach wie vor keinen Beschluss gibt, legt die Vermutung nahe, dass die Steuer sehr wirkungsvoll sein könnte. Dass sie kommt, dafür kämpfen seit einigen Jahren viele Menschen innerhalb von EU-Gremien. An der Basis machen zahlreiche Initiativen Druck. Hoffentlich hilft es.

Regeln für den Freihandel

Freihandel an sich ist erst einmal eine gute Sache, wenn er die Interessen der Bürgerinnen und Bürger zur Grundlage hat. Wenn für ein Freihandelsabkommen Standards vereinheitlicht werden sollen, dann würde ein einfacher Grundsatz bei den Verhandlungen hilfreich sein: Der höchste Standard gilt für alle. Beschließt ein Partner anspruchsvollere Standards, muss der Handelspartner mitziehen, um weiter seine Waren einführen zu dürfen. Bei TTIP und CETA, den Freihandelsabkommen zwischen der EU und den USA beziehungsweise Kanada, ist es eher umgekehrt: Meist einigen sich die Verhandlungspartner auf den schlechteren Standard. Ihn anheben darf ein Partner nur mit Zustimmung des anderen. So macht man Anspruchslosigkeit zur Routine.

Wie die Dinge stehen, sind die gegenwärtigen und anstehenden Freihandelsabkommen mit Ökoroutine nicht vereinbar. Daher gilt: besser kein Abkommen als ein schlechtes. Durch die Globalisierung gibt es mehr Handel zwischen den Ländern und Kontinenten als je zuvor. Warum muss es eigentlich noch mehr sein? Mehr Wohlstand, lautet die Antwort. Das ist tatsächlich das Kernargument der Freihandelsapostel. Wir leben im totalen Überfluss und sollen also noch mehr Dinge kaufen, damit es uns noch besser geht? In Deutschland benötigen wir nicht mehr Wohlstand, sondern mehr Verteilungsgerechtigkeit. Denn beim ärmsten Drittel der Nation würde sich etwas mehr finanzielle Sicherheit durchaus positiv bemerkbar machen. Sie werden jedoch, so darf man vermuten, weder von TTIP noch CETA profitieren. Im Gegenteil nimmt durch diese Abkommen die Ungleichheit eher zu als ab, trotz Wachstum und Freihandel.[618]

Stattdessen sollten Handelsabkommen den Klimaschutz und den sorgsamen Umgang mit Ressourcen befördern. Notwendig sind gemeinsame Anstrengungen, um Wettbewerbsverzerrungen durch umweltschädliche Subventionen zu verringern. Ebenso gilt es, ein Regelwerk zu entwickeln, das faire Arbeitsbedingungen einfordert. Solange die Welthandelsorganisation dafür kein Mandat hat, können die Länder das mit bilateralen Vereinbarungen festlegen (s. »Textile Wegwerfmentalität überwinden«, S. 173).

Freihandel ist kein Selbstzweck. Betriebswirtschaftlich mag es effektiv sein, Kartoffeln aus Ägypten zu importieren, sozial und ökologisch ist es schädlich. Landwirte geben ihre Betriebe auf, Arbeitsplätze gehen verloren, der Transport schadet dem Klima, und das in Form von Kartoffeln importierte Wasser fehlt im Land der Pyramiden. Umgekehrt höhlen die europäischen Billigagrarexporte und Fischfangfreibeuter die Arbeitsmärkte in Afrika aus, und der Fleischexport verseucht in Form von Gülle unser Grundwasser.

Der internationale Warenverkehr ist nur für komplexe und regional spezifische Produkte sinnvoll. Es geht nicht darum, dass jedes Land seine eigenen Fernseher und seine eigenen Autos herstellt und wir auf Kaffee und Kakao verzichten. Doch Standards und Zölle für den Handel mit Lebensmitteln abzuschaffen ist der Wegbereiter für einen Abwärtswettlauf im Ringen um niedrigste Preise. Stattdessen sollten die Länder und Kontinente im Zeichen einer »Kollaborativen Subsidiarität« (S. 244) nur importieren, was sich nicht selbst sinnvoll herstellen lässt. Dieser Grundsatz würde zugleich die wirtschaftliche Entwicklung in Afrika stärken.

Im Namen des herrschenden Dogmas vom Segen des Freihandels sabotiert die Europäische Union ihre eigene Entwicklungshilfe. Sie überflutet die ärmsten Wirtschaftsregionen mit Lebensmitteln zu Dumpingpreisen und vernichtet damit ganze Arbeitsmärkte. Offenbar können viele Länder in Afrika nur durch Zölle oder Importverbote diese Heuchelei verhindern. Nur so kann Hilfe zur Selbsthilfe funktionieren, und nur so lassen sich die strukturell bedingten Faktoren der Armut aushebeln und die Dynamik der Flüchtlingsströme bremsen. »Der Markt und der Handel brauchen Grenzen und Regeln. Wo die nicht gegeben sind, führt dies zu Ausbeutung von Mensch und Natur«, meint Entwicklungshilfeminister Gerd Müller (CSU).[619]

Weg vom BIP

Um zu beurteilen, was ein gutes Leben ausmacht und wie es sich messen lässt, ist unser vermeintliches Wohlstandsmaß, das Bruttoinlandsprodukt (BIP), nicht geeignet. »Wir können unsere nationale Leistung nicht anhand des Bruttosozialprodukts messen«, hat Robert F. Kennedy bereits 1967 festgestellt. »Es misst alles, außer diejenigen Dinge, die das Leben lebenswert machen.«

Zudem ignoriert die Kennzahl die Vernichtung unserer Lebensgrundlagen. Im Gegenteil: Paradoxerweise lässt Naturzerstörung die Wirtschaft wachsen. Jede Dienstleistung, die in Rechnung gestellt wird, fließt ein in die Messung der Kennzahl. Nach einem Verkehrsunfall werden viele Rechnungen geschrieben, für Reparaturen, Krankenwagen, Notarzt und schlimmstenfalls den Bestatter. All das lässt die Wirtschaft wachsen. Heiratet ein Banker seine Putzfrau, schrumpft die Kennzahl, weil sie für ihre Dienstleistung nicht mehr bezahlt wird. Verkürzen Väter ihre Arbeitszeit, weil sie mehr Zeit mit den Kindern verbringen möchten, schrumpft die Wirtschaft, denn sie bekommen weniger Lohn und können weniger konsumieren. Die gesamte Sorge- und Pflegearbeit, also ein Großteil der gesamten Arbeit, ist für die Kennzahl völlig irrelevant (s. »Ganze Arbeit«, S. 267).

All das ist schon seit den 1970er-Jahren bekannt und war Gegenstand vieler Diskussionen, ohne dass sich etwas geändert hätte. Erst mit der Finanzkrise ab 2008 bekam die wachstumskritische Bewegung wieder Aufwind. Alternative Messkonzepte werden nun intensiv diskutiert. Eines davon ist der Nationale Wohlfahrtsindex (NWI), der seit einigen Jahren bereits parallel erhoben wird, also nicht neu entwickelt werden muss. Der Index ermittelt Naturverbrauch, Einkommensverteilung, Hausarbeit und vieles mehr. Diese ganzheitliche Auswertung kommt für die Zeit zwischen 1999 und 2007 zu dem Ergebnis, dass die deutsche

Wirtschaft um drei Prozent geschrumpft ist. Das BIP hingegen legte im selben Zeitraum um sieben Prozent zu. Schleswig-Holstein hingegen wuchs laut NIW um neun Prozent, während das BIP des Bundeslandes quasi Nullwachstum auswies.[620]

Beim Wohlfahrtsindex verschlechtern Abwertungen in den Punkten Luftverschmutzung, Bodenbelastung, Verkehrsunfälle und Einkommensverteilung die Bilanz. In Schleswig-Holstein wirkte sich unter anderem positiv aus, dass viel mehr erneuerbare Energiequellen genutzt werden. Zudem sank der Energieverbrauch deutlich. Dadurch verringerte sich der Beitrag zum Klimawandel, die Luftqualität verbesserte sich. Sodann ist die Einkommensverteilung weniger ungleich als in anderen Regionen. Auch die Kriminalitätsrate sank.

Der Index gibt Politikern ein gewichtiges Entscheidungskriterium an die Hand, um die Wirkung von bestimmten Maßnahmen zu beurteilen. Biogasanlagen können beispielsweise grünen Strom erzeugen und damit zum grünen Wachstum beitragen. Doch Düngemitteleinsatz, Schädlingsbekämpfung und Wasserverbrauch können sich negativ auf den NWI auswirken. Auch die Elektromobilität, um ein anderes Beispiel zu nennen, würde sich nur positiv auswirken, wenn der Strom erneuerbar erzeugt wird.[621]

Es wäre ganz im Sinne der Ökoroutine, würde die Bundesregierung jährlich umfassend über die Entwicklung des NWI berichten. Sie kann damit selbst dafür sorgen, die Kennzahl BIP zu relativieren. Das ist ganz einfach – die Entscheidungsträger müssten nur den Mut haben, bei jeder Pressekonferenz zum BIP zugleich auf den NWI hinzuweisen. Das tut nicht weh, klärt aber auf und ist Treiber eines soziokulturellen Wandels zur Nachhaltigkeit. Man stelle sich vor, nach dem Ende eines Quartals präsentiert der Wirtschaftsminister die neuesten Zahlen und sagt: »Das Bruttoinlandsprodukt ist um 0,7 Prozent gewachsen. Das klingt zunächst erfreulich. Doch machen wir uns nichts vor, der NWI nahm um 0,5 Prozent ab. Mit dieser Entwicklung können wir nicht zufrieden sein.«

Ökoroutine wendet sich nicht gegen Wachstum. Doch das BIP-Wachstum ist kein Selbstzweck. Genauso wenig ist es die Schrumpfung. Indessen darf nur das Gute wachsen, das Schlechte muss schrumpfen.[622] Grüne Technologien sind zweifelsfrei ein Wachstumsfaktor; auch Pflege und andere zukunftsfähige Dienstleistungen können das Wachstum befördern. Ob das ausreicht, um die absterbenden Industriezweige im BIP letztlich zu kompensieren, wird sich zeigen.

Geldströme lenken

Jahr für Jahr finanzieren die Bürgerinnen und Bürger mit ihren Steuergeldern Naturzerstörung und Ressourcenverschwendung. In der Wirtschaftspolitik werden Hilfsleistungen als Subventionen bezeichnet. Sie können sinnvoll sein, um strategisch wichtige Ziele zu erreichen, die sich im Marktgeschehen nicht von allein realisieren würden. So war und ist es beispielsweise bei den erneuerbaren Energien.

Umweltschädliche Subventionen abbauen

Die Subventionen für Ökostrom werden nicht zuletzt von den Betreibern von Kohlekraftwerken immer wieder scharf kritisiert. Sie verschweigen dabei, dass die Subventionen für die konventionelle Energieerzeugung um ein Vielfaches höher liegen. Allein der Export von fossilen Technologien – etwa Kohle- oder Gaskraftwerke – wird von den OECD-Staaten mit jährlich 89,4 Milliarden US-Dollar gefördert.[623] Das ist fünfmal so viel Geld, wie in die Exportförderung regenerativer Technologien fließt. Die Gesamtsumme der weltweiten fossilen Subventionen bezifferte ein Arbeitspapier des Internationalen Währungsfonds unlängst auf jährlich 5,3 Billionen Dollar.[624] Das entspricht zehn Millionen Dollar pro Minute oder 6,5 Prozent der globalen Wirtschaftsleistung – und damit mehr, als sämtliche Regierungen der Welt für das Gesundheitswesen ausgeben.

Neben den direkten Subventionen, die gemeinhin auf 500 bis 600 Milliarden Dollar geschätzt werden, berücksichtigt die IWF-Rechnung auch, was die Belieferung mit Energie kostet und welche Kosten durch Umweltschäden beim Verbrauch von Energie entstehen. Auch Schäden durch den Klimawandel, gesundheitliche Folgen durch Luftverschmutzung und Auswirkungen auf den Verkehr – Staus, Unfälle, Straßenschäden – sind in die Bilanz einbezogen. Klimafolgekosten durch Stürme, Dürren und Überschwemmungen blieben allerdings außen vor – sonst wäre die ohnehin schon dramatische Subventionssumme sogar noch höher ausgefallen.

Zudem entkräftet das IWF-Papier das Argument, Subventionen für fossile Energien seien aus sozialen Gründen geboten. Tatsächlich profitiert demnach gerade die wohlhabende Mittelschicht am stärksten von der staatlichen Förderung, nicht etwa Einkommensarme. Studien, die das gegenwärtige Ausmaß umweltschädlicher Subventionen transparent machen, zeigen eines ganz deutlich: Umweltschutz muss nicht teuer sein. Wenn Öko zur Routine wird, dann können wir viel Geld sparen.

Das Problem an Subventionen ist, dass man nur schwer wieder davon loskommt, wenn sich die Profiteure erst daran gewöhnt haben. Der Ausstieg aus der öffentlichen Förderung des Kohlebergbaus zieht sich bereits über Jahrzehnte hin. In Deutschland liegt die Summe der umweltschädlichen Subventionen bei 52 Milliarden Euro: Riesige Summen fließen in die Begünstigung von Autos, Kerosin, Flughäfen, Straßen und Massentierhaltung.[625] Dieser Fehlsteuerung entgegenzuwirken ist ein wichtiger Baustein im Konzept der Ökoroutine. Mag sein, dass sich die Klimaziele von Paris nicht ganz billig erreichen lassen. Durch den Subventionsabbau sparen wir jedoch eine Menge Geld. Das lässt sich sinnvoller für die ökologische Modernisierung der Wirtschaft einsetzen. Auch grüne Subventionen sind ein Konjunkturprogramm.

Durch Geld steuern

Wenn Kohle und Öl billig sind, ist die Neigung zum Sparen begrenzt. Das ist eine simple Erkenntnis. Sobald die Vorkommen knapper werden, steigt der Preis, und der achtsame Umgang mit fossilen Energien stellt sich wie von selbst ein. Allerdings kann von Knappheit bislang keine Rede sein. Die globalen Reserven an Öl, Gas und Kohle werden wohl noch mindestens 100 Jahre reichen. So lange können wir nicht warten. Die Folgen des Kohlenstoffexzesses zwingen uns zum Umdenken. Ein großer Teil der fossilen Energien muss im Boden bleiben, wenn wir den Klimaschutz ernst nehmen.

Möglich ist das, indem man den Naturverbrauch durch Steuern verteuert oder eine Obergrenze definiert. So geschieht es beim CO_2-Emissionshandel, den die EU bereits 2005 eingeführt hat. Der schlichte Grundgedanke: Emissionen werden immer dort gesenkt, wo es am günstigsten zu haben ist. Die Industrie muss für ihren Kohlendioxidausstoß handelbare Zertifikate erwerben. Deren Gesamtmenge ist gedeckelt. Die Unternehmen haben die Wahl: Sie können Emissionsrechte kaufen oder aber, falls das günstiger ist, in die Senkung des CO_2-Ausstoßes investieren. So weit die Theorie. Doch in der Praxis sind die Erfahrungen bislang ernüchternd. Es gibt einen enormen Spielraum, um das System auszutricksen, etwa indem Emissionen außerhalb der EU eingespart werden können, die Obergrenze der Emissionen zu hoch angesetzt oder die Zertifikate verschenkt werden. Hinzu kommen noch unzählige Ausnahmeregelungen für bestimmte Industriezweige.

Der Verwaltungsaufwand für das System ist enorm. Das ursprüngliche Anliegen aber, nämlich das clevere Einsparen von Emissionen, findet in der Realität bisher kaum statt. Denn die Unternehmen preisen die zusätzlichen Kosten für die CO_2-Zertifikate einfach ein. Statt alte und ineffiziente Kohlekraftwerke zu schließen, haben die Konzerne die Kosten nur an die Kunden weitergegeben und die Strompreise erhöht. Diesen Effekt kann man auch wesentlich einfacher haben. Man nennt das Steuer.

Mit einer Steuer lässt sich Knappheit imitieren. Das ist der Grundgedanke der Ökosteuer. Der Begriff klingt inzwischen etwas verstaubt und ist in der öffentlichen Wahrnehmung schon längst abgehakt – zu früh, wie sich nunmehr zeigt. Die OECD, die Organisation für wirtschaftliche Zusammenarbeit und Entwicklung, hat unlängst kritisiert, dass die Industriestaaten zu geringe Steuern auf klimaschädliche Stoffe erheben und damit auf eine beträchtliche Einnahmequelle verzichten.[626] Das Wachstum des weltweit steigenden Energieverbrauchs lässt sich so nicht eindämmen.[627] Diese Einschätzung teilen viele Experten.

Zahlreiche Studien haben dokumentiert, wie effektiv steuerliche Anreize das Konsumverhalten, aber auch gesamtwirtschaftliche Entwicklungen beeinflussen können. Beeindruckend ist beispielsweise die Bilanz der Tax-Escalator, der »Steuer-Rolltreppe« in Großbritannien. Im Jahr 1993 kündigte die damalige Regierung an, die Steuer auf Benzin jährlich anzuheben – inflationsbereinigt.[628] Schon die bloße Ankündigung dürfte eine höhere Lenkungswirkung bei Herstellern und Konsumenten gehabt haben als der tatsächliche Preis. Beim Neukauf achteten Kunden stärker auf sparsame Fahrzeuge. Pendlerkosten wurden neu bewertet, der Staat investierte wieder mehr in den Schienenverkehr – möglich machen das die Einnahmen der Ökosteuer.[629]

Autofahrer reagieren bekanntermaßen sehr sensibel auf steigende Spritpreise. Das gilt auch für Gutverdiener, die Mehrausgaben leichter wegstecken können. Im Umkehrschluss bedeutet das: Preise sind geeignet, um Verhalten zu beeinflussen. Dennoch oder gerade deshalb scheuen sich Politiker, an der Preisschraube zu drehen. Im Gegenteil, sobald der Weltölpreis dramatisch ansteigt, wetteifern politische Lager mit Steuersenkungsvorschlägen um die Wählergunst. Ökoroutine bevorzugt zwar Standards und Limits, auch weil sie gerechter sind. Das wendet sich jedoch nicht gegen andere Steuerungskonzepte. Es ist auf keinen Fall tragfähig, wenn Umweltzerstörung zum Dumpingpreis zu haben ist. Und selbst wenn die Ökosteuer nur geringfügig angehoben würde, stünden Milliarden für Ausbau und Ertüchtigung der Bahn zur Verfügung. So ist die Verkehrswende möglich.

Benzin ist heute nicht teurer als 1970

Tatsächlich gibt es einen beträchtlichen Spielraum, um die Benzinpreise anzuheben. Die Erträge könnten der Bahn zugutekommen und so das Angebot an klimafreundlicherer Mobilität verbessern. Deutschland hat – bezogen auf die Kaufkraft – die drittniedrigsten Benzinpreise in der EU. Das Durchschnittseinkommen reicht hierzulande für knapp 1 500 Liter Benzin, in Rumänien sind es nur 500 Liter.[630] Überhaupt sind die Umweltsteuern in Deutschland eher gering, zumindest im Vergleich mit den Nachbarländern. Ihr Anteil an den Staatseinnahmen liegt im unteren Drittel, auf Platz 18.[631]

Ähnlich verhält es sich bei Rohstoffen wie Öl, Zink und Kupfer. Über viele Jahrzehnte betrachtet, gingen die Preise für Industrierohstoffe inflationsbereinigt beständig zurück. Der Grund: Die realen Kosten beim Auffinden, Fördern, Aufbereiten und Transportieren von Materialien und Energierohstoffen sinken Jahr für Jahr.[632] Hinzu kommt der derzeitige überproduktionsbedingte Preisverfall des Öls auf den Weltmärkten. In Verbindung mit der Inflation bewirken diese Faktoren, dass Benzin heute in Deutschland nicht teurer ist als Anfang der 1970er-Jahre. Damals musste ein Arbeitnehmer durchschnittlich noch drei Minuten und

39 Sekunden für einen Liter Benzin arbeiten. 2010 waren es drei Minuten und 16 Sekunden.[633]

Wenn zudem weniger Energie oder Ressourcen benötigt werden, um das gleiche Produkt – etwa einen Fernseher – herzustellen, spricht man von Energie- beziehungsweise Ressourcenproduktivität. Seit vielen Jahrzehnten verringert sich in den Industriestaaten der Energieaufwand für unseren materiellen Wohlstand. Allein zwischen 1990 und 2013 verbesserte sich dieses Verhältnis um 39 Prozent.[634] Da jedoch immer mehr Güter hergestellt werden, hat sich absolut gesehen fast keine Verbrauchsminderung ergeben. Letztlich hat die energetische Optimierung der Produktion im Kern dazu geführt, dass sich viele Produkte günstiger herstellen lassen und gegebenenfalls die Unternehmensgewinne stiegen.

Vor diesem Hintergrund plädieren viele Experten – etwa aus dem Forum Ökologische Soziale Marktwirtschaft – für eine Fortschreibung der Ökosteuer, am besten global. Eine sanft und kontinuierlich ansteigende Steuer kann dafür sorgen, dass die Preise für fossile Energien, aber auch für Kupfer, Sand und Kies beständig zunehmen, ohne dabei Wirtschaft und Gesellschaft über Gebühr zu belasten. Die Grundüberlegung: Wir verteuern jährlich den Verbrauch von Ressourcen entsprechend dem technischen Fortschritt.

Steuerliche Anreize sind auch die Voraussetzung für das Gelingen des »Faktor 5«-Konzeptes, wie es Ernst Ulrich von Weizsäcker propagiert. Er möchte die Preise für Kohle, Öl, Kupfer und weitere Rohstoffe in dem Umfang anheben, wie die Energie- beziehungsweise Ressourcenproduktivität zugenommen hat. Die jeweilige Anpassung wäre einen Monat nach Veröffentlichung der statistischen Daten oder mit zurückliegenden Durchschnittswerten etwa für die nächsten drei Jahre vorzunehmen. Die Einnahmen fließen zurück an die Industrie oder in die Rentenkasse.[635] Solche Maßnahmen machen Öko auch in der Industrie zur Routine.

Fairness

Viele Gründe sprechen für die Fortführung und Ausweitung der Ökosteuer. Zu beschließen ist sie jedoch nur schwer. Einfacher ist das bei Limits, Caps und Standards, denn sie machen sich nicht unmittelbar in der Geldbörse bemerkbar und lassen sich weniger leicht als unsozial abtun. Ein Tempolimit etwa ist zutiefst solidarisch. Alle sind gleichermaßen betroffen. Wenn hingegen die Benzinpreise steigen – gleich, ob durch Ökosteuer oder Knappheit –, werden Arme ihr Auto kaum noch nutzen können. Wohlhabende müssten sich hingegen kaum einschränken.

Die Betroffenheit wäre ebenfalls gerecht verteilt, würden keine neuen Straßen mehr gebaut (s. »Straßenbau-Moratorium«, S. 215). Zwar hat ein Straßenbau-Moratorium die Anmutung einer Utopie, unfair ist es jedoch nicht. Das gilt auch für das »Cap« beim Kohlendioxidausstoß, an das sich die europäische Automobilflotte halten muss. Zukünftig liegt diese absolute Begrenzung bei 95 Gramm CO_2 je Kilometer. Die Bürgerinnen und Bürger in der Europäischen Union bekommen davon kaum etwas mit – unabhängig davon, ob sie arm oder reich sind. Effektiv und fair wäre unterdessen auch ein Maximalgewicht für Autos oder die Begrenzung von Neuzulassungen.

Gegen ein Limit für Starts und Landungen auf Flughäfen oder für die Passagierzahlen (s. »Menschheitstraum: Fliegen«, S. 235) lässt sich nicht einwenden, dies sei unsozial. Niemandem würde etwas weggenommen, wenn München keine weitere Startbahn baut. Nur bei steigender Nachfrage nähmen gegebenenfalls die Preise zu. Das ist allerdings Spekulation, denn der Flugverkehr boomt bislang vor allem durch Dumpingpreise, in denen die wahren ökologischen Kosten nicht sichtbar werden. Eine Kerosinsteuer oder weitere Gebühren brächten definitiv einen Preisanstieg mit sich. Das gilt auch für einen Emissionshandel in der Luftfahrt, man denke nur an den Verwaltungsaufwand – die Ökonomen sprechen von »Transaktionskosten«. Ein Cap für Passagierzahlen ist dagegen so einfach wie die Anpassung eines Bußgeldes umsetzbar – quasi kostenlos. Angebot und Nachfrage regulieren sich selbst, wie von einer unsichtbaren Hand geleitet. Ohnehin ist die Frage berechtigt, ob der jährliche Flug in ein südländisches Urlaubsland eine Art Grundrecht sein kann.

Etwas anders stellt sich die Situation bei einem Deckel für Wohnflächen dar. Es ergäben sich ziemlich rasch Engpässe, wenn junge Familien weiterhin ins Einfamilienhaus streben. Der einfache Grund: Paare, deren Kinder schon längst ausgezogen sind, ziehen nur selten in eine kleinere Wohnung um. Wäre der Neubau begrenzt, werden nur die Besserverdiener zum Zuge kommen, wenn im Bestand Wohnungen und Häuser frei werden. Doch Neubau ist nicht die einzige Antwort auf Wohnraummangel. Möglich sind auch andere Nutzungskonzepte und Förderprogramme, um die Menschen zum Wohnungswechsel zu motivieren (s. »Anreize für effiziente Wohnraumnutzung«, S. 133). Relevant werden sie erst durch einen Deckel. Wie bei vielen anderen Konsumfeldern stellt sich auch bei der Wohnfläche die Frage, wie viel einem Erdbürger zusteht, wenn zehn Milliarden Menschen den Planeten bewohnen. Mit der gegenwärtigen Wohnflächenausweitung geben wir der Welt ein schlechtes Vorbild. Maßhalten ist die Devise einer nach internationaler Fairness strebenden Gesellschaft.

Sozial ausgewogen wirken Standards. Ab dem Jahr 2021 wird das Nullenergiehaus zur Selbstverständlichkeit in der Europäischen Union. Durch den Masseneinsatz der notwendigen Einspartechnologie halten sich die zusätzlichen Kosten in Grenzen. Netto profitieren die Bauherren durch den niedrigen Verbrauch. Ähnlich ist das bei Effizienzstandards für Haushaltsgeräte. Keiner wird benachteiligt, wenn es beim Elektrohändler nur noch besonders sparsame Kühlschränke gibt. Im Gegenteil: Selbst die Ärmsten profitieren von den eingesparten Stromkosten.

Standards, Limits und Caps machen Öko zur Routine. Sie bringen ein besonderes Maß an Fairness mit sich und werden in der Regel nicht als Drangsalierung empfunden. Wichtig ist allerdings ein schrittweises Vorgehen. In der Landwirtschaft beispielsweise könnte ein Minderungsfahrplan über einen Zeitraum von 20 Jahren in kleinen Schritten den Eintrag von Schadstoffen und Düngemitteln begrenzen. Alle Akteure haben dann ausreichend Zeit, ihre Investitions- und Entwicklungspläne anzupassen. Der Ökoanbau wird sich so quasi schleichend verselbstständigen. Wie ein Wasserpegel heben Standards alle Boote. Mit gesellschaftlichem Widerstand ist dabei nicht zu rechnen, wohl aber mit dem Ende der Zweiklassengesellschaft am Mittagstisch.

Teilhabe und Sicherheit

Öko wird nur zur Routine, wenn sich möglichst viele Menschen im Übergangsprozess zur Nachhaltigkeit gut aufgehoben fühlen, in ihrem Umfeld und in der Gesellschaft. Zum Wandel ist nicht bereit, wer sich ungerecht behandelt oder benachteiligt fühlt. Wem lediglich knapp fünf Euro am Tag bleiben,[636] um satt zu werden, der kann über Biokost nur lachen. Wer Not leidet, unterbezahlt arbeitet oder vollends damit beschäftigt ist, Wohnung, Nahrung und Kleidung zu beschaffen, wird sich kaum für Klimaschutzpolitik interessieren. Vielmehr dürfte Gleichgültigkeit eine natürliche Reaktion sein.

Die Menschen wünschen sich Sicherheit im weitesten Sinne. Niedriglöhne und Zeitarbeit haben kontinuierlich zugenommen und ein Gefühl der Unsicherheit ausgelöst. Kaum jemand unter den Geringverdienern neigt in Anbetracht der Veränderungen im Gesundheits- und Rentensystem noch zu Optimismus. Unbestreitbar ist auch, dass sich der Abstand zwischen Armen und Reichen kontinuierlich vergrößert. Womöglich ist diese Entwicklung sogar in der Zinswirtschaft systemisch angelegt.[637] Die soziale Spaltung der Gesellschaft verunmöglicht einen effektiven Klimaschutz. Wenn wir dieser Entwicklung weiter zuschauen, wenn die Zahl der Bedürftigen wächst und die Eliten zunehmend im Alleingang bestimmen, was zu tun ist, bleiben irgendwann nur noch Zwang und Autokratie, um die sozioökologischen Herausforderungen zu bewältigen.

Wie eng soziale und ökologische Herausforderungen miteinander verwoben sind, zeigen schon heute die hohen Kosten für Strom und Wärme. Arme Menschen können immer häufiger ihre Strom- und Heizkostenrechnung nicht mehr bezahlen.[638] Allzu deutlich zeichnet sich nun ab: Explodierende Ressourcenpreise gefährden Teilhabe und sozialen Zusammenhalt. Die Einkommensarmen leiden am meisten unter hohen Preisen, haben kaum Zugriff auf ökofaire Produkte und verursachen den geringsten Ressourcenverbrauch. Wer hingegen viel hat, gibt auch viel aus. Wohlhabende fliegen häufiger, verfügen über ein oder gar mehrere mitunter extrem schwere Autos, haben größere Wohnungen, Kühlschränke und Fernseher.

Nun ist die Lobby der Armen nicht besonders stark, es sei denn, deren Klagen dienen übergeordneten Zwecken. Schon über die ökologische

Steuerreform hieß es vorab, sie sei sozial ungerecht. Das Gerechtigkeitsargument bemühen Kohlefreunde auch gern bei der Energiewendediskussion. Überhaupt scheint ein politischer Grundsatz zu lauten: Sozial ist, was Arbeit schafft. Aus liberaler Perspektive legitimiert das auch Dumpinglöhne und Risikostrom.

Ökoroutine vermeidet die soziale Spaltung der Gesellschaft. Sie spielt die Anliegen der Sozial- und Umweltpolitik nicht gegeneinander aus. Vielmehr sind alle aufgerufen und werden durch strukturelle Veränderungen zu einem achtsamen Umgang mit Ressourcen bewogen; alle können auf Bioessen und faire Textilien zugreifen, verfügen über besonders effiziente Haushaltsgeräte, leben in isolierten Wohnungen. In dieser ubiquitären Vision von Nachhaltigkeit drücken sich Wohlstand und gesellschaftlicher Status durch Umsicht und Bescheidenheit aus. Ökoroutine ist daher zugleich ein Plädoyer gegen die zunehmende Ungleichheit in unserer Gesellschaft, ganz einfach deswegen, weil Neid die Akzeptanz einer systematischen Umweltschutzpolitik mindert. Ökoroutine verhindert, dass sich nur die Armen einschränken müssen, während Wohlhabende der Kohlenstoffverschwendung frönen. Sie schafft zumindest in diesem Punkt sozioökologische Gerechtigkeit und führt Arme und Reiche mehr zusammen als auseinander.

Allerdings ist es keine Gleichmacherei, wenn Öko zur Routine wird. Letztlich fühlen sich auch die Besserverdiener wohler, wenn sich der Sozialneid in Grenzen hält. Zahlreiche Studien belegen das.[639] Die Reichen können sich auch bei Ökoroutine immer noch abgrenzen, nur anders als bisher. Sie können sich besonders leichte Autos leisten, bewohnen die sparsamsten Häuser und buchen die ökoeffizientesten Reisen. Das Elektroauto Tesla beispielsweise ist eindeutig ein Statussymbol für Wohlhabende. Es ist aber auch ein Statement.

Ökoroutine richtet sich zugleich gegen internationale Ungleichheit. Mit unserem Wohlstandsmodell leben wir der Welt ein global nicht tragfähiges Konzept vom guten Leben vor, dem die Schwellenländer und in der Folge auch die ärmsten Nationen mit aller Entschlossenheit nacheifern. Der krasse Gegensatz zwischen Nord und Süd war bislang der zentrale Bremsfaktor für einen Erfolg bei den internationalen Klimaverhandlungen. Es ist nur allzu verständlich, wenn China oder Brasilien kaum zu gravierenden Zugeständnissen bereit sind, solange nicht erkennbar wird, dass wir selbst entschlossen einen Kurswechsel zur Nachhaltigkeit einleiten.

Mit der Energiewende hat Deutschland ein Zeichen der Entschlossenheit gesetzt. Noch immer beobachten Experten weltweit anerkennend und staunend den Transformationsprozess zur naturverträglichen Stromerzeugung.[640] Bei der Energiewende geschah etwas, was Skeptiker jahrzehntelang bestritten haben: Wenn eine Industrienation wie Deutschland zeigt, dass es geht, dann werden andere Nationen bereit sein mitzumachen. Nun sind auch die aufstrebenden Wirtschaftsnationen bereit, einen Rückbau des Kohlestroms auf den Weg zu bringen. Und so wird es auch bei der Wärmewende, der Verkehrswende und der Agrarwende sein. Nur wenn wir uns selbst ernst nehmen und tun, was wir für richtig halten, werden auch die Entwicklungsländer zum ökosozialen Wandel bereit sein.

Wo bleibt die Freiheit?

Botenstoff der Werbeindustrie ist oft ein Freiheitsversprechen. Es gibt wohl kein Produkt, dass sich nicht damit verknüpfen lässt. Rauchen ist Freiheit, meinte zumindest eine Marke mit dem Slogan »Liberté toujours – Immerwährende Freiheit«. Das spricht unsere Sehnsüchte und Träume an. Ja, sogar Kaffee macht frei: »Ich lebe mein Leben ganz von vorn, hab Spaß daran, ich bin so frei, Nescafé ist dabei, ich steh zu meinem eigenen Ziel, tu, was ich will, ich bin so frei, Nescafé ist dabei.« Ein ziemlich mächtiger Auftritt für einen Bohnenkaffee. In einem Spot von Volkswagen fährt ein Paar getrennt, jeweils im eigenen geländetauglichen Übergewichtswagen, durch felsige Landschaft. Sie treffen sich, und der Dialog macht deutlich, dass einer noch rasch eine Milch holen fährt. Man ist so frei. Konsum ohne schlechtes Gewissen. Wer sich die Freiheit nimmt, ist modern, unbeschwert und unkompliziert.

Darwinliberalismus

Seit Darwin wissen wir, in der Natur herrscht das Recht des Stärkeren. Für einen ebenso radikalen Freiheitsbegriff stehen die Vorkämpfer gegen politische Einflussnahme auf das Marktgeschehen. In den USA lehnten Marktradikale sogar eine Begrenzung der Tabakindustrie ab, in der Überzeugung, »jede Intervention in den Markt bringe das Land auf eine Rutschbahn zur kommunistischen Diktatur«.[641] Die daraus entstandene neoliberale Ökonomie hat unsere Solidargemeinschaft mental demontiert.

Über Jahrzehnte haben wir uns weismachen lassen, dass unser soziales Sicherungssystem nicht mehr funktioniert und jeder für sich selbst verantwortlich ist. Die britische Premierministerin Margaret Thatcher und der US-Präsident Ronald Reagan machten in den 1980er-Jahren den Anfang, und es erschien auch vielen weiteren europäischen Staatschefs klug, eine Politik des schlanken und schwachen Staats zu betreiben. Die Überlegungen des amerikanischen Ökonomen Milton Friedman wurden zum Mainstream in der Wirtschaftswissenschaft und veränderten die Politik. Bundeskanzlerin Angela Merkel forderte einst die Kopfprämie im Gesundheitsbereich und hätte, wäre sie erfolgreich gewesen, damit die Entsolidarisierung der Gesellschaft forciert. Ganze Gesellschaftsverträge wie die auf Umlage basierte Rentenversicherung wurden ausgehöhlt. Selbst sozialdemokratische Politiker sahen sich getrieben und konzipierten die Riester-Versicherung. Sie war der erste Schritt zum »jeder für sich selbst« und lenkt jährlich zig Milliarden in den Kapitalmarkt und damit in die Wachstumsspirale.

Regeln für die Freiheit

Auf das Steuerungskonzept der Ökoroutine mag man entgegnen, solche Vorgaben seien staatsautoritär. Hingegen sei es ein Kennzeichen der individuellen Freiheit und liege im persönlichen Ermessen, etwa über die Größe des eigenen Pkw selbst zu bestimmen. Vertreter dieser liberalen Argumentationslinie stützen sich auf Artikel 2 des Grundgesetzes: »Jeder hat das Recht auf die freie Entfaltung seiner Persönlichkeit, soweit er nicht die Rechte anderer verletzt.« Doch der Auto- und Flugverkehr unterdrückt massiv die Freiheitsrechte der Anwohner und das Recht auf körperliche Unversehrtheit von Fußgängern und Radfahrern. Und ganz offensichtlich ignoriert unsere Lebensweise die Freiheitsrechte der zukünftigen Generationen. Absolute Grenzen für Ressourcenverbrauch und CO_2-Ausstoß sind geradezu zwingend notwendig, wenn man den

Freiheitsgrundsatz zu Ende denkt. Gute liberale Politik hat die Bürgerinnen und Bürger nicht nur als Konsumenten im Blick, sondern als Staatsbürger, meinen der Wirtschaftswissenschaftler Uwe Schneidewind und die Volkswirtin Angelika Zahrnt.[642]

Einschränkungen von Freiheit prägen schon unseren Lebensalltag und sind Kennzeichen einer gelingenden Demokratie. Die Schulpflicht ist eine drakonische Maßnahme. Und schon Immanuel Kant stellte sich die Frage: »Wie kultiviere ich die Freiheit bei dem Zwange?«[643] Die gesetzlichen Arbeitslosen-, Renten- und Krankenversicherungen sind letztlich eine Zwangsbeglückung. Sie schaffen eine Solidargemeinschaft, wo der Einzelne überlastet ist. Im Alter von 20 Jahren an die Rente zu denken und über 20 Prozent des Gehalts in einen Sparvertrag zu stecken, wenn doch gar nicht gewiss ist, ob man ein hohes Alter erreicht: Viele Freiberufler denken sich: Das ist mir jetzt zu teuer, lieber später einmal. Dieses Dilemma lässt sich mit dem Gesellschaftsvertrag Rentenversicherung überwinden. Die Arbeitnehmer werden zur Solidarität verpflichtet. Viele verfügen dadurch im Alter über eine auskömmliche Rente und damit auch über die Möglichkeit, ihre Freiheitsrechte leben zu können. Erst wenn Ernährung, Obdach, Kleidung und Gesundheit gewährleistet sind, ist Raum vorhanden für Bildung, Kultur und Gemeinschaft. Immer häufiger wird die Rente nicht ausreichen. Dann ergänzt ebenfalls die Solidargemeinschaft – der Steuerzahler.

Im Umgang mit der Verdrängungskultur stehen wir vor einem Dilemma. Beim Rauchen kann man sich noch sagen, das soll halt jeder selbst entscheiden. Wir leben in einem freien Land. Darf man die Menschen zu ihrem Glück zwingen, wenn man sich sicher ist, dass sie sich selbst schaden? Doch bei vielen Alltagsentscheidungen geht es nicht nur um uns selbst, sondern um die Freiheitsrechte der Mitmenschen, hier und heute sowie dort und morgen. Der Missbrauch von Gemeinschaftsgütern ist nicht verfassungskonform. Im gleichen Maß, wie die Zerstörung unserer Lebensgrundlagen voranschreitet, werden die Entfaltungsmöglichkeiten unserer Kinder und Kindeskinder beschnitten. Wer die individuellen Freiheitsrechte zu schützen sucht, wird zugleich um deren Begrenzung nicht umhinkommen. Nur so kann vermieden werden, dass unsere Freiheit zugrunde geht. Andernfalls bleibt nur ein Überlebenskampf, bei dem die Stärksten überleben. Bis zur Barbarei ist es dann nicht mehr weit, unsere Zivilisationsgeschichte stünde vor dem Abgrund.

Schlaglicht: *Rawls Theorie der Gerechtigkeit. Was ist erforderlich für ein zufriedenes Leben, eine gerechte Gesellschaftsordnung? Um sich diesen Fragen grundsätzlich zu nähern, ist die Theorie der Gerechtigkeit des US-amerikanischen Philosophen John Rawls hilfreich, welche auf die Formulierung einer gerechten Gesellschaftsordnung abzielt. Er definiert Gerechtigkeit als Fairness. Eine Gesellschaftsordnung gilt ihm dann als gerecht, wenn ihr jedes Mitglied dieser Gesellschaft zustimmen könnte, auch wenn es – durch den Schleier der Ungewissheit – noch nicht weiß, welche Stellung es in dieser Gesellschaft innehaben wird.*[644] *Für den Umgang mit der Natur könnte man schließen: Der Mensch sollte die Natur so hinterlassen, wie er sie sich selbst wünschen würde, wenn er nicht wüsste, in welchem Zeitabschnitt der Zukunft er leben würde.*

Kinderarbeit war früher selbstverständlich, und beispielsweise in Großbritannien trafen die Gegner der Kinderarbeit auf viel Ablehnung. Soll der Staat eingreifen? Doch Regeln sind das Fundament unserer Zivilisation. Sie sind die Voraussetzung für Freiheit. Die Geschichte der Zivilgesellschaft ist auch eine Geschichte der Entwicklung von Regeln. Sie mündete in die »Bill of Rights« Großbritanniens und der Vereinigten Staaten von Amerika und in unser Grundgesetz. Verfassungen sichern den Bürgern im Rahmen einer freien und demokratischen Gesellschaft – auf der Basis von Grundwerten – bestimmte unveräußerliche Grundrechte zu. Über diese unantastbaren Vorgaben hinaus ranken sich Abertausende Gesetze. Neue Regeln kommen immer dann in die Welt, wenn neue Probleme entstehen. Gesellschaft verändert sich. Demgemäß sind auch die Regelwerke beständig zu überdenken und zu reformieren. Eine Reform von Regeln entsteht durch Wertewandel, zum Beispiel die Gleichberechtigung der Frau. Vom Wahlrecht bis zur Quotenregelung für Aktienvorstände, vieles basiert auf Werturteilen, die ihrerseits in Bewegung sind. Manchmal gehen die Gesetze einen Schritt vor und wieder zurück. So betrachtet, ist Ökoroutine kein starres Konzept, sondern eine kontinuierliche Metamorphose.

Ökoroutine ist »ökoliberal«

Der Mensch steht im Mittelpunkt ökoliberaler Politik. Sie strebt nach einem Leben im Einklang mit der Natur und den Interessen unserer Enkel, unterstützt Einkommensarme und Benachteiligte, stärkt das Gemeinwohl, fördert Solidarität, Selbsthilfe und Subsidiarität. All das geschieht nicht durch das Freiheitsstreben des Einzelnen allein. Notwendig ist ein ausgewogenes Verhältnis zwischen Staat und Volk, zwischen Politik und Bürgern. Nach Wilhelm von Humboldt ist »die vorteilhafteste Lage für den Bürger im Staat die, in welcher er zwar durch so viele Bande als möglich mit seinen Mitbürgern verschlungen, aber durch so wenige als möglich von der Regierung gefesselt wäre«.

Auch liberale Vordenker wie Adam Smith oder John Stuart Mill plädierten für strenge Regeln und verwahrten sich gegen ausufernde Eingriffe in die Natur. Wahrer Liberalismus übt sich nicht im Recht des Stärkeren, Gegenwartsfixierung und dem maximalen Verbrauch von allem Möglichen, sondern spricht auch über die Freiheit zur Genügsamkeit aus Einsicht oder Verantwortungsgefühl. Er schlägt sich nicht allein auf die Seite der Besserverdienenden, sondern schützt die Schwachen vor den Mächtigen.

Geht es um Verzicht?

Das zentrale Anliegen der Ökoroutine ist es, absolute Grenzen festzulegen. Statt immer mehr: Es ist genug! Keine weiteren Mastställe, Straßen und Wohnungen. Keine immer größeren Autos, Fernseher und Kühlschränke. Solche Vorschläge werden oft als Verzichtsforderung gebrandmarkt – als wäre permanente Expansion ein Menschenrecht. Die Idee, einen Veggieday in öffentlichen Kantinen einzuführen, stellten viele Journalisten und Politiker als staatsautoritäre Drangsal dar. Ähnlich ist die Reaktion, wenn durch eine politische Maßnahme etwas teurer werden könnte. So beklagen sich Verbände beispielsweise über die »Kostenexplosion« durch die Energiestandards für Gebäude. Das sei sozial ungerecht und besonders in Anbetracht der notwendigen Unterbringung von Flüchtlingen auch nicht mehr haltbar, heißt es. Dass die Investoren letztlich nur um ihre Rendite fürchten, bleibt unerwähnt.

Auch die Umlage für erneuerbare Energien wird von vielen mit dem Argument kritisiert, sie sei sozial ungerecht. Dabei trifft das nur für die vielen Ausnahmen zu, die besonders energieintensiven Betrieben gewährt werden – und die damit die Umlage für alle anderen teurer machen. Selbst Vorschläge für eine artgerechtere Tierhaltung werden mit dem Vorwurf der Unausgewogenheit und Unfairness konfrontiert, weil dies schließlich zu höheren Preisen für Fleisch führen könnte.

Gibt es ein Recht auf billige Waren? Fleisch war beispielsweise vor dreißig Jahren noch dreimal so teuer wie heute. Seinerzeit hat sich niemand darüber beklagt. Es wäre aberwitzig, einen verringerten Konsum von Wurst und Schnitzel als Verzicht zu bezeichnen. Tatsächlich liegt die Entbehrung bei den Arbeitern in den Schlachtfabriken. Sie verzichten auf faire Arbeitsbedingungen, auskömmliche Bezahlung und Freiheitsrechte. Durch Gülle verseuchte Böden bringen den Verzicht auf sauberes Trinkwasser mit sich. Das gilt umso mehr für zukünftige Generationen. Schon heute schlagen viele Wasserwerke Alarm, weil das Grundwasser in immer tieferen Schichten mit Schadstoffen belastet ist.

Verzicht ist also relativ, denn in der Beschränkung des einen liegt oftmals der Gewinn des anderen. Wenn wir auf Billigkleidung verzichten, kann das die Arbeitsbedingungen in Asien verbessern. Das ist ein Gewinn für die Näherinnen. Tempo 30 erkennt die Freiheitsrechte der Anwohner, Radfahrer und Fußgänger an. Ein Limit auf Autobahnen schränkt zwar den Drängler ein, stärkt aber die Freiheitsrechte der moderat Reisenden. Unsere Städte sind belegt von einem Lärmteppich. Die Ruhe hat man der automobilen Freiheit geopfert. Millionen Bundesbürger verfügen nicht über die Freiheit, ihre Fenster nach Gusto zu öffnen, weil der Straßenlärm nervtötend ist. Wenn aber geländetaugliche Autos nach und nach von den Straßen verschwinden, weil die Verbrauchsstandards es erfordern, dann ist das nur scheinbar ein Verzicht auf ein Statussymbol. Denn auch mit dem Toyota Prius konnte man seinerzeit angeben, fuhren damit doch Hollywoodstars durch die Gegend. Und heute eignet sich auch das Elektroauto namens »Tesla« prima als Potenzverstärker.

Ökoroutine wendet sich nicht gegen technischen Fortschritt. Eine Politik der Nachhaltigkeit ist nur mit mehr grünen Technologien möglich. Diese finden breite Akzeptanz in Politik, Wirtschaft und Gesellschaft. Allerdings meinen nicht wenige, damit wäre es getan; ein Ergrünen der Marktwirtschaft werde die Kohlendioxidemissionen um 80 Prozent schwinden lassen. Doch die Erfahrung zeigt, dass alle technischen Innovationen bisher kaum vermochten, den Ressourcenverbrauch absolut zu verringern.

Zwar werden die Wohnstuben in Deutschland mit Zentralheizungen effizienter beheizt als zur Zeit des Kohleofens, da es aber nun viel bequemer ist, alle Räume angenehm zu temperieren, ist der Effizienzeffekt fast verpufft. Noch dazu werden beständig neue Wohnungen und Häuser gebaut, die ebenfalls geheizt werden müssen. Immer neue, größere und schwerere Produkte tun ihr Übriges.[645] Damit grüne Technologien ihre Wirkung voll entfalten können, ist es an der Zeit, absolute Grenzen zu etablieren. Mit anderen Worten: Es gilt, die Expansion zu begrenzen. Es ist irritierend, dass die Begrenzung von Expansion häufig schon als Verzicht bezeichnet wird.

Koevolution von Technik und Kultur, Effizienz und Suffizienz

Eine Politik der Nachhaltigkeit ist daher nicht ohne soziokulturelle Veränderungen zu haben. Erforderlich ist eine Verbindung von technischen und sozialen Innovationen, eine Koevolution von Technik und Kultur, Effizienz und Suffizienz.

Es gibt kaum Streit darüber, was mit Effizienz gemeint ist. Die Definition von Suffizienz fällt hingegen sehr unterschiedlich aus. Zumeist wird der Begriff mit Verzicht gleichgesetzt. Völlig zu Unrecht, wie die verschiedenen Übersetzungen und Deutungen zeigen. Vielmehr geht es darum, dass etwas »genug« ist.[646] Letztlich geht es um den achtsamen Umgang mit Ressourcen. Damit kann das individuelle Verhalten, der gesellschaftliche Lebensstil, aber auch die allgemeine Wirtschaftsweise gemeint sein. Im Konzept der Ökoroutine ist das ein wichtiger Punkt. Suffizienz ist nicht nur eine eigenverantwortliche, individuelle Angelegenheit. Notwendig ist auch eine Suffizienzpolitik, also Maßnahmen und Strategien, die zur Genügsamkeit anregen und Expansion vermeiden helfen. Das gilt für alle Grundbedürfnisse wie Kleidung, Nahrung, Wohnung und Mobilität.

Yes, we can? Traut Euch!

In diesem Buch finden sich viele, teils durchaus kühne Vorschläge. Doch die Frage ist, wie können die Maßnahmen der Ökoroutine auch umgesetzt werden. »Wie kann geschehen, was geschehen muss?«[647] Die kulturelle Transformation, der Wandel unseres Lebensstils scheinen unermesslich schwer realisierbar. Mit einem Shitstorm müssen Politiker rechnen, die auch nur ansatzweise das »Weniger« thematisieren. Selbst ein Tempolimit zu fordern gilt in Deutschland als »politischer Selbstmord«. Die Grünen mussten bei der Bundestagswahl 2013 Stimmeneinbußen hinnehmen, viele Beobachter sahen das Veggieday-Desaster als einen der Gründe. Doch es wäre fatal, gäben sich die Pioniere des sozioökologischen Wandels geschlagen. Es ist im Gegenteil umso wichtiger, den gesellschaftlichen Diskurs über eine Kultur der Genügsamkeit zu etablieren.

Nicht aufgeben!

Wie kommen Veränderungen in Gang? An sich ist das ganz einfach. Jemand hat eine tolle Idee, die auch andere überzeugend finden. Manche probieren es aus. Irgendwann sind auch Geldgeber überzeugt. Es gibt Fördergelder für ein Modellprojekt, anschließend weitere Projekte mit »Leuchtturmcharakter«. Weitere Entscheidungsträger lassen sich von der Bürgerbewegung inspirieren. Vorschläge werden in Ausschüssen diskutiert, und dann macht man das kleine Projekt von damals zum Standard.

Genau genommen ist die soziokulturelle Transformation eine Art Lobbyismus für die zukünftigen Generationen. Daraus definieren sich zugleich auch die Gegner. Denn es gibt eine Lobby der Gegenwartsfixierung, mächtige Interessengruppen, die Veränderungen prinzipiell ablehnen und damit auch einen Teil der Grundstimmung in der Bevölkerung widerspiegeln. Abwarten und Däumchendrehen ist aber keine Lösung. Wem das Schicksal der zukünftigen Generationen, unserer Enkel, nicht gleichgültig ist, setzt sich zur Wehr gegen die momentversessene Lobby der Trägheit. Der mischt sich ein in die Politik, protestiert, wählt, appelliert, macht vor und fordert die Richtung ein, hin zu ökologischen Innovationen, hin zu einem soziokulturellen Wandel, hin zur Ökoroutine.

Reformer sind beharrlich. Wie schon Machiavelli feststellte, ist kein Unternehmen »schwerer und misslicher als der Versuch, eine neue Ordnung zu schaffen. Der Reformer hat alle zum Feind, die von der alten profitieren, und nur lauwarme Verteidiger unter denen, die Gewinne aus ihr ziehen können«.[648] Es genügt nicht, hier und da ein paar gute Argumente zu präsentieren und darauf zu hoffen, dass sich die Widersacher damit überzeugen lassen.

Ökoroutine kommt nur durch Wiederholung in die Welt. Menschen wie Hermann Scheer haben jahrzehntelang für Sonnenstrom geworben. Die Argumente blieben im Kern gleich. Reformer wissen, es geht leider nicht immer um Vernunft, sondern um das Festhalten am Bestehenden. In der Braunkohle sind etwa 20 000 Menschen unmittelbar beschäftigt, im Sektor erneuerbare Energien sind es über 270 000.[649] Dennoch haben die Bewahrer der Braunkohle erbittert gegen die Klimaabgabe gekämpft, die ein Abschalten der ältesten und schmutzigsten Meiler bewirken sollte.

Mehr Staat und mehr Engagement

Ökoroutine möchte, dass Politiker die Richtung für einen grünen und soziokulturellen Wandel vorgeben. Das geht aber nur, wenn Bürgerinnen und Bürger diesen Wandel einfordern. Die zivilgesellschaftliche Basis dafür gibt es bereits. Das dokumentiert beispielsweise der regelmäßig erscheinende »Zukunftsalmanach« der Stiftung Futur Zwei mit hunderten Beispielen. In jeder Stadt und Gemeinde gibt es nichtkommerzielle und dem Gemeinwohl verpflichtete Initiativen. Diese zu stärken ist die vornehme Aufgabe der Ökoroutine.

Nun haben Politiker in der breiten Öffentlichkeit nicht immer einen besonders guten Ruf. Oft wird ihnen vorgeworfen, sie seien machtversessen und würden sich hauptsächlich von Vertretern der Wirtschaft beeinflussen lassen. Auch die Menschen aus sozialen und ökologischen Bewegungen sind häufig »politikverdrossen« – dieser Begriff hat sich in den 1980er- oder 1990er-Jahren etabliert. Gerd Wessling vom Netzwerk »Transition Town« lässt verlauten, Politik und Wirtschaft hätten die Zeichen der Zeit nicht erkannt. »Business as usual« stünde auf dem Plan, die Politik werde nichts regeln.[650] Prominente erklären, sie gingen gar nicht erst zur Wahl.

Tatsächlich hat die Zivilgesellschaft längst einen Wandel von unten in Gang gesetzt. Die Menschen haben sich wahrlich aufgemacht – Tausende Initiativen vor Ort sind der Beleg dafür. Unzählige Erfolgsbeispiele zeigen immer wieder, wie ein verantwortungsvolles Leben in der Praxis möglich ist. Alles scheint möglich. Junge Menschen überdenken dem Vernehmen nach ihre Haltung zum eigenen Auto, die Zahl der Vegetarier und Veganer wächst rasant, die Menschen radeln mehr denn je, und Elektrofahrräder verkaufen sich wie geschnitten Brot. Die Leitmedien berichten über den Boom beim Teilen, Tauschen, Reparieren und Selbermachen. Manche erkennen darin den Beginn der großen Transformation.

Ja, die breite Öffentlichkeit unterstützt die Klimaschutzpolitik. Viele Menschen befassen sich sogar mit dem »Weniger«. Bücher über Suffizienz sind gefragt. Bürgerinnen und Bürger kommen scharenweise zu Vorträgen über suffiziente Lebensweisen. Doch in der Regel erweist sich schon beim Publikum dessen innere Zerrissenheit: Ein Großteil fährt mit dem Auto zur Läuterungsveranstaltung. Gründe bieten sich zuhauf – Entfernung, Regen, Kälte, Dunkelheit. Mit dem Gefühl »Ja, stimmt, da muss sich etwas ändern, ja, da muss ich mich ändern« fährt man heim und belässt alles beim Alten.

Die Zahl der Pkw auf Deutschlands Straßen wächst, und der Verband der Automobilindustrie beruhigt seine Mitglieder: Zwar werde ständig darüber berichtet, dass sich die emotionale Bindung an das Auto abschwäche. Aber davon sei de facto nichts zu spüren. Im Gegenteil belegt der Branchenverband durch eine Studie, dass der Autowunsch bei jungen Leuten sogar noch stärker sei als bei Älteren.[651] Und nur in seltenen Fällen steigen Autofahrer auf das E-Bike um. Meistens kommt das Rad mit Batterie als zusätzliches Produkt in den Haushalt und erweitert den Fuhrpark. Neben dem Auto finden sich dort mitunter Renn-, Trekking-, Motor-, Falt-, Ein- und Dreiräder, Skateboard, Waveboard, Longboard und Tretroller.

Der »Wandel von unten« ist bereits seit den 1970er-Jahren im Gang. Schon damals gab es Kommunegruppen und WGs, Wohnprojekte sowie Genossenschaften mit ausgeprägtem sozialen und ökologischen Engagement. Geradezu faszinierend war die Lokale-Agenda-21-Bewegung.

Wer redet heute noch von den LOHAS (Lifestyles of Health and Sustainability), denen nachgesagt wurde, einen neuen ressourcenschonenden Lebensstil zu etablieren? Es sind ebendiese Erfahrungen, die zum Konzept der Ökoroutine geführt haben. Es fußt auf der Annahme, dass sich ein systematischer Veränderungsprozess in Richtung Nachhaltigkeit nicht ohne politische Unterstützung initiieren lässt.

Die Staatsskeptiker müssen sich fragen lassen, warum heute zum Beispiel erneuerbare Energien etabliert sind. Nur weil sich wackere Bürger gesagt haben: Da investiere ich, egal, was es kostet? Ja, diese Menschen gab es bereits in den 1970er-Jahren. Es waren die Pioniere, die Vordenker, die First Mover. Ihnen hat die Gesellschaft viel zu verdanken. Doch erst das Erneuerbare-Energien-Gesetz hat den Durchbruch gebracht. Hier liegt der Knackpunkt: Beides gehört zusammen, aktive Politik *und* engagierte Zivilgesellschaft.

Ökoroutine operiert in einem scheinbaren Widerspruch. Sie möchte mehr Staat, aber zugleich auch mehr bürgerschaftliches Engagement. Sie sucht die soziale und ökologische Entsolidarisierung der Gesellschaft zu verhindern, möchte die Wettbewerbsdoktrin überwinden, die zerstörerischen Triebkräfte der Finanzmärkte und den Wachstumsdrang bändigen, unsere Verschwendungssucht therapieren, die zivilgesellschaftliche Gehirnwäsche in Form von Werbung begrenzen und das individuell rationale Verhalten zu einem kollektiv rationalen Ergebnis leiten. Kurzum, Ökoroutine wendet sich gegen Abwärtstriebkräfte, wie sie im Kapitel 3 einführend skizziert sind. Ökoroutine verbindet den starken Staat mit dem Engagement an der Basis. Beide Kräfte können sich gegenseitig befördern. Ökoroutine ist die Triebfeder des gesellschaftlichen Wandels für einen achtsamen Umgang mit dem Planeten.

Anschaulich macht das die Geschichte vom »Aachener Modell«: Der Solarenergie-Förderverein Aachen entwickelte das Konzept einer kostendeckenden Einspeisevergütung, welches der Stadtrat im Spätsommer 1992 beschloss. Die anfänglich geplante Vergütung lag bei zwei D-Mark je Kilowattstunde für Elektrizität aus Photovoltaikanlagen. Bei einer optimistischen Kalkulation entsprach das den Kosten der Solarstromerzeugung. Das Ding der Unmöglichkeit suchten vor allem die Stadtwerke Aachen zu verhindern. Das sei schon rechtlich nicht machbar, hieß es. Bald drei Jahre vergingen mit Rechtsgutachten und ministeriellen Interventionen. Schließlich akzeptierten die Aufsichtsräte die Bürgeridee, welche später zum Modell für das weltbekannte Erneuerbare-Energien-Gesetz (EEG) wurde.[652]

Schon damals hat ein Zusammenspiel aus Politik und Bürgerengagement den Stein ins Rollen gebracht. Einige Jahre später betrat das Gesetz mit der Einspeisevergütung für Windkraft die bundespolitische Bühne – übrigens in der Amtsperiode von Bundeswirtschaftsminister Günter Rexrodt (FDP). Das war wiederum Wegbereiter für das 1998 von Rot-Grün beschlossene EEG. Als hätten alle darauf gewartet, haben Millionen Bundesbürger seither in Sonnen- und Windstrom investiert. Ein Gesetz hat den Menschen dabei geholfen, das zu tun, was sie für richtig halten. Es hat Ökostrom zur Routine gemacht.

So kann aus einem kleinen Projekt etwas Großes und Bedeutsames werden. Das war auch so bei den ersten Konzepten für »Kommunalen Klimaschutz«: Ambitionierte Gemeinden haben die Entwicklung eines solchen Konzepts allein aus dem eigenen Haushalt finanziert. Die Bundesförderung machte daraus später einen Großtrend. Auf solche Pioniere sind Politik und Gesellschaft auch zukünftig angewiesen. Pioniere, Interessierte und Engagierte aus den verschiedenen Milieus mischen sich in Politik ein, demonstrieren, bringen Bürgerbefragungen und Entscheide auf den Weg. In den Medien werden die Ideen diskutiert. Stiftungen, Unternehmen und Behörden finanzieren Modellprojekte. Damit aus dem Modell die Regel wird, ist es maßgeblich, dass die politischen Entscheidungsträger die guten Beispiele zum Standard machen.

Von der Wut zum Mut. Appell an Politik und Bürger

Dieses Buch ist ein Appell an die Politik: Seid kühn, traut euch, Grenzen zu setzen. Habt nicht nur die nächste Wahl im Blick, sondern beweist politischen Mut! Ihr rennt damit offene Türen ein (s. »Manager fordern radikalere Vorgaben der Politik«, S. 38).

Ökoroutine ist zugleich ein Aufruf an die Bürgerinnen und Bürger, Wählerinnen und Wähler: Zeigt vor Ort, dass ein verantwortungsvolles Leben möglich ist! Wehrt euch gegen Kommerzialisierung, leistet Widerstand, wenn die Interessen eurer Kinder und Enkel übergangen werden.

Und: Geht wählen! Politik macht den Unterschied. Die Wählerinnen und Wähler haben die Macht, von der Politik den soziokulturellen Wandel zur Nachhaltigkeit einzufordern. An der Wahlurne gilt es auch, den persönlichen Egoismus zu überwinden. Es geht nicht nur um das »selbst«, um das »Hier und Jetzt«. Wer sich in Berlin mit seinem Stimmzettel gegen Tempo 30 aussprach und meinte, sich damit einen Geschwindigkeitsvorteil zu erhalten, handelte zutiefst egoistisch, denn die Vorzüge für alle Beteiligten sind zu offensichtlich (s. »Tempo 30«, S. 210).

Eine Demokratie kann nur so verantwortungsvoll sein wie ihre Bürgerinnen und Bürger. Wenn wir zu dieser Einsicht nicht bereit sind, geht unsere Freiheit zugrunde, weil dann eines Tages nur noch radikal-autoritäre Entscheidungen übrig bleiben. Die politischen Entscheidungsträger sind nur indirekt Motoren des Wandels. Die Abschaffung der Sklaverei, das Ende der Rassendiskriminierung in den USA, die Gleichberechtigung von Frauen und das Ende der Apartheid in Südafrika, all das kam von der Basis, getragen von ganz normalen Menschen. Es wäre naiv zu glauben, die Transformation einer Wirtschaftsbranche ließe sich Hand in Hand mit den Profiteuren der alten Ordnung bewerkstelligen.

Wer hätte das gedacht

In der Umweltbewegung denken sich viele: Das geht alles viel zu langsam voran. Doch manchmal geht es dann schneller als erhofft. Unglaubliche Geschichten können wahr werden, wenn viele Menschen daran glauben. Die Gegenwart zeigt, dass gelingen kann, was einst als utopisch galt. Noch Anfang der 1990er-Jahre warben Deutschlands Stromkonzerne für Atomkraft mit dem Hinweis, die erneuerbaren Energien würden auch langfristig nicht mehr als 4 Prozent zur Stromversorgung beitragen können. Inzwischen sind es 33 Prozent. Selbst die besonders optimistischen Szenarien vom Wuppertal Institut oder Greenpeace konnten sich vor 20 Jahren nicht ausmalen, was jetzt tatsächlich geschehen ist.

Diese faszinierende Entwicklung war nur möglich, weil die politischen Entscheidungsträger institutionelle Rahmenbedingungen schufen, gegen die Wirkmächte der Kohle- und Atomindustrie. Den technischen Wandel zu mehr Naturverträglichkeit und Effizienz anzustoßen und zu forcieren ist für alle Beteiligten anstrengend und aufwendig.

Eine Sammlung visionärer Geschichten findet sich in der Studie »Zukunftsfähiges Deutschland« aus dem Jahr 2008. Mit sogenannten Zeitfenstern 2022 wagte die Studie zu verschiedenen Themen einen Blick in die Zukunft. Die Autoren stritten intensiv darüber, wie realistisch die Szenarien sind. Kleinwindkraftanlagen auf Hausdächern beispielsweise galten doch als zu utopisch – ich selbst strich die Überlegung aus dem Text. Inzwischen sind ebensolche Windräder in allen denkbaren Formen verbreitet. Sehr unrealistisch wirkte auch das Zeitfenster »Zehn Jahre Kohlekonsens«. Erzählt wird darin die Entwicklung vom AKW- zum KKW-Ausstieg, dem Kohlekraftwerksausstieg. Doch schon fünf Jahre später gab es erste Rechtsgutachten, wie ein solches Ausstiegsszenario zu bewerkstelligen sei. Im Januar 2016 präsentierte die Denkfabrik Agora Energiewende »Elf Eckpunkte für einen Kohlekonsens« – einen Plan mit Restlaufzeiten für den kohlebasierten Kraftwerkspark.

I will, if you will. Verpflichtung zur Vernunft

Das Plädoyer für einen Wandel der Lebensstile ist nicht neu. Schon die frühen Philosophen sprachen über Genügsamkeit. Seit Jahrzehnten fordern immer neue Publikationen zu mehr Bescheidenheit auf. Inzwischen liegt es auf der Hand, dass solche Appelle in unserem sozialökonomischen Bezugsrahmen des »immer mehr« kaum fruchten können. Und so ist es die Kernbotschaft dieses Buches, dass neue Wohlstandsmodelle, soziale Innovationen, die kulturelle Transformation, achtsame Lebensstile – oder wie auch immer man den Wandel bezeichnen mag – nur dann realisiert werden, wenn sich der Bezugsrahmen ändert. Motto: »I will, if you will« – ich bin dabei, wenn du auch mitmachst!

Das Konzept der Ökoroutine gewinnt an Boden. Auch konservative Ingenieure und Ökonomen erkennen zunehmend, dass der materielle Wohlstandszuwachs hierzulande nicht mit einem verantwortungsvollen Lebensstil in Einklang zu bringen ist. Sie werden auf der Produzentenseite dafür sorgen, dass unsere Maschinen nicht größer und leistungsfähiger werden, sondern nur noch sparsamer.

Zugleich wird ein Bezugsrahmen zu gestalten sein, der geeignet ist, den Überflusskonsum zu bändigen. Diese kulturelle Transformation wird uns ungleich schwerer fallen als der technische Wandel. Dafür braucht es mutige und entschlossene Entscheidungsträger, die es wagen, den Menschen etwas zuzumuten. Und es braucht Menschen, die den Wandel einfordern. Hier liegt die größte Herausforderung für unsere Demokratie.

Anmerkungen

1 www.vzhh.de; www.wikipedia.org (23.12.2014)

2 Böge, Stefanie (1992): Die Auswirkungen des Straßengüterverkehrs auf den Raum. Dortmund

3 www.bmub.bund.de: UBA-Emissionsdaten für 2015 (17.03.2016)

4 Raphael, David D. (2007): The Impartial Spectator. Adam Smith's Moral Philosophy. Oxford

5 www.henry-ford.net: Vom Underdog zum Selfmademan (04.03.2016)

6 Böhm, Stephan (1992): Die Verfassung der Freiheit, in: Die Zeit 14/1992

7 Statistisches Bundesamt (2014)

8 Heuser, Uwe J. (1992): Geld, Freiheit, Ideologie, in: Die Zeit 47/1992

9 Reagan war von 1981 bis 1989 Präsident der Vereinigten Staaten, Margaret Thatcher war 1979 bis 1990 Premierministerin des Vereinigten Königreichs.

10 Bei dem reinen Goldstandard entspricht die Geldmenge eines Landes dem Wert des monetär genutzten Goldbestandes eines Landes, www.wikipedia: Goldstandard (04.02.2016)

11 Ernst Ulrich von Weizsäcker formulierte diese These zur Bedeutung des Mauerfalls für den Kapitalismus (30.10.2015).

12 Sedláček, Tomáš (2012): Die Ökonomie von Gut und Böse. München, S. 112

13 Binswanger, Hans C. (2009): Vorwärts zur Mäßigung. Hamburg; ders. (2011): Finanz- und Umweltkrise sind ohne Währungs- und Geldreform nicht lösbar. Tagung Schweizer Vollgeldreform, Winterthur, Vortrag 13.05.2011

14 arte-Sendung »Staatsschulden – System außer Kontrolle?« (15.9.2015)

15 Vgl. Umweltbundesamt (2015): Umweltschutz unter TTIP. Position März 2015

16 »Feed-I Tariff Program: FIT Rules Version 1.1«, Ontario Power Authority, 30.09.2009, S. 14; zitiert nach Klein, Naomi (2015): Die Entscheidung. Kapitalismus vs. Klima. Frankfurt a.M., S. 93

17 Feed-I Tariff Program s. o.

18 Feed-I Tariff Program s. o.

19 Internationale Energieagentur (2011): World Energy Outlook 2012

20 Scherhorn, Gerhard (2009): Geld soll dienen, nicht herrschen. Wien, S. 37 f.

21 Binswanger, Hans C. (2009): Vorwärts zur Mäßigung. Hamburg, S. 155

22 Storbeck, Olaf (2011): Die selbst gemachte Krise, in: www.handelsblatt.com (17.01.2011)

23 Houben, Michael (2015): Intransparente Schattenbörsen, in: www.ard.de (24.07.2015)

24 Aus einem Interview mit Pavan Sukhdev, in: Zeo2 1/2014

25 Fuhrhop, Daniel (2015): Krach im bergischen Center-Dreieck, in: www.verbietet-das-bauen.de (05.11.2015)

26 United Nations (2013): The UN Global Compact – Accenture CEO Study on Sustainability 2013, S. 45

27 United Nations (2013) s. o.

28 Kafsack, Endrick (2014): Wie mit dem Staubsauger, in: www.faz.net (23.05.2015)

29 Wohlstand für wenige, in: Süddeutsche Zeitung (19.03.2014), S. 8

30 Die Zeit (26.06.2014), Nr. 27, S. 22

31 Paech, Niko (2011): Befreiung vom Überfluss. München

32 Miegel, Meinhard (2010): Exit. Wohlstand ohne Wachstum. Berlin

33 Fücks, Ralf (2011): Intelligent wachsen. Die grüne Revolution. München

34 Paqué, Karl-Heinz (2010): Wachstum! München

35 Baumann, Daniel/Schlandt, Jakob (2011): Mächtige Konzerne. 147 Unternehmen kontrollieren die Welt, in: www.fr-online.de (30.12.2014)

36 Statistisches Bundesamt (2014): Statistisches Jahrbuch 2014. Wiesbaden, S. 501

37 Brinkmann, Bastian (2013): Voodoo im Bundestag, in: Die Zeit 6/2013

38 Adamek, Sascha/Otto, Kim (2008): Der gekaufte Staat. Wie Konzernvertreter in deutschen Ministerien sich ihre Gesetze selbst schreiben. Köln

39 LobbyControl (2013): Lobbyreport 2013. Köln

40 Schnabel, Ulrich (2000): Das Expertendilemma, in: Die Zeit (14.06.2000)

41 Naomi Oreskes, Autorin des Buches »Die Machiavellis der Wissenschaft«, im Interview mit Die Zeit (03.11.2014)

42 Angaben laut Wall Street Journal, zitiert nach www.taz.de: Klarsicht dank Ölteppich (24.5.2010)

43 Brinkmann, Bastian (2013): Voodoo im Bundestag, in: Die Zeit Nr. 6/2013

44 Fuchs, Christian (2008): Atomkraft – ja bitte!, in: Die Zeit (17.04.2008)

45 LobbyControl (2013): Lobbyreport 2013. Köln

46 In den Jahren 2011 und 2012 kam es zu einer Reduktion bzw. Stagnation, 2013 zu einem erneuten Anstieg. Quelle: Arbeitsgemeinschaft Energiebilanzen 09/2014

47 Marx, Karl (1859): Zur Kritik der politischen Ökonomie. Berlin

48 Sedláček, Tomáš (2012): Die Ökonomie von Gut und Böse. München, S. 269 ff.

49 Nelson, Robert H. (2010): The New Holy Wars. Economic Religion Versus Environmental Religion in Contemporary America. Pennsylvania

50 Stigler, George J. (1985): »Frank Hyneman Knight«, University of Chicago – George G. Stigler Center for Study of Economy and State 37, Chicago – Center for Study of Economy and State

51 Shoda, Y./Mischel, W./Peake, P. K. (1990): Predicting Adolescent Cognitive and Self-Regulatory Competencies from Preschool Delay of Gratification. Identifying Diagnostic Conditions, in: Developmental Psychology, 26/1990, S. 978–986

52 Sedláček, Tomáš (2012): Die Ökonomie von Gut und Böse. München, S. 398

53 www.dsa-youngstar.de; LobbyControl (2013): Lobbyismus an Schulen. Köln, S. 5

54 Bode, Thilo (2010): Die Essensfälscher. Frankfurt a. M.

55 Der Titel lautet: Grundlagen wirtschaftlichen Handelns, siehe LobbyControl (2013): Lobbyismus an Schulen. Köln

56 www.de.statista.com: Investitionen der deutschen Wirtschaft in Werbung (2013), Quelle: Zentralverband der deutschen Werbewirtschaft

57 Gaschke, Susanne (2011): Die verkaufte Kindheit. München

58 www.verbraucher.de: Werbung – Versteckte Verführung, fatale Folgen (30.03.2006)

59 Streeck, Wolfgang (2015): Wie wird der Kapitalismus enden? Teil II, in: Blätter für deutsche und internationale Politik 4/2015, S. 112

60 Döhle, Patricia (2011): Richtig dosiert?, in: brand eins 2/2011

61 www.de.statista.com: Investitionen der deutschen Wirtschaft in Werbung, Quelle s. o.

62 Assadourian, Erik (2012): Re-engineering Cultures to Create a Sustainable Civilization, in: Worldwatch Institute (2012): State of the World 2013. Washington u. a.

63 Pauly, Daniel (1995): Anecdotes and the shifting baseline syndrome of fisheries, in: Elsevier Science 10/1995, S. 430

64 www.kwi-nrw.de: Projekt Shifting Baselines (Laufzeit: 11/2008 bis 10/2013)

65 Leggewie, Claus/Welzer, Harald (2009): Das Ende der Welt, wie wir sie kannten. Frankfurt a. M., S. 93 ff.

66 Kahneman, Daniel (2012): Schnelles Denken, langsames Denken. München

67 Vgl. Worldwatch Institut (2010): State of the World. Transforming Cultures. From consumerism to sustainability. Washington

68 Mohr, Hans (1998): Technikfolgenabschätzung in Theorie und Praxis. Berlin, Heidelberg, S. 5

69 Loske, Reinhard (2011): Abschied vom Wachstumszwang. Rangsdorf, S. 23

70 Diekmann, Andreas/Preisendörfer, Peter (1992): Persönliches Umweltverhalten, Diskrepanz zwischen Anspruch und Wirklichkeit, in: Kölner Zeitschrift für Soziologie und Sozial-psychologie (44/2) 1992, S. 234

71 Vgl. u. a.: Liedtke, Christa/Welfens, Maria J./ Stengel, Oliver (2007): Ressourcenschonung durch lebensstilorientierte Bildung, in: Udo Simonis (Hrsg.): Jahrbuch Ökologie 2008, München, S. 142–153

72 Pötter, Bernhard (2006): König Kunde ruiniert sein Land. München, S. 78

73 Grunwald, Armin (2015): Ende der Illusion. München, S. 13

74 www.bund.net: Putenfleisch aus Discountern mit antibiotikaresistenten Keimen belastet (12.01.2015)

75 Studie des Zentralverbandes Zoologischer Fachbetriebe Deutschlands und des Industrieverbands Heimtierbedarf (08.04.2014)

76 Brühl, Johannes (2015): Friedhof der Kuscheltiere, in: Süddeutsche Zeitung (16.06.2015), S. 9

77 Umfrage von Yougov; vgl. Liebrich, Silvia (2015): Das neue Bio, in: Süddeutsche Zeitung (11.20.2015)

78 Bundesverband der Deutschen Fleischwarenindustrie, www.bvdf.de: Fleischverzehr 2015 wieder leicht gestiegen (07.01.2016)

79 Bundesministerium für Ernährung und Landwirtschaft; Bundesanstalt für Landwirtschaft und Ernährung

80 Heinrich-Böll-Stiftung/BUND (2016). Fleischatlas. Berlin, S. 8

81 Umweltbundesamt (2015): Umweltbelastende Stoffeinträge aus der Landwirtschaft. Hintergrund März 2015

82 Umweltbundesamt (2007): Integrierte Vermeidung und Verminderung der Umweltverschmutzung. Dessau

83 WWF (2014): Schwere Kost für Mutter Erde; WWF (2011): Fleisch frisst Land. Berlin

84 WWF (2014): Schwere Kost für Mutter Erde, S. 29

85 Vertrag über die Arbeitsweise der Europäischen Union Artikel 39 (ex-Artikel 33 EGV)

86 Tatje, Claas (2011): Teurer Fraß, in: Die Zeit 4/2011, S. 20

87 BUND (2011): Subventionen für die industrielle Fleischerzeugung in Deutschland. Berlin

88 Binswanger, Hans Christoph (2009): Vorwärts zur Mäßigung. Hamburg, S. 162 ff.

89 Liebrich, Silvia (2011): Quälen, manipulieren und vertuschen. Die Massentierhaltung ist ein undurchsichtiges Massengeschäft. Politik und Agrarlobby sind eng verflochten, in: Süddeutsche Zeitung 209/2011, S. 30

90 OECD (2012): Agricultural Policy Monitoring and Evaluation

91 Diese Angaben stammen vom BUND, zitiert nach: Die Zeit (2014): Tödliche Keime (20.11.2014), S. 22 (der Artikel basiert auf den Recherchen eines Reporterteams)

92 Niedersächsischer Landtag, Drucksache 16/5175; Liebrich, Silvia (2012): 432 000 Hühnchen. Am Tag, in: www.sueddeutsche.de (09.07.2012)

93 Schneider, Martin (2015): Das Fleisch-Paradoxon, in: Süddeutsche Zeitung (02.11.2015), S. 6

94 Transatlantisches Freihandelsabkommen

95 Die Zeit (2014): Die Rache aus dem Stall (20.11.2014), S. 23 (der Artikel basiert auf den Recherchen eines Reporterteams)

96 Wuppertal Institut für Klima, Umwelt, Energie (2008): Zukunftsfähiges Deutschland in einer globalisierten Welt. Frankfurt a. M.

97 Obert, Michael (2014): Das globale Huhn, in: Greenpeace Magazin 4/2014, S. 50

98 Den Begriff verwendete das Bundesministerium für Landwirtschaft. Die Nutztierbranche habe sich in den vergangenen Jahrzehnten zu einer sehr erfolgreichen Wirtschaftsbranche entwickelt, in: Frankfurter Allgemeine Zeitung (25.03.2015), S. 17

99 Hahn, Thomas (2015) Tückische Phantome, in: Süddeutsche Zeitung (02.01.2015)

100 Krankenkasse DAK-Gesundheit: Deutsche nehmen zu viele Antibiotika, Pressemitteilung (28.10.2014)

101 Professor Walter Popp, Vizepräsident der Deutschen Gesellschaft für Krankenhaushygiene, in: Die Zeit (2014): Tödliche Keime (20.11.2014), S. 21

102 Die Zeit (2014): Tödliche Keime s. o.

103 www.bund.net; Umfrage des Meinungsforschungsinstitutes forsa. Datenbasis: 1000 Befragte, Erhebungszeitraum: 2. bis 4. Mai 2012

104 Vorholz, Fritz (2014): Das Wasser wird schlecht, in: Die Zeit 37/2014, S. 24

105 www.welt.de (19.08.2010)

106 Verband Deutscher Mineralbrunnen (VDM)

107 Die Zeit 24/2013

108 Süddeutsche Zeitung (19.02.2015), S. 15

109 www.duh.de: Coca-Cola killt Mehrweg! (07.02.2016)

110 Erforderliche Maßnahmen zum Schutz der umweltfreundlichen Mehrwegsysteme. Gemeinsames Positionspapier der Deutschen Umwelthilfe e.V. u. a. (14.08.2014)

111 Pressemitteilung »Allianz für Mehrweg« (23.01.2015)

112 www.duh.de: Problem Kaffeebecher (31.08.2015)

113 Bund Ökologische Lebensmittelwirtschaft (BÖLW) (2015): Zahlen, Daten, Fakten. Die Bio-Branche 2015. Berlin

114 BÖLW (2016): Zahlen, Daten, Fakten. Die Bio-Branche 2015. Berlin, S. 19

115 Im Jahr 2014 waren es 8,4 Prozent, vgl. BÖLW (2015): s. o.

116 Maria Krautzberger, Präsidentin des Umweltbundesamtes, laut Welt Kompakt (08.04.2015), S. 5.

117 Bundesamt für Naturschutz (2016): Naturbewusstseinsstudie 2015. Bonn

118 Deutschland 2011: 11,2 %; Frankreich 2011: 13,84 %; Italien 2011: 14,4 %; Kroatien 2007: 20,46 %; Litauen 2011: 24,75 %; Polen 2011: 18,91 %; Quelle: Statistisches Bundesamt: www.destatis.de: Konsumausgaben privater Haushalte. Nahrungsmittel (07.12.2015)

119 Canfin, Pascal (2006): L'économie verte expliquée à ceux qui n'y croient pas, par Pascal Canfin. Ed. Les petits matins, 2006, S. 107, zitiert nach Latouche, Serge (2015): Es reicht! Abrechnung mit dem Wachstumswahn. München 2015, S. 122

120 Jasper, Ulrich (2014): Eine Reform mit großen Möglichkeiten, in: Der kritische Agrarbericht 2014, S. 26 ff.

121 Hoferichter, Andrea (2015): Kraut und Rüben, in: Süddeutsche Zeitung (17.02.2015)

122 Schneider, Martin (2015): Das Fleisch-Paradoxon, in: Süddeutsche Zeitung (02.11.2015), S. 6; BÖLW (2015): Zahlen, Daten, Fakten. Die Bio-Branche 2015

123 Heinrich-Böll-Stiftung/BUND/Le Monde diplomatique (2013). Fleischatlas. Berlin

124 Neu zugelassene Haltungseinrichtungen müssen so ausgestaltet sein, dass alle Hennen »artgemäß« fressen, trinken, ruhen, sandbaden sowie zur Eiablage einen gesonderten Nestbereich aufsuchen können. Sie müssen eine Mindesthöhe von 2 Metern und eine Fläche von mindestens 2-mal 1,5 Metern haben und mit Nestern, Sitzstangen und Einstreu ausgestattet sein. Die nutzbare Fläche pro Henne muss mindestens 1100 cm² betragen. Anlagen mit weniger Fläche pro Huhn werden nicht neu zugelassen. Bestehende Käfiganlagen mit 550 cm² nutzbarer Fläche je Henne durften nur noch bis zum 31. Dezember 2006 genutzt werden. Bestehende Käfige mit Nest, Sitzstange und Einstreu (750 cm²) durften bis zum 31. Dezember 2011 genutzt werden. Quelle: http://de.wikipedia.org: Tierschutz-Nutztierhaltungsverordnung (Stand 04.03.2016)

125 Verbraucherzentrale Bundesverband, www.vzbv. de: Umfrage: Verbraucher würden für Tierschutz mehr zahlen (13.01.2016)

126 Wolff, Reinhard (2013): Fleischsteuer für Klimasünder, in: www.klimaretterinfo.de (24.01.2013)

127 Einfache Beispielrechnung auf Basis einer kurzen Internetrecherche: 100 Gramm Hack kosteten bei Edeka 70 Cent, 100 Gramm Sheba »Festtagsragout mit zarter Gans nach trad. Art« ebenfalls 70 Cent (Stand: 15.03.2013)

128 Statistisches Bundesamt; Die Zeit (20.11.2011)

129 Als Futtermittel darf gentechnisch verändertes Getreide allerdings eingeführt werden.

130 Erbitterten Widerstand gegen die Ökologisierung der EU-Agrarförderung leisteten das Bundeslandwirtschaftsministerium, der Deutsche Bauernverband und weitere Interessenvertreter der Agrarindustrie. Vgl. Jasper, Ulrich (2014): Eine Reform mit großen Möglichkeiten, in: Der kritische Agrarbericht 2014, S. 26 ff.

131 Mitteilung von Barbara Unmüßig, Heinrich-Böll-Stiftung, bei der Vorstellung des neuen Fleischatlas am 13. Januar 2016 in Berlin; Landwirtschaftsministerium Niedersachsen, www.ml.niedersachsen.de: Agrarminister Meyer: Ringelschwanzprämie startet mit 16,50 Euro (19.06.2016)

132 Widmann, Marc (2014): Der Fremde, in: Die Süddeutsche Zeitung (14.03.2014), S. 6

133 Die Süddeutsche (29.07.2014), S. 5

134 Bundesministerium für Ernährung, Landwirtschaft und Verbraucherschutz (2012): Nahrungsverbrauch und Verbraucherausgaben. Berlin

135 Pan, An (2012): Red Meat Consumption and Mortality, in: JAMA Internal Medicine (172/7)

136 ZDF: Gutes Soja, schlechtes Soja, Sendung planet-e (2015)

137 www.taz.de: Unkraut vergeht, der Mensch auch (23.03.2015); Siebert, Daniela (2015): Glyphosat »wahrscheinlich krebserzeugend«, in: www.Deutschlandfunk.de (23.03.2015)

138 Seufert, Verena/Ramankutty Navin/A. Foley, Jonathan (2012): Comparing the yields of organic and conventional agriculture, in: Nature 485, S. 229 ff. (doi:10.1038/nature11069)

139 Löwenstein, Felix zu (2011): Food Crash. Wir werden uns ökologisch ernähren oder gar nicht mehr. Nördlingen

140 Crowder, David/Reganold, John (2015): Financial competitiveness of organic agriculture on a global scale, in: PNAS (01.06.2015), (doi: 10.1073/pnas.1423674112)

141 Seufert, Verena/Ramankutty Navin /A. Foley, Jonathan (2012): s. o.

142 GLS Treuhand/Stiftung eine Welt, eine Zukunft (Hrsg.) (2009): Wege aus der Hungerkrise. Die Erkenntnisse des Weltagrarberichtes der FAO

143 www.weltagrarbericht.de: Vergleichsstudie: Ökolandbau kann die Welt nachhaltiger ernähren (05.02.2016)

144 Thurn, Valentin (2015): 10 Milliarden – Wie werden wir alle satt? (Dokumentarfilm)

145 www.un.org: UN expert makes case for ecological farming practices to boost food production (08.03.2011)

146 Thurn, Valentin (2015): s. o.

147 Bode, Thilo (2011): Die Essensfälscher. Frankfurt a. M.

148 www.utopia.de: Sind Bio-Fertiggerichte gesund? (01.10.2013); www.wikipedia.de: Bio-Siegel (25.01.2016); Bund für Lebensmittelrecht und Lebensmittelkunde, www.bll.de: Zusatzstoffe zur Herstellung von verarbeiteten Bio-Lebensmitteln (nach Lebensmittelrecht 234. Akt.-Lfg.: Stand Nov. 2009)

149 Pollan, Michael (2011): 64 Grundregeln Essen. München

150 Liebrich, Silvia (2014): Mehr Gift, weniger Ertrag, in: Süddeutsche Zeitung (23.01.2014)

151 Bahnsen, Ulrich/Sentker, Andreas (2014): Fangt noch mal von vorne an, in: Die Zeit (23.10.2014), S. 37

152 Then, Christoph (2014): Cyberkrieg auf dem Acker. Was blüht da? Kritische Bestandsaufnahme einer neuen Dimension der Gentechnik. Herausgegeben von Martin Häusling, MdEP

153 Liebrich, Silvia (2014): Mehr Gift, weniger Ertrag, in: Süddeutsche Zeitung (23.01.2014)

154 Then, Christoph (2014): s. o.

155 Ein guter Überblick der verschiedenen Möglichkeiten findet sich in: Hassenstein, Wolfgang (2015): Sie haben im Ernst geglaubt, das Thema Gentechnik sei schon durch? in: Greenpeace-Magazin 5/2015, S. 69–72

156 Hassenstein, Wolfgang (2015): Sie haben im Ernst geglaubt, das Thema Gentechnik sei schon durch? in: Greenpeace-Magazin 5/2015, S. 72

157 Liebrich, Silvia (2012): Ackern für den großen Profit, in: Süddeutsche Zeitung (15.06.2012)

158 ZDF: Poker um deutsche Äcker, Sendung planet e. (03.11.2013)

159 Neue Osnabrücker Zeitung (22.04.2015), S. 5

160 Liebrich, Silvia (2012): Ackern für den großen Profit, in: Süddeutsche Zeitung (15.06.2012)

161 Liebrich, Silvia (2012): s. o.

162 Eingerechnet wurden hier Eier, Milch, Fischerzeugnisse, Fleischerzeugnisse, Öle und Fette, Gemüse, Zuckererzeugnisse, Hülsenfrüchte, Reis, Kartoffelerzeugnisse und Getreideerzeugnisse.

163 Die Angaben sind gerundet, siehe WWF (2015): Das große Fressen. Berlin. Die Ausgangsdaten stimmen überein mit den Analysen von: Umweltbundesamt (2014): Nachhaltiger Konsum: Entwicklung eines deutschen Indikatorensatzes als Beitrag zu einer thematischen Erweiterung der deutschen Nachhaltigkeitsstrategie. Dessau; Meier, Toni u. a. (2014): Balancing virtual land imports by a shift in the diet. Using a land balance approach to assess the sustainability of food consumption. Germany as an example, in: Appetite 75, S. 20–34

164 WWF (2015): Das große Fressen. Berlin

165 Vermeidung von ca. 50 kg Lebensmittelabfall pro Person und Jahr.

166 Universität Stuttgart (2012): Ermittlung der weggeworfenen Lebensmittelmengen und Vorschläge zur Verminderung der Wegwerfrate bei Lebensmitteln in Deutschland. Stuttgart

167 Werner, Kathrin (2015): Krumme Sachen, in: Süddeutsche Zeitung (30.03.2015), S. 20

168 www.umweltbundesamt.de: Energieverbrauch nach Energieträgern und Sektoren (29.06.2015)

169 Deutsche Energieagentur, www.dena.de: Energieeffiziente Gebäude (27.01.2013)

170 Bei einem nicht sanierten Wohnhaus (Baujahr 1960–1980) liegt der Bedarf bei rund 300 kWh/$(m^2 \cdot a)$; Im Vergleich dazu beim »KfW-Effizienzhaus 40« (EnEV 2009) bei unter 25 kWh/$(m^2 \cdot a)$, www.de.wikipedia.org (10.12.2015)

171 Deutsche Energieagentur (Hrsg.) (2014): Der dena-Gebäudereport 2015. Statistiken und Analysen zur Energieeffizienz im Gebäudebestand. Berlin, S. 63

172 Osterhage, Tanja, u. a. (2015): Ergebnisse einer energetischen Sanierung. Abweichung zwischen Energiebedarf und Verbrauch – ist nur der Nutzer Schuld?, in: Bauphysik 37 (2015), Heft 2, S. 103; ähnliche Ergebnisse siehe Erhorn, H. (2006): Zur Genauigkeit der Bewertungsmethoden von Energieausweisen für bestehende Wohngebäude. Bericht WB 129/2006 des Fraunhofer-Institutes für Bauphysik. Stuttgart

173 Osterhage u. a. (2015) s. o., S. 104

174 60 m^2 Energiebezugsfläche, schweizerischer Durchschnitt.

175 Stadt Zürich (2011): Nutzerverhalten beim Wohnen. Zürich

176 Epp, Bärbel (1995): Klimaschutz und Energieverbrauch. Der Einfluss des Verhaltens auf das Energiesparen von privaten Haushalten. Wuppertal Paper Nr. 49

177 Scholl, L. (1985): Energetische Gebäudesanierung. Ein Erfahrungsbericht, Zentrum für Angepasste Technologie und Sozialökologie Langenbruck. Stuttgart, zitiert nach Epp (1995) s. o.

178 Geiger, B. (1993): Heizsysteme im Vergleich, Sondersendung für die Fachpresse erschienen in SL: Strom-Linie Nachrichten-, Artikel- und Bilder-Korrespondenz der VDEW, Frankfurt, 1993, zitiert nach Epp (1995) s. o.

179 Feist, W. (1994): Erfahrungen mit Niedrigenergiehäusern- und Passivhäusern, in: Energieanwendung, Energie- und Umwelttechnik, 43 Jg. Heft 2. Leipzig–Stuttgart, zitiert nach Epp (1995) s. o.

180 Remien, Andreas (2015): Schön teuer, in: Süddeutsche Zeitung (24.04.2015), S. 23

181 Ecofys/Architekturbüro Schulze Darup (2014): Preisentwicklung Gebäudeenergieeffizienz Initialstudie

182 EU-Gebäuderichtlinie 2010/31/EU

183 Deutsche Energieagentur (Hrsg.) (2014): Der dena-Gebäudereport 2015. Statistiken und Analysen zur Energieeffizienz im Gebäudebestand. Berlin, S. 117

184 Im September 2010 hat die Bundesregierung ein entsprechendes Energiekonzept verabschiedet.

185 Deutsche Energieagentur (2014), s. o.

186 www.sanieren-profitieren.de, www.klima-sucht-schutz.de

187 Mit der Nationalen Klimaschutzinitiative initiiert und fördert das Bundesumweltministerium diverse Projekte, u. a. die Entwicklung von ambitionierten Klimaschutzkonzepten, siehe www.klimaschutz.de

188 Im Folgenden werden vor allem § 9 und § 10 der Energieeinsparverordnung (EnEV) bedacht. Verordnung über energiesparenden Wärmeschutz und energiesparende Anlagentechnik bei Gebäuden. Ausfertigungsdatum: 24.07.2007

189 Bundesindustrieverband Haus-, Energie- und Umwelttechnik

190 Kollektorfläche 0,04 m² pro m² Wohnfläche.

191 Grinewitschus, Viktor/Lovri, Tanja/Rumler, Nele (2015): Influence of user behavior and home automation on energy consumption. University of Applied Science Ruhr West, Mülheim a. d. Ruhr/Bottrop

192 Aus einem Expertengespräch hat sich beispielsweise der Hinweis auf das Portal http://lueftungsgeraetenavi-eanrw.tzwl.de ergeben. Es ist für Interessierte nur schwer zu finden und nur für Experten verständlich. Im Kern werden dort lediglich verschiedene Hersteller mit den technischen Daten der Geräte benannt.

193 Neuhoff, Karsten, u. a. (2011): Energetische Sanierung. Handlungsbedarf auf vielen Ebenen, in: DIW Wochenbericht 34/2011, S. 3

194 Steinke, Ronen (2012): Ein Recht auf Stadt, in: Süddeutsche Zeitung (28.09.2012).

195 Aus der Begründung der Beschlussvorlage der Verwaltung Bielefeld, Drucksache 4123 (Wahlperiode 2004–2009), Sitzung am 11.09.2007.

196 Stellungnahme des BUND vom 19.12.2012 zur Novelle des Energieeinsparungsgesetzes (EnEG) und der Energieeinsparverordnung (EnEV)

197 Statistisches Bundesamt (2009): Wirtschaftsrechnungen. Einkommens- und Verbrauchsstichprobe Haus- und Grundbesitz sowie Wohnverhältnisse privater Haushalte. Fachserie 15, Sonderheft 1. Wiesbaden

198 Pehnt, Martin, u. a. (2011): Endbericht Energieeffizienz. Potenziale, volkswirtschaftliche Effekte und innovative Handlungs- und Förderfelder für die Nationale Klimaschutzinitiative. Heidelberg u. a.

199 Wohnungsmieten einschließlich Mietwert für Eigentumswohnungen: +7,1 Prozent; Strom, Gas u. a. Brennstoffe: +36,6 Prozent; jeweils 2011 gegenüber 2005 (Statistisches Bundesamt 2012: Verbraucherpreisindex für Deutschland)

200 Amtliche Bevölkerungszahlen auf Basis des Zensus vom 9. Mai 2011. Landesbetrieb Information und Technik NRW. (31.12.2014)

201 Statistisches Bundesamt (2013): Zensus 2011 – Fakten zur Bevölkerung in Deutschland, Statement von Präsident Roderich Egeler (31.05.2013)

202 Wuppertal Institut, Venjakob/Hanke/Thomas

203 Deutsche Energieagentur (Hrsg.) (2014): Der dena-Gebäudereport 2015. Berlin

204 Schoer, Karl (2007): Nutzung von Umweltressourcen durch die Konsumaktivitäten der privaten Haushalte, in: Statistisches Bundesamt, Wirtschaft und Statistik 1/2007, S. 101 f.

205 www.are.admin.ch: Bundesrat setzt revidiertes Raumplanungsgesetz am 1. Mai 2014 in Kraft (02.04.2014)

206 TNS-Emnid-Umfrage im Auftrag von IFEU und Wuppertal Institut für Klima, Umwelt, Energie; Befragungszeitraum: 24.06.–22.07.2015

207 Mütze, Janina (2015): Platz für junge Familien, Süddeutsche Zeitung (06.02.2015), S. 21

208 Bundesministerium für Verkehr, Bau und Stadtentwicklung (2011): Wohnen im Alter. Marktprozesse und wohnungspolitischer Handlungsbedarf. Forschungen Heft 147, S. 31; Datenbasis: Repräsentativbefragung der Seniorenhaushalte sowie die Sonderanalysen zum »Altersurvey« (2. Welle 2002) sowie zum »Sozio-oekonomischen Panel« (SOEP, 2006)

209 Bundesministerium für Verkehr, Bau und Stadtentwicklung (2011): s. o.

210 Scherf, Henning (2007): Grau ist bunt. Was im Alter möglich ist. Freiburg

211 vgl. z. B. Fuchs, Dörte/Orth, Jutta (2003): Umzug in ein neues Leben. Wohnalternativen für die zweite Lebenshälfte. München

212 Bundesministerium für Familie, Senioren, Frauen und Jugend (2010): Sechster Bericht zur Lage der älteren Generation in der Bundesrepublik Deutschland. Berlin, S. 370

213 Vgl. z. B.: Fuchs, Dörte/Orth, Jutta (2003): Umzug in ein neues Leben. Wohnalternativen für die zweite Lebenshälfte. München

214 www.wohnenfuerhilfe.info

215 Stroh, Kassian (2011): Mehr Platz als Ideen, in: Süddeutsche Zeitung 264/2011, S. R2

216 Kippenberger, Susanne (2015): Züricher Zusammenspiel, in: www.tagesspiegel.de (27.01.2015)

217 Weber, Jan-Otto (2011): Leere Büros werden in Wohnungen umgewidmet, in: Die Welt (07.09.2011)

218 www.de.statista.com: City Survey 2014/2015 – Büro- und Investmentmärkte im Überblick, S. 23; Marktreport 2014/2015 – Frankfurt, S. 3; Marktreport H1 2014 – München, S. 1

219 Ullmann, Steffen (2014): Ein Dorf im Turm, in: Süddeutsche Zeitung (19.12.2014)

220 Maak, Niklas (2014): Wohnkomplex. München, S. 298

221 Fuhrhop, Daniel (2015): Verbietet das Bauen. München

222 Rauterberg, Hanno (2015): Es ist zum Klotzen, in: Die Zeit Nr. 10/2010

223 www.db-bauzeitung.de: Suffizienz (23.06.2015)

224 Energiereferat Stadt Frankfurt am Main, Florian Unger. Die Ein-Personen-Haushalte dieser Messung in Frankfurt befinden sich im gleichen Gebäudetypus und haben keine elektrische Warmwasserbereitung.

225 Brischke, Lars-Arvid (2014): Energiesuffizienz – Strategie zur absoluten Senkung des Energieverbrauchs, in Energiewirtschaftliche Tagesfragen 10/2014, S. 13–15

226 Brischke, Lars-Arvid (2014): s. o.

227 Verordnung (EU) 666/2013 der Kommission

228 Süddeutsche Zeitung (13.08.2014), S. 1

229 Deutsche Energieagentur (2014): Marktanalyse Staubsauger. Berlin

230 www.umweltbundesamt.de: Produktgruppen (16.01.2015)

231 Zitat von Kurt Berlo.

232 Ecofys (2012): Economic benefits of the EU Ecodesign Directive Improving European economies. Utrecht

233 Diese Überlegung basiert auf dem Konzept des »Stromkundenkontos« des Sachverständigenrates für Umweltfragen (SRU), welches einen Zertifikatehandel vorsieht. Administrativ einfach umzusetzen wäre jedoch ein Bonus-Malus-System: Wird das Reduktionsziel von 1,5 Prozent nicht erreicht, zahlt das Unternehmen Malus. Ist das Ziel erfüllt, erhält es einen Bonus, vgl. SRU (2011): Wege zur 100 % erneuerbaren Stromversorgung. Berlin

234 Im Jahr 2014 gab es 352 000 Stromsperren. Bundesnetzagentur/Bundeskartellamt (Hrsg.) (2015): Monitoringbericht 2015. Bonn

235 www.bundesregierung.de: Energiewende. Auf dem Weg zum »Strommarkt 2.0« (04.11.2015)

236 Pipke, Hans, u. a. (2009): Endenergieeinsparungen durch den Einsatz intelligenter Messverfahren. Bonn

237 Dieses Gesetz regelte die Abnahme und die Vergütung von Strom, der ausschließlich aus Wasserkraft, Windkraft, Sonnenenergie, Deponiegas, Klärgas oder aus Biomasse gewonnen wurde.

238 Wie lässt sich der Kohleausstieg einleiten? Gutachten im Auftrag von Bündnis 90/Die Grünen Bundestagsfraktion (04/2014) erstellt von Rechtsanwältin Cornelia Ziehm, Berlin; vgl. auch Vortrag von Roda Verheyen: Ordnungsrecht und Emissionshandel – kein Widerspruch (30.11.2013), Dresden

239 www.spiegel.de: Auf Kosten der Stromkunden. Kohlekraftwerke gehen für Klimaschutz vom Netz (24.10.2015)

240 Umfrage im Auftrag WWF und Lichtblick (26.03.2015). Daten von der YouGov Deutschland AG bereitgestellt. An der Befragung nahmen 1000 Erwachsene teil. Die Erhebung fand zwischen dem 23.02. und dem 25.02.2015 statt. Die Ergebnisse wurden gewichtet und sind repräsentativ für die deutsche Bevölkerung (Alter 18+).

241 www.klimaretter.info: Braunkohle schafft (viel) weniger Arbeit (12.04.2015)

242 Umweltbundesamt (2014): KWK-Ausbau. Entwicklung, Prognose, Wirksamkeit im KWK-Gesetz unter Berücksichtigung von Emissionshandel, Erneuerbare-Energien-Gesetz und anderen Instrumenten. Berlin

243 Gailfuß, Markus (2013): Heizölkessel und Erdgasheizkessel sind seit Januar in Dänemark verboten, in: www.bhkw-infozentrum.de (18.02.2013)

244 Konrad-Adenauer-Stiftung (KAS) (2013): Wahrnehmung der deutschen Energiewende in Schwellenländern. Berlin

245 Institute for Energy Economics and Financial Analysis, www.ieefa.org: China Delivers Global Record Wind and Solar Installs While National Coal Consumption Drops (29.02.2016)

246 Neumann, Achim (2014): Deutschland ist nicht allein, in: www.dandc.eu (23.10.2014)

247 www.bund.net: Plastikfakten zum Plastikfasten (09.11.2015)

248 www.greenpeace.de: Kreislauf geschlossen? (03.09.2015)

249 www.saubere-kleidung.de: Öffentlicher Druck weckt Metro auf (24.06.2009). Eine Studie des National Labor Committee über Arbeitsbedingungen in Bangladesch hatte aufgedeckt, dass die Arbeiterinnen geschlagen und die Löhne nicht ausgezahlt wurden; sie mussten sieben Tage

und bis zu 97 Stunden pro Woche arbeiten. Eine Frau war wegen Erschöpfung gestorben, eine Krankschreibung war ihr vom Fabrikmanagement verwehrt worden. Daraufhin brach sie am Arbeitsplatz zusammen.

250 www.zeit.de: Deutsche werfen am meisten Elektroschrott weg (15.04.2015)

251 Baldé, C. P./Wang, F./Kuehr, R./Huisman, J. (2015): The global e-waste monitor – 2014. United Nations University (IAS – SCYCLE). Bonn

252 www.chip.de (20.03.2006)

253 Behrendt, Siegfried (2008): Seltene Metalle. Maßnahmen und Konzepte zur Lösung konfliktverschärfender Rohstoffausbeutung am Beispiel Coltan, S. 26

254 ZDF: Kongos verfluchter Schatz (2008)

255 www.wwf.de: Regenwälder Zentralafrikas. Zonierung gegen Raubbau (09.11.2015)

256 Die weitere Verwertung und das Recycling der Altgeräte finanzieren die Hersteller der Elektro- und Elektronikgeräte. Sie müssen nachweisen, dass die Finanzierung der Entsorgung ihrer nach August 2005 hergestellten Geräte des privaten Haushalts gesichert ist (wikipedia.org, 28.07.14).

257 Braun, Carolyn, u.a. (2014): Auf der Jagd nach dem Schrott, in: Die Zeit Nr. 31 (24.07.2014), S. 13 ff.

258 Braun, Carolyn (2014): s.o.

259 Braun, Carolyn, u.a. (2014): s.o.

260 Schridde, Stefan (2014): Murks? Nein danke! Was wir tun können, damit die Dinge besser werden. München

261 Hübner, Renate (2012): Geplante Obsoleszenz, Working Papers »Verbraucherpolitik & Verbraucherforschung«, AK-Wien, Abteilung Konsumentenpolitik, Wien

262 Hübner, Renate (2012): s.o.

263 Röper, Burkhardt/Marfeld, Rolf (1976): Gibt es geplanten Verschleiß? Untersuchungen zur Obsoleszenzthese. Göttingen, S. 1

264 Umweltbundesamt (2015): Einfluss der Nutzungsdauer von Produkten auf ihre Umweltwirkung, Texte 10/2015

265 Frankfurter Allgemeine Zeitung: Honda ruft bis zu 13 Millionen Autos zurück (10.12.2014), S. 22

266 Przybilla, Steve (2015): Mangel-Ware, in: Süddeutsche Zeitung 13/2015, S. 70

267 Schridde, Stefan/Kreiß, Christian (2013): Geplante Obsoleszenz. Entstehungsursachen – Konkrete Beispiele – Schadensfolgen – Handlungsprogramm. Gutachten im Auftrag der Bundestagsfraktion Bündnis 90/Die Grünen. Berlin

268 Smiljanic, Mirko (2014): Technik funktioniert nur bis zur Garantiegrenze. Wieso Hersteller eine Lebenszeit in die Technik einbauen, Deutschlandfunk (02.05.2013)

269 Kirchhoff, Petra (2013): Garantiert schnell kaputt?, in: www.faz.net (20.03.2013)

270 Umweltbundesamt (2015): Einfluss der Nutzungsdauer von Produkten auf ihre Umweltwirkung (Texte 10/2015)

271 www.murks-nein-danke.de (13.11.2015)

272 Im Gegensatz zur »Economy of Scale«, welche die Kosten in Abhängigkeit von der Produktionsmenge betrachtet.

273 www.eu-verbraucher.de: Zusammenfassung: Gewährleistung und Garantien (15.11.2015)

274 Welter, Ursula (2014): Vorschnelles Altern von Geräten wird bestraft, in: www.deutschlandfunk. de (23.10.2014)

275 www.bund.net: Plastikfakten zum Plastikfasten (09.11.2015)

276 Dieser Wert bezieht sich auf die Schweiz, www. aargauerzeitung.ch: So geht es weiter nach dem Plastiksack-Verbot (15.12.2015), zitiert wird eine Ökobilanzstudie der Eidgenössischen Materialprüfungs- und Forschungsanstalt (Empa) in St. Gallen.

277 Merkblatt Dodd-Frank Act und »Konfliktmineralien«, erstellt von einer Arbeitsgruppe aus BDI, BGA, DIHK, SPECTARIS, VDM, WVM und ZVEI (05.11.2013)

278 Entwicklungshilfeminister Gerd Müller im Interview mit der Süddeutschen Zeitung (24.04.2014), S. 22

279 Der Begriff »Entkommerzialisierung« hat hier eine andere Bedeutung als im Aufsatz von Wolfgang Sachs »Die vier E's«. Dort geht es um Gemeinwohlwirtschaft und die Förderung von nicht erwerblichen bzw. nicht kommerziellen Tätigkeiten; s. Sachs, Wolfgang (1993): »Die vier E's«, in: Politische Ökologie 09/2010, S. 71 f.

280 Gaschke, Susanne (2011): Die verkaufte Kindheit. München, S. 262

281 In diesen Abschnitt fließen Recherchen von Christian Lange ein aus dem Projektgruppenbericht »Entrümplung« (30.09.2013), Universität Kassel.

282 Hart, Klaus (2007): Kreuzzug gegen visuelle Verschmutzung, in: www.dradio.de (09.01.2007)

283 Busch, Alexander (2008): Werbefreies São Paulo, in: www.wiwo.de (19.01.2008)

284 Kletschke, Thomas (2012): Digitale Außenwerbung: Neue Zeit in São Paulo, in: http://invidis.de (25.10.2012)

285 Busch, Alexander (2008): s. o.

286 Kletschke, Thomas (2012): s. o.

287 Film »Larry Crowne«, USA 2011

288 Kraftfahrt-Bundesamt

289 www.bild.de: Was soll denn dieser Unsinn? Ab heute Pflicht! Das Öko-Label für Neuwagen (01.12.2011)

290 Beim Dienstwagen können die laufenden Betriebskosten (inklusive Abschreibung) im Rahmen der jährlichen Einkommensteuererklärung geltend gemacht und so Steuern gespart werden.

291 Bezugsjahr 2011, VW Passat Variant Listenpreis 30 000 Euro; Bundestagsrede von Lisa Paus 27.01.2012, Deutscher Bundestag, Stenografischer Bericht 156. Sitzung, Plenarprotokoll 17/156

292 Laut Kraftfahrt-Bundesamt gab es 2014 bei den neu zugelassenen Fahrzeugen 63,8 Prozent gewerbliche Halter. Das sind 1,9 Millionen Fahrzeuge.

293 Kraftfahrt-Bundesamt (2012)

294 Kraftfahrt-Bundesamt

295 Bukold, Steffen (2015): Ölpreiskollaps, Verkehr & Klima Studie von EnergyComment; Quelle: Bundesamts für Wirtschaft und Ausfuhrkontrolle (BAFA)

296 BUND: BMU-Gutachten bestätigt Umweltschädlichkeit des Dienstwagenprivilegs. (4.5.2011)

297 Vgl. Zürich (2011): Nutzerverhalten beim Wohnen. Analyse, Relevanz und Potenzial von Maßnahmen zur Reduktion des Energieverbrauchs (Effizienz und Suffizienz). Zürich

298 VAG (2007): Mobilität in Nürnberg. Fakten und Daten. Nürnberg

299 Umweltbundesamt (2010) s. o.

300 Umweltbundesamt (2010): Leitfaden Klimaschutz im Stadtverkehr. Dessau, S. 6

301 Umweltbundesamt (2015): Umweltbewusstsein in Deutschland 2014. Ergebnisse einer repräsentativen Bevölkerungsumfrage. Berlin

302 Initiative Nahversorgt (2015): Perspektiven der wohnungsnahen Versorgung. Hamburg/Berlin

303 Göres, Joachim (2015): Herzstück des Dorfs, in: Süddeutsche Zeitung (17.04.2015), S. 26

304 2010 waren es 100 Millionen, dann wurde gekürzt, seit 2014 aber wieder erhöht, der Etat für 2016 liegt bei 98 Millionen. Nach www.bundeshaushalt-info.de (07.03.2016)

305 Neue Osnabrücker Zeitung (14.04.2012)

306 www.dasfahrradblog.blogspot.de: Wenn Radfahrer bei Rot weiterfahren dürfen (21.08.2015)

307 Hasselmann, Jörn (2015): Radfahren. Rechtsabbiegen bei Rot? Der Bund sagt Nein, in: www.tagesspiegel.de (14.09.2015)

308 Gehl, Jan (2015): Städte für Menschen. Berlin, S. 216

309 www.stadtentwicklung.berlin.de (24.06.2015)

310 Wuppertal Institut für Klima, Umwelt, Energie (2011): Evaluation der Fahrradmarketingkampagne »Radlhauptstadt München«. Wuppertal

311 Welzer, Harald (2011): Mentale Infrastrukturen. Band 14 Schriftenreihe Ökologie (Hrsg.: Heinrich-Böll-Stiftung)

312 Bombosch, Frederik (2012): Was Berlin von Kopenhagen lernen kann, in: Berliner Zeitung (07.05.2012); Hasselmann, Jörn (2015): ADFC fordert 30 Millionen jährlich für Berliner Radverkehr, in: www.tagesspiegel.de (09.06.2015)

313 www.faz.net: Vorrang für Radwege (24.06.2015)

314 www.greenpeace-magazin.de: Stadt, Rad, Frust (24.06.2015)

315 Fischer, Annika (2008): Experten warnen vor dem »Taxi Mama«, in: WAZ (15.08.2008)

316 Norgard, Jorgen S. (2005): Under-use of body energy and over-use of external energy. o. O.

317 Vom Drahtesel zum Goldesel, in: Fairkehr 3/2005

318 Bis zu einem Viertel der notwendigen Kfz-Stellplätze dürfen Investoren durch Fahrradstellplätze ersetzen. Für einen Parkplatz sind vier Fahrrad-Stellplätze vorgesehen. Vgl. Landesbauordnung Baden-Württemberg § 37

319 Preuss, Susanne (2014): Jetzt kommt die Zwangsbegrünung, in: www.faz.net (15.10.2014)

320 WWF/BUND/Germanwatch/NABU/VCD (Hrsg.) (2014): Klimafreundlicher Verkehr in Deutschland – Weichenstellungen bis 2050, S. 48

321 Kraftfahrt-Bundesamt, www.kba.de: Bestand an Pkw am 1.10.2015 nach ausgewählten Kraftstoffarten

322 www.ntv.de: Gabriel pocht auf Milliarden-Anschub für Elektroautos (15.01.2016)

323 www.umweltbundesamt.de: Emissionsstandards (01.04.2015); Verordnung (EU) Nr. 333/2014 des Europäischen Parlaments und des Rates (11.05.2014)

324 www.duh.de: Bundesregierung demoliert Marke »Made in Germany« durch ihre Kapitulation vor den Interessen der Autokonzerne (05.11.2015)

325 Von 41,321 auf 44,403 Millionen, vgl. Kraftfahrt-Bundesamt

326 Der Fahrzeugschein wird von der Kfz-Zulassungsbehörde bei der An- oder Ummeldung von Straßenfahrzeugen ausgestellt und dient

327 Im Jahr 2015 sind insgesamt 3,2 Millionen Neuwagen zugelassen worden, siehe www.kba.de: Jahresbilanz – Fahrzeugzulassungen im Dezember 2015 (06.01.2016)

328 Berechnet für einen VW Golf 2,0 TDI mit 140 PS und 146 CO_2-Ausstoß g/km.

329 Die sogenannten externen Kosten berücksichtigen die Folgen etwa von Unfällen, Abgasen und Klimaschäden, siehe Becker, Udo/Becker Thilo/Gerlach, Julia (2012): Externe Autokosten in der EU-27. Überblick über existierende Studien. TU-Dresden

330 www.strassenverkehrsamt.de: Kfz-Behörden Gebühren (12.08.2014)

331 COC steht für Certificate of Conformity. Das Dokument bezeugt, dass und wie sich eine bestimmte Ware zu anerkannten Normen verhält, und ist dazu gedacht, die Zulassung der Ware auf internationalen Märkten zu erleichtern.

332 www.de.statista.com: Durchschnittliche Neuwagenpreise in Deutschland 2014, Quelle: Deutsche Automobil Treuhand, Zentralverband Deutsches Kraftfahrzeuggewerbe (12.08.2014)

333 Land Transport & Authority (2013): Certificate of Entitlement (COE), in: www.lta.gov.sg (20.08.2014); Perras, Arne (2014): Alles fließt, in: Süddeutsche Zeitung (30.05.2014), S. 3

334 www.reimport-dk.de: Zulassungssteuer (29.01.2016)

335 Pkw-Dichte Dänemark: 395, Deutschland: 531, siehe www.destatis.de: Basisdaten. Personenkraftwagen (07.12.2015)

336 Eisenstein, Paul A. (2013): China to limit car sales in fight against air pollution, in: www.nbcnews.com (11.06.2013)

337 Bruhn, Markus (2014): Verkehrskollaps in China: Stau fürs Leben, in: www.spiegel.de (18.02.2014)

338 Ernst & Young (2013): An overview of the Russian and CIS automotive industry 2013, S. 7

339 Topp, Hartmut (2007): Szenarien zur Entwicklung von Mobilität und Verkehr, in: Mückenberger, U.; Timpf, S. (Hrsg.): Zukünfte der europäischen Stadt. Ergebnisse einer Enquete zur Entwicklung und Gestaltung urbaner Zeiten. Wiesbaden, S. 251–280; Rauh, Wolfgang, u.a. (2006): Steuern und Mauten bringen mehr Energieeffizienz im Verkehr, in: VCÖ (Hrsg.): Mobilität mit Zukunft. Fokus Energieeffizienz im Verkehr, in der VCÖ-Schriftenreihe »Mobilität mit Zukunft«, Ausgabe 4/2006, S. 26–27; Wichmann, H.-Erich (2008): Schützen Umweltzonen unsere Gesundheit oder sind sie unwirksam? Statusbericht, Umweltzonen, in: Umweltmed Forsch Prax, Jg. 13, Nr. 1 2008, S. 7–10

340 Wichmann (2008): s. o.; zitiert nach Heinemann, Kristin (2014): Politische Instrumente zur Reduzierung des MIVs am Beispiel der Stadt Kassel. Projektbericht. Universität Kassel

341 www.klimaretter.info: Oslo. Zentrum soll bis 2019 autofrei werden (20.10.2015)

342 Schade, Jens/Baum, Markus (2008): Reaktionen auf die geplante Einführung einer Pkw-Maut auf deutschen Autobahnen: Reaktanz oder Akzeptanz?, in: Schade, Jens/Engeln, Arnd (Hrsg.): Fortschritte der Verkehrspsychologie. Beiträge vom 45. Kongress der Deutschen Gesellschaft für Psychologie, Wiesbaden, S. 363–376; zitiert nach Heinemann, Kristin (2014): s. o.

343 Umweltbundesamt (2015): Umweltbewusstsein in Deutschland 2014. Ergebnisse einer repräsentativen Bevölkerungsumfrage. Berlin, S. 34 und 50

344 Planersocietät (2012): Verkehrsentwicklungsplan Stadt Kassel 2030 – Zwischenbericht zur Bestandsanalyse. Kassel

345 www.hamburg.de: Senat beschließt weitere Erleichterungen für den Wohnungsbau. Bauherren entscheiden künftig selbst über die Anzahl ihrer Autostellplätze (29.10.2013).

346 Knoflacher, Herrmann (2011): Schneller – öfter – weiter – immer dümmer, in: Hege, Hans-Peter, u.a. (Hrsg.): Schneller, öfter, weiter? Perspektiven der Raumentwicklung in der Mobilitätsgesellschaft. Arbeitsberichte der ARL 1. Hannover

347 Niedersächsische Bauordnung § 84, Örtliche Bauvorschriften vom 3. April 2012

348 Helle Søholt im Interview mit Zeit Online, www.zeit.de (30.06.2015)

349 Vorträge von Bernd Schott (Tübingen) und Georg Dunkel (München) in Bad Boll (16.01.2016)

350 www.taz.de: Parkplätze weniger wichtig (04.09.2013)

351 Etwa in Kopenhagen und Zürich.

352 Umweltbundesamt (2009): Sprit sparen und mobil sein. Dessau, S. 8

353 Bundesverband CarSharing (2015): Aktuelle Zahlen und Daten zum CarSharing in Deutschland, in: www.carsharing.de (01.01.2015)

354 Brenner, Jana (2011): Auf der Suche nach den letzten Parklücken, in: www.zeit.de (26.07.2011); Wilke, Georg (2009): Ressourcenschonung durch Car-Sharing. Aussichten veränderlich, in: Jahrbuch Ökologie 2010. Stuttgart, S. 114

355 Bundesverband CarSharing, Pressemitteilung »Neukunden schaffen eigenes Auto ab« (22.11.2012). Befragt wurden 2851 Teilnehmer.

356 Wilke, Georg, u. a. (2007): Zukunft des CarSharing in Deutschland. Schlussbericht. Wuppertal

357 Annahme: zwölf Millionen Fahrzeuge, deren Halter zu Carsharing wechseln und sich zu sechst ein Auto teilen.

358 www.carsharing.de: Kostenlose Stellplätze sind keine Förderung des CarSharing, sondern Symbolpolitik (23.04.2015)

359 Zur Änderung des StVG, der StVO und der Verwaltungsvorschrift zur StVO (VwV-StVO)

360 Lawinczak, Jana/ Heinrichs, Eckhart (2008): Carsharing im öffentlichen Straßenraum. Arbeitspaket 4 des Projektes »ParkenBerlin«, gefördert vom Bundesverkehrsministerium, S. 14

361 Brocchi, Davide (2013): Ein schöner Tag, in: factory Nr. 4, S. 45 ff.

362 www.hannover.de: Autofreier Sonntag in Hannover (05.06.2014)

363 www.upi-institut.de: Autofreie Sonntage. UPI-Bericht 37 (31.12.2012)

364 www.worldcarfree.net

365 Die Bundesregierung hat eine Reform der StVO angekündigt. Sie soll die Einführung von Tempo-30-Zonen vor Schulen, Kindergärten oder Altenheimen erleichtern; www.bundesregierung.de: Mehr Tempo 30 auf Hauptverkehrsstraßen (17.02.2016)

366 Wissenschaftlicher Beirat beim Bundesminister für Verkehr, Bau und Stadtentwicklung (2010): Sicherheit zuerst – Möglichkeiten zur Erhöhung der Straßenverkehrssicherheit in Deutschland

367 Plenarprotokoll 17/186 Deutscher Bundestag. Stenografischer Bericht 186. Sitzung, Berlin, 27.06.2012, S. 22268

368 Vgl. Tiefenthaler, Heinz (2005): Generelle Geschwindigkeitsbeschränkung auf Straßen in Ortsgebieten. Innsbruck

369 Stadt Graz (1994): Tempo 30/50 in Graz. Stadtverwaltung Graz

370 Vgl. Umweltbundesamt (2007): Verbesserung der Umweltqualität in Kommunen durch geschwindigkeitsbeeinflussende Maßnahmen auf Hauptverkehrsstraßen – Abschlussbericht und Anlagenband, S. 11

371 Grundy, Chris, u. a. (2009): Effect of 20 mph traffic speed zones on road injuries in London, 1986–2006: controlled interrupted time series analysis (BMJ 2009;339:b4469)

372 20's plenty for us (2012): Wide Area 20 mph Limits Raise Cycling and Walking Levels By Up To 12 %

373 Vgl. beispielsweise die Gutachten von LK Argus GmbH, www.lkargus.de

374 www.de.statista.com; Quelle: www.forbes.com 8/2008; Erhebung durch ITIS Holdings

375 Art. 2 Abs. 2 GG

376 Umweltbundesamt (2005): Determinanten der Verkehrsentstehung, UBA-Texte 26/05, S. 46

377 Gruppe unabhängiger Verkehrswissenschaftler, www.verkehrswissenschaftler.de

378 Duranton, Gilles/Turner, Matthew A. (2011): The Fundamental Law of Road Congestion: Evidence from US Cities. American Economic Review, 101(6): 2616–52, zitiert nach Storbeck, Olaf (2011): Warum Straßenbau kein Mittel gegen Staus ist, in: www.handelsblatt.com

379 http://de.statista.com: Geplante Investitionen des Bundes in den Straßenverkehr in Deutschland nach Verwendungszweck im Jahr 2013 (10.12.2015)

380 Eingereicht als öffentliche Petition beim Petitionsschuss des Deutschen Bundestags am 13.10.2011 (Petition 20526).

381 WWF/BUND/Germanwatch/NABU/VCD (Hrsg.) (2014): Klimafreundlicher Verkehr in Deutschland – Weichenstellungen bis 2050, S. 49

382 Wolf, Winfried (2013): Der Bahnkunde als Feind, in: www.kontextwochenzeitung.de (25.12.2013); www.allianz-pro-schiene.de: Schienennetz: Der Schienenverkehr wächst, das Netz schrumpft (2013). Einige Strecken sind schon weit vor dem Jahr 2000 stillgelegt worden. Zu den 6600 km zählen auch Strecken, die nur rechtlich aufgelöst wurden.

383 www.pro-bahn.de: Neubau von Eisenbahnstrecken (18.02.2006)

384 www.spiegel.de: Aktionsplan: Ramsauer investiert in Verkehrsentlastung (20.11.2010)

385 www.allianz-pro-schiene.de: EU-Ranking Schieneninvestitionen Netzausbau

386 www.allianz-pro-schiene.de: EU-Ranking Schieneninvestitionen Netzausbau; Quelle: Allianz pro Schiene auf Basis von BMVI (Deutschland), VöV (Schweiz), BMVIT (Österreich), SCI Verkehr GmbH.

387 www.allianz-pro-schiene.de: EU-Ranking Schieneninvestitionen Netzausbau

388 Der Gesamtbedarf des deutschen Schienennetzes liegt damit bei 6,5 Milliarden Euro. Das ergibt bei 80 Mio. Bürgern 81 Euro pro Kopf.

389 www.co2-emissionen-vergleichen.de: Vergleich der CO_2-Emissionen von Lkw und Bahn in Deutschland (27.09.2011)

390 www.oebb.at: Mit der Bahn klimabewusst unterwegs (Berechnungen durch Umweltbundesamt Österreich 2012, Werte in g/tkm)

391 www.umweltbundesamt.de: Klimaschutz erfordert mehr Investitionen für den Schienengüterverkehr (12.08.2010)

392 www.neueste-nachrichten.eu: Künftig Überholverbot für Lkw auf deutschen Autobahnen (2015)

393 www.allianz-pro-schiene.de: Regelbetrieb brächte täglich 7000 Lkw-Fahrten zusätzlich (24.08.2015)

394 BUND Hamburg u.a. (Hrsg.): Zukunftsfähiges Hamburg. Zeit zum Handeln. Eine Studie des Wuppertal Instituts für Klima, Umwelt, Energie. Hamburg, S. 221

395 www.sueddeutsche.de: Bahn kündigt Generalsanierung an (08.12.2014)

396 WWF/BUND/Germanwatch/NABU/VCD (Hrsg.) (2014): Klimafreundlicher Verkehr in Deutschland – Weichenstellungen bis 2050, S. 62

397 Entsprechende Vorgaben der Bundesregierung finden ihren Niederschlag beispielsweise in der Leistungs- und Finanzierungsvereinbarung (LuFV). Das ist ein Vertrag zwischen der Bundesrepublik Deutschland und der Deutschen Bahn über die Instandhaltung der Eisenbahninfrastruktur des Unternehmens.

398 ZUG, Nr. 5, 1995, S. 3

399 Mitte 2014 im 3-Jahres-Abo. 1-Jahres-Halbtax 175 CHF = 145 Euro; 2-Jahres-Halbtax 330 CHF = 274 Euro; 3-Jahres-Halbtax 450 CHF = 374 Euro (Wechselkurs vom 12.11.2014)

400 www.de.statista.com: Preisentwicklung im Fernverkehr der Deutschen Bahn, Quelle: Deutsche Bahn

401 Der Preis des Generalabonnements für Erwachsene liegt bei 3655 Schweizer Franken, das entspricht 3320 Euro (Wechselkurs vom 22.02.2016).

402 Immerhin stieg die Anzahl der Bahncard-100-Besitzer in Deutschland in den Jahren 2007 bis 2013 kontinuierlich. Im Jahr 2007 gab es 29 000 Besitzer einer Bahncard 100 in Deutschland. www.de.wikipedia.org: Bahncard (Stand: 26.02.2016)

403 www.allianz-pro-schiene.de: Europa-Vergleich: Deutsche gehören in Europa zur Vielfahrer-Liga (08.04.16)

404 Mehr zu den Gründen für die Umstellung siehe Waluga, Gregor (2016): Flexibilisierung des ÖPNV durch ein umlagefinanziertes Bürgerticket. i. E., S. 66

405 www.faz.net: Tallinn setzt auf freie Fahrt im Nahverkehr (22.09.2014).

406 Klemm, Holger (2014): Freie Fahrt für Stadtbewohner, in: www.taz.de (22.09.2014)

407 Cats, Oded, u. a. (2014): Public transport pricing. Policy-empirical evidence from a fare-free scheme in Tallinn, in: Transportation Research Record: Journal of the Transportation Research Board (2415), S. 89–96; Waluga, Gregor (2014): Das solidarische Bürgerticket als Baustein einer zukunftsfähigen Nahverkehrsfinanzierung, in: RaumPlanung 2/2014, S. 126–131

408 Bracher, Tilman, u. a. (2014): Finanzierung des ÖPNV durch Beiträge, in: Difu-Papers, Waluga, Gregor (2016): Flexibilisierung des ÖPNV durch ein umlagefinanziertes Bürgerticket. i. E.

409 Auslöser war eine Novelle des Personenbeförderungsgesetzes.

410 Kuntz, Michael (2014): Hindernisfahrt, in: Süddeutsche Zeitung (26.03.2014)

411 Seher, Dietmar (2015): Köln sagt Fernbussen den Kampf an – Rausschmiss aus City, in: www.derwesten.de (23.10.2015); Bergmann, Lutz (2014): Schadet der Fernbusverkehr der Bahn?, in: Brandeins 1/2014, S. 12

412 In Dortmund beträgt das jährliche Defizit des Flughafens rund 20 Mio. Euro.

413 Rohwetter, Marcus (2014): Startbahn im Nirgendwo, in: Die Zeit (27.02.2014)

414 www.destatis.de: Personenbeförderung. Flug-Passagiere aus Deutschland nach Kontinenten (1990–2014)

415 Deutsche Welle, www.dw.com: Fliegen verhindert Klimaschutz (10.08.2015)

416 Institut für Flughafenwesen und Luftverkehr, www.dlr.de: Der neue Luftverkehrsbericht 2014 ist erschienen (06.01.2016)

417 Gmelin, Tillmann C./Hüttig, Gerhard/Lehmann, Oliver (2008): Zusammenfassende Darstellung der Effizienzpotenziale bei Flugzeugen unter besonderer Berücksichtigung der aktuellen Triebwerkstechnik sowie der absehbaren mittelfristigen Entwicklungen. Im Auftrag des Bundesministeriums für Umwelt, Naturschutz und Reaktorsicherheit (BMU) (FKZ UM 07 06 602/01). Berlin

418 www.allianz-pro-schiene.de: Bahnbranche formuliert Forderungen an den Bund (24.09.2013)

419 Umweltbundesamt (2015): Umweltbewusstsein in Deutschland 2014. Ergebnisse einer repräsentativen Bevölkerungsumfrage. Berlin

420 Schaffer, Axel/Stahmer, Carsten (2005): Die Halbtagsgesellschaft – ein Konzept für nachhaltigere Produktions- und Konsummuster, in: GAIA 3/2005, S. 235

421 Schor, Juliet (2005): Sustainable Consumption and Worktime Reduction, in: Industrial Ecology, Vol. 9, S. 37–50

422 Rosnick, David/Weisbrot, Mark (2006): Are Shorter Work Hours Good for the Environment? A Comparison of U.S. and European Energy Consumption. Center for Economic and Policy Research. Washington

423 New Economics Foundation (2010): 21 hours. Why a shorter working week can help us all to flourish in the 21st century. London, S. 17

424 Statistisches Bundesamt (2010): Einkommens- und Verbrauchsstichprobe (EVS). Aufwendungen privater Haushalte für den Privaten Konsum. Fachserie 15 Heft 5. siehe Ziffer 1.3, Zeile 16

425 Statistisches Bundesamt (2010): Einkommens- und Verbrauchsstichprobe (EVS). s.o.

426 Schaller, Sandra/Kopatz, Michael (2014): Energiesparberatung im Kiez. Evaluation des Projektes clevererKIEZ e.V. (Wuppertal Report Nr. 7). Wuppertal; Seifried, Dieter, u.a. (2008): Umsetzung von Energieeffizienzmaßnahmen in Hartz-IV-Haushalten. Freiburg

427 www.check24.de: CHECK24 Analyse: Stromverbrauch in Deutschland, ermittelt aus 200 000 Stromanbieterwechslern über www.check24.de); Die genauen Angaben lauten 11,5 und 14,4 Prozent.

428 Diese Formulierung sowie zahlreiche Thesen dieses Kapitels stammen von Helmut Spitzley, der inzwischen verstorben ist.

429 Vgl. Spitzley, Helmut (2006): Solidarische Arbeitsverteilung und kurze Vollzeit. Beschäftigungs-, gesundheits- und geschlechterpolitische Perspektiven einer neuen Arbeitspolitik, in: Siller, P./Dückert, T./Baumann, A. (Hrsg): Arbeit der Zukunft. Neue Wege einer gerechten und emanzipativen Arbeitspolitik. Baden-Baden, S. 357–365

430 Scharf, Günter (1987): Geschichte der Arbeitszeitverkürzung. Köln

431 Beschlossen vom Programmparteitag der Sozialdemokratischen Partei Deutschlands am 20. Dezember 1989 in Berlin, geändert auf dem Parteitag in Leipzig am 17.04.1998, S. 28; im Hamburger Programm von 2007 ist die Stundenzahl verschwunden, gleichwohl werden immer noch kürzere Arbeitszeiten gefordert, siehe S. 41.

432 Beschluss des 18. Parteitages der CDU Deutschlands 2004. Wachstum, Arbeit, Wohlstand. Wachstumsstrategien für die Wissensgesellschaft

433 Jörg Melz 2014; Bundesamt für Statistik und Institut für Arbeitsmarkt und Berufsforschung

434 Rifkin, Jeremy (1995): Das Ende der Arbeit und ihre Zukunft. Neue Konzepte für das 21. Jahrhundert. Frankfurt/M.

435 www.zeit.de: Immer mehr Deutsche arbeiten in Teilzeit (19.02.2015)

436 Rifkin, Jeremy (2014): Null-Grenzkosten-Gesellschaft. Frankfurt a.M., S. 184

437 www.roboterwelt.de: Studie World Robotics 2014 (13.10.2014)

438 Hoffmann, Catherine (2015): Ein großer Irrtum, in: Süddeutsche Zeitung (30.05.2015). Die Autorin beruft sich auf verschieden Studien u.a. von Robert Gordon, Northwestern University

439 Jackson, Tim (2013): Wohlstand ohne Wachstum. München

440 Bundesministerium für Familie, Senioren, Frauen und Jugend (Hrsg.) (2005): Familienorientierte Arbeitszeitmuster. Neue Wege zu Wachstum und Beschäftigung (Gutachten von Bert Rürup und Sandra Gruescu). Berlin

441 Wochenbericht des DIW Berlin Nr. 25/2009

442 Böcklerimpuls 9/2008, nach: Grözinger, Gerd/ Matiaske, Wenzel/Tobsch, Verena: Arbeitszeitwünsche, Arbeitslosigkeit und Arbeitszeitpolitik, in: WSI-Mitteilungen 2/2008

443 Böcklerimpuls 9/2008, s.o.

444 Böll schrieb die Erzählung für eine Sendung des Norddeutschen Rundfunks zum »Tag der Arbeit« am 1. Mai 1963.

445 Bund, Kerstin (2014): Glück schlägt Geld. Generation Y. Was wir wirklich wollen. Hamburg

446 OECD (2011): How's Life?: Measuring well-being, OECD Publishing, S. 133

447 Prognos (2005): Work-Life-Balance als Motor für wirtschaftliches Wachstum und gesellschaftliche Stabilität. Management Summary. Basel

448 Prognos (2005) s.o.

449 Herzog-Stein, Alexander/Seifert, Hartmut (2010): Deutsches »Beschäftigungswunder« und flexible Arbeitszeiten. WSI-Diskussionspapier Nr. 169, Februar 2010

450 Bundesverband Deutscher Arbeitgeber, Arbeitgeberpräsident Dieter Hundt: Brauchen schlüssiges Gesamtkonzept zur Fachkräftesicherung. Presseerklärung (31.08.2010)

451 Brenke, Karl (2010): Fachkräftemangel kurzfristig noch nicht in Sicht. Wochenbericht des DIW Berlin 46/2010, S. 2–15

452 Heckmair, Manuel (2010): Das Märchen vom Fachkräftemangel, in: www.focus.de (29.07.2010)

453 Neubecker, Nina (2014): Die Debatte über den Fachkräftemangel, in: DIW Roundup 4/2014

454 Neubecker, Nina (2014) s. o.

455 Perlow, Leslie A./Porter, Jessica L. (2010): Weniger arbeiten – mehr leisten, S. 27

456 Reise, Nils (2014): Sechs-Stunden-Arbeitstag, in: www.spiegel.de (25.04.2014)

457 Institut der deutschen Wirtschaft: Weniger Schuften für den Konsum (18.06.2015)

458 Vgl. Illich, Ivan (1986): Selbstbegrenzung. Eine politische Kritik der Technik. Hamburg (Originaltitel: Tools for Conviviality. Harper and Row, New York 1973)

459 Berechnet für Steuerklasse III bei einem Bruttoeinkommen zwischen 2 000 und 4 000 Euro.

460 Aktuelle Modelle gelungener Arbeitszeitverkürzung finden sich in der Arbeitnehmerkammer Bremen. Es gab einen Tarifvertrag zur Beschäftigungsförderung zwischen der IG Metall und dem Arbeitgeberverband Gesamtmetall, der genau diesen Gedanken aufgegriffen und Umsetzungsmöglichkeiten gefördert hat – vgl. Mehlis, Peter/Voss, Jenna (2003): Neue Impulse für die Arbeitszeitpolitik? Der Tarifvertrag zur Beschäftigungsförderung in der niedersächsischen Metall- und Elektroindustrie, in: Geiling, Heiko (Hrsg.): Probleme sozialer Integration. agis-Forschung zum gesellschaftlichen Strukturwandel. Schriftenreihe: Soziale Milieus im gesellschaftlichen Strukturwandel. Bd. 1. Münster, S. 153–169

461 Wanger, Susanne (2004): Teilzeitarbeit – Ein Gesetz liegt im Trend. IAB-Kurzbericht 18/2004

462 Schröder, Mathis/Siegers, Rainer / Spieß, C. Katharina (2012): Familien in Deutschland, in: SOEPpapers Nr. 556

463 Wrohlich, Katharina, u. a. (2012): Studie Elterngeld-Monitor, Kurzfassung

464 Wrohlich, Katharina, u. a. (2012) s. o.

465 Müller, Kai-Uwe/Wrohlich, Katharina (2014): Familienarbeitszeit: Nicht weniger, sondern mehr Arbeitskraft für die Unternehmen, in: DIW Wochenbericht 4/2014

466 Müller, Kai-Uwe/Neumann, Michael/Wrohlich, Katharina (2013), s. o.

467 Brenke, Karl (2016): Home Office. Möglichkeiten werden bei weitem nicht ausgeschöpft, in: DWI Wochenbericht 5/2016, S. 95 ff.

468 Vgl. auch Bontrup, Heinz-J./Niggemeyer, Lars/Melz, Jörg (2007): Arbeitfairteilen. Massenarbeitslosigkeit überwinden. Hamburg.

469 Siemers, Barbara (2005): Sabbaticals – Optionen der Lebensgestaltung jenseits des Berufsalltags. Frankfurt a. M.

470 Hans-Böckler-Stiftung (2015): Mehr Beschäftigung mit Mindestlohn, in: Böckler Impuls 14/2015, S. 2

471 Rudzio, Kolja (2015): Doch kein Jobkiller, in: Die Zeit Nr. 49/2015, S. 26

472 Statistisches Bundesamt (2015): Wie die Zeit vergeht. Ergebnisse zur Zeitverwendung in Deutschland 2012/2013

473 Vgl. Scherhorn, Gerhard (2007): Das Ganze der Arbeit, in: Lang, Eva/Busch-Lüty, Christiane/Kopfmüller, Jürgen (Hrsg.): »Wiedervorlage dringend!« Ansätze für eine Ökonomie der Nachhaltigkeit. München; Schmid, Wilhelm (2006): Die Fülle des Lebens. 100 Fragmente des Glücks. Frankfurt/Main, S. 32 f.

474 Schmid, Wilhelm (2006) s. o.

475 Cheal, David (1988): The gift economy. London; Vaughan, Genevieve (2004): Gift Giving as the Female Principle vs. Patriarchal Capitalism. www.gift-economy.com

476 Biesecker, Adelheid (2000): Kooperative Vielfalt und das »Ganze der Arbeit«. Wissenschaftszentrum Berlin für Sozialforschung, Discussion Paper 00-504

477 Die Engagementquote bezeichnet den Anteil von freiwillig Engagierten an der Bevölkerung ab 14 Jahren. Quelle: BMFSJ/Statista 2015

478 Zweiter Freiwilligensurvey (Bundesministerium für Familie, Senioren, Frauen und Jugend/TNS Infratest)

479 Klenner, Christina/Pfahl, Svenja/Seifert, Hartmut (2001): Ehrenamt und Erwerbsarbeit – Zeitbalance oder Zeitkonkurrenz?, Forschungsprojekt im Auftrag des Ministeriums für Arbeit und Soziales, Qualifikation und Technologie des Landes NRW. Kurzfassung

480 www.bundes-freiwilligendienst.de (05.03.2016)

481 www.bufdi.eu

482 Topcu, Özlem (2012): Wo Hilfe gewinnt, in: Die Zeit, 28/2012, S. 9

483 Arnu, Titus (2015): Zu Hilfe!, in: Die Zeit (24.10.2015)

484 Dahm, Daniel/Scherhorn, Gerhard (2008): Urbane Subsistenz. München, S. 145

485 Vgl. Hübner, Bernhard (2009): Minuten statt Moneten, TAZ (05./06.12.2009), S. 22; vgl. www.zeitbank.net

486 Zitat von Eva Güse.

487 Zum Beispiel Befragung in Deutschland & Österreich (in Prozent). Quelle: tns emnid 07/2010; Bertelsmann-Stiftung

488 Das Sozio-oekonomische Panel (SOEP) ist eine repräsentative jährliche Befragung von über 12 000 Privathaushalten in Deutschland.

489 Theile, Charlotte (2014): Die Espresso-Maschine und das Glück, in: Süddeutsche Zeitung (15.07.2014)

490 Daniel Kahneman/Angus Deaton (2010): High income improves evaluation of life but not emotional well-being, in: PNAS 21.9.2010, Vol. 107, No. 38, S. 16489–16493

491 Statistisches Bundesamt, Pressemitteilung Nr. 347 (28.09.2010)

492 Spiegel (14.2.2011) unter Berufung auf IAB (Institut für Arbeitsmarkt- und Berufsforschung)

493 Wirtz, Anna u. a. (2009): Lange Arbeitszeiten und Gesundheit. Fachbeitrag der Bundesanstalt für Arbeitsschutz und Arbeitsmedizin, www.baua.de

494 OECD (2011): How's Life?: Measuring well-being, OECD Publishing, S. 133

495 Schnabel, Ulrich (2010): Muße. Vom Glück des Nichtstuns. München

496 Forsa-Umfrage für die Zeitschrift Stern, April 2005

497 Schnabel, Ulrich (2010), s. o.

498 Süddeutsche Zeitung, Nr. 300, S. 3

499 vgl. www.bremer-arbeitszeitinitiative.de

500 The Nap Manifesto, www.saramednick.com (15.08.2011)

501 Albrecht, Harro (2009): Gemeinschaft als Therapie, in: Die Zeit Nr. 17/2009

502 Sachs, Wolfgang (2015): Suffizienz. Umrisse einer Ökonomie des Genug, in: UmweltWirtschaftsForum, Volume 23, Issue 1–2, S. 3–9

503 World Economic Forum (2016): The Future of Jobs. Cologny/Geneva

504 Keynes, John, Maynard (1933): National Self-Sufficiency. The Yale Review, 22(4), S. 755–769, zitiert nach: Schütz, Bernhard (2015): Erholung und Reform. Mit Keynes aus der Beschäftigungskrise, in: WISO 2/2015 (Institut für Sozial- und Wirtschaftswissenschaften, Linz)

505 Erhard, Ludwig (1957): Wohlstand für Alle. Düsseldorf (8. Auflage von 1964), S. 233

506 Sagan, Iwona/Mazik, Grzegorz (2014): Economic Resilience. The Case Study of Pomorskie Region, in: Raumforschung und Raumordnung (2014) 72, S. 153–164, hier S. 153

507 ICLEI (International Council for Local Environmental Initiatives) ist ein 1990 gegründeter weltweiter Verband von Städten, Gemeinden und Landkreisen für Umweltschutz und nachhaltige Entwicklung.

508 Kiese, Matthias/Christian Hundt (2014): Cluster Policies, Organising Capacity and Regional Resilience: Evidence from German Case Studies, in: Raumforschung und Raumordnung (2014) 72, S. 117

509 Teigo dos Santos, F./Partidário Rosário, M. (2011): SPARK: Strategic Planning Approach for Resilience Keeping, in: European Planning Studies 19, S. 1522

510 Goldstein, B. E./Taufen Wessells, A./Lejano, R./Butler, W. (2013): Narrating Resilience: Transforming Urban Systems through Collaborative Storytelling, in: Urban Studies (DOI: 10.1177/0042098013505650), nach Bristow, Gillian/Healy, Adrian (2014): Building Resilient Regions: Complex Adaptive Systems and the Role of Policy Intervention, in: Raumforschung und Raumordnung (2014) 72, S. 97

511 Bristow, Gillian/Healy, Adrian (2014): s. o., S. 93–102

512 Hahne, Ulf (2014): Exkurs Lern- und Experimentalorte. Stadt-Land-Räume und ihre neuen ökonomischen Verflechtungen, in: Harald Kegler (Hrsg.): Resilienz Strategien & Perspektiven für die widerstandsfähige und lernende Stadt. Gütersloh, S. 108–116

513 Sagan, Iwona/Mazik, Grzegorz (2014): Economic Resilience. The Case Study of Pomorskie Region, in: Raumforschung und Raumordnung (2014) 72, S. 153

514 Bundestagsdrucksache 14/8900, S. 198

515 Pestel Institut (2010): Regionale Krisenfestigkeit. Hannover

516 Bristow, Gillian/Healy, Adrian (2013): Regional Resilience: An Agency Perspective, in: Regional Studies (DOI: 1080/00343404.2013.854879)

517 www.de.statista.com (2016), Quelle: IfD Allensbach

518 Loske, Reinhard: Neue Formen kooperativen Wirtschaftens als Beitrag zur nachhaltigen Entwicklung, in: Leviathan 3/2014, S. 482

519 Kleinhückelkotten, Silke (2005): Suffizienz und Lebensstile. Berlin, S. 168

520 Felber, Christian (2012): Die Gemeinwohl-Ökonomie. Das Wirtschaftsmodell der Zukunft. Wien, S. 166

521 Rifkin, Jeremy (2014): Die Null-Grenzkosten-Gesellschaft. Frankfurt am Main

522 Rifkin, Jeremy (2014): s. o., S. 105 ff. und S. 133 ff.

523 Jeremy Rifkin im Interview, www.future.arte.tv, Sendung vom 14.10.2014

524 In den 1990er-Jahren folgten weltweit Tausende Kommunalverwaltungen dem Aufruf der »Agenda 21«, einem globalen Programm der Vereinten

Nationen, um mit ihren Bürgern die möglichen Strategien für eine nachhaltige Entwicklung zu beraten.

525 Hopkins, Rob (2013): Einfach. Jetzt. Machen! München

526 Auch infolge der Lokalen Agenda 21 gab es zahlreiche konkrete Umsetzungsmaßnahmen, wenngleich dies nicht die Intention der in Rio verabschiedeten Agenda war.

527 WBGU (Wissenschaftlicher Beirat der Bundesregierung Globale Umweltveränderungen) (2011): Welt im Wandel. Gesellschaftsvertrag für eine Große Transformation. Berlin

528 WBGU (2011): s. o., S. 278 f.

529 Bund, Kerstin (2012): Meins ist Deins, in: Die Zeit Nr. 51/2012, S. 29 f.

530 Schinkels, Pauline (2015): Kühe wie bestellt, in: Süddeutsche Zeitung (22.10.2015); Greenpeace Magazin 5/2015, S. 77

531 Meyer-Timpe, Ulrike (2015): Brauchen Lebensmittel einen Preis?, in: Zeit Wissen 3/2015, S. 94

532 www.regionalwert-ag.de (30.07.2015)

533 Bognanni, Massimo (2010): Ein Manager investiert ins Grüne, in: www.zeit.de (23.08.2010)

534 Financial Times Deutschland/Stern, nach Ax, Christine/Hinterberger, Friedrich (2013): Wachstumswahn. München, S. 119

535 Vgl. Liebrich, Silvia (2015): Der Finanzrebell aus dem Waldviertel, in: Süddeutsche Zeitung (28.04.2015)

536 Putnam, Robert D./Leonardi, Robert/Nanetti, Raffaela Y. (1993): Making Democracy Work: Civic Traditions in Modern Italy. Princeton, NJ; Putnam, Robert D. (2000): Bowling Alone. New York; Putnam, Robert D. (Hrsg.) (2001): Gesellschaft und Gemeinsinn. Sozialkapital im internationalen Vergleich. Gütersloh; zitiert nach Bundestagsdrucksache 14/8900, S. 197

537 Gespräch mit Frau Seidel vom Reparaturnetzwerk Wien am 30.07.2015

538 Hübert, Henning (2011): Lieber reparieren als wegwerfen, in: www.deutschlandfunk.de (12.07.2011)

539 Wilts, Henning/Gries, Nadja von (2015): Suffizienz als Geschäftsfeld der Kreislaufwirtschaft, in: UmweltWirtschaftsForum 23, S. 41–47 (DOI 10.1007/s00550-015-0351-x)

540 Streeck, Wolfgang (2015): Wie wird der Kapitalismus enden?, in: Blätter für deutsche und internationale Politik 4/2015, S. 109–120

541 Langrock-Kögel, Christiane (2011): Tante Emmas Comeback, in: enorm 1/2011, S. 86–91

542 Schwartz, Barry (2006): Anleitung zur Unzufriedenheit. Warum weniger glücklicher macht. Berlin

543 Steinberger, Petra (2011): Wir basteln uns ein Leben, in: Süddeutsche Zeitung (15.05.2011)

544 Studie von TNS Infratest im Auftrag von eBay, http://presse.ebay.de: Facts and Figures zur neuen Dachbodenstudie (04.03.2008)

545 Die Zahlen basieren auf Daten des Deutschen Studentenwerks und Recherchen der Süddeutschen Zeitung (18.04.2015), S. 1

546 Sendung von Arte: »Sharing Economy. Fluch oder Segen?«. Film von Jörg Daniel Hissen (14.10.2014)

547 Sachs, Wolfgang (2015): Suffizienz. Umrisse einer Ökonomie des Genug, in: UmweltWirtschaftsForum (DOI 10.1007/s00550-015-0350-y)

548 Botsman, Rachel/Rogers, Roo (2011): What's Mine is Yours. How collaborative consumption is changing the way of live. London, S. 217

549 Quelle: www.pumpipumpe.ch, Autor: Meteor Collectif

550 www.whyownit.com: We failed – Warum die Verleih App WHY own it nicht funktioniert hat (24.02.2015)

551 Rifkin, Jeremy (2000): Access. Das Verschwinden des Eigentums. Warum wir weniger besitzen und mehr ausgeben werden. Frankfurt

552 Rifkin, Jeremy (2014): Die Null-Grenzkosten-Gesellschaft. Frankfurt a. M.

553 Botsman, Rachel/Rogers, Roo (2011): s. o.

554 Hürter, Tobias/Vasek, Thomas (2014): Zombies des Zasters, in: Hohe Luft 5/2014, S. 21–27, hier S. 22

555 Rogers, John (2013): Bristol pound is just one example of what local currencies can achieve, in: www.theguardian.com

556 Kuhnke, Miriam (2015): Stärkung lokaler Resilienzunternehmen als Handlungskonzept kommunaler Wirtschaftsförderung. Masterarbeit Universität Kassel, vorgelegt am 24.06.2015

557 Rost, Norbert (2007): Gelddeckung, Geldschöpfung und Regionalgeld als Finanzierungswerkzeug, in: www.regionales-wirtschaften.de

558 Rost, Norbert (2006): Probleme startender Regionalwährungsinitiativen, in: www.regionales-wirtschaften.de

559 Mennen, Ann-Kristin (2012): Regionalwährungen. Mit Chiemgauer gegen den Euro-Crash, in: www.spiegel.de (06.08.2012)

560 Rost, Norbert (2006): Regionalwährungen als wirtschaftsförderndes Anreizsystem in struk-

turschwachen Gebieten, in: www.regionales-wirtschaften.de

561 Grafikvorlage: www.regionalentwicklung.de

562 Vgl. Rost, Norbert (2006): Regionalmarketing: Regionalwährungen als Marketinginstrument, in: www.regionales-wirtschaften.de

563 Community Currencies in Action (CCIA) (2015): People Powered Money is the result of a project running from 2012–2015. London

564 Uchatius, Wolfgang (2010): Das Wunder von Wörgl, in: Die Zeit Nr. 52; https://de.wikipedia.org (29.07.2015)

565 Eder Hans (2011): Geld vom Chiemgauer-Verein für andere Vereine, in: www.chiemgauer.info (17.06.2011)

566 www.chiemgauer.info (29.07.2015)

567 www.wikipedia.org (29.07.2015)

568 www.spiegel.de: Debatte um zweite Währung: Deutsche Bank will den Euro für Griechenland (21.05.2012)

569 www.basellandschaftlichezeitung.ch (26.04.2014)

570 http://communitycurrenciesinaction.eu

571 Liesen, Andrea/Dietsche, Christian/Gebauer, Jana (2013): Wachstumsneutrale Unternehmen. Schriftenreihe des IÖW 205/13, nach: Burlingham, B. (2005): Small Giants: Companies That Choose to Be Great Instead of Big. New York

572 Binswanger, Hans C. (2009): Vorwärts zur Mäßigung. Hamburg, S. 154 ff.

573 Bundeskartellamt (2014): Der Staat als Unternehmer – (Re-)Kommunalisierung im wettbewerbsrechtlichen Kontext – Tagung des Arbeitskreises Kartellrecht vom 2. Oktober 2014 – Hintergrundpapier. Bonn

574 BUND Hamburg/Diakonie Hamburg/Zukunftsrat Hamburg (Hrsg.) (2010): Zukunftsfähiges Hamburg. Zeit zum Handeln. Eine Studie des Wuppertal Instituts für Klima, Umwelt, Energie. Hamburg

575 Berlo, Kurt/Wagner, Oliver (2013): Stadtwerke-Neugründungen und Rekommunalisierungen – Energieversorgung in kommunaler Verantwortung. Wuppertal

576 Genossenschaftsgesetz (GenG) § 1

577 Im Vergleich aller Rechtsformen haben Genossenschaften die niedrigste Insolvenzrate. Sie lag im Jahr 2012 bei 0,06 % (18 von 28 297), s. www.wikipedia.org (25.07.2015)

578 www.wikipedia.org (25.07.2015)

579 Endries, Jörg (2014): »Platte« wird fit für die Zukunft, in: www.volksstimme.de (08.07.2014);

Kopatz, Michael (2013): Energiewende. Aber fair! München, S. 157 ff.

580 www.süddeutsche.de: Fest in Arbeiterhand (22.04.2014)

581 Litz, Christian (2015): Eine von ihnen, in: enorm 5/2015, S. 64–67

582 Interview mit der Süddeutschen Zeitung (04.05.2015), S. 20

583 Gebauer, Jana/Mewes, Heike (2015): Qualität und Suffizienz in stabilitätsorientierten KMU, in: uwf (2015), S. 23 (DOI 10.1007/s00550-015-0352-9)

584 www.swr.de: Der Selbsthilfe-Supermarkt in Thessaloniki (20.01.2015)

585 Kuhnke, Miriam (2015): Stärkung lokaler Resilienzunternehmen als Handlungskonzept kommunaler Wirtschaftsförderung. Masterarbeit Universität Kassel, vorgelegt am 24.06.2015

586 Fuhrhop, Daniel (2015): Verbietet das Bauen! München, S. 137 und S. 171

587 Brandt, Arno (2014): Wirtschaftsförderung 3.0: Zur Strategie der Wirtschaftsförderung in der Innovationsökonomie, in: Beck, R. C./Heinze, R. G./Schmid, J. (Hrsg.), Zukunft der Wirtschaftsförderung. Baden-Baden

588 Kuhnke, Miriam (2015): s. o.

589 Kalenda, Florian (2015): Umsatzzahlen von Uber durchgesickert, in: ZDNet.de (21.08.2015)

590 Baumgärtel, Tilman (2014): Teile und verdiene, in: Die Zeit 27/2014, S. 21 f.

591 Baumgärtel, Tilman (2014): s. o.

592 Dams, Jan (2013): Schäuble will Apple und Google an den Kragen, in: www.welt.de

593 Putnam, Robert D. (2000): Bowling Alone. New York

594 Botsman, Rachel/Rogers, Roo (2011): What's Mine is Yours. How collaborative consumption is changing the way of live. London

595 Dahm, Daniel/Scherhorn, Gerhard (2008): Urbane Subsistenz. München, S. 145

596 Schluchter, Wolfgang / Dahm, Guido (1996): Möglichkeiten der Minderung psychosozialer Umweltbelastungen durch die Einbeziehung betroffener Bürger in die Planung von Umweltmaßnahmen. Berlin, Heidelberg, S. 6

597 Loske, Reinhard (2014): Neue Formen kooperativen Wirtschaftens als Beitrag zur nachhaltigen Entwicklung, in: Leviathan 3/2014, S. 477

598 Keynes, John, Maynard (1933): National Self-Sufficiency. The Yale Review, 22(4), 755–769, zitiert nach: Schütz, Bernhard (2015): Erholung

und Reform. Mit Keynes aus der Beschäftigungskrise, in: WISO 2/2015

599 Sachs, Wolfgang (2015): Suffizienz. Umrisse einer Ökonomie des Genug, in: UmweltWirtschaftsForum (DOI 10.1007/s00550-015-0350-y)

600 Umweltbundesamt (2015): Umweltbewusstsein in Deutschland 2014. Berlin

601 European Commission (2014): Attitudes of European citizens towards the environment. Special Eurobarometer 416; http://ec.europa.eu

602 Worldwatch Institute (Hrsg.) 2010: Zur Lage der Welt 2010. Einfach besser leben. München, S. 33

603 Giddens, Anthony (1995): Die Konstitution der Gesellschaft. Grundzüge einer Theorie der Strukturierung. Frankfurt a. M., New York

604 Statistisches Bundesamt (25.06.2010)

605 Deci, Edward L./Ryan, Richard M. (1993): Die Selbstbestimmungstheorie der Motivation und ihre Bedeutung für die Pädagogik, in: Zeitschrift für Pädagogik 39/2, S. 227

606 www.wikipedia.de: DIN-Norm (27.12.2015)

607 Sustainable Consumption Roundtable, op. cit. Anm. 3, S. 2, nach Maniates, Michael (2010): Die gelenkte Wahl, in: Worldwatch Institute (Hrsg.): Zur Lage der Welt 2010. München

608 Maniates, Michael (2010): s. o., S. 177

609 Man findet das Thema zum Beispiel in seinen Werken »Der Prozess« und »Das Schloss«.

610 Hochschule für Technik und Wirtschaft Berlin (2014): Energiekommunikation. Spontanheizer, Stoßlüfter und Dauerbrenner.

611 Lobbycontrol/Transparency International (2015): Regulierung und Transparenz von Einflussnahme und Lobbyismus (21.03.2013)

612 Knoflacher, Herrmann (2011): Schneller – öfter – weiter – immer dümmer, in: Hege, Hans-Peter, u. a. (Hrsg.): Schneller, öfter, weiter? Perspektiven der Raumentwicklung in der Mobilitätsgesellschaft. Arbeitsberichte der ARL 1. Hannover

613 Ein durchschnittlicher Haushalt emittiert rund zehn Tonnen CO_2 im Jahr, ein besonders klimafreundlicher rund fünf Tonnen.

614 § 9, Energieeinsparverordnung 2007, geändert am 31.08.2015

615 Beispielsweise Naomi Klein, Wolfgang Streeck und Tomáš Sedláček.

616 www.dw.com: Die Schwächen der Regulierung (05.03.2014), hier fordert Martin Hellwig eine Eigenkapitalquote von bis zu 30 Prozent.

617 Schäfer, Dorothea (2015): Fiskalische und ökonomische Auswirkungen einer eingeschränkten Finanztransaktionssteuer. DIW-Gutachten im Auftrag der SPD-Bundestagsfraktion; Hulverscheidt, Claus (2014): Große Geldmaschine, in: Süddeutsche Zeitung (09.03.2014)

618 Butterwegge, Christoph (2015): Der Streit um den Armutsbegriff, in: Soziale Sicherheit 11/2015

619 Entwicklungshilfeminister Gerd Müller im Gespräch mit der Süddeutschen Zeitung (24.04.2015), S. 22

620 Bauchmüller, Michael (2015): Alles für den Wohlfühlfaktor, in: www.süddeutsche.de (19.05.2011)

621 Diefenbacher, Hans/Zieschank, Roland (2011): Woran sich Wohlstand wirklich messen lässt. München; Die Zeit 21/2011, S. 26

622 Zitat von Wolfgang Sachs.

623 Lewis, Barbara (2015): Rich nations' fossil fuel export funding dwarfs green spend-documents, in: www.reuters.com (30.03.2015)

624 Coady, David (u.a.): How Large Are Global Energy Subsidies?, IMF Working Paper WP/15/105

625 Umweltbundesamt (2014): Umweltschädliche Subventionen in Deutschland. Dessau, Roßlau

626 www.klimaretter.info: OECD: Energiesteuern erhöhen (25.06.2015)

627 Herrmann-Pillath, Carsten (2015): Energy, growth, and evolution: Towards a naturalistic ontology of economics, in: Ecological Economics (doi:10.1016/j.ecolecon.2014.11.014)

628 https://en.wikipedia.org: Fuel Price Escalator (27.11.2016); Die Steuererhöhungen wurden bis 1999 fortgesetzt.

629 Weizsäcker, Ernst Ulrich von/Hargroves, Karlson/Smith, Michael (2009): Faktor Fünf. Die Formel für nachhaltiges Wachstum. München, S. 317

630 Verkehrsclub Österreich (2015): Klima und Energie – Potenziale Verkehr, in: Mobilität mit Zukunft 2/2015, S. 22

631 Anteil am Gesamtaufkommen von Steuern und Sozialversicherungsbeiträgen und am nominellen Brutto-Inland-Produkt, Verkehrsclub Österreich (2015): Klima und Energie. Potenziale Verkehr, in: Mobilität mit Zukunft 2/2015, S. 23

632 Weizsäcker (2009): s. o., S. 308.

633 Benzin so erschwinglich wie vor 30 Jahren, www.zeit.de (22.08.2011) auf Basis von MWV, Statistisches Bundesamt, HWWI

634 Statistisches Bundesamt und AGEB. Eigene Berechnungen des Umweltbundesamtes, www.uba.de

635 Weizsäcker (2009): s. o., S. 308

636 Öchsner, Thomas (2015): Wohnen und Waschmittel, in: Süddeutsche Zeitung (01.12.2015), S. 6

637 Piketty, Thomas (2014): Das Kapital im 21. Jahrhundert. München

638 Kopatz, Michael (2013): Energiewende. Aber fair! München; Bundesnetzagentur/Bundeskartellamt: Monitoringbericht 2013. Bonn, S. 192

639 Wilkinson, Richard/Pickett, Kate (2010): Gleichheit ist Glück: Warum gerechte Gesellschaften für alle besser sind. Berlin

640 Konrad-Adenauer-Stiftung (2013): Wahrnehmung der deutschen Energiewende in Schwellenländern. Berlin

641 Naomi Oreskes im Interview mit der Zeit (03.11.2014)

642 Schneidewind, Uwe/Zahrnt, Angelika (2013): Damit gutes Leben einfacher wird. München, S. 23

643 Kant, Immanuel (1803): Über Pädagogik, Hrsg. von Wilhelm Weischedel, Werke in 10 Bänden, Darmstadt 1983, S. 711

644 Rawls, John (1971): A Theory of Justice. Harvard

645 Zur Vertiefung des Rebound-Effekts: Santarius, Tilman (2012): Der Rebound-Effekt. Impulse zur Wachstumswende. Wuppertal Institut für Klima, Umwelt, Energie

646 Linz, Manfred (2004): Weder Mangel noch Übermaß, Wuppertal Papers Nr. 145

647 Linz, Manfred (2000): Wie kann geschehen, was geschehen muss? Wuppertal Paper Nr. 111

648 Machiavelli: Der Fürst

649 Staude, Jörg (2015): Braunkohle schafft (viel) weniger Arbeit, in: www.klimaretter.info (12.04.2015)

650 Hopkins, Rob (2013): Einfach. Jetzt. Machen! München, S. 9

651 VDA (Hrsg.) (2012): Informationsdienst für Entscheider in Politik und Wirtschaft 1/2012

652 www.aachen-hat-energie.de: Das Aachener Modell der kostendeckenden Einspeisevergütung (29.12.15)

Über den Autor

Michael Kopatz ist wissenschaftlicher Projektleiter im Wuppertal Institut und war dort maßgeblich an der Erstellung des Standardwerks »Zukunftsfähiges Deutschland« beteiligt.
Gegenwärtig beschäftigt er sich mit Konzepten zur systematischen Stärkung der Regional- und Gemeinwohlwirtschaft in Kommunen. Diesen Ansatz nennt er »Wirtschaftsförderung 4.0«.
Darüber hinaus interessiert den promovierten Sozialwissenschaftler, wie sich eine umfassende Lebensstilwende realisieren lässt.

Index

A
Agrarwende 92-95, 100, 104, 376
Anreize, steuerliche 288, 369, 371
Arbeitslosigkeit 40, 180, 238-239, 242-244, 251, 259, 279
Arbeitsmarkt 36, 238, 243, 245-246, 322
Arbeitsmarktpolitik 247
Arbeitszeitverkürzung 247, 256, 259, 261, 263, 265, 267
Atomenergie 53
autofreier Sonntag 208-209
autogerechte Stadt 138, 183, 203, 208, 220-221

B
Bauen, effizientes 117
Baustopp 17, 132, 217, 219, 221, 225-226
Benzinverbrauch 180-181, 184, 228, 258, 350, 369, 370-372
Bildungspolitik 357
Billigware 75, 96, 158, 167
biologische Lebensmittel 15, 70
Bruttoinlandsprodukt 40, 42, 45, 52, 57, 246, 250, 284, 346, 361, 366
Bundesfreiwilligendienst 269-270, 300
Bürgerticket 232-233
Bürokratie 21, 51, 350, 352-353
Bus 59, 183, 188-189, 192, 195, 198-201, 203, 205, 219, 221, 232, 234, 241, 352, 357

C
CarSharing 41-42, 56, 204-207, 238, 293, 314, 334-335, 338, 345
Collaborative Commons 279, 288-289

D
Deregulierung 22-23, 31-32, 67
Dienstwagen 40, 181, 183, 198, 249
Do-It-Yourself 290, 306-307
Düngemittel 76, 92, 111, 296, 366, 373

E
Effizienz 21, 35, 39, 42-44, 54-55, 64, 112, 114, 117-118, 120, 130, 142-148, 150, 181, 196, 223-224, 235, 255, 289-290, 328, 360, 373, 382, 388
Effizienzklassen 142, 147
Effizienzmaßnahmen 42, 112
Ehrenamt 190, 206, 269-271, 282, 286-287, 293, 300, 303, 319, 334, 337-338
Einkommenserhöhung 261
Einkommensteuer 36, 267
Elektrofahrzeuge 195, 198, 244
Elterngeld 262-265, 351
Elternzeit 246, 249, 262
Emissionshandel 150, 153, 368, 372
Energieeffizienzrichtlinie 150
Energien, erneuerbare 111, 152, 155-156, 209, 328, 381, 386-387
Erwerbsarbeit 238-239, 242, 244, 261, 265, 267-269, 306
Expansionsdrang 44, 54-55, 143, 227, 340, 380
Expertendilemma 49, 65, 67, 101
Export 75, 77, 79-82, 94, 160, 162-163, 246, 248, 281-282, 325, 333, 340, 364, 367

F
Fahrrad 137-138, 184-185, 187-190, 192-193, 195, 209, 211, 232, 258, 293, 303, 306, 337, 348, 385
Fernbusse 234
Flächenmoratorium 131-133, 140
Fleischkonsum 75-77, 109
Flugverkehr 36, 40, 45, 234, 236, 372, 377
Fördergelder 29-30, 93, 98, 138, 383
Freie Marktwirtschaft 22
Freihandel 17, 25, 27-31, 65, 99, 174, 226, 340, 361, 363-364
Freiwilligenarbeit 326, 342

G
Ganze Arbeit 267-269, 364-365
Gebäudesanierung 20, 115, 119, 124, 127, 129, 131, 329
Geländewagen 71, 180, 182
Gemeinwohl 14, 22-23, 26, 33-34, 137, 157, 267-270, 282, 287-288, 314, 331, 335-339, 343-344, 380, 384
Gemeinwohlökonomie 288
Genossenschaft 105-106, 135-136, 186, 269, 293, 301, 310, 319, 323, 326, 329-332, 339, 344, 385
Gentechnik 49, 52, 104-106
Gerechtigkeit, soziale 136
Gewährleistung 168, 170-171, 173, 305
Globalisierung 14, 16, 28, 243-244, 297, 363
Grenzwerte 84, 92, 154
Große Transformation 93, 292
Gütertransport 224-225, 237

H
Heizenergie 112

I
Importverbot 175, 364

J
Jevons' Paradoxon 54, 112

K
Kapitalmarkt 18, 31, 33, 35, 106-108, 335, 361, 377
Kleidung 18, 35, 64, 70, 158, 173-175, 294, 298, 303, 316, 351, 374, 378, 381-382
klimafreundliche Autos 18, 196
Klimawandel 9, 11, 35, 44, 49, 61-64, 67, 72, 215, 283, 343, 346, 366-367
Kohleausstieg 50, 52, 153-154
Kommerzialisierung 58, 175, 178, 336-338, 387
Kommunalbetrieb 33

Konsument 16–18, 35, 55, 65–66, 69–70, 78, 87, 91, 93, 97–98, 103, 142, 147, 166–167, 171, 176, 196, 277, 294, 305, 307, 317, 330, 356, 369, 378
Konsumsteuerung 351
Kontrollen 16, 83, 85, 93, 104, 175, 179, 351
Kreativwirtschaft 281
Kurze Vollzeit 242, 246, 251, 253, 256, 259–260, 265–266, 279–280

L
Landwirtschaft 14, 29, 73, 76–79, 81–83, 85, 90–91, 93–94, 97, 101–103, 105–111, 282, 285, 291, 293, 295–296, 334, 340, 344, 354, 373
Langlebigkeit 165, 169
Lebensarbeit 265, 268
Lebensmittelkontrollen 16, 104
Limit für den CO_2-Ausstoß 195–196, 377
Limitierung der Überseehäfen 226
Lobbyismus 46–47, 49, 354–355, 383
Lohnarbeit 238, 242–244, 250, 259, 326

M
Massentierhaltung 11, 40, 55, 74, 80, 82–83, 95–96, 98, 352, 368
Maut 15, 17, 201–202, 219, 225, 230, 233
Mediendilemma 67
Mehrweg 86–90, 172
menschengerechte Stadt 183, 208, 220–221
Mietpreisgrenzen 125
Mindestlohn 24–25, 47, 51, 266–267, 336, 354
Müll 11, 55, 69, 75, 78, 81, 88, 90, 109–110, 158–162, 169, 171–172, 258, 301–302, 309, 317, 348

N
Nahversorgung 185–187, 226, 282, 287, 293, 301, 305, 339–341
Nationaler Wohlfahrtsindex 361, 365–366
Neubau 12, 36, 41, 95, 112–113, 115, 117–119, 123, 129, 131, 137, 139, 141, 193, 196, 204, 215, 219, 354, 360, 373
Neuzulassungen, limitierte 197–198, 201, 372
Null-Grenzkosten-Gesellschaft 288–290

O
Obsoleszenz, geplante 162, 165
Obsoleszenz, psychologische 166, 173
öffentlicher Nahverkehr 69, 71, 183, 185, 192, 202–203, 206–207, 219, 221–222, 229, 231–233, 237, 327, 329
Ökodesignrichtlinie 39, 144, 146, 148–150, 169–170
Ökodiktatur 350
Öko-Label 181, 238
Ökolandbau 84, 91–92, 99–100, 102–103, 106, 348
Ökosteuer 66, 369–372
Ölkrise 42, 157

P
Pestizide 92, 101, 105, 296
Preisdumping 16
Preiselastizität 92
Produktionsketten 17, 174
Public Value 32, 327

R
Radstellplätze 193–194
Radwege 187, 189–190, 348, 352, 357
Recycling 69, 88–89, 159, 161–162, 172, 301–302
Regionalgeld 25, 27, 282, 304, 316, 318, 323, 334, 340, 344, 406
Regionalwert AG 295, 296, 334
Regionalwirtschaft 283–284, 320, 340
Registrationssteuer 200
Reisen 47, 157, 231, 241, 249, 305, 375
Repaircafés 167, 282, 303, 334
Reparieren 167, 279, 300–302, 308, 385
Re-Regionalisierung 345
Resilienz 283–287, 405
Ressourcensteuer 40
Ressourcenverbrauch 7, 20–21, 34, 42–43, 71, 137, 167, 177, 239, 240, 289, 301, 325, 374, 377, 382

S
Schienennetz 221–222, 224, 230, 401
Secondhand 301–302
Selbstbegrenzung 11, 57, 404
Sicherungssysteme, soziale 40, 42, 377
Solarstrom 152, 386
Solidarische Landwirtschaft 282, 295, 334, 340
soziale Netzwerke 250, 286, 300, 342
Sozialstaat 22, 24
Stadtgärten 282, 294, 357
Stellplatzsatzung 203–204
Steuer 18, 31, 52, 66, 97, 117, 133, 199–200, 258, 267, 324, 362–363, 369, 371
Steuerbonus 238
Stiftungen 106, 326, 329–331, 387
Straßenbau 18, 215, 217, 219–220, 372, 401
Strom 6, 35, 39, 44, 63, 121, 123, 128, 132, 142–146, 149–152, 156, 217, 221, 241, 327–329, 356, 366, 374, 395–397
Stromverbrauch 44, 55, 112, 142–145, 150–151, 403
Subsidiarität, kollaborative 298, 344, 364
Suffizienz 23, 345, 382, 385, 397, 399, 405–408
Suffizienzpolitik 382
Sustainable Development Goals 26
Sweatshops 158, 298

T
Tarifvereinbarungen 261
Tauschen 7, 167, 270, 279, 287–290, 308, 310–312, 314–315, 336–337, 342, 385
Tauschhandel 308, 315
Teilen 7, 18, 42, 50, 103, 242, 255, 259, 270, 279, 287–290, 308, 310–315, 336, 341–343, 385
Teilzeit 245–246, 262–263, 265, 403
Tempolimit 18, 41, 188, 213, 238, 372, 383
Tierschutz 64, 96, 98, 394
Tierwohlprämie 99
Transition Town 290–292, 384
Transportwege 15, 18, 282, 296–297, 324, 340
TTIP 7, 17, 28–29, 65, 80, 339–340, 363–364, 391

U
Überflussgesellschaft 28
Umweltbewusstsein 69, 224, 346–347, 399–400, 402, 408
Umweltbildung 358

V
Vereine 47, 300, 329, 334, 336, 342, 407
Verkehrspolitik 183, 193, 199, 204–205, 220, 357
Verpackungsmüll 172

W
Wachstum, grünes 44–45
Wachstumsdogma 40, 239
Wachstumslogik 40, 54
Wachstumszwang 27, 32, 243, 280, 282, 324, 331, 340, 392
Wegwerfgesellschaft 158, 302
Werbeverbot 58, 176
Werbung 5, 50, 58–61, 70, 103, 163–164, 175–179, 245, 258, 297, 349, 386, 392
Windstrom 387
Wirtschaftsförderung 4.0 7, 45, 167, 267, 270, 281–283, 286–296, 298–300, 305, 312–313, 317, 325, 329, 331–334, 338–339, 341
Wirtschaftspolitik 24, 333, 367
Wissenschaftslobbyismus 49
Wohnfläche 113, 115, 121, 130, 133, 139, 373, 396
Wohnraumnutzung, effizientere 133, 373
Work-Life-Balance 248–250, 403

Z
Zinswirtschaft 26, 374
Zoll 174–175
Zusatzstoffe 104, 394